本书受教育部人文社科基金青年项目（编号：11YJC770079）资助
本书为华中师范大学出版社出版基金资助项目

# 战后鲁尔问题研究（1945—1953）

ZHANHOU LUER WENTI YANJIU

岳伟 著

華中師範大學出版社

**新出图证(鄂)字 10 号**

**图书在版编目(CIP)数据**

战后鲁尔问题研究(1945—1953)/岳伟 著. —武汉:华中师范大学出版社,2014.11

ISBN 978-7-5622-6703-4

Ⅰ.①战… Ⅱ.①岳… Ⅲ.①工业区—经济结构调整—研究—德国—1945～1953 Ⅳ.①F451.61

中国版本图书馆 CIP 数据核字(2014)第 141590 号

**战后鲁尔问题研究(1945—1953)**

ⓒ岳 伟 著

---

**责任编辑**:张建英　　**责任校对**:王 炜　　**封面设计**:甘 英

**编 辑 室**:学术出版中心　　**电　　话**:027－67863220　　**封面制作**:胡 灿

**出版发行**:华中师范大学出版社

**社址**:湖北省武汉市洪山区珞喻路 152 号　　**邮　编**:430079

**电话**:027－67863426/67863280(发行部)　　027－67861321(邮购)

**传真**:027－67863291

**网址**:http://www.ccnupress.com　　**电子邮箱**:hscbs@public.wh.hb.cn

**印刷**:武汉兴和彩色印务有限公司　　**督印**:章光琼

**字数**:335 千字

**开本**:710mm×1000mm　1/16　　**印张**:21.25

**版次**:2014 年 11 月第 1 版　　**印次**:2014 年 11 月第 1 次印刷

**定价**:49.00 元

欢迎上网查询、购书

---

# 序　　言

农历新年前夕，岳伟博士来访，提到其博士学位论文《战后鲁尔问题研究（1945—1953）》即将出版，让我为其新书撰写序言。作为指导老师的我，很乐意就此写上几句。

当今的德国是一个欧洲大国，也是一个世界强国。中世纪时期，强盛的神圣罗马帝国曾雄霸欧洲一时，成为日后德国历史学家引以为傲的谈资。然而从中世纪后期到近代的很长一段时期，德国陷入了分裂之中，饱受强邻的侵凌。进入19世纪以后，德国终于抓住第一次工业革命的机遇，发展壮大自己，于1871年建立起在“煤和铁”之上的强大的德意志帝国，此后又乘第二次工业革命之疾风，实现了从农业国向工业国的转变，一跃成为工业先锋国家[①]。昔日“衣衫褴褛的骑士”变成了“暴发户”。到20世纪初，德国已经成为科教领域垂范世界、经济实力仅次于美国的世界资本主义强国。心态急剧膨胀的德国在“世界政策”的旗帜下匆忙踏上了争夺世界霸权的道路，并最终招致与老牌资本主义国家的矛盾激化和第一次世界大战的爆发。其结果是强大的德意志帝国在战火中化为灰烬。

战后，建立于德意志帝国废墟之上的魏玛共和国在极端困难的条件下，如“灰烬中升起的不死鸟”，浴火重生，实现了“整个世界经济史上最壮观的一次经济复兴”，德国再次成为欧洲头号经济强国。但是，德国人没有从第一次世界大战的失败中吸取教训，而是以其雄厚的经济实力为基础，在复仇主义、军国主义、民族沙文主义和扩张主义等变态心理情绪的驱使下，

---

① 邢来顺：《迈向强权国家——1830—1914年德国工业化与政治发展研究》，武汉：华中师范大学出版社，2002年。

再次走上了战争之路，通过发动第二次世界大战，将世界推入了更大规模的战争灾难之中。战争的结果是德国再次战败。

二战结束后，盟国分区占领德国，并在此基础上建立了分别隶属于西方和东方阵营的联邦德国和民主德国，德国陷入政治分裂。经济上，战争的破坏和战后盟国不明智的经济政策也使德国人一度生活在物质极度匮乏之中。但是，在这种恶劣的政治环境和糟糕透顶的经济状况之下，德国人竟能再度迅速振作起来。两个德国以出类拔萃的经济发展分别成为东西方集团中的翘楚。尤其是联邦德国，在战后初期通过所谓的“经济奇迹”迅速崛起为西欧经济发展的火车头、资本主义世界第二号经济强国。

综观19世纪以来的德国近现代发展历程，其之所以能够数度傲视世界或折服于世人，归根结底，在于其第一次工业革命以来形成的强大工业实力。鲁尔工业区则是德国强大工业文明的支柱。可以说，鲁尔工业区是近代以来德国迅速崛起的引擎，也是德国荣辱沉浮的见证者。

鲁尔工业区崛起于第一次工业革命时期。由于拥有丰富的优质煤炭资源，鲁尔区在短短的数十年中迅速发展成为城市连片、矿区遍布、冶炼高炉林立的煤钢工业区。第二次工业革命时期，德国对法战争中获得的阿尔萨斯一洛林地区的磷铁矿资源则给鲁尔区发展注入了新的强劲动力，煤钢等黑色工业实现了前所未有的增长，并在此基础上形成了以电力、重型机器制造和现代化学工业等见长的德国最重要的工业区。

鲁尔工业区迅速成长的意义并非仅限于经济方面，除了对德国成为欧洲第一号工业强国的巨大贡献外，它还有着更重要的政治意义。众所周知，19世纪德意志统一运动是在普鲁士领导下进行的，而普鲁士之所以能够统一分裂长达数百年之久的德意志，除了它强大的军事力量和灵活务实的外交政策外，特别重要的一点就是它在第一次工业革命中发展起来的强大经济实力，其煤钢产量占德国总产量的90%左右。换言之，它拥有了统一德国的经济能力。这与它拥有包括鲁尔工业区在内的莱茵一威斯特伐伦工业带密不可分。正是基于这样一种事实，英国著名经济学家约翰·凯恩斯（John Keynes）指出，近代德国的统一“与其说是建立在血和铁之上，不如说是建立在煤和铁之上更真实一些”[①]。

---

① KEYNES J. *The Economic Consequences of the Peace*. London: Macmillan, 1920, pp. 74-75.

鲁尔工业区也是德国敢于发动两次世界大战的物质基础。这里集中了包括克虏伯等在内的一大批德国钢铁、机械、化工和军工企业，它们构成了德国军事战争机器的核心支柱。正是基于这一点，一战结束后，协约国通过《凡尔赛和约》和《洛迦诺公约》将包括鲁尔大部分地区在内的德国莱茵河两岸工业带划为“莱茵非军事区”，防止其再次为德国的战争机器服务。法国更是以德国拒绝偿付战争赔款为由，出兵占领了鲁尔，希图以此“在经济上瓦解德国”，同时利用鲁尔的煤钢、化工等工业资源“为法国在欧洲的军事和经济领导权建立物质基础”①。这是德国无法长期容忍的。1936 年纳粹德国军队突然开进“莱茵非军事区”，恢复了德国对包括鲁尔在内的莱茵河两岸的主权，鲁尔强大的工业能力再次服务于纳粹德国的扩军备战，成为德国发动第二次世界大战的有力工具。因此在第二次世界大战期间，鲁尔成为盟国重点轰炸目标，其工业设施受到严重破坏。

二战结束后，盟国分区占领德国，对德国实行“四 D”改造，在政治、经济、社会、文化、教育等诸多领域重塑德国的制度与信仰。鲁尔问题成为盟国和德国重点关注的问题之一。如何处理鲁尔煤钢工业，使之不再被用于德国的侵略扩张，同时又能服务于重建战后德国残破的经济和欧洲的持久稳定与经济繁荣，成为关乎战后德国命运与欧洲命运的重要问题。正是出于这一考虑，盟国决定对鲁尔实行国际管制，将属于德国的鲁尔煤钢工业共享于具有共同经济利益的欧洲国家。就此而言，鲁尔可谓欧洲经济一体化的先导。事实证明，战后有关鲁尔问题的处理是成功的。鲁尔在战后西德②经济复兴和欧洲重建的过程中再次扮演了重要角色，其工业产值一度占到联邦德国工业总产值的四成，成为德国西占区和联邦德国“经济奇迹”的主要动力源。

20 世纪 60、70 年代以后，随着世界石油工业的发展和德国向以高科技产业、服务业为主导的后工业社会转型，以煤钢等传统工业为主的鲁尔区一度陷入衰落，失业人群和空置厂房随处可见。面对新的挑战，鲁尔没有气馁，而是努力适应社会的发展和时代的进步，以传统工业文化为基础，

---

① 《斯大林全集》(第 6 卷)，北京：人民出版社，1956 年，第 249 页。

② 本书中“西德（英语 West Germany 或 Western Germany，德语 Westdeutschland)”一词指 1945—1989 年间的德国西占区和联邦德国。

将各种废弃的工矿设施改造成展览馆、剧院、电影院等文化场所，实现了从“煤炭和钢铁之都”向“文化之都”的华丽转身。2010年鲁尔区被评为“欧洲文化首都”。如今的鲁尔已经成为博物馆、剧院等文化设施遍布，大学和科研机构密集的文化都市区，成了令全世界为之仰慕的经济转型的成功典范。

上述可见，鲁尔区在19世纪以来的德国历史发展中占有十分重要的地位。它是普鲁士统一德国的经济权杖，是德国发动两次世界大战的物质基础，是战后西德复兴的主要动力，更是当今世界各国特别感兴趣的从传统工业区向现代文化都市转型的成功范例。正因为如此，德国和英美等国学界一直非常关注鲁尔问题，从各种视角推出了不少有价值的研究成果。然而就国内学界而言，由于各种条件的限制，虽然已经有一些著作和论文也涉及鲁尔问题，专门性著作尚难寻觅，岳伟博士的《战后鲁尔问题研究（1945—1953）》应该是国内学者研究德国鲁尔史的首部专著。

《战后鲁尔问题研究（1945—1953）》通过探究战后鲁尔煤钢工业的复兴、国际管制和内部改造三个彼此之间相对独立又密切联系的问题，全面而详细地论述了战后鲁尔问题的解决过程，并且以此为例，见微知著，探讨了战后鲁尔问题的解决对联邦德国重建及转型的影响。具体说来，其学术价值体现在以下几个方面。其一，选题新颖。本书从西德社会转型的视角研究战后鲁尔问题，系统论述了盟国和联邦德国对鲁尔政策的形成、贯彻及其对联邦德国国家与社会转型的影响，这在国内学术界尚属首次，在一定程度上弥补了国内学术界在德国西占区和联邦德国经济社会转型研究中个案分析的不足；其二，资料丰富翔实。所征引文献资料中，许多是作者在德国留学期间搜集的，其中不乏一手档案材料，国内学界鲜少用到；其三，书中提出了一些具有创见性的看法：如战后鲁尔问题的实质是鲁尔煤钢重工业的处置问题，该问题由鲁尔煤钢工业的复兴、国际管制和内部改造三个彼此间紧密联系的子问题组成；由于东西方分歧的加剧，战后鲁尔问题最终是由西方国家单独解决的，对西方来说，鲁尔问题的解决，不仅要保证德国未来不会再走上侵略扩张的道路，还要保证苏联不会在德国西占区扩张自己的力量；等等。此外，作为一部鲁尔地区史专著，它在一定程度上也是国内德国史研究进一步深化的体现。

如前所述，鲁尔区在19世纪以来的德国历史中地位突出。除了战后鲁尔的改造和转型问题外，鲁尔在近代德国工业化过程中所扮演的角色，在两次世界大战中所起的作用，战后鲁尔问题的处理及其与西德的改造和重建的关系，鲁尔从传统工业区向现代文化都市的转型等，也都是非常值得研究的课题，既有学术价值，也具现实意义。可以说，《战后鲁尔问题研究(1945—1953)》只是国内学界有关鲁尔史研究的一个尝试性开端，后面还大有文章可做。希望岳伟博士和其他有志于德国史研究的年轻学者能够再接再厉，加深和拓展自己的研究领域，在鲁尔史的研究方面取得更加丰硕的成果，将中国的德国史研究进一步推向深入。

邢来顺

2014 年 3 月 15 日

于武昌华大家园

# 目录

# 表目录

# 前　　言

## 第一节　国内外研究现状

战后鲁尔问题一直是西方史学界关注的焦点。几十年来，涉及这一问题的著作主要包括：

**一、联邦德国学术界有关鲁尔问题的研究**

(1) 研究战后德国西占区和联邦德国复兴的著作

这方面的代表作当属维尔纳·阿贝尔斯豪泽（Werner Abelshauser）的《德意志联邦共和国经济史（1945—1980）》，阿贝尔斯豪泽是德国著名经济史学家，也是首位利用经济学理论研究战后联邦德国经济奇迹的学者，现任教于北莱茵-威斯特伐伦州[①]比勒菲尔德大学。而他的《德意志联邦共和国经济史(1945—1980)》则是我国最早翻译引入的研究战后联邦德国经济发展的学术著作之一[②]。该书在德国也多次修订再版，影响深远。在这本书中，作者从纯经济的角度出发，简明扼要地论述了战后鲁尔工业复兴中所存在的问题及英美为解决这些问题所作出的努力。在论述阻碍鲁尔复兴的因素时，阿贝尔斯豪泽不仅多次强调盟国限制政策的不利影响，还极具见地地指出，

---

① 德语 Nordrhein-Westfalen，简称北威州，英语称为 North Rhine-Westphalia，译作北莱茵-威斯特法利亚州。为方便起见，本书将所引德语文献 Westfalen 一词和英语文献中 Westphalia 一词统一翻译为“威斯特伐伦”，而不再分别译作威斯特法利亚和威斯特伐伦。

② 阿贝尔斯豪泽：《德意志联邦共和国经济史（1945—1980）》，张连根，吴衡康，译。北京：商务印书馆，1988 年。

鲁尔工业在二战中受损不很严重，是交通线的破坏、煤炭外运的道路被切断导致其恢复缓慢。

另一位学者海纳·亚当森（Heiner Adamsen）在《鲁尔的投资补助：重建、资方利益集团和社会市场经济 1948—1952 年》① 一书中则指出，币制改革后鲁尔重工业发展依旧缓慢的主要原因是投资不足。由于当时双占区经济委员会（Wirtschaftsrat des Vereinigten Wirtschaftsgebietes）主席路德维希·艾哈德（Ludwig Erhard）在 1948 年币制改革中没放开重工业产品的价格，再加上盟国种种限制政策也主要针对这些重工业，资本家对鲁尔煤钢工业的投资远远少于消费品工业也就不足为奇了。亚当森在其著作中详细论述了联邦议院为解决这一问题而制定《工商业经济投资补助法》（Gesetz über Investitionshilfe gewerbliche Wirtschaft）的过程，并认为正是在这一过程中首次确立了联邦德国社会市场经济条件下国家和私人企业的权力关系原则的。

（2）研究盟国对鲁尔政策及德国西占区和联邦德国对欧政策的著作

这方面的代表作当属鲁尔问题专家罗尔夫·施泰尼格尔（Rolf Steiniger）的《1945—1946 年鲁尔问题与北威州的建立》②。施泰尼格尔是奥地利因斯布鲁克大学当代史教授，他的研究领域涉及德国、奥地利、意大利等诸多国家。《1945—1946 年鲁尔问题与北威州的建立》最初在 1988 年作为联邦德国《国会及政党历史档案》第 4 系列第 4 卷导言出版，两年后单独成书。在这本著作中，施泰尼格尔教授主要利用伦敦公共档案馆外交部（F. O.）档案，详细分析了英国 1945—1946 年对鲁尔工业的处置和建立北威州的过程。书中强调冷战的兴起是促使英国放弃鲁尔国际化政策的主要原因。与此同时，作为《国会及政党历史档案》第 4 系列第 4 卷的主编，施泰尼格尔教授在这部档案中编辑出版了大量有关鲁尔问题的档案资料，为笔者的研究提供了必要的资料支持③。奥斯瓦尔德·波斯特（Oswald

---

① ADAMSEN H. *Investionshilfe für Ruhr, Wiederaufbau, Verbände und Soziale Marktwirtschaft 1948-1952*. Wuppertal: Peter Hammer Verlag, 1981.

② STEININGER R. *Ein Neues Land an Rhein und Ruhr: Dle Ruhrfrage 1945/46 und die Entstehung Nordrhein-Westfalen*. Köln: Verlag W. Kohlhammer, 1990.

③ BRACHER K. MORSEY R, SCHWARZ H (Hrsg. ). *Quellen zur Geschichte des Parlamentarismus und der politischen Parteien, Vierte Reihe, Deutschland seit 1945, Band 4, Die Ruhrfrage 1945/46 und die Entstehung des Landes Nordrhein-Westfalen: britische, französische und amerikanische Akten*. Düsseldorf: Droste Verlag, 1988.

Post）在《在安全与重建之间：盟国讨论中的鲁尔问题》一书中则全面论述战后四大国，尤其是西方三国在鲁尔问题上进行的讨论。该书不仅详细介绍了四大国所提出的种种鲁尔处置方案，还着力分析了1947年之后西方三国与西占区德国人在鲁尔问题上所展开的斗争①。

除此之外，一些研究德国西占区和联邦德国对欧政策的著作也涉及德国精英人物对鲁尔国际管制机构和欧洲煤钢共同体（European Coal and Steel Community）所持的态度。维尔纳·比勒（Werner Bührer）的《鲁尔钢铁与欧洲：德国钢铁工业经济联合会与欧洲一体化1945—1952》主要利用了德国工业联合会、克律克纳（Klöckner）康采恩②以及北威州档案馆的档案，对德国钢铁工业界在欧洲一体化问题上的态度进行了研究③。根据他的研究，二战之后，重建的德国钢铁工业经济联合会曾提出了恢复一战后德法钢铁卡特尔组织或将整个西欧置于一个国际卡特尔控制之下的计划，希望以此来取消法国对鲁尔钢铁工业复兴的忧虑。在1950—1951年六国巴黎会谈时，该协会也对“舒曼计划”的超国家性忧心忡忡。但是，另一个鲁尔大钢铁工业家、基督教民主联盟（后文简称基民盟）成员京特·海勒（Günter Henle）则力主鲁尔钢铁工业界接受欧洲煤钢共同体。

其他一些联邦德国学者的著作则着重探讨德国西占区和联邦德国政治领导人在鲁尔问题和欧洲一体化问题上所持的态度。乌尔苏拉·龙贝克-亚申斯基（Ursula Rombeck-Jaschinski）的《北威州、鲁尔与欧洲：联邦主义和欧洲政策》④，主要论述的是北威州州长卡尔·阿诺德（Karl Arnold）在

---

① POST O. *Zwischen Sicherheit und Wiederaufbau: Die Ruhrfrage in der alliierten Disskution, 1945-1949*. Giessen: Focus Verschlag, 1986.

② 该公司在盟国的非集中化过程中被改组，现为总部位于鲁尔杜伊斯堡的欧洲最大的钢铁分销商。

③ BÜHRER W. *Ruhrstahl und Europa: Die Wirtschaftsvereinigung Eisen und Stahlindustrie und die Änfang der Europäischen Integration 1945-1952*. Müchen: R. Oldenbourg Verschlag, 1986. 比勒是慕尼黑理工大学经济学院教授。在历史方面，他主要研究战后西德工商界，尤其是工商界利益代表集团，如德国工业联合会（Bundesverband der Deutschen Industrie 简称 BDI）、德国钢铁工业经济联合会（Die Wirtschaftsvereinigung Eisen und Stahlindustrie，简称 WVESI）的对内对外政策。由于鲁尔工业的前途是战后西德工业界关注的焦点，比勒教授的研究中有不少都与鲁尔相关。

④ ROMBECK-JASCHINSKI U. *Nordrhein-Westfalen, Die Ruhr und Europa: Föderalismus und Europapolitik, 1945-1955*. Essen: Verlag Klartext, 1990.

鲁尔问题和欧洲一体化问题上所持的态度。为了让盟国，尤其是法国不反对鲁尔工业的重建，阿诺德积极谋求让鲁尔重工业为整个欧洲的重建作出贡献。《鲁尔国际管制条约》出台后，阿诺德提出所谓的“阿诺德计划”，希望将鲁尔工业与其他西欧国家的重工业一起置于一个国际机构的管理之下。阿诺德提出这一计划更多的是从鲁尔工业本身的利益考虑的。因此，后来他虽然积极支持康拉德·阿登纳（Konrad Adenauer）接受《欧洲煤钢共同体条约》，但却要求让北威州直接参与欧洲一体化的进程。维尔纳·魏登费尔德（Wener Weidenfeld）在《康拉德·阿登纳与欧洲：首任波恩联邦总理欧洲一体化政策的精神基础》一书中[①]，则主要论述了阿登纳在鲁尔问题和欧洲一体化问题上所持的态度。阿登纳在《鲁尔国际管制条约》出台后，实际上是接受了阿诺德的计划，希望通过部分地让渡德国在鲁尔工业中的主权来换取政治上的平等地位。“舒曼计划”提出后，阿登纳不顾国内的诸多反对，毅然开启了欧洲一体化进程的大门。在这一过程中，他不仅和德国社会民主党展开了激烈的斗争，还极力避免各种利益集团，如北威州、工商界等对联邦政策的干扰。另外，根据《在安全与重建之间：盟国讨论中的鲁尔问题》一书的论述，自从建立所谓的“和平经济研究所”以来，艾哈德也一直希望能将鲁尔工业与西欧其他国家的工业相融合，以加速战后西欧重建。而安德烈亚斯·莫宁（Andreas Moring）在新近出版的《德国自由民主党欧洲政策：1949—1989 年欧洲计划的演变》一书中则指出，尽管自民党（严格地说，当时只有自民党的前身）一开始并没有对《鲁尔国际管制条约》发表意见，但它后来也是支持阿登纳接受“舒曼计划”的[②]。沃夫冈·缪勒（Wolfgang Müller）在《1945—1952 年库尔特·舒马赫的欧洲观：德国和欧洲的另一种选择》一书中[③]，则详细论述了德国社会民主党反对鲁尔国际管制机构和“舒曼计划”的态度。该书指出，

---

① WEIDENFELD W. *Konard Adenauer und Europa: Die Geistigen Grundlagen der Westeuropäischen Integrationspolitik des ersten Bonnerbundeskanzler*. Bonn: Europa Union Verlag, 1976.

② MORING A. *Europapolitik der FDP: Die Entwicklung der Europa-Programmatik in den Jahren 1949-1989*. Berlin: Verlag Dr. Köst, 2004.

③ MÜLLER W. *Die europapolitischen Vorstellungen von Kurt Schumacher 1945-1952: Eine Alternative für Deutschland und Europa*. Stuttgart: Ibidem-Verlag, 2003.

战后社民党首任领导人库尔特·舒马赫（Kurt Schumacher）不仅反对明显歧视德国的鲁尔国际管制机构，还反对阿登纳政府接受“舒曼计划”。因为舒马赫认为这种做法不仅损害了德国在鲁尔的主权，也会使东西德分裂的局面更加难以改变。

（3）研究德国西占区和联邦德国工业改造的著作

战后德国西占区和联邦德国工业的民主化改造包括独立工会的重建，劳资共决制的重建与发展，各大公司的产权、经营权的民主化改革等诸多内容。鲁尔区是德国西占区工人主要集中区，独立工会的重建是鲁尔经济与政治民主化改革的重要组成部分。联邦德国学者于尔根·罗伊勒克（Jürgen Reulecke）1974年出版的《莱茵—鲁尔的工人运动》[①]，以及诺贝特·布鲁兹奥（Norbert Brozio）所著的《1945—1947年北鲁尔区的工会重建》，都详细论述了战后鲁尔工人运动和工会组织发展的情况[②]。而1978年出版的哈特穆特·皮奇（Hartmut Pietsch）的《军政府、官僚机构和鲁尔区城市政治体制的社会化演进：1945—1948年》一书，则着重论述了战后初期鲁尔工人运动中的政治倾向及独立工会对地方政治的影响[③]。该书认为，虽然战后德国共产党对鲁尔基层工人代表组织——企业代表会[④]的影响很大，但是，由于英国军政府的刻意压制，以原德国自由工会（Freie Gewerkschaften）领导人汉斯·博克勒（Hans Böckler）为首的、新的鲁尔工会组织成功地摆脱了共产党的影响。新成立的德意志工会联合会（Der Deutsche Gewerkschaftsbund，简称DGB）不仅独立于德共，也独立于其他所有政党，它在整个德国西占区和联邦德国社会的民主化中起到了十分重要的作用。

劳资共决制的重建与完善是德国西占区和联邦德国民主化改革的一大特色。德国具有悠久的合作主义传统。阿贝尔斯豪泽称，这种普遍存在于

---

① REULECKE J. *Arbeitbewegung an Rhein und Ruhr*. Wuppertal: Peter Hammer Verlag GmbH, 1974.

② BROZIO N. *Gewerkschaftlicher Wiederaufbau im nördlichen Ruhrgebiet 1945-1947*. Münster: Edition westfäliches Dampfoot, 1980.

③ PIETSCH H. *Militärregierung, Bürokratie, und Sozialisierung: zur Entwickelung des politischen Systems in den Städten des Ruhrgebiets, 1945 bis 1948*. Duisburg: Walter Braun Verlag, 1978.

④ 企业代表会（Betriebrat），德国单个企业中的工人代表组织，英美将其称为“工人委员会”（works council）。

德国政治、经济、社会领域的传统“诞生于封建帝国，在魏玛共和国得到了充分的发展，在纳粹统治下成了独裁制度，现在又新生了”①。劳资共决制的发展和壮大正是合作主义在联邦德国经济社会领域的最好体现。不少联邦德国学者将这一制度看作是德意志民族对世界民主制度的重要贡献，并希望向其他国家推广这一制度②。研究联邦德国经济民主化的学者则认为，战后鲁尔煤钢工业中所确立的监事会劳资对等共决制对联邦德国共决制的发展具有极其重要的意义。格洛丽亚·缪勒（Gloria Müller）在《战后共决——英国军政府—企业家—工会》一书中详细论述了英占区工会监事会劳资对等共决政策形成的原因、过程及其在鲁尔钢铁企业中贯彻的过程③。而加布里埃莱·缪勒-李斯特（Gabriele Müller-List）在《国会及政党历史档案》第 4 系列第 1 卷《煤钢共决》的导言中，则详细地论述了联邦议院正式确认监事会劳资对等共决制，即通过 1951 年《煤钢企业经理委员会及监事会雇员共决法》（Gesetz über die Mitbestimmung der Arbeitnehmer in den Aufsichträten und Vorständen der Unternehmen des Bergbaus und der Eisen und Stahl erzeugenden Industrie）的过程及影响④。这两本书的作者都强调，这种新的劳资共决制对后来联邦德国共决制的发展具有重要的指导意义。此外，诺贝特·兰夫特（Norbert Ranft）在《从被动到主动：煤钢共决与 1945 年之后的社会氛围和结构的变化》一书中，则重点论述了新劳资共决制对联邦德国经济民主化的影响，如工人就业权利、社会权利的扩大等⑤。

产权和经营权的改革也是德国西占区和联邦德国经济民主化的重要组成部分。这也是战后鲁尔煤钢工业民主化改造的重要组成部分。沃夫冈·

---

① 阿贝尔斯豪泽：《德意志联邦共和国经济史（1945-1980）》，张连根，吴衡康，译。北京：商务印书馆，1988 年，第 63 页。

② NIEDENHOFF H. *Mitbestimmung in der Bundesrepublik Deutschlands*. Köln: Deutscher Instituts-Verlag, 2005.

③ MÜLLER. *Mitbestimmung in der Nachkriegszeit: Britische Besatzungsmacht-Unternehemer-Gewerkschaften*. Düsseldorf: Verlag Schwann, 1987.

④ BRACHER K. MORSEY R, SCHWARZ H (Hrsg.). *Quellen zur Geschichte des Parlamentarismus und der politischen Parteien, Vierte Reihe, Deutschland seit 1945, Band 1, Montanmitbestimmung*. Düsseldorf: Droste Verlag, 1984.

⑤ RANFT N. *Vom Objekt zum Subjekt: Montanmitbestimmung, Sozialklima und Strukturwandel im Bergbau seit 1945*. Köln: Bund-Verlag, 1988.

鲁兹奥（Wolfgang Rudzio）在《莱茵—鲁尔社会化的失败：工党政府和德国社会民主党的社会化政策 1945—1948》一文中，详细论述了战后鲁尔工业产权社会化改革从兴起到失败的全过程①。文章认为，战后德国社民党一直积极谋求鲁尔重工业产权的社会化，但英国军政府却在美国的压力下中止了这项改革。米勒-李斯特在《国会及政党历史档案》第 4 系列第 6 卷《鲁尔区钢铁工业改革：1945—1948 年北威州钢铁工业劳资关系》的导言中则分析了鲁尔钢铁工业界对英国军政府非集中化政策所持的态度②。作者在书中写道，尽管西占区和联邦德国钢铁工业界极力反对盟国拆散鲁尔高度集中的钢铁工业，但在英、美、法的共同坚持下，非集中化还是得到了基本的贯彻。

（4）鲁尔地方史著作

北威州和鲁尔地方史一直是联邦德国学术界关注的焦点。这不仅是因为鲁尔工业区在德国经济、社会发展史上占有极其重要的地位，更是由于北威州本身就拥有许多一流的文科类大学，如比勒菲尔德大学、杜塞尔多夫大学、科隆大学、波恩大学等。在北威州和鲁尔地方的大力支持下，联邦德国学者，尤其是北威州学者撰写或编写了许多关于鲁尔地方史的著作。而这些著作中有相当一部分涉及战后鲁尔问题。作为北威州的学者，阿贝尔斯豪泽的著作中就有不少是鲁尔地方史的代表作。例如，他在 20 世纪 80 年代出版的《1945 年后的鲁尔煤矿》一书，就专门论述了战后鲁尔煤炭工业的重建、产权改革，1958 年后的结构性危机以及各方的应对措施③。阿贝尔斯豪泽在这本书中也收集了一些战后初期鲁尔煤矿改革的

---

① RUDZIO W. Die ausgebliebene Sozialisierung an Rhein und Ruhr: zur Sozialisierungspolitik von Labour-Regierung und SPD 1945-1948 // *Archiv für Sozialgeschichte, XVIII Band*. Bonn: Verlag Neue Gesellschaft, 1978.

② Einleitung, BRACHER K, MORSEY R, SCHWARZ H (Hrsg. ). *Quellen zur Geschichte des Parlamentarismus und der politischen Parteien, Vierte Reihe, Deutschland seit 1945, Band 6, Neubeginn bei Eisen und Stahl im Ruhrgebiet, die Beziehungen zwischen Arbeitgebern und Areitnehemern in der nordrhein-westfalischen Eisen und Stahlindustrie 1945-1948*. Düsseldorf: Droste Verlag, 1990.

③ ABELSHAUSER W. *Der Ruhr-Kohlebergbau seit 1945*. Müchen: Verlag C. H. Beck, 1984.

原始档案。除此之外，阿贝尔斯豪泽还主编了《工业时代的鲁尔区：历史与发展》第1卷[①]。这部大型鲁尔地方史论文集共有三大卷，内容涵盖鲁尔的政治、经济、文化、妇女、家庭、科技、语言、环境等方方面面。其中，阿贝尔斯豪泽和年轻的德国经济史专家迪特马尔·佩兹纳（Dietmar Petzina）分别论述了1914—1945年和1945年之后鲁尔区的经济发展情况。佩兹纳在文章中提出，1948—1958年是鲁尔区继德意志帝国高速发展期之后的又一个十年“黄金时期”。但正是在这十年中，鲁尔工业的结构出现了严重的失调，从而为1958年之后的煤矿危机埋下了祸根。

与《工业时代的鲁尔区：历史与发展》齐名的还有赖纳·博费曼(Rainer Bovermann)等人主编的《鲁尔区——北威州的核心：1946—1966年的地方政治》[②] 和扬-彼得·巴比安（Jan-Pieter Barbian）等人主编的《发现鲁尔：1946—1996年北威州的鲁尔区》[③]。前者的价值主要在于其中有几篇论文详细地论述了鲁尔独立工会的经济民主化政策和共决制在鲁尔钢铁工业中的发展。而后者中则有一篇论文论述了战后共决制对德国西占区和联邦德国经济民主化的影响，这篇名为《煤钢共决在鲁尔区的实践》的论文不仅论述了《煤钢企业经理委员会及监事会雇员共决法》是如何提高工人在企业中的地位的，还着重分析了在新的共决制条件下联邦德国人民民主意识是如何提高的。

**二、英美学术界有关鲁尔问题的研究**

战后鲁尔问题也受到英美学术界的关注。

早期关于鲁尔问题的研究就是当时的学者和官员从国际政治的角度来进行的。这时的著作有两大特点：一是使用的资料主要是报刊上的文章及官方声明，研究不是很深入；二是意识形态色彩浓厚。当时有些英美学者

---

① KÖLLMANNW (Hrsg.). *Das Ruhrgebiet im Industriezeitalter: Geschichte und Entwickelung, Band I*. Düsseldorf: Patmos Verlag GmbH, 1990.

② BOVERMANN R, GOCH S, PRIAMUS H (Hrsg.). *Das Ruhrgebiet: Ein Starkes Stück Nordrhein-Westfalen, Politik in der Region 1946-1966*. Essen: Klartext Verlag, 1996.

③ BARBIAN J(Hrsg.). *Die Entdeckung des Ruhrgebiets: Das Ruhrgebiets in Nordrhein-Westfalen 1946-1996*. Essen: Klartext Verlag, 1997.

将战后鲁尔问题的解决说成是西方的胜利，将鲁尔看作是西方与苏联冷战不可缺少的工具[①]。与此相对应，则是苏联或亲苏的学者，将西方对鲁尔作出的种种处置看作是美国垄断资本在德国的胜利，是美德垄断资本对西欧的联合控制[②]。

另外，此时已有一些学者和官员注意到了刚刚诞生的欧洲煤钢共同体在解决鲁尔问题方面的优势。这些人中有些将鲁尔国际管制机构与欧洲煤钢共同体相比，指出“舒曼计划”在超国家性和平等性方面的优势[③]；有些则从法德和低地国家在煤钢市场方面的传统联系来证明欧洲煤钢共同体的巨大潜力[④]。这些研究一般将欧洲煤钢共同体看作是用来解决经济问题的，对其在未来欧洲一体化方面的作用则重视不足，甚至对这一机制能否成功都还表示怀疑。20 世纪 40、50 年代有关鲁尔问题的著作虽然学术价值有限，但仍可以给我们提供一个有价值的信息，即鲁尔问题确实是当时国际政治中的热点问题，它对欧洲煤钢共同体的建立有着巨大的影响。

进入 20 世纪 80、90 年代后，随着对战后美欧关系、“马歇尔计划”和西欧一体化研究的不断深入，鲁尔问题进一步受到了英美学者的重视，并出现了大量有关这一问题的著作。这些著作主要有以下几个特点：①利用

---

① YODER A. The Ruhr and German Problem. *The Review of Politics*, 1955, 17 (3), pp. 345-348.

② 梅利尼克夫：《鲁尔问题与美国在欧洲的垄断政策》，方垦，译。北京：大众书店，1949 年，第 1、6、17 页。惠勒：《美国对德政策（1945—1950）》，贺丽，译。北京：世界知识出版社，1960 年，第 276 页。

③ KAECKENBEECK H E. GREEN L C, GOITEIN H. The International Authority for the Ruhr and the Schuman Plan. *Transactions of the Grotius Society, Problems of Public and Private International Law, Transactions for the Year 1951*, 1951 (37), pp. 4-22.

④ COKER J A. Steel and the Schuman Plan. *Economic Geography*, 1952, 28 (4), pp. 283-294. MCKESSON J A. The Schuman Plan. *Political Science Quarterly*, 1952, 67 (1), pp. 18-35. SETHUR F. The Schuman Plan and Ruhr Coal. *Political Science Quarterly*, 1952, 67 (4), pp. 503-520. MENDERSHAUSEN H. First Tests of the Schuman Plan. *The Review of Economics and Statistics*, 1953, 35 (4), pp. 269-288. PARKER W N. The Schuman Plan-A Preliminary Prediction. *International Organization*, 1952, 6 (3), pp. 381-395. POUNDS N J. Lorraine and the Ruhr. *Economic Geography*, 1957, 33 (2), pp. 149-162.

了英美各国新解密的档案材料[①]，从历史的角度而不是国际政治的角度加以考察，比较客观地反映了战后鲁尔问题解决的具体过程。当然，这些著作仍不乏意识形态色彩。②研究的重点，从以前的冷战角度和美欧关系角度，转移到西欧重建、经济民主化改革和一体化的角度[②]。笔者将这些著作大致分为以下几类：

一是研究战后德国问题和冷战的著作。如英国学者肖恩·格林伍德（Sean Greenwood）所著的《贝文，鲁尔与德国分裂》一文，专门论述了英国外交大臣欧内斯特·贝文（Ernest Bevin）对鲁尔处置政策的演变[③]。格林伍德认为，贝文最终拒绝苏联参与鲁尔管制是德国分裂和冷战兴起的重要因素。从德国问题的角度研究美国冷战政策的著作也有不少涉及鲁尔问题。例如，在 2002 年出版的《没有退出：美国与德国问题 1943—1952》一书中，作者詹姆斯·麦克阿里斯特（James McAllister）就以美国档案馆、图书馆大量的未刊档案为依据，为我们提供了这一时期美国鲁尔政策中许多不为人知的细节[④]。西方传统观点认为，苏联在波茨坦会议召开前后的德国赔偿政策，不仅加深了东西占领区之间的隔阂，也迫使美国国务卿詹姆斯·贝尔纳斯（James Byrnes）提出了更为现实的分区赔偿计划[⑤]。但麦克阿里斯特却认为，当时苏联政府究竟有无分裂德国的企图还很难说[⑥]。种种迹象表明，贝尔纳斯反对苏联插手鲁尔是新一届美国政府对苏战略的体现，并不完全是苏联的行为所迫使的。除麦克阿里斯特这本著作

---

① DIEFENDORF J M, FROHN A, RUPIEPER H (eds.). *American Policy and the Reconstruction of West Germany, 1945-1955*. Cambridge: Cambridge University Press, 1996, p. ix，前言中编者的介绍。

② MILWARD A S. *The Reconstruction of Western Europe 1945-1951*. New York: Metbuen& Co. Ltd., 1984. GILLINGHAM J, *Coal, Steel, and Rebirth of Europe, 1945-1955: The Germans and French from Ruhr Conflicts to Economic Community*. New York: Cambridge University Press, 1991.

③ GREENWOOD S. Bevin, Ruhr and Division of Germany: August 1945-December1946. *The History Journal*, 1986, 29 (1).

④ MCALLISTER J. *No Exit: America and the German Problem 1943-1954*. Ithaca: Cornell University Press, 2002.

⑤ CAIRNCROSS A. *The Price of War, British Policy on German Reparations 1941-1949*. London: Basil Blackwell, 1986, pp. 89-91.

⑥ MCALLISTER J. *No Exit: America and the German Problem 1943-1954*. Ithaca: Cornell University Press, 2002, p. 116.

外，近年来美国关于美占区军事长官卢修斯·克莱（Lucius Clay）的研究，也为笔者提供了有关美国国务院与军方在鲁尔问题上争论的宝贵资料[①]。

二是研究战后西欧重建及一体化的著作。这方面的代表作其一是约翰·格林哈姆（John Gllingham）的《从“摩根索计划”到“舒曼计划”：法德从鲁尔冲突到西欧一体化》[②]。格林哈姆是美国加州大学伯克利分校的博士和密苏里大学历史系教授，长期从事战后欧洲经济史的研究。他曾发表过《法国的鲁尔政策与“舒曼计划”的根源》[③]、《从“摩根索计划”到“舒曼计划”：美国与西欧的组织化》[④] 等多篇专门研究占领时期美国对德政策和欧洲早期一体化的论文，而刚才介绍的《从“摩根索计划”到“舒曼计划”：法德从鲁尔冲突到西欧一体化》一书则正是他在这一领域研究的代表作。该书运用了大量新解密的美、德外交档案及《美国对外关系》（FRUS）文件，系统地论述了自一战以来鲁尔问题在欧洲煤钢一体化方面的作用，并重点分析了战后美国与其他盟国在鲁尔问题上的斗争及其对“舒曼计划”出台的影响。第二本具有代表性的著作是艾伦·米尔沃德（Alan S. Milward）的《西欧的重建 1945—1951》[⑤]。米尔沃德是西方著名的西欧一体化问题专家，是“欧洲修正派”的重要代表人物[⑥]，他的这本《西欧的重建 1945—1951》曾被誉为“向先前公认的一体化起源的历史解释发起了英文著作中最为强硬挑战的”三部曲之一[⑦]。在此书中，

---

① BACKER J. *Die Deutschen Jahren des General Clay: Der Weg zur Bundesrepublik 1945-1949*. München: Verlag C. H. Beck, 1983. KRIEGER W. Was General Clay a Revisionist? Strategic Aspects of the United States Occupation of Germany. *Journal of Contemporary History*, 1983, 18 (2), pp. 165-184.

② GILLINGHAM J. *Coal, Steel, and Rebirth of Europe, 1945-1955: The Germans and French from Ruhr Conflicts to Economic Community*. New York: Cambridge University Press, 1991.

③ 惠一鸣：《“舒曼计划”性质思考》，载《史学集刊》，1999 年第 1 期。

④ DIEFENDORF J M, FROHN A, RUPIEPER H (eds.). *American Policy and the Reconstruction of West Germany, 1945-1955*. Cambridge: Cambridge University Press, *1996*.

⑤ MILWARD A S. *The Reconstruction of Western Europe 1945-1951*. New York: Metbuen& Co. Ltd., 1984.

⑥ 洪邮生：《欧洲一体化研究中的“欧洲修正派”述评》，载《欧洲研究》，2004 年第 5 期。欧洲修正派是西方一体化理论界的一个派别。

⑦ 洪邮生：《欧洲一体化研究中的“欧洲修正派”述评》，载《欧洲研究》，2004 年第 5 期。

他虽然对鲁尔问题着墨不多（只占全书六分之一），但却给笔者提供了战后法国鲁尔政策和1948年六国伦敦会议的重要细节，而这些细节有些是不见于FRUS、《英国对外事务文件集》（BDFA）这些官方档案的。

其三是研究战后英美对德复兴及民主化改造政策的著作。在这方面首先要提到的是两本重要的论文集，即英国学者伊安·特纳（Ian Turner）主编的《战后西德重建：英国占领政策与1945—1955年的西占区》① 和华盛顿德国历史研究所资助编写的《美国与战后西德重建1945—1955》②。《战后西德重建：英国占领政策与1945—1955年的西占区》一书主要是利用伦敦公共档案馆外交部F.O.档案，全面分析占领时期英国对德政策的论文集。其中既有直接关于英国军政府对鲁尔煤钢工业政策的论文，如《失控的经济：1945—1948年鲁尔煤炭生产》，也有许多间接涉及鲁尔问题的论文，如《盟国与德国关于西德钢铁工业非集中化的协商》等。《美国与战后西德重建1945—1955》一书则收录了论述战后初期十年内美国对德国西占区及联邦德国政策的多篇重要论文，其内容涵盖经济复兴、国际管制、民主化改造等方方面面。尤其重要的是，该书还收录了前文所提到的慕尼黑工大教授维尔纳·比勒关于美国对鲁尔工业政策的专论《回归正常：美国与鲁尔工业1945—1949》。这篇论文的最大价值是为笔者提供了关于鲁尔煤钢工业非纳粹化的宝贵材料。

当然，英美学界也出版过针对英美对德政策某方面进行研究的专论。如美国学者詹姆斯·范·胡克（James van Hook）在近年发表《从公有化到共决制：美国、英国、德国与鲁尔的公共产权1945—1951》③ 一文，专门论述英美在鲁尔工业民主化改造方面的分歧与妥协。他在文中提出了一个新的观点，即不是美国迫使英国放弃了对鲁尔重工业产权的社会化改造，而是英国人自己首先改变了态度。

德、英、美等国的学者研究鲁尔问题最大的优势在于手头可利用的原

---

① TURNER I (ed.). *Reconstruction in Post War Germany: British Occupation Policy and Western Zones, 1945-1955*. Oxford: Berg, 1989.

② DIEFENDORF J M. FROHN A, RUPIEPER H (eds.). *American Policy and the Reconstruction of West Germany, 1945-1955*. Cambridge: Cambridge University Press, 1996.

③ VAN HOOK J. From Socialization to Co-determination: The U.S., Britain, Germany and Public Ownership in Ruhr, 1945-1951. *The Historical Journal*, 2002 (I).

始资料丰富。这些资料包括：杜塞尔多夫北威州州立档案馆档案（HstA, Düsseldorf），以北威州政府及议会档案为主；位于波恩的社会民主党档案馆档案，即今天的艾伯特基金会所属德国社会民主党档案；原杜塞尔多夫德意志工会联合会档案，现在已大部并入艾伯特基金会；科布伦茨联邦档案馆档案（BA），以联邦政府各部门及联邦议院档案为主；工商界利益代表集团，如德国工业联合会、德国工商业协会（Deutscher Industrie und Handelstag，简称 DIHT）档案；各大鲁尔公司所属档案；美国驻德军政府（U. S. Office of Military Government for Germany，简称 OMGUS）档案；英国伦敦公共档案馆所藏英国外交部档案等。但其缺点也是很明显的，即大多数研究所涉及内容过于狭窄，容易给人一种只见树木、不见森林之感。

当然，由于语言的限制，笔者无法就法、比、荷等国学术界在鲁尔问题上的研究动态加以介绍。

**三、国内学术界有关鲁尔问题的研究**

笔者尚未在国内学术界看到专门研究战后鲁尔问题的成果。但以下三类著作都曾涉及这一问题。其一是研究战后联邦德国外交和欧洲国际关系的著作，如黄正柏的《德国问题与欧洲煤钢共同体的建立》[1]；其二是研究战后德国西占区和联邦德国民主化的著作，如张沛的《凤凰涅槃——战后德国西占区的民主化》[2]；其三是专门研究德意志特殊道路的著作，如吴友法、黄正柏主编，邢来顺等多名知名德国史专家参与编写的《德国资本主义发展史》等[3]。

## 第二节　选题意义

**一、鲁尔问题的由来**

位于德国西部、莱茵河下游支流鲁尔河与利珀河之间的鲁尔工业区，

---

① 黄正柏：《德国问题与欧洲煤钢共同体的建立》，《华中师范大学学报》（哲学社会科学版），1994 年第 6 期。

② 张沛：《凤凰涅槃——战后德国西占区民主化研究》，上海：华东师范大学博士学位论文，2003 年。

③ 吴友法，黄正柏主编：《德国资本主义发展史》，武汉：武汉大学出版社，2000 年。

是德国也是世界重要的工业区。通常将鲁尔煤管区规划协会，即今天的鲁尔地区联合会（Regionalverband Ruhr，简称 RVR）所管辖的地区，作为鲁尔区（Ruhrgebiet）的地域。其面积 4593 平方公里，占全国面积的 1.3%。区内人口和城市密集，人口达 570 万，占全国人口的 9%，核心地区人口密度超过每平方公里 2700 人；区内 5 万人口以上的城市 24 个，其中埃森、多特蒙德和杜伊斯堡人口均超过 50 万。鲁尔区南部的鲁尔河与埃姆舍河之间的地区，工厂、住宅和稠密的交通网交织在一起，形成连片的城市带。在历史上，有时也将杜塞尔多夫包括在鲁尔区之中。两个世纪以来，各大国为争夺这一地区的资源曾展开了激烈的角逐。

所谓鲁尔问题，就是该如何处置鲁尔煤钢工业，才能使这些工业不再为德国的侵略扩张服务，而只为欧洲的持久和平与繁荣作出贡献。鲁尔问题的出现，从根本上说，是由鲁尔煤钢工业对欧洲发展的双重作用所造成的。

一方面，欧洲，尤其是西欧的发展离不开鲁尔煤炭工业。二战之前，鲁尔拥有欧洲最大的煤田，其储量在世界上仅次于美国的匹兹堡地区。更为重要的是，鲁尔煤炭中富含高品质的炼钢焦炭。对于法国、卢森堡等西欧国家来说，鲁尔焦炭是它们发展本国钢铁工业不可或缺的原材料。1937 年时，鲁尔用 4230 万吨煤生产了 3160 万吨的焦炭，其中 1360 万吨留在鲁尔，960 万吨运到德国其他地区，另有 840 万吨出口[①]。但另一方面，鲁尔煤钢工业单独掌控在普鲁士及后来的德国手中，对其他欧洲国家来说又是一场噩梦。每当德国与邻国交恶之时，它就会通过减少焦炭出口使其邻国尤其是法国无法获得足够的原料供应。另外，兴建在煤田之上的鲁尔钢铁工业也具有得天独厚的优势。1937 年时，鲁尔的钢铁产量已与整个大英帝国相等，远远超过法国。正是凭借着鲁尔区实力雄厚的煤钢重工业，德国在 20 世纪上半期发动了两次世界大战，给欧洲和全世界人民带来了空前的灾难。

---

① HARRIS C. Ruhr Coal Mining District. *Geographical Review*, 1946, 36 (2), p. 215.

## 二、鲁尔问题对联邦德国及战后西欧历史发展的影响

战后鲁尔问题既是战前的继续，又带有新时代的特点。1945—1953 年是世界从二战到冷战的过渡期。随着东西方分歧的加剧，四大国未能就鲁尔问题的解决达成一致。鲁尔问题最终是由西方国家单独解决的。对西方来说，鲁尔问题的解决，不仅要保证德国未来不会再走上侵略扩张的道路，还要保证苏联不会在德国西占区和联邦德国扩张自己的力量。鲁尔问题实际上包括三个问题，即鲁尔煤钢工业的复兴、国际管制和内部改造。经过一番艰苦的斗争与妥协之后，西方终于成功地解决了棘手的鲁尔问题，实现了鲁尔煤钢工业的重建与改造。

战后鲁尔煤钢工业的复兴、国际管制和内部改造对联邦德国重建及转型有着重要的影响。从经济方面来看，西方对鲁尔煤钢工业的复兴与改造，不仅直接有利于联邦德国经济奇迹的出现，还促进了联邦德国社会市场经济制度的形成。从政治方面来看，西方对鲁尔问题的解决，不仅有利于维护联邦德国的领土完整，加速其主权恢复，还有利于联邦德国走上西方民主国家的道路。从外交方面看，鲁尔问题的解决，则推动了联邦德国欧洲一体化政策的形成。

如果将视角从横向上加以扩展，我们就会发现，战后鲁尔问题的解决不仅对联邦德国重建和社会转型影响巨大，它还在一定程度上推动了战后欧洲国际关系的变革：一方面，西方对鲁尔问题的解决，加剧了东西德的分裂和冷战；另一方面，欧洲煤钢共同体的建立，也开启了欧洲一体化的进程，有利于维护西欧的持久和平与繁荣。

鲁尔问题是德国问题的缩影。战后西方对鲁尔问题的解决，可以为我们解决类似问题提供宝贵的经验和教训。

在经验方面，其一，要维持一个地区的和平与稳定，就必须加快该地区的经济恢复与发展。而在发展经济时，优先发展关键行业又是必不可少的。二战之后，英美及联邦德国优先发展鲁尔煤钢工业，有力地促进了联邦德国的重建和德国问题的成功解决，维持了联邦德国和整个西欧的稳定。其二，犯下过战争罪行的国家必须作出深刻反省并努力获得邻国的谅解，而那些曾遭受侵略的国家也应以平等的态度对待自己昔日的仇敌。只有双方牢记历史，互信互重，才能找到一条真正化解积怨的办法。欧洲煤

钢共同体就是法德双方基于以上思路而找到的一条从外部解决鲁尔问题和德国问题的办法。

与此同时，西方对鲁尔问题的解决，也给我们留下了一些可资借鉴的教训。例如，在解决重大国际问题时，不同意识形态的国家要加强沟通与合作，减少误会及不必要的冲突。战后初期苏联插手鲁尔事务的首要目的是从鲁尔重工业中获取赔偿，以满足自己在安全和重建方面的需要。但英美当时却认为，苏联插手鲁尔是为了在德国西部扩张自己的势力。因此，英美在解决鲁尔问题时，一直对苏联参与鲁尔管制颇有顾虑。而英美的态度反过来又加深了苏联对西方的不信任，从而进一步推动了东西方冷战的到来。

# 第一章　困扰盟国的鲁尔问题

## 第一节　19 世纪末以来法德间“鲁尔问题”的形成与演变

### 一、二战前法德间“鲁尔问题”概述

鲁尔是德国历史上最重要的工业区之一。这一地区雄厚的煤炭和钢铁工业不仅为德国的工业化和经济腾飞作出了重要贡献，还是其进行对外侵略战争的主要支柱。鲁尔煤田中富含炼钢焦炭，为了降低生产成本，大量钢铁企业聚集在这一地区。资源上得天独厚的优势使鲁尔成为普鲁士经济和军事上的支柱。

德国是一个在第二次工业革命中崛起的国家，煤钢重工业在它的“发家史”中占有重要地位。德国历史上首批成规模的钢铁生产企业就是在鲁尔区首先形成的，如克虏伯、好希望钢铁厂等。到 19 世纪 40 年代初，好希望钢铁厂已拥有职工 2000 人。与钢铁工业相比，鲁尔煤炭工业的发展对德意志帝国的意义更大。从表 1 中我们可以看出，自 1850 年起，鲁尔、普鲁士和整个德国的石煤产量增长迅速。而鲁尔石煤产量在普鲁士和整个德国石煤产量中所占的比重也在不断上升。鲁尔煤炭产量的快速增长，为德意志帝国的崛起奠定了坚实的基础。总之，在德国工业化和崛起的过程中，鲁尔煤钢工业一直扮演着十分重要的角色（见表 1）。

**表1　1850—1870年鲁尔、普鲁士和德国的石煤开采状况（单位：千吨）**[①]

| | 鲁尔 | 普鲁士 | 德国 |
|---|---|---|---|
| 1850 | 1961 | 4575 | 5184 |
| 1860 | 4274 | 10657 | 12348 |
| 1870 | 11517 | 23316 | 26398 |

普法战争之后，由于新成立的德意志帝国兼并了洛林铁矿，鲁尔的这种资源优势也得到了进一步的发挥。“德国像美国一样在自己的国土上有了两种基本的原料，可以将铁矿石运到煤田（鲁尔）。”[②] 盛产铁的洛林、卢森堡和盛产煤的鲁尔、萨尔各取所需，形成了一种联合经济，即洛林的铁矿石运到鲁尔和萨尔区冶炼，鲁尔和萨尔则向洛林和卢森堡提供焦炭，鲁尔—卢森堡—萨尔因此成为德国钢铁工业的中心。1913年，德国的钢产量已达1760万吨，而同期法国的钢产量只有470万吨。这是德国敢于支持奥匈帝国发动第一次世界大战的重要经济基础。因此，在一战后的巴黎和会期间，法国千方百计地要求剥夺德国在煤钢工业方面的优势：它不仅重新收回了洛林，还要将鲁尔变成一个“政治上独立、经济上与法国联合”的国家[③]。但是，这一要求由于列强的反对而没有实现。

1923年，法国作出了出兵鲁尔的决定，这使得鲁尔再次成为各国关注的焦点。法国出兵鲁尔有两个原因：一是出于安全方面的考虑。凡尔赛会议后，英美并没有根据许诺保证法国的安全[④]。随着德国钢铁工业优势的不断增长，法国在安全方面的担忧也不断加重。为了防止德国发动报复自己的战争，它终于作出了用武力控制鲁尔的决定；二是旨在要挟德国支付赔款。然而，法国占领鲁尔的行动却在英美的反对下遭到了惨败。鲁尔冒险的失败对法国的影响是灾难性的：一方面，由于保有了鲁尔，德国的重工业很快就又在西欧占据了绝对的优势；另一方面，由于对英美的过分依赖，法国还逐渐丧失了在德国问题上的主导权。

---

① 邢来顺：《德国工业化经济－社会史》，武汉：湖北人民出版社，2003年，第159～160页。

② SETHUR F. The Schuman Plan and Ruhr Coal. *Political Science Quarterly*, 1952, 67 (4), p. 503.

③ SETHUR F. The Schuman Plan and Ruhr Coal. *Political Science Quarterly*, 1952, 67 (4), p. 504.

④ 刘作奎：《英国与鲁尔危机（1920—1923）》，首都师范大学历史学院硕士学位论文，2002年，第9页。

纳粹上台后，德国的经济扩张迅速。到1937年时，鲁尔煤产量已高达1.278亿吨，三倍于法国[①]；钢产量亦达法国两倍，共消耗焦炭1750万吨，这些焦炭中只有四分之一来自鲁尔本地，半数来自北欧的挪威和瑞典[②]；而与此同时，法国从德国进口的焦炭则占其焦炭进口总额的75%以上[③]。依靠鲁尔的煤钢工业，希特勒发动了第二次世界大战，再一次使欧洲经历了空前的浩劫。而对法国来说，这已经是它在70年间连续第三次遭到德国的入侵了。因此，战后法国将保证国家安全，尤其是解决鲁尔问题摆在了对外政策的突出位置。

## 二、法国战后分离鲁尔政策的形成

二战后，由于按照有关协议参加了盟国对德管制委员会，法国成了除英、美、苏三大国之外在鲁尔问题上最有发言权的一个国家。早在巴黎光复之前，法国国防委员会就曾提出了分割德国西部领土的计划，其中就有将鲁尔从德国分离出来并置于国际管制之下的要求[④]。1945年2月12日，法国临时政府外交部制定了一份秘密备忘录，要求将德国西部领土从德国分离出来并划分为三个永久占领区：英国和低地国家负责的北部地区；法国占领的莱茵河左岸地区；国际共管的鲁尔地区[⑤]。

然而，波茨坦会议公报不仅对分离鲁尔只字未提，还要在德国建立一

---

① HARRIS C. Ruhr Coal Mining District. *Geographical Review*, 1946, 36 (2), p. 194.

② HARRIS C. Ruhr Coal Mining District. *Geographical Review*, 1946, 36 (2), pp. 220-221.

③ COKER J A. Steel and the Schuman Plan. *Economic Geography*, 1952, 28 (4), p. 287.

④ STEININGER R. *Ein Neues Land an Rhein und Ruhr: Die Ruhrfrage 1945/46 und die Entstehung Nordrhein-Westfalen*. Köln: Verlag W. Kohlhammer, 1990, S. 45-46. Dok. Nr. 1, Nr. 2, BRACHER K, MORSEY R, SCHWARZ H (Hrsg.). *Quellen zur Geschichte des Parlamentarismus und der politischen Parteien, Vierte Reihe, Deutschland seit 1945, Band 4, Die Ruhrfrage 1945/46 und die Entstehung des Landes Nordrhein-Westfalen: britische, französische und amerikanische Akten*. Düsseldorf: Droste Verlag, 1988, S. 251-254.

⑤ STEININGER R. *Ein Neues Land an Rhein und Ruhr: Die Ruhrfrage 1945/46 und die Entstehung Nordrhein-Westfalen*. Köln: Verlag W. Kohlhammer, 1990. S. 56. Dok. Nr. 4, BRACHER K, MORSEY R, SCHWARZ H (Hrsg.). *Quellen zur Geschichte des Parlamentarismus und der politischen Parteien, Vierte Reihe, Deutschland seit 1945, Band 4, Die Ruhrfrage 1945/46 und die Entstehung des Landes Nordrhein-Westfalen: britische, französische und amerikanische Akten*. Düsseldorf: Droste Verlag, 1988, S. 255-256.

些中央管理机构，“所有将莱茵—威斯特伐伦从德国独立出来、获得土地的想法都被废止了”[①]。这些规定全然不顾法国对战后德国的处置意见，因此激起了法国的强烈不满。1945 年 7 月 31 日，法国表示，对三大国在管制时期对德国处理的总的政治原则持保留意见，因为“它看上去像是第三帝国重生的第一个表现”。8 月 3 日，即《波茨坦协议》正式公布的第二天，法国临时政府外长乔治·皮杜尔（Georges Bidault）照会三大国，再次对《波茨坦协议》中有关德国的内容表示不满[②]。

为了让三大国认真考虑法国在德国问题上的态度，法国制定了更为详细的分割德国西部领土的计划。其中，对鲁尔的处置是：首先，要将鲁尔地区从德国分离出来并成立一个国际共管的独立的“鲁尔国”。这个国家不仅要有领土、人口，更要有包括设置关税壁垒权在内的国家主权；其次，鲁尔国家的政权将由参加对德作战的盟国组成；第三，在坚持分离鲁尔的前提下，法国还计划对鲁尔工业实行国际监督和管制，制定了如鲁尔经济非武装化方案，鲁尔工业产权、经营权国际化的方案等[③]。

法国要求建立国际共管的鲁尔国，首先是出于安全方面的考虑。1944 年11 月12 日，法国临时政府总理夏尔·戴高乐（Charles DeGaulle）在咨政议会上宣布：“如果把作为战略物资来源的鲁尔置于国际管制的特殊制度之下，就更容易防止这个联邦走向奴役邻国的道路。”[④] 在法国看来，将鲁尔从德国分离出来不仅有助于维护法国的安全，还可以起到防范

---

① PRESTON P（ed.）. *British Documents on Foreign Affairs*（下文简称 *BDFA*），*Series F Europe, Part Ⅲ*, *Volume 7*, *Central Europe April1945-September1945*. Bethesda MD: University Publications of America, 1998, p. 257.

② PRESTON P（ed.）. *BDFA*, *Series F Europe, Part Ⅲ*, *Volume 8*, *Central Europe October1945-December1945*. Bethesda MD: University Publications of America, 1998, p. 47.

③ PRESTON P（ed.）. *BDFA*, *Series F Europe, Part Ⅲ*, *Volume 8*, *Central Europe October1945-December 1945*. Bethesda MD: University Publications of America, 1998, pp. 22-24, pp. 59-60. Dok. Nr. 21, BRACHER K, MORSEY R, SCHWARZ H（Hrsg.）. *Quellen zur Geschichte des Parlamentarismus und der politischen Parteien, Vierte Reihe, Deutschland seit 1945, Band 4, Die Ruhrfrage 1945/46 und die Entstehung des Landes Nordrhein-Westfalen: britische, französische und amerikanische Akten*. Düsseldorf: Droste Verlag, 1988, S. 330-331. VON OPPEN B（ed.）. *Documents on Germany under Occupation 1945-1954*. London: Oxford University Press, 1955, pp. 66-68.

④ 戴高乐：《战争回忆录第三卷　拯救（1944—1946）》，陈焕章，译。北京：中国人民大学出版社，2005 年，第 46～47 页。

苏联的作用。法国认为苏联要在短时间内在德国建立共产主义政权并最终控制整个德国。为了防止鲁尔落入苏联控制之下，必须维持鲁尔从德国分离的状态。皮杜尔在1946年2月时表示：我们要么将鲁尔留在德国并因此将其交给苏联，要么将其分割出来拯救西方[①]。

另外，经济方面的考虑也是法国制定这一政策的主要原因。1945年10月5日，戴高乐在对法国对德占领军的讲话中强调："西欧，特别是法国迫切需要鲁尔地区丰富的煤炭资源，鲁尔区既可提供保证，同时也是一种工具……从工具来说，鲁尔的煤炭资源将保证欧洲的复兴，特别重要的是，鲁尔在帮助法国成为工业强国上将起到至关重要的作用。只有依靠鲁尔的生产能力，法国才能更强大。"[②] 通过建立国际共管的鲁尔国，法国可以参与对鲁尔煤钢工业的管制，而这对法国战后重建具有重大的意义。一方面，鲁尔煤炭是法国工业复兴的关键；另一方面，只有摧毁鲁尔的钢铁工业，才能为法国在经济上称霸西欧扫清道路。1945年10月，法国在解释其鲁尔政策时明显流露出要让洛林钢铁工业取代鲁尔的意图[③]。

总的说来，法国此时鲁尔政策的核心就是将这一地区从德国分离出来并置于盟国的管制之下。毫无疑问，这种政策可以最大限度地保证法国的安全[④]。但与此同时，这一政策也存在着许多致命的缺点：在政治上，它不仅会引起德国人的强烈不满，还会使苏联获得插手鲁尔的机会；在经济上，它会给德国其他地方带来灾难性的后果：德国的土地无法生产足够的粮食满足德国人的需要，它需要出口工业品赚取利润来进口粮食。鲁尔是

---

① STEININGER R. *Ein Neues Land an Rhein und Ruhr: Die Ruhrfrage 1945/46 und die Entstehung Nordrhein-Westfalen*. Köln: Verlag W. Kohlhammer, 1990, S. 144.

② 严双伍：《第二次世界大战与战后欧洲一体化起源研究》，武汉：武汉大学出版社，2004年，第232页。

③ STEININGER R. *Ein Neues Land an Rhein und Ruhr: Die Ruhrfrage 1945/46 und die Entstehung Nordrhein-Westfalen*. Köln: Verlag W. Kohlhammer, 1990, S. 84. Dok. Nr. 34, BRACHER K, MORSEY R, SCHWARZ H (Hrsg.). *Quellen zur Geschichte des Parlamentarismus und der politischen Parteien, Vierte Reihe, Deutschland seit 1945, Band 4, Die Ruhrfrage 1945/46 und die Entstehung des Landes Nordrhein-Westfalen: britische, französische und amerikanische Akten*. Düsseldorf: Droste Verlag, 1988, S. 357-358.

④ STEININGER R. *Ein Neues Land an Rhein und Ruhr: Die Ruhrfrage 1945/46 und die Entstehung Nordrhein-Westfalen*. Köln: Verlag W. Kohlhammer, 1990, S. 138.

德国的主要工业区，一旦从德国分离出来，势必对整个德国的国际收支产生巨大的负面影响。这些弱点后来成为盟国攻击法国鲁尔政策的理由。

## 第二节　雅尔塔会议前三大国对鲁尔政策概述

### 一、从“摩根索计划”到JSC1067号指令：美国对鲁尔的处置政策

美、英、苏三大国在二战期间制定战后对德政策时，即开始思考如何处置鲁尔的问题。美国最初对鲁尔的政策是相当严厉的。1944年9月1日，美国财政部部长亨利·摩根索（Henry Morgenthau）制定了《对德政策的分析》，即“摩根索计划”。他在计划中明确表示，“法西斯主义就是德意志人的本质特点”，必须对战后德国实行严格的控制和“农牧业化”改造。为此，他不仅提出要在鲁尔实现非军事化并将其设备拆迁用于赔偿，还希望将鲁尔地区划归一个“由联合国建立的国际安全组织控制”，该地区剩余工业的产权也要转移至国际组织的手中[①]。

“摩根索计划”在某种程度上也反映了罗斯福的看法。早在1943年11月的德黑兰会议上，罗斯福就提出要将鲁尔等地区从德国分离出来并置于联合国的管制之下，“使德意志帝国再也不能威胁欧洲和世界的和平”[②]。这种思想与“摩根索计划”的核心内容十分接近。1944年9月8日，罗斯福在接见国务卿科德尔·赫尔（Cordell Hull）、陆军部部长亨利·史汀生（Henry Stimson）和摩根索三人时，明确表示了对“摩根索计划”的巨大兴趣，并再次提出要将包括鲁尔在内的德国部分地区的政权国际化或由国际托管[③]。1944年9月中旬，英美举行了第二次魁北克首脑会晤。前述三位部长中，罗斯福只带了摩根索一人前往，足见其对“摩根索计划”的重

---

① U. S. Department of State (ed.). *Foreign Relations of the United States*（下文简称 *FRUS*）, *1944*, *Conference at Quebec*. Washington D. C.: Government Printing Office（下文简称 GPO）, 1972, p. 87.

② U. S. Department of State (ed.). *FRUS*, *1943*, *The Conferences at Cairo and Tehran*. Washington D. C.: GPO, 1961, p. 87.

③ U. S. Department of State (ed.). *FRUS*, *1944*, *Conference at Quebec*. Washington D. C.: GPO, 1972, p. 144.

视程度。9 月 15 日，罗斯福在会议的公报中正式接受了“摩根索计划”。

那么，美国为什么会采取如此严厉的对德政策呢？

首先，这与美国的国家利益和国家战略密切相关。二战中德国法西斯横扫欧陆，对美国国家安全构成了严重的威胁。为了击败纳粹，美国开始援助英国和苏联，并逐渐与两国建立了较为牢固的同盟关系。战争期间，三大国曾多次召开外长和首脑会议，相约作战至德国无条件投降为止，这也是盟国最终能够战胜轴心国的重要条件。在四年的浴血奋战之后，盟国终于战胜了穷凶极恶的法西斯。此时，美国和盟友们最关心的当然是如何消除德国的军事潜力以保证自己的安全。所以它一开始就采取严厉的对德政策也就不足为奇。罗斯福所设计的美国战后对外战略是以四大国合作为基础，依靠联合国来防范法西斯的东山再起和维持世界和平。按照这一战略，罗斯福将美苏之间的友谊看得极为重要，为了不得罪斯大林，他也不愿在对德政策方面过于宽松。

其次，这也与摩根索的个人因素密切相关。在美国对德政策出台的过程中，摩根索无疑起到了极其重要的作用。摩根索是犹太人，且与罗斯福关系密切。这使得他对德国固有的偏见容易对美国外交产生影响。

再次，公众舆论也对美国强硬政策的出台起到了推波助澜的作用。美国人起先并不对德国人抱有特别的恶感。但是，随着欧战临近尾声，东西战场都发现了灭绝人性的集中营，德国纳粹的反人类暴行被相继公之于世。尤其是美国人在得知德军屠杀美军战俘后，舆论哗然。人们开始谴责整个德意志民族，认为德国人的侵略性源于德国人的特性。1944 年 8 月，国务院的民意测验显示，41%的人反对重建德国有战争潜力的工业，42%的人赞成分割德国①。1945 年 5 月,美国民众中认为美国主要敌人是德意志民族或德意志民族加德国政府的人有 42%，而希望由德国人来赔偿战争损失的则高达 74%②。

虽然决策者在外交政策制定过程中起着极为关键的作用，但他们也只

---

① EISENBERG C. *Drawing the Line: American Decision to Divide Gernany 1945-1949*. New York: Cambridge University Press, 1996, p. 45.

② MERRILL D (ed.). *Documentary History of Truman Presidency, Volume 3, United States Policy in Occupied Germany after World War Ⅱ, Denazification, Decartelization, Demilitarization and Democratization*. Bethesda MD: University Publications of America, 1995, pp. 33-37.

能以本国以往的外交战略为基础，依据当时的国际形势和国家利益来制定政策。因此，罗斯福当时采取强硬的对德政策，既像某些学者所说的，是对“历史记忆”作出的选择，也是根据美国国家利益和战略作出的判断。这一政策具有一定的历史必然性。

然而，“摩根索计划”却在国务院和军方的强烈反对下遭到了失败①。赫尔领导下的国务院战后问题咨询委员会认为，二战的起源是大萧条时的经济封闭，“如果各个国家，特别是那些陷入麻烦的欧洲国家，能够消除针对外国货币和产品的人为障碍，让自由市场的力量来指导经济活动，那每一个国家都将变得更加繁荣而较少好战”。约束德国侵略行为最好的方法应是改造和利用德国的经济力量，使之适应并为自由的世界经济作出贡献，而不是要对它进行严格地限制。因此，该委员会不仅反对严厉的德国赔偿政策，也反对将鲁尔地区从德国分离出来②。1944 年 9 月 5 日，罗斯福召开由赫尔、摩根索和史汀生参加的、讨论美国战后对德政策的三部长会议。赫尔在会议上指出，他不能同意将鲁尔从德国分离出来的政策，因为“这一政策，不管多么严厉，不能在不确定的未来祛除外来的、强加在德国头上的控制的必要性”③。史汀生也认为“摩根索计划”中将鲁尔等地非工业化的方法是既不可能也不实际的，“我从其中看到了大量的坏处”④。在 9 月 9 日的备忘录中，他进一步解释道：“在世界正经历着灾难并需要产品的时候，将这些有价值的工业全部拆迁的想法是完全错误的。”⑤ 罗斯福在第二次魁北克会议上公然接受“摩根索计划”的行为，也在美国引起了轩然大波。国务院表示，在未得到英苏的充分谅解之前，坚决反对肢解德国的政策⑥。史汀生则将美国

---

① EISENBERG C. *Drawing the Line: American Decision to Divide Gernany 1945-1949*. New York: Cambridge University Press, 1996, p. 30.

② EISENBERG C. *Drawing the Line: American Decision to Divide Gernany 1945-1949*. New York: Cambridge University Press, 1996, pp. 16-20.

③ U. S. Department of State (ed.). *FRUS, 1944, Conference at Quebec*. Washington D. C.: GPO, 1972, p. 94.

④ U. S. Department of State (ed.). *FRUS, 1944, Conference at Quebec*. Washington D. C.: GPO, 1972, p. 99.

⑤ U. S. Department of State (ed.). *FRUS, 1944, Conference at Quebec*. Washington D. C.: GPO, 1972, p. 124.

⑥ U. S. Department of State (ed.), *FRUS, 1945, Conferences at Malta and Yalta*. Washington D. C.: GPO, 1955, p. 156.

的政策斥为“闪米特人疯狂的报复行为”，如果得到贯彻的话必会播下战争的种子[①]。面对国内的强烈反对，罗斯福不得不放弃了“摩根索计划”，并一再保证自己无意将德国变成一个农业国。“没有人再想要使德国成为一个完全的农业国，没有人想要消灭德国在鲁尔和萨尔的工业生产能力。”[②]

在此之后，美国对德政策中不时还可以看到“摩根索计划”的影子，但缓和的迹象也是十分明显的。1945 年 5 月，国务院、陆军部、海军部联合下达了 JSC1067 号指令，对战后初期美国军政府在德国的政策作出了具体的指导。JSC1067 号指令中许多内容都继承了“摩根索计划”的思想。例如，指令第 4 条规定：盟国的“主要占领目标是防止德国再次成为对世界和平的威胁”；第 6 条则要求，除非盟国的战略目标受到影响，不得采取恢复德国经济或保持加强德国经济的做法[③]。但与此同时，JSC1067 号指令也允许德国拥有一定的农业、工业以维持不高于其邻国的生活水平。“……必须对饥饿和疾病的蔓延、或对占领国构成威胁的平民的骚乱所需的必要的、供应性需求做出估算，这种估算要以一种使德国人能够用自己的劳作和资源养活自己为基础。”[④]

### 二、自立＋安全：英国对鲁尔的处置政策

相对美国，英国对德国的态度要温和一些。英国人认为，要想防止德国再次发动战争，仅仅靠消灭纳粹主义，削弱鲁尔的工业，甚至肢解这个国家都是不可取的，盟国必须对德意志民族进行全面的改造，从精神上而不是肉体上改变德国。“我们的民主是世界上最强有力的民主……我们将输出它，精心护理它，使它能在不同的国土上开花结果，焕发青春。”[⑤] 因此，英国在制定战后初期的对德政策时采取了一种中间路线，即既要对德

---

① EISENBERG C. *Drawing the Line: American Decision to Divide Gernany 1945-1949*. New York: Cambridge University Press, 1996, pp. 36-43.

② 达莱克：《罗斯福与美国对外政策》，伊伟，译。北京：商务印书馆，1984 年，第 617 页。

③ VON OPPEN B (ed.). *Documents on Germany under Occupation 1945-1954*. London: Oxford University Press, 1955, p. 16, p. 22.

④ VON OPPEN B (ed.). *Documents on Germany under Occupation 1945-1954*. London: Oxford University Press, 1955, p. 22.

⑤ TURNER I (ed.). *Reconstruction in Post War Germany: British Occupation Policy and Western Zones, 1945-1955*. Oxford: Berg, 1989, p. 6.

国进行管制和改造，又不能过分地削弱德国，还要与德国人保持一定的合作。“总的说来，丘吉尔的历史和本能都驱使他采取一条为本国许多同胞所赞同的中间路线。他在1945年1月对外交大臣安东尼·艾登（Anthony Eden）说：‘关于欧洲的心脏不能让一个中毒的社会存在我也很明白’……但是他不愿看到在停火以后人们仍怀恨不已。甚至在发表谴责德国的演说时，他也会中断自己的话说：‘我们不是为同这样的种族过不去而打仗的。’”[①]

受这种思想影响，英国在对德经济政策上所采取的也是一种将“经济安全、赔偿和经济平衡”三大目标融合在一起的温和政策[②]。为了实现这三大目标，英国政府官员大都不愿对鲁尔工业实行彻底的非工业化，他们只是希望消灭和限制鲁尔与军备相关的工业而已。1943年8月11日，由英国财政部、外贸部、外交部和海军部代表组成的部门间委员会出台了《麦尔金报告》，提出要在假定德国“依然可以成为一个为欧洲经济重建作出主要贡献的工业国和出口国的基础上”向德国索取赔偿[③]。该报告的实际起草人约翰·凯恩斯在其20世纪20年代所著的《和平经济的代价》一书中对德国在欧洲经济中的巨大作用进行了全面的论述，《麦尔金报告》很明显地体现了他的这一思想。1944年8月15日，外交部经济和工业计划参谋处（Economic and Industrial Plan Staff，简称EIPS）又拿出了一份《关于强加给德国的经济债务事宜的报告》。该报告一边提出要对德国军事工业进行“消除、限制和管制”，一边却又鼓励德国在战后发展和平工业，以保证德国经济复兴的基础并使德国在欧洲承担经济义务[④]。

丘吉尔也反对不加区别地摧毁鲁尔地区的工业。当他在第二次魁北克会议期间第一次听到“摩根索计划”时，竟异常愤怒地表示，这一计划是非自然

---

① 鲍尔弗，梅尔：《四国对德国和奥地利的管制（1945—1946）》，安徽大学外语系，译。上海：上海译文出版社，1985年，第55页。

② KRAMER A. *The West German Economy, 1945-1955*. New York and London: Berg, 1991, p. 50.

③ KRAMER A. *The West German Economy, 1945-1955*. New York and London: Berg, 1991, pp. 48-49.

④ CAIRNCROSS A. *The Price of War: British Policy on German Reparations 1941-1949*. London: Basil Blackwell, 1986, pp. 50-51.

的、非基督教主义的[①]，其对鲁尔的处置“好比将他本人与一个死了的德国人锁在一起”[②]。不过，经过一番激烈的争论之后，丘吉尔还是在 1944 年 9 月 15 日一起与罗斯福签字接受了“摩根索计划”。但实际上，丘吉尔并不想让战时内阁讨论这一计划[③]，英国政府也从来没有正式同意过“摩根索计划”[④]。

在分离鲁尔的问题上，英国的态度更为谨慎。出于保证国家安全和拉拢法国人的目的，丘吉尔最初并不反对将鲁尔从德国分离出来。在 1943 年冬天的德黑兰会议上，丘吉尔曾对罗斯福和斯大林分割德国的想法表示赞同。“我希望把巴伐利亚、符腾堡、帕拉的纳特、萨克森和巴登分离出来……问题不仅在于分割德国，更重要的是，要使这些被分离出来的地区获得生命力。”[⑤] 到 1944 年 10 月与斯大林会谈时，丘吉尔也表示他不反对“把鲁尔和萨尔分离出来，使其不起作用或者置于国际管制之下”[⑥]。1945 年 1 月 5 日，经济和工业计划参谋处拟订了一份计划，提出要将原普鲁士的威斯特伐伦省（不含明登市）、莱茵省及萨尔从德国分离出来[⑦]。

但是，在准备雅尔塔会议时，外交部却着重分析了分离这些地区的弊病。外交部认为，若威斯特伐伦省、莱茵省及萨尔地区真的独立，其政权可以有以下两种形式：一是国际委员会，像一战后的萨尔一样。但事实证明这是失败的；二是在盟国委员会管制之下的独立政权，但这种形式也存

---

① U. S. Department of State (ed.). *FRUS, 1945, Conferences at Malta and Yalta*. Washington D. C.: GPO, 1955, p. 326.

② CHASE J. The Development of the Morgenthau Plan through the Quebec Conference. *The Journal of Politics*, 1954, 16 (2), pp. 330-356.

③ CAIRNCROSS A. *The Price of War: British Policy on German Reparations 1941-1949*. London: Basil Blackwell, 1986, p. 56.

④ MCALLISTER J. *No Exit: America and the German Problem 1943-1954*. Ithaca: Cornell University Press, 2002, p. 55.

⑤ CHURCHILL W S. *The Second World War, Volume 5*. London: Pengnin Books, 1985, p. 355.

⑥ CHURCHILL W S. *The Second World War, Volume 6*. London: Pengnin Books, 1985, p. 210.

⑦ Dok. Nr. 10, BRACHER K, MORSEY R, SCHWARZ H (Hrsg.). *Quellen zur Geschichte des Parlamentarismus und der politischen Parteien, Vierte Reihe, Deutschland seit 1945, Band 4, Die Ruhrfrage 1945/46 und die Entstehung des Landes Nordrhein-Westfalen: britische, französische und amerikanische Akten*. Düsseldorf: Droste Verlag, 1988, S. 267-268.

在着大量的弊病：①处于盟国管制之下莱茵兰政权将很难长期生存下去。在盟国对德国其他地方的管制结束后，莱茵兰的人民肯定会因莱茵兰政权仍处于盟国管制之下而极度不满；②盟国不仅要对付持久的德国重新统一运动，还要为鲁尔的重建负责；③如果参与莱茵兰管制的各国不消除它们之间的分歧的话，那么，在最坏的情况下，占领就会提前结束，而德国也将重新拥有危险的战争潜力。“在所有问题没有被进一步考虑之前，在法国的想法没有被详细了解之前，我们去确定任何一个持久的（鲁尔）经济管制方案，都为时尚早。”① 根据外交部的建议，丘吉尔在雅尔塔会议上要求罗斯福和斯大林暂时搁置肢解德国的计划。

**三、赔偿＋安全：苏联对鲁尔工业的政策**

相比而言，苏联的政策要严厉得多。二战之中，苏联付出了极其惨重的代价，所以二战后期和战后初期苏联对德政策的首要目标就是要保证苏联的安全。美国著名学者保罗·肯尼迪（Paul Kennedy）就曾指出：“毫无疑问，20 世纪上半叶德国侵略对俄国造成的损失，比对其他任何国家都大。俄国人决心不再让 20 世纪上半叶发生的事件在下半叶重演，且这一观念由于斯大林坚决要求得到安全保障而有所强化。”② 此时苏联对德政策的另一个重要目标就是索取赔偿来恢复本国经济。早在 1942 年，斯大林就提出了德国要以实物的形式进行赔偿，特别是用机床赔偿③，因为这些设备可以直接用于苏联战后的重建。为了实现这两大目标，苏联政府对鲁尔等德国工业区制定了相当严厉的政策。

首先，斯大林在战争末期一直坚持肢解德国、分离鲁尔的政策。1941 年 12 月 16 日，斯大林在与艾登会谈时就提出过分割德国的建议④。德黑兰会

---

① Dok. Nr. 12，BRACHER K，MORSEY R，SCHWARZ H（Hrsg.）. *Quellen zur Geschichte des Parlamentarismus und der politischen Parteien, Vierte Reihe, Deutschland seit 1945, Band 4, Die Ruhrfrage 1945/46 und die Entstehung des Landes Nordrhein-Westfalen: britische, französische und amerikanische Akten*. Düsseldorf：Droste Verlag，1988，S. 273-274.

② 肯尼迪：《大国的兴衰》，陈景彪，译。北京：国际文化出版公司，2006 年，第 367 页。

③ 鲍尔弗，梅尔：《四国对德国和奥地利的管制（1945—1946）》，安徽大学外语系，译。上海：上海译文出版社，1985 年，第 64 页。

④ STEININGER R. *Ein Neues Land an Rhein und Ruhr: Die Ruhrfrage 1945/46 und die Entstehung Nordrhein-Westfalen*. Köln：Verlag W. Kohlhammer，1990，S. 30.

议时，斯大林也赞成罗斯福肢解德国、分离鲁尔的计划。1944 年 10 月 17 日，斯大林在英苏会谈时再次表示，他同意将德国分割成三个国家的计划，其中一个就是由鲁尔、威斯特伐伦和萨尔组成的国际监督区①。1945 年 1 月 20 日，美国驻苏联大使爱福莱尔·哈里曼（Averell Harriman）在其发给国内的电报中提到，他在与苏联副外交人民委员伊凡·迈斯基（Ivan Maisky)会谈时后者曾表示，包括鲁尔在内的莱茵兰应成为一个独立的国家②。

其次，苏联主张对德国工业，尤其是鲁尔工业进行大规模拆迁以索取赔偿。1943 年 7 月，苏共中央政治局决定成立以迈斯基任主席的“赔偿特别委员会”。该委员会即要求德国以实物形式支付赔偿，包括工厂设备、工业制成品以及劳动力等。1944 年 1 月 11 日，迈斯基向苏联外长维亚切斯拉夫·莫洛托夫（Vyacheslav Molotov）提交了《关于未来和平的最佳原则》的报告，认为战后苏联经济重建的三个支柱将是国内资源、赔偿与美国援助，主张执行彻底的赔偿政策，通过赔偿达到使德国非纳粹化、非工业化的目的。这种通过经济手段达到政治目的的构想使苏联的对德政策变得更加严厉。12 月，苏联政府又成立了“特别委员会”，其任务主要是制定并执行德国工业的拆迁计划，消除德国的经济力量和军事潜力，并利用德国的拆迁设备来复兴并扩大苏联的工农业。从 1944 年末到 1945 年，苏联政府内部针对赔偿问题的争论达到了高潮，以格奥尔基·马林科夫（Georgy Malenkov）为代表的一方主张广泛拆迁德国机器设备，以阿那斯塔斯·米高扬（Anastas Mikoyan）为代表的另一方则主张以更加经济有效的方式获取赔偿。马林科夫的观点得到了斯大林的赞同。斯大林不仅要求德国最大限度地支付赔偿，还希望从未来的美英占领区，尤其是鲁尔区获取赔偿，因为那里集中了更多的德国工厂和原料。

通过对鲁尔工业的大规模拆迁来获取赔偿，可以同时实现苏联对德安全和战后经济重建这两大目标，这真可谓“一箭双雕”。

---

① CHURCHILL W S. *The Second World War, Volume 6*. London: Pengnin Books, 1985, p. 211.

② U. S. Department of State (ed.). *FRUS, 1945, Conferences at Malta and Yalta*. Washington D. C.: GPO, 1955, p. 176.

## 第三节　雅尔塔及波茨坦会议上三大国对鲁尔的处置原则

1945年2月4日—11日和1945年7月17日—8月2日，英、美、苏三国首脑先后召开了雅尔塔会议和波茨坦会议。在这两次会议上，三大国就战后初期对德政策的一些基本原则达成了一致，其中涉及对鲁尔及其工业的处置。

首先，在一番激烈争论之后，三大国制定了严厉的德国赔偿计划，并将鲁尔钢产量压低到一个相当低的水平。

确定德国工业水平的第一个依据是非军事化原则。《波茨坦协议》第十一条规定，“为消灭德国的作战潜力，武器、装备、战争工具以及各种类型的飞机和海船均须禁止和防止其生产。金属、化学产品、机器制造以及其他为作战直接需要的产品，其生产将受严格限制，以被核准的德国战后和平时期的需要为限……”[①] 对于消灭德国的战争工业，人们是没有什么异议的。可是，那些受限工业，尤其是钢铁工业的水平，又该如何确定呢？三大国认为，德国钢产量水平，应取决于盟国能从钢厂设备中取得多少赔偿。因此，制定德国赔偿政策才是确定德国工业水平的关键。

德国赔偿政策一直是三大国争论的焦点之一。在雅尔塔会议上，苏联按既定政策提出了实物赔偿计划，并拟定了高达200亿美元的赔偿总额(其中一半归苏联所有)。然而，英国却不同意苏联所提出的这一数字。它认为这远远超出了德国的支付能力[②]。1945年2月7日，艾登在外长会议上提出了“优先赔偿”原则，即要求德国当前的工业品应优先用于支付进口而非赔偿。英国之所以坚持实现德国的经济统一与平衡，除了受其既定

① 萨纳柯耶夫，崔布列夫斯基：《德黑兰、雅尔塔、波茨坦会议文件集》，北京外国语学院俄语专业1971届工农兵学员，译。北京：生活·读书·新知三联书店，1978年，第510页。U. S. Department of State (ed. ). *FRUS, 1945, The Conference of Berlin (The Potsdam Conference), Volume Ⅱ*. Washington D. C. : GPO, 1960, p. 1451.

② 萨纳柯耶夫，崔布列夫斯基：《德黑兰、雅尔塔、波茨坦会议文件集》，北京外国语学院俄语专业1971届工农兵学员，译。北京：生活·读书·新知三联书店，1978年，第159页。U. S. Department of State (ed. ). *FRUS. 1945, Conferences at Malta and Yalta*. Washington D. C. : GPO, 1955, pp. 620-621.

的对德经济政策影响外，还与此时鲁尔区已明确划归其占领有关。鲁尔缺少粮食，如果它没有足够的工业品从德国东部和国外换取粮食的话，那保证鲁尔粮食供应的重担必然会落在占领者英国的身上。最后，在美国的调解之下，三大国勉强达成了《雅尔塔会议议定书》，接受了苏联提出的实物赔偿原则。然而，在随后召开的莫斯科赔偿委员会上（1945 年 6 月 17 日—7 月中旬），英美仍然不愿接受苏联所提出的巨额赔偿数字。

到波茨坦会议时，美国又提出了德国分区赔偿计划。所谓“分区赔偿”，是指各占领国主要只从自己的占领区内取得赔偿，另外，苏联还可通过区际交换获得急需的工业设备[①]。后来，在苏联的要求下，美国又对该计划进行了补充：苏联在从东占区取得赔偿后，尚可从鲁尔获得工业设备和原料，这其中一部分是无偿的，另一部分则必须用东占区的粮食进行交换[②]。在一番激烈的讨价还价之后，苏联在 7 月 29 日原则上接受了“分区赔偿计划”。不过，在苏联能从西占区交换多少设备的问题上，三大国依旧存在着较大的分歧。为了恢复本国遭受战争重创的钢铁工业[③]，以及防止德国侵略者卷土重来，苏联要求从鲁尔交换价值 20 亿美元的工业赔偿设备[④]。美国国务卿贝尔纳斯认为苏联所确定的数额太不现实，他建议绕过具体的数字，待德国和平经济水平确定之后，苏联可从鲁尔的赔偿品中获取 25%的设备。苏联虽然同意了美国的建议，但却又嫌美国所确定的比例太低；英国则认为不应只从鲁尔，而应从整个西占区的工业中向苏联提供赔偿设备。直到 1945 年 7 月 31 日，三大国首脑才最终决定将分区赔偿原则写入《波茨坦协议》之中：①苏联所提的赔偿要求，将以没收德国境内苏占区内的资产及相应的德国国外投资予以满足；②美国、英国以及有权获得赔偿的其他国家的赔偿要求，将自西部各占领区及相应的德国国外投资予以满足；③苏联除在苏占区获得赔偿外，尚可自西部占领区取得赔

---

① U. S. Department of State (ed.). *FRUS, 1945, The Conference of Berlin (The Potsdam Conference), Volume II*. Washington D. C.: GPO, 1960, p. 275.

② KUKLICK B. *American Polity and the Division of Germany: The Clash with Russia over Reparations*. Ithaca: Cornell University, 1972, p. 147.

③ 苏联 80%的钢铁工业为战争所摧毁，见 CAIRNCROSS A. *The Price of War: British Policy on German Reparations 1941-1949*. London: Basil Blackwell, 1986, p. 91.

④ KUKLICK B. *American Polity and the Division of Germany: The Clash with Russia over Reparations*. Ithaca: Cornell University, 1972, p. 153.

偿：（甲）为德国和平经济所不需要并且应自德国西部占领区拆迁的可用的成套工业设备，首先应从冶金、化学及机器制造工业中抽取15%，以交换同等价值的食物、煤、钾碱、锌、木材、陶瓷、石油产品以及其他商定的物资。（乙）凡属德国和平经济所不需要的并且应从德国西部占领区拆迁的主要工业设备，应从中抽取10%，在赔偿项下交给苏联政府，苏方无须付款或以任何实物相交换。上述（甲）（乙）规定的设备的拆迁将同时进行。

《波茨坦协议》规定："为被准许的工业部门所不需要的生产能力，将按照盟国赔偿委员会拟订的，并经有关政府批准的赔偿计划，予以拆迁，如不拆迁，则予摧毁"①，"自西部占领区拆迁的设备数量，至迟必须从现在起六个月内确定……德国经济所不需、因而可作为赔偿的主要工业设备，其数量及性质将由管制委员会按照盟国赔偿委员会在法国参加之下所通过的政策予以决定，并由设备所在的占领区司令官最后核准"②。这意味着盟国赔偿委员会应在1946年2月2日前确定德国工业设备赔偿的总额。但是，对于盟国该如何确定这一数字，协议只给出了几个模糊的上限：第十五条（乙）项，保证所须商品的生产，保证服务供应，以满足德国境内占领军的迁入人口的需要，以及在德国保持一个不超过欧洲国家的平均生活水平(欧洲国家是指除联合王国和苏联以外的所有欧洲国家）……第十九条，德国支付赔偿时，应保留足够的资源，以使德国人民不依靠国外的援助而生活。在制定德国的经济计划时，应拨出必要的资金，以偿付对德管制委员会所批准的进口。现产产品及储存物品的出口所得应首先应用于偿付这种进口。

很明显，上述规定存在着巨大的漏洞。例如，它并没有指出欧洲其他国家的平均生活水平具体是什么水平。因此，直到最后解散之时，盟国赔偿委员会也没有拿出一个德国工业水平计划。赔偿委员会解散后，这一任务便落在了盟国管制委员会（Allied Control Authority，简称ACA）下辖

① 萨纳柯耶夫，崔布列夫斯基：《德黑兰、雅尔塔、波茨坦会议文件集》，北京外国语学院俄语专业1971届工农兵学员，译。北京：生活·读书·新知三联书店，1978年，第510～511页。U.S. Department of State (ed.). *FRUS, 1945, The Conference of Berlin (The Potsdam Conference), Volume Ⅱ*. Washington D.C.: GPO, 1960, p. 1451.

② 萨纳柯耶夫，崔布列夫斯基：《德黑兰、雅尔塔、波茨坦会议文件集》，北京外国语学院俄语专业1971届工农兵学员，译。北京：生活·读书·新知三联书店，1978年，第513页。U.S. Department of State (ed.). *FRUS, 1945, The Conference of Berlin (The Potsdam Conference), Volume Ⅱ*. Washington D.C.: GPO, 1960, p. 1454.

的工业水平委员会（1945年9月18日—1946年3月28日）身上。在一番激烈争论之后，委员会终于在1946年3月28日出台了《管制委员会关于赔偿及德国经济水平的计划》[①]。

这一计划对鲁尔工业的生产造成了巨大的负面影响：它不仅完全禁止武器装备和重型拖拉机等产品的生产，还将钢铁工业产量定在了极低的水平。钢铁工业产量是盟国在制定工业水平计划时所争论的焦点。英国认为，为了保持德国经济平衡，应将钢产量定为每年900万吨，但美国却认为定在780万吨足矣；苏联所提的数字则更低，为460万吨。最后，盟国决定将德国钢铁生产能力定在755万吨，"这一数字只是德国1933年粗钢产量的33%"[②]，钢铁工业不仅是鲁尔的支柱产业，也是德国换取外汇的主要产品。盟国将钢产量定得如此之低，不仅会严重阻碍鲁尔工业生产的恢复，还"无异于宣判数百万德国人的死刑，因为我们的土地最多只能生产所需粮食的70%，制造出口产品是为了获取利润进口粮食"[③]。

其次，三大国一致决定，要尽快提高鲁尔煤炭工业的产量，并将其中相当一部分用于强制性出口。

当失去西里西亚和萨尔之后，鲁尔就成为德国唯一一个主要产煤区。因此，《波茨坦协议》中第十九条（乙）"增加煤炭产量"主要就是针对鲁尔煤矿的。三大国之所以如此重视提高鲁尔煤炭产量，主要是因为这些煤炭是战后欧洲重建的关键。战前，德国的西欧邻国，如法国、比利时、荷兰等就主要依靠鲁尔的煤炭供应。战后初期，遭受战火蹂躏的上述国家更是急需鲁尔的煤来恢复生产和供应居民生活。正如迪特尔·格罗塞尔（Dieter Grosser）所说："在战后困难时期，鲁尔地区成为战后欧洲能源的供应者，从而再一次赢得欧洲重要地位。"[④] 1946年3月的工业水平计划也认

---

① VON OPPEN B (ed.). *Documents on Germany under Occupation 1945-1954*. London: Oxford University Press, 1955, pp. 113-118.

② 阿登纳：《阿登纳回忆录（一）》，上海外国语学院德法语系德语组，译。上海：上海人民出版社，1976年，第89页。

③ 阿登纳：《阿登纳回忆录（一）》，上海外国语学院德法语系德语组，译。上海：上海人民出版社，1976年，第89～90页。

④ 格罗塞尔等：《德意志联邦共和国经济政策及实践》，晏小宝，译。上海：上海翻译出版公司，1992年，第194页。

为，德国煤炭产量最低应达到15.5亿吨，其中至少要有4.5亿吨用于出口[①]。可见，盟国提高鲁尔煤炭产量主要是为了满足自己的需要，而不是为了恢复德国的生产。正如哈达赫所说："限制工业计划中几乎所有工业部门年产量都受限制……一些工业被完全禁止……不过有一个工业部门必须得到发展——鲁尔的矿山，以在北德煤炭委员会的主持下，强迫用低于世界市场的价格向战胜国输出石煤。"[②] 当然，提高鲁尔煤炭产量也是为了让德国赚取外汇以保持经济独立和进出口平衡。

再次，三大国决定对鲁尔实行改造。

鲁尔是德国发动战争的基础。战争期间，鲁尔的工业生产完全为纳粹所掌握。不仅很多大工业家和高级管理人员与纳粹党关系密切，连工人也都要加入纳粹劳工阵线，或在纳粹的监督下做强迫劳动。《波茨坦协议》的政治原则规定盟国应在鲁尔工业中实行非纳粹化并建立自由工会。"一切纳粹党徒不得……担任私人企业中的负责职位。这些必须由被认为在政治上和道德品质上有助于发展真正民主制度的人予以接替……在考虑需维持军事安全的情况下，将允许建立自由职业工会。"[③]《波茨坦协议》的经济原则还要求对鲁尔煤钢工业实行非集中化改造。鲁尔煤钢工业是德国工业中最典型的垄断行业[④]。根据《波茨坦协议》第二十条，这些垄断工业"应尽可能在最短时间内予以分散，以消灭目前特别是卡特尔、辛迪加、托拉斯及其他垄断形式的所造成的经济力量的过分集中"[⑤]。

无论是非纳粹化，还是建立自由工会和非集中化，都体现了三大国对

---

① VON OPPEN B (ed.). *Documents on Germany under Occupation 1945-1954*. London: Oxford University Press, 1955, p. 116.

② 哈达赫：《二十世纪德国经济史》，扬绪，译。北京：商务印书馆，1984年，第95～96页。

③ 萨纳柯耶夫，崔布列夫斯基：《德黑兰、雅尔塔、波茨坦会议文件集》，北京外国语学院俄语专业1971届工农兵学员，译。北京：生活·读书·新知三联书店，1978年，第509～510页。U. S. Department of State (ed.). *FRUS, 1945, The Conference of Berlin (The Potsdam Conference), Volume Ⅱ*. Washington D. C.: GPO, 1960, pp. 1450-1451.

④ 参见本书第四章第二节。

⑤ 萨纳柯耶夫，崔布列夫斯基：《德黑兰、雅尔塔、波茨坦会议文件集》，北京外国语学院俄语专业1971届工农兵学员，译。北京：生活·读书·新知三联书店，1978年，第511页。U. S. Department of State (ed.). *FRUS, 1945, The Conference of Berlin (The Potsdam Conference), Volume Ⅱ*. Washington D. C.: GPO, 1960, p. 1451.

鲁尔工业进行改造的决心。这些原则为后来西方国家对鲁尔煤钢工业的民主化改造政策产生了深远的影响。

三大国对鲁尔的这些处置确实也包含着一些对鲁尔和德国重建有利的因素：例如，虽然鲁尔煤炭有不少被用于强制出口，但其中仍有相当一部分留在德国，所以鲁尔煤产量的提高对德国生产和生活的恢复还是有利的；对鲁尔工业的民主化改造也可以帮助这些工业摆脱德国纳粹主义和军国主义的影响。不过，从总体上看，《波茨坦协议》和 1946 年 3 月工业水平计划对鲁尔及其工业的处置还是相当严厉的。“盟国对德国作出的这些规定的后果，同美国人亨利·摩根索主张的计划目的很接近……如果这些决定真正付诸实施的话，其结果就将是发生骚扰和暴动。最后，连三个西方占领区也就是整个德国，都将共产主义化。”[①] 和德意志帝国战败后一样，鲁尔煤钢工业的命运再次进入历史上最黑暗的时期。

与此同时，三大国还在两个重大的问题上存在着分歧：其一，虽然三大国在波茨坦会议上放弃了肢解德国的政策，但它们未能就分离鲁尔的问题最终达成共识。由于丘吉尔的建议，雅尔塔会议时暂时搁置了对肢解德国和分离鲁尔计划的讨论。在 1945 年 2 月 5 日的第二次会议上，斯大林首先提出希望讨论分割德国及将鲁尔和威斯特伐伦置于国际管制之下的问题。罗斯福没有对此明确表态，只是提出“也许划分占领区是分割德国的第一步”[②]。丘吉尔则表示，原则上他同意分割德国，但他不能立即对怎样分割德国的问题作出回答。“对鲁尔、萨尔这些具有军事潜力的工业区的占领的问题，是否应该把这些地区分给像法国这样的国家还是应当把它们留给德国的行政机关管理，或是由一个世界组织以长期的但是有限的共管形式进行监督，所有这一切都还有待研究。”[③] 在丘吉尔的要求下，三大国在雅尔塔会议上并没有进一步讨论分离鲁尔的问题，它们此时都还没有一

---

① 阿登纳：《阿登纳回忆录（一）》，上海外国语学院德法语系德语组，译。上海：上海人民出版社，1976 年，第 89～90 页。

② 萨纳柯耶夫，崔布列夫斯基：《德黑兰、雅尔塔、波茨坦会议文件集》，北京外国语学院俄语专业 1971 届工农兵学员，译。北京：生活·读书·新知三联书店，1978 年，第 147 页。

③ 萨纳柯耶夫，崔布列夫斯基：《德黑兰、雅尔塔、波茨坦会议文件集》，北京外国语学院俄语专业 1971 届工农兵学员，译。北京：生活·读书·新知三联书店，1978 年，第 148 页。

个明确、公开的鲁尔政策。

雅尔塔会议后不久，英、美、苏就相继放弃了肢解德国的政策。斯大林在1945年5月9日公开宣布苏联不打算分割德国[①]。1945年3月英国外交部也明确表示，肢解德国“是对德国问题的一个错误的解决办法”[②]。差不多在这个时候，丘吉尔也表示：“在俄国人的意图明确之前，我很不愿意讨论分割德国。”[③] 罗斯福去世之后，美国国务院反对分解德国的思想也逐渐在美国政府中占了上风。JSC1067号指令虽然对德国的处置很严厉，但并未重提要分解德国。

到波茨坦会议时，三大国则明确了将德国视作一个整体的原则，并要求立即建立全德中央管理机关。但这并不意味着它们在是否分离鲁尔的问题上达成了一致。苏联此时明确表示要将鲁尔地区留在德国国内，因为这样它就更容易通过即将成立的全德盟国管制委员会插手鲁尔和取得赔偿。在1945年7月31日的会议上，斯大林提出：“鲁尔仍是德国的一部分这一思想应反映在会议文件中。”[④] 美国对此完全表示赞同。但是，刚刚坐上英国外交大臣宝座的贝文却不愿立即就此事达成最终协议，其理由是：“该问题对法国意义更大，这样的讨论缺少法国代表是不可想象的。”[⑤] 实际上，贝文此时并未放弃分离鲁尔的想法。关于这一点，笔者将在下文作详细探讨。在贝文的反对下，三大国最终并未将“鲁尔是德国一部分”写入《波茨坦协议》之中。

此外，英美也没有接受苏联在波茨坦会议上提出的、单独对鲁尔建立四大国管制的建议。1945年7月20日，迈斯基首次向英美代表提出四大国共管鲁尔方案：将鲁尔及生活在其中的400万～500万居民实行国际化，

---

① 肖汉森，黄正柏：《德国的分裂、统一与国际关系》，武汉：华中师范大学出版社，1998年，第286页。

② STEININGER R. *Ein Neues Land an Rhein und Ruhr: Die Ruhrfrage 1945/46 und die Entstehung Nordrhein-Westfalen*. Köln: Verlag W. Kohlhammer, 1990, S. 53.

③ CHURCHILL W S. *The Second World War, Volume 6*. London: Pengnin Books, 1985, p. 389.

④ 萨纳柯耶夫，崔布列夫斯基：《德黑兰、雅尔塔、波茨坦会议文件集》，北京外国语学院俄语专业1971届工农兵学员，译。北京：生活·读书·新知三联书店，1978年，第460页。U. S. Department of State (ed.). *FRUS, 1945, The Conference of Berlin (The Potsdam Conference), Volume Ⅱ*. Washington D. C.: GPO, 1960, p. 536.

⑤ U. S. Department of State (ed.). *FRUS, 1945, The Conference of Berlin (The Potsdam Conference), Volume Ⅱ*. Washington D. C.: GPO, 1960, p. 521.

“管制将由最大利益相关国，很可能是英、法、美、苏来执行。尽管可以建立一个德国管理机构，但它必须在盟国严厉地监视及控制下工作”①。7 月 30 日，莫洛托夫正式向英美高层转交了四大国共管鲁尔的备忘录②。

苏联提出这一方案主要是基于以下两方面考虑：首先，是为了更方便地从鲁尔索取赔偿。直到雅尔塔会议时，三大国也没有在德国赔偿问题上取得一致。在这种情况下，急于从德国取得赔偿的苏联采取了更为现实的做法：一面控制住苏占区的赔偿设备，一面又千方百计地从西占区，尤其是鲁尔区取得赔偿。在波茨坦会议召开之前，苏联就已开始大量从苏占区和柏林拆迁工业设备。贝尔纳斯在 6 月份就收到许多报告，反映苏联正在拆迁和运送苏占区的一切③。甚至在西方军队进驻柏林之时，还发现苏联在拆卸柏林东占区的工厂④。为了使自己的拆迁合法化，迈斯基在 1945 年 7 月 21 日还提出要扩大“战利品”的定义范围。根据他的定义，苏联从苏占区和柏林拆走的设备大多数都是“战利品”，是不属于实物赔偿的。可是，当英美代表指出，若按这一定义，西方盟国也可以以“战利品”的名义拿走他们想要的一切的时候，苏联又马上缩小了“战利品”的范围。这就使苏联想从西占区取得赔偿的政策暴露无遗。为了更方便地从西占区取得赔偿，苏联提出了四大国共管鲁尔的方案。莫洛托夫在 7 月 30 日的备忘录中明确指出，建立四大国“鲁尔地方管理机构”，是为了“让鲁尔工业被应用于赔偿，以符合共同赔偿计划”⑤。其次，苏联插手鲁尔也是为了保证国家安全。迈斯基在提出共管鲁尔方案时明确指出：“鲁尔是德国工业的心脏……将鲁尔及其煤层、钢、铁和铁路留在一起是极度危险的。”⑥ 在

---

① STEININGER R. *Ein Neues Land an Rhein und Ruhr: Die Ruhrfrage 1945/46 und die Entstehung Nordrhein-Westfalen*. Köln: Verlag W. Kohlhammer, 1990, S. 67.

② U. S. Department of State (ed.). *FRUS, 1945, The Conference of Berlin (The Potsdam Conference), Volume II*. Washington D. C.: GPO, 1960, pp. 1000-1001.

③ KUKLICK B. *American Polity and the Division of Germany: The Clash with Russia over Reparations*. Ithaca: Cornell University, 1972, p. 144.

④ CAIRNCROSS A. *The Price of War: British Policy on German Reparations 1941-1949*. London: Basil Blackwell, 1986, p. 88.

⑤ U. S. Department of State (ed.). *FRUS, 1945, The Conference of Berlin (The Potsdam Conference), Volume II*. Washington D. C.: GPO, 1960, p. 1001.

⑥ STEININGER R. *Ein Neues Land an Rhein und Ruhr: Die Ruhrfrage 1945/46 und die Entstehung Nordrhein-Westfalen*. Köln: Verlag W. Kohlhammer, 1990, S. 66-67.

7月30日的备忘录中，苏联再次强调："考虑到鲁尔区是德国的一部分及全面消减德国战争潜力的必要性，（波茨坦）会议有必要考虑在鲁尔建立一个处于美、英、苏、法管制之下的机构。"[①]

然而，美国却不想让苏联插手鲁尔事务。西方传统观点认为，苏联在波茨坦会议召开前后的德国赔偿政策，不仅加深了东西占领区之间的隔阂，也迫使贝尔纳斯提出了更为现实的分区赔偿计划[②]。但实际上，当时苏联政府究竟有无分裂德国的企图还很难说。种种迹象表明，贝尔纳斯反对苏联插手鲁尔是新一届美国政府对苏战略的体现，并不完全是苏联的行为所迫使的。杜鲁门上台后，美国政府逐渐改变了罗斯福时期的对苏政策，转而采取一种以经济、军事压力迫使苏联让步、维持美苏合作的政策。美国认为，如果得不到西占区，尤其是鲁尔的赔偿设备，苏联战后重建就会困难重重。一个牢牢掌握在西方手中的鲁尔将是强迫苏联在东欧等问题上让步的重要筹码。因此，贝尔纳斯在波茨坦会议上拒绝讨论苏联四大国共管鲁尔的方案。这一政策后来成为美国战后鲁尔政策的一个出发点。它不仅在事实上将苏联排除在鲁尔管制之外，还极大地加速了冷战的出现。有的学者甚至认为，战后欧洲遏制政策在贝尔纳斯、杜鲁门不愿考虑苏联四大国共管鲁尔政策时就已初露端倪，因为"德国工业潜力的心脏将完全被西方所控制，没有苏联的参与"[③]。

贝尔纳斯在1945年7月23日向苏联提出分区赔偿计划的目的之一是防止苏联插手鲁尔事务。在分区赔偿政策中，"占领国主要只从自己的占领区内取得赔偿"明显体现了美国防止苏联参与鲁尔管制的意图。而苏联可通过有偿或无偿的方式从鲁尔获得赔偿，则是美国诱使苏联转变外交立场的策略。如果苏联想获得这些设备和原料，它就必须在东欧等问题上作出让步。这才是美国拒绝苏联插手鲁尔事务和提出分区赔偿政策的根本目的。"分区赔偿计划……只是拯救多边合作主义的努力的一部分，当时美

---

① U. S. Department of State (ed.). *FRUS, 1945, The Conference of Berlin (The Potsdam Conference), Volume Ⅱ*. Washington D. C.: GPO, 1960, p. 1000.

② CAIRNCROSS A. *The Price of War: British Policy on German Reparations 1941-1949*. London: Basil Blackwell, 1986, pp. 89-91.

③ MCALLISTER J. *No Exit: America and the German Problem 1943-1954*. Ithaca: Cornell University Press, 2002, p. 86.

国拒绝苏联从西占区获得重工业设备，但是它又对这些设备的前途留有余地，以便苏联转向多边合作主义。”①

英国也对苏联四大国共管鲁尔的方案顾虑重重。英国外交部官员沃尔特·蒙克顿（Walter Monckton）爵士表示：“苏联的方案虽然具有巨大的经济含义，但它的政治含义却要更大。”英国外交部德国处官员康·欧奈尔（Con O' Neill）也认为，这一方案使“苏联有可能参与鲁尔的国际管制，在这方面，迈斯基自然没有明确地指出，是否（鲁尔）会出现苏军……事情发生了巨大的变化，我们必须对此做全面的考虑，而考虑的出发点应是，这些地区现在为英国占领区”②。

由于英国十分强调德国的经济统一，它一开始也并不赞同美国的分区赔偿计划。在雅尔塔会议上，英国就一直将经济统一作为德国支付赔偿的前提。后来虽然英国被迫接受了分区赔偿计划，但它依旧对德国的经济统一念念不忘。新任财政大臣休·道尔顿（Hugh Dalton）和贝文都坚持将经济统一作为其接受分区赔偿政策的条件。在英国的强烈要求下，三大国最终将德国经济统一和优先赔偿原则写入了《波茨坦协议》。然而，在分区赔偿政策下，英国是否能顺利地从东占区获得粮食还是个未知数。因此，英国便很自然地将能否从苏占区获得粮食作为其是否向苏联支付鲁尔赔偿品和原料的前提。艾登曾明确表示：“在提供供给方面，如果苏联做的不再合理，那英国便有停止拆迁的理由。”③

值得注意的是，尽管和苏联存在着一些分歧，但英美在波茨坦会议上还是相当重视维持三大国之间的合作的。为了早日实现德国的经济统一，英国尤其不愿此时和苏联把关系弄僵。因此，贝文并没有完全拒绝苏联参与鲁尔管制。当莫洛托夫在 7 月 30 日提出四大国共管鲁尔方案时，他委婉地表示，鲁尔对法国意义重大，要等有法国参与时才能进一步讨论这一方案。不过，雅尔塔及波茨坦会议的安排却造成了如下事实：鲁尔由英国单

---

① KUKLICK B. *American Polity and the Division of Germany: The Clash with Russia over Reparations*. Ithaca: Cornell University, 1972, p. 171.

② STEININGER R. *Ein Neues Land an Rhein und Ruhr: Die Ruhrfrage 1945/46 und die Entstehung Nordrhein-Westfalen*. Köln: Verlag W. Kohlhammer, 1990, S. 67.

③ CAIRNCROSS A. *The Price of War: British Policy on German Reparations 1941-1949*. London: Basil Blackwell, 1986, p. 94.

独掌控，而苏联实际上被排除在鲁尔管制之外。

在1944年初，三大国初步确立了战后对德国实行分区占领的政策。第二次魁北克会议时，美国又同意将包括鲁尔在内的德国西北部划为英国占领[①]。雅尔塔会议则对这一安排予以正式确认。随着分区占领政策的执行和分区赔偿原则的确立，苏联事实上已被排除在鲁尔管制之外。尽管西方国家和苏联都在鲁尔拥有巨大的利益，但只有英国才握有对鲁尔工业实行拆迁和改造的实权，对鲁尔赔偿品和工业原料的分配也必须由英国军政府来执行。这种情况直到双占区成立之后才有所改变。

## 小　结

如何处置鲁尔，使其不再为德国的侵略扩张服务，从而保证欧洲的持久和平与安全？这是二战末期和战后初期摆在英、法、美、苏四大国面前一个非常棘手的问题。

刚刚与法西斯进行过浴血奋战的四大国都将确保本国安全作为其制定鲁尔政策的出发点之一。为了实现这一目标，四大国不仅计划从外部对鲁尔进行国际管制，还要从内部对这一地区的工业进行改造。二战结束前后，四大国曾一度希望将鲁尔直接置于国际组织或盟国的管制之下。美国的“摩根索计划”、法国分离鲁尔的方案和苏联四大国共管鲁尔的计划都属于这一类型。但是，随着国际形势的发展，这种将鲁尔单独“国际化”的方案都未能实现。与此同时，四大国还在波茨坦会议上正式确立对德实行“四D”化改造的政策。就鲁尔工业来说，这“四D”化改造意味着：消除鲁尔军火及过剩的钢铁等重工业生产能力，将这些工业的设备拆迁用于赔偿；对过分集中的鲁尔煤钢工业进行非集中化改造；对鲁尔工业实行民主化改造，如重建企业代表会、独立工会等。

但与此同时，四大国对鲁尔政策也存在着很大的差异。这一方面体现在它们政策的严厉程度上。在四大国中，对鲁尔政策最为严厉的当属法

① U. S. Department of State (ed.). *FRUS, 1945, Conferences at Malta and Yalta*. Washington D. C.: GPO, 1955, p. 365.

国。饱受德国侵略之苦的法国希望在二战后一劳永逸地解决鲁尔问题，它要求肢解德国，将鲁尔从德国分离出来并置于国际管制之下。为了保证国家安全并从德国获得急需的赔偿，苏联也制定了严厉的对鲁尔政策。但与法国不同的是，在雅尔塔会议之后，苏联就放弃了肢解德国的政策。在波茨坦会议时，它已明确表示要将鲁尔视作德国的一部分。美国对鲁尔政策一开始也是相当严厉的。1944 年时，美国制定了“摩根索计划”，要求将鲁尔从德国分离并摧毁其大部分工业。尽管“摩根索计划”中的不少思想都为美国后来的政策所继承，但该计划本身却很快就被美国高层所抛弃。在波茨坦会议上，美国对鲁尔政策已比“摩根索计划”大为缓和：它不仅和英、苏一样不反对德国保留必要的和平工业，还和苏联一样明确要将鲁尔留在德国。英国对鲁尔政策是四大国中最温和的。英国一直认为，只有在实现德国经济自立的前提下才能真正解决德国问题。所以它从一开始就反对过分削弱鲁尔工业。

盟国对鲁尔政策的不同，还体现在东西方差异上。为了保证国家安全且更方便地从德国获得赔偿，苏联在波茨坦会议上提出了四大国共管鲁尔的计划。然而，随着东西方分歧的扩大，英美在考虑鲁尔问题时也不仅仅从对德安全的角度出发，而是掺入了防范苏联的因素。英美反对苏联插手鲁尔事务，因为这样不仅可以在赔偿问题上要挟苏联，还可以避免苏联的势力扩展到德国西占区。

四大国对鲁尔政策中的这些差异，对后来鲁尔问题的解决产生了极其重要的影响。

# 第二章 战后初期鲁尔煤钢工业的复兴

## 第一节 英美对德复兴政策的确立

为了消除德国的威胁，维持盟国之间的合作，英美战后对德政策最初都以抑制为主。两国都签署了《波茨坦协议》，都接受了1946年3月制定的消减德国工业水平的计划。但与此同时，英美也都很重视占领区和平工业的重建。自二战末期起，英国就一直将经济自立和优先赔偿作为其战后对德政策的依据之一。美国虽然不像英国那样强调德国经济自立的重要性，但在抛弃“摩根索计划”之后，它也逐渐形成了一种对德平衡复兴政策（Banlance Restoration）。所谓平衡复兴，就是在保证德国复兴不会快于其邻国的前提下，允许德国经济的有限复兴。“这一政策一方面用赔偿及煤炭出口来消减德国的资源，这将对法国和其他自由国家获得安全和经济恢复产生重要影响；另一方面，国务院在试图实现这些经济及安全目标的同时，还小心地恢复德国的经济，这既有利于欧洲复兴，也可减少美国的财政负担。”[①] 1945年3月的JSC1067号指令，杜鲁门在波茨坦会议上所倡导的德国“优先赔偿”原则，以及1946年3月的德国工业水平计划，都是这一政策的体现。JSC1067号指令允许德国拥有不超过其邻国的生活水平，其言下之意就是允许德国在不超过其邻国复兴速度的前提下实现有限复

① MAIER C S. *The Marshall Plan and Germany: West German Development within the Framework of the European Recovery Program.* New York: Berg Publishers Ltd., 1991, p. 117.

兴；而优先赔偿原则所要求的占领区当前产品优先支付出口而非赔偿，也是为实现各占领区的经济自立；至于1946年3月的德国工业水平计划，至少在理论上也是符合平衡复兴原则的。

在1946年，英美对德政策先后实现了从抑制到扶植的转变。英美政策的转折与冷战的兴起有着直接的关系。战争结束后，美国和英国越来越担心苏联的扩张和西欧的衰微。它们担心，如西欧长期衰落下去，苏联可能利用这种形势及西欧群众政治上的变革要求而一举控制西欧。在苏联控制东欧已难以改变的情况下，绝不能再让西欧也落入苏联的手中。为此，英美就要扶植德国西占区，使其经济恢复并保持在西方阵营之中。否则，一个在废墟上勉强求生的德国将会给中欧留下巨大的权力真空，这不仅使西欧的稳定和复兴无法实现，还可能让苏联乘虚而入。苏联从东占区私自进行的拆迁引起了美国的强烈不满，并促使美国提出了防止苏联直接插手鲁尔工业的分区赔偿计划。德国美占区军事长官克莱将军估计苏联在波茨坦会议前拆迁了东占区工业的15%～20%，曾经在1946年为苏联服务过的罗尔夫·瓦根菲尔(Rolf Wagenführ)估计，在第三次拆迁浪潮（1946年3月—4月）来临之前，苏联已经拿走了苏占区工业设备的25%，而后来美国军政府经济部官员唐·汉弗莱（Don Humphrey）则估计得更多，是35%～45%[①]。

1945—1946年，德国西占区经济状况十分恶劣。工厂停产，原料不足，生活品奇缺，需要依靠大量占领国的救济才能度日，同时还要向苏联支付赔偿。另外，英美军队是靠自己养活的，这一点又与法苏有所不同[②]。因此，急于摆脱沉重的负担，是英美恢复西占区经济的又一大原因。

1946年4月3日，负责德奥管制事务的英国兰开斯特公爵郡大臣(Chancellor of Duchy of Lancaster)[③] 约翰·海德（John Hyde）在英国外交部会议上建议："英国应与德国人保持更为密切的合作，应该加强西占区

---

① MAIER C S. *The Marshall Plan and Germany: West German Development within the Framework of the European Recovery Program.* New York: Berg Publishers Ltd., 1991, p. 79.

② MAIER C S. *The Marshall Plan and Germany: West German Development within the Framework of the European Recovery Program.* New York: Berg Publishers Ltd., 1991, p. 83.

③ "兰克斯特公爵郡大臣是一个低级的大臣，负责盟国对德管制委员会的工作，它一部分属于军务……很快就和外交部的职务混合起来。这个低级大臣……不得不在白厅中有利害冲突的各方之间求得平衡。……这位尊贵的先生一定……有点小鱼在大鱼间游荡的感觉。"参见鲍尔弗，梅尔：《四国对德国和奥地利的管制（1945—1946）》，安徽大学外语系，译。上海：上海译文出版社，1985年，第159～160页。

并在英占区建立一个具有经济权力的德国管理机构。”贝文对海德的建议表示赞同，并且要求其下属“准备研究实现三个西方占领区合并的可能性”。施泰尼格尔认为，这次会议标志着英国对德政策由抑制到扶植的转折[①]。1946年5月7日，贝文向内阁提交了复兴德国经济的备忘录。7月10日，他又在四大国巴黎外长会议上正式提出了实现德国经济统一和复兴的要求。

美国是战后初期唯一能够完成德国西占区复兴重任的国家。与英国相比，美国对德经济政策的转变要更为曲折、复杂一些。1946年9月之前，以贝尔纳斯为首的美国国务院高层一直是平衡复兴政策的捍卫者。但是，美国军方，包括军政府、陆军部、海军部等，从一开始就反对平衡复兴政策，坚持复兴德国应优先于复兴欧洲其他国家。这其中又以克莱的观点最为激进。“JSC1067号指令对占领当局的影响很小，作为一个训练有素的工程师，他立即开始着手恢复电力、供水、供气、医疗、交通及桥梁。”在他看来，“美国人民是不会允许美国控制下的地区如此饥饿和混乱的”[②]。为实现德国经济的统一与复兴，1946年5月时，克莱不仅单方面中止了美占区对外赔偿品的支付，还进一步向贝尔纳斯提出了合并英美占领区的计划[③]。1946年6月10日，克莱向国务院再次要求：“如果他们在短期内能将更多的煤留在德国，那么从长远来说，他们可以给欧洲其他国家创造更多的产品。”[④]“他不断宣称自己只严格执行权力和责任明确的路线，他只对德国，而不对其他问题负责。”[⑤] 克莱还表示，必须尽快对德采取统一的经济政策，“否则德国经济就将崩溃，就将出现一种有利于共产主义发展的政治混乱”[⑥]。

---

① TURNER I (ed.). *Reconstruction in Post War Germany: British Occupation Policy and Western Zones, 1945-1955*. Oxford: Berg, 1989, pp. 135-136.

② MAIER C S. *The Marshall Plan and Germany: West German Development within the Framework of the European Recovery Program*. New York: Berg Publishers Ltd., 1991, p. 173.

③ KRAMER A. *The West German Economy 1945-1955*. New York: Berg, 1991. P. 64.

④ MAIER C S. *The Marshall Plan and Germany: West German Development within the Framework of the European Recovery Program*. New York: Berg Publishers Ltd., 1991, p. 100.

⑤ MAIER C S. *The Marshall Plan and Germany: West German Development within the Framework of the European Recovery Program*. New York: Berg Publishers Ltd., 1991, p. 102.

⑥ CLAY L D. *Decision in Germany*. Garden City: NY: Doubleday & Company, 1950, pp. 73-78.

克莱的观点一开始遭到了坚持平衡复兴政策的国务院高层的反对。国务院政策制定者“倾向于压制任何会引起法国仇德情绪的、削弱法国政府并使其落入法共手中的政策”[①]。国务院不断地告诫克莱，要注意其政策对第三国的影响。然而，随着东西方分裂的加剧，美国国务院自己也越来越认识到加快德国复兴的必要性。早在1945年12月12日，国务院有官员已经指出，《波茨坦协议》所规定的工业水平是为了实现赔偿的，而不是为了降低德国的生活水平。当时在国务院任职的美国学者查尔斯·金德勒贝尔格（Charles Kindlerberg）认为，如果说高层是在1946年9月才确立了复兴德国政策，国务院一般官员则是在1945年底就已经倾向于复兴德国。1946年7月11日，贝尔纳斯在巴黎外长会议上正式向其他三国发出了合并占领区的邀请，并得到了向来支持德国经济统一的英国响应。9月5日，英美公布了合并占领区协议，决定要在英美两个占领区内设立八个管理双占区各项经济事务的部（委员会）及各州总理组成的中央委员会[②]。合并协议公布的第二天，贝尔纳斯在斯图加特的演讲中公开宣布了美国复兴德国和实现德国经济统一的政策：“德国人不应失去通过辛勤劳动改变命运的可能性，工业增长和进步也不能将他们拒之门外……美国坚定地相信，只要考虑到德国的经济生活和活动，那德国就应作为一个经济整体来管理，区际障碍也应被完全消除。”[③] 贝尔纳斯的这次讲话被视为美国对德经济复兴政策的形成。但是，美国此时仍然没有确认德国复兴在西欧复兴中的优先地位，国务院也仍未完全放弃平衡复兴政策。

1947年1月1日，英美双占区合并协议生效。然而，双占区的建立并未明显加速德国经济的复兴。1946年冬席卷西欧的自然灾害更加重了德国的苦难。1947年初，杜鲁门授权前总统赫伯特·胡佛（Herbert Hoover）前往中欧对德国、奥地利的经济形势进行调查。在1947年3月向杜鲁门提交的《胡佛报告》中，胡佛详细地表述了德国经济面临崩溃的严峻形势，

---

① MAIER C S. *The Marshall Plan and Germany: West German Development within the Framework of the European Recovery Program*. New York: Berg Publishers Ltd., 1991, p.120.

② 鲍尔弗，梅尔：《四国对德国和奥地利的管制（1945—1946）》，安徽大学外语系，译。上海：上海译文出版社，1985年，第220～221页。

③ VON OPPEN B (ed.). *Documents on Germany under Occupation 1945-1954*. London: Oxford University Press, 1955, p.153.

并认为美国政府只有采取措施全力复兴德国西占区经济，才能实现西欧的复兴①。显然，《胡佛报告》的精神是与平衡复兴政策相悖的②。因此，它在美国政府中引起了相当大的争论。以海军部部长等为代表的一方支持胡佛的建议；而国务院一些官员则表示反对。负责对德赔偿事务的官员埃德温·波利（Edwin Pauly）认为，《胡佛报告》全面推翻了美国的对德政策，如果该报告的建议得到执行，就意味着“以牺牲德国邻国为代价来换取德国的复兴，并且会产生德国统治欧洲大陆的阴影”③。

进入1947年后，美国在希腊和土耳其进一步感受到了来自苏联的威胁。为了和国内对手协调立场，一致应对苏联，国务院逐渐形成了新的欧洲恢复政策——综合复兴政策（Comprehesive Recovery Programm）。该政策的主要特点是：注重德国复兴在西欧复兴中的作用；顾及其他西欧国家的复兴，实现西欧的整体复兴；西欧一体化。综合复兴政策一方面肯定了德国复兴在西欧复兴中不可替代的作用，将德国的参与看作是“美国援助建议不可缺少的前提条件”④；另一方面也强调让德国融入西欧，使德国的生产和贸易符合整个欧洲的要求。“这是一种使德国复兴与其邻国的经济安全需求相协调的方法，也是赢得其邻国对一体化及遏制苏联扩张的超国家体系的支持的办法，也是使西欧得以自立的基础。”⑤ 综合复兴政策的形成，为后来美国制定“马歇尔计划”奠定了基础。

自二战结束以来，美国一直支持西欧的复兴工作。它先后通过联合国救济总署、国际货币基金组织、世界银行和专项贷款，向西欧国家提供了90亿美元的援助。但是，到1947年春，西欧各主要国家的经济仍未见较

---

① MERRILL D（ed.）. *Documentary History of Truman Presidency, Volume 13, Establishing of Marshall Plan, 1947-1948*. Bethesda MD: University Publications of America, 1996, pp. 27-49, pp. 76-94.

② MAIER C S. *The Marshall Plan and Germany: West German Development within the Framework of the European Recovery Program*. New York: Berg Publishers Ltd., 1991, p. 121.

③ U. S. Department of State（ed.）. *FRUS 1947, Volume Ⅱ, Council of Foreign Ministers, Germany and Austria*. Washington D. C.: GPO, 1972, pp. 394-395.

④ SCHRÖDER H. *Marshallplan und Westdeutschland Wiederaufbau: Positionen-Kontroversen*. Stuttgart: Franz Steiner Verlag, 1990, S. 42.

⑤ MAIER C S. *The Marshall Plan and Germany: West German Development within the Framework of the European Recovery Program*. New York: Berg Publishers Ltd., 1991, pp. 126-127.

大起色，再加上受1946—1947年寒冬的影响，人民生活极端困苦，罢工频繁、社会动荡。美国特别担忧法、意共产党趁机坐大，而且，这些国家的巨额财政赤字和美元短缺也使得它们无力购买美国商品。于是，美国与西欧的利益更加紧密地联系在了一起。1947年莫斯科外长会议失败后，美国国务卿乔治·马歇尔（George Marshall）表示，如无其他办法，即使事先不经大国的一致同意，也应立即采取措施着手欧洲的复兴工作①。“欧洲的复兴比期望的要慢得多，分化瓦解的力量日益明显。病人正病入膏肓，而医生们还在讨论不休。所以我认为不能等待那旷日持久的耗尽精力达成的妥协，必须立即采取行动。”② 在乔治·凯南（George F. Kennan）和迪安·艾奇逊（Dean Acheson）等国务院官员的积极运作下，美国援欧计划逐渐成型。1947年6月5日，马歇尔在哈佛大学的演讲中正式提出了著名的“欧洲复兴计划”。9月，由英法等16个西欧国家组成的欧洲经济合作委员会（Committee of Europe Economic Cooperation）向美国提出了欧洲复兴的四项原则和美国贷款的具体数额。1948年4月16日，参加“马歇尔计划”的16国代表及德国西占区的三个占领区司令在巴黎签署《欧洲经济合作公约》，并将欧洲经济合作委员会改组为常设机构——欧洲经济合作组织（Organization of Europe Economic Cooperation），进一步加强欧美之间的合作。

欧洲复兴计划包含着美国复兴德国西占区的政策，它对战后德国西占区和联邦德国的复兴产生了极其巨大的影响。首先，它迫使法国在事实上接受了复兴德国西占区政策。法国一直反对美国复兴德国西占区和实现德国的经济统一。在1946年巴黎外长会议上，法国就严词拒绝了美国合并占领区的建议。1947年莫斯科外长会议上，法国与英美又在鲁尔煤炭出口问题上发生了分歧。不过，美国也清楚地知道，要想实现西欧的复兴，德法的复兴都是不可缺少的。因此，面对法国的反对，美国采取了软硬兼施的对策：它一面不顾法国的不满而强行在双占区推行复兴德国的政策，一面又在经济、外交上对其大加拉拢。法国虽然对德国西占区的复兴顾虑重重，但为了得到“马歇尔计划”的援助，它被迫默认了美国复兴德国西占区的政策。这对西方国家之间的关系无疑产生了巨大的影响。其次，“马歇尔计划”对

① 阿登纳：《阿登纳回忆录（一）》，上海外国语学院德法语系德语组，译。上海：上海人民出版社，1976年，第121页。

② 资中筠：《战后美国外交史：从杜鲁门到里根》，北京：世界知识出版社，1994年，第77页。

通过一体化解决德国问题起到了一定的推动作用。此外，“马歇尔计划”还对德国西占区和联邦德国经济的复兴起到了积极的推动作用。正如艾哈德1950年2月26日所说的：“马歇尔计划”的巨大帮助再次让德国经济走上正途①。

## 第二节　解决基本生产、生活保障问题

战后初期，英国对德政策是四大国中最温和的。它虽然同意对德国经济实行改造并向德国索取赔偿，但也十分强调“保证德国经济复兴的基础并使德国在欧洲承担义务”的重要性②。然而，在当时的条件下，复兴鲁尔对英国来说可不是件容易的事。从客观方面来看，以下三个基本生产、生活保障问题严重阻碍了鲁尔煤钢工业的复兴。

首先，是粮食的匮乏。1945年4月至1947年初，英占区的人均粮食配给只有每天1550卡左右，远远低于一个正常人每天2500卡的需求。虽然在鲁尔煤钢工业中，劳动的工人从理论上可以获得额外的补给③，但是实际上，这种额外的补给根本无法得到保证。一方面，工人很自然地会将额外得到的食物与家人共享；另一方面，为了防止粮食整体配给水平的下降，英国占领当局也不敢大量提供这种额外配给④。因此，1946年时，矿工的实际食物摄取量只有每天2000卡左右，还不到每天4500卡的正常矿工所需的一半⑤（见表2）。相对其他三个占领区来说，维持英占区的粮食供应尤其不易：①英占区供养的人口比其他三个占领区要多得多⑥，在相

---

① SCHRÖDER H. *Marshallplan und Westdeutschland Wiederaufbau: Positionen-Kontroversen*. Stuttgart: Franz Steiner Verlag, 1990, S. 119.

② KRAMER, A. *The West German Econorny: 1945-1955*. New York and London: Bery, 1991. pp. 48-49.

③ KRAMER, A. *The West German Econorny: 1945-1955*. New York and London: Bery, 1991. p. 77.

④ TURNER I (ed.). *Reconstruction in Post War Germany: British Occupation Policy and Western Zones, 1945-1955*. Oxford: Berg, 1989, p. 104.

⑤ GILLINGHAM J. *Coal, Steel, and Rebirth of Europe, 1945-1955: The Germans and French from Ruhr Conflicts to Economic Community*. New York: Cambridge University Press, 1991, p. 181.

⑥ KRAMER, A. *The West German Econorny: 1945-1955*. New York and London: Bery, 1991. p. 12.

同的食物配给水平下，英占区所需的粮食是四大占领区中最多的；②英占区的工业化程度是四个占领区中最高的[①]。德国工业86%分布在英占区[②]，这意味着英占区比其他占领区更需要通过工业品的出口和区际交换来换取粮食。然而，工业产量的低下和东西方之间的分歧却使英占区难以通过上述两种途径换取粮食；③英国的经济衰退也进一步加重了它维持英占区粮食供给的困难。战后初期，欧洲发生了普遍的粮荒。然而，由于严重的美元短缺危机，英国无力从美国进口更多的粮食，而后者正是当时世界上少数几个有余粮出口的国家之一。到1946年7月，连英国本土也不得不实行了面包配给制。“向德国运粮就意味着减少对英国本土的供给……尽管英国的粮食配给水平要远远高于德国，但没几个英国人愿意与败军之敌一起忍受身体上的痛苦。”[③]

**表2　英美占领区普通消费者食物摄取量（单位：卡/天）[④]**

| 年份 | 日期 | 英占区 | 美占区 |
|---|---|---|---|
| 1945 | 4.30—5.27 | 1460 | 1050 |
| | 5.28—6.24 | 1470 | 860 |
| | 6.25—7.22 | 1404 | 930 |
| | 7.23—8.19 | 1376 | 980 |
| | 8.20—9.16 | 1386 | 1100 |
| | 9.17—10.14 | 1542 | 1160 |
| | 10.15—11.11 | 1476 | 1260 |
| | 11.12—12.9 | 1701 | 1540 |

① BOTTING D. *In the Ruins of the Reich*. Boston: Allen & Unwin, 1985, p. 172.

② KRAMER, A. *The West German Econorny: 1945-1955*. New York and London: Bery, 1991. p. 9.

③ TURNER I (ed.). *Reconstruction in Post War Germany: British Occupation Policy and Western Zones, 1945-1955*. Oxford: Berg, 1989, p. 79.

④ KRAMER, A. *The West German Econorny: 1945-1955*. New York and London: Bery, 1991. p. 76.

续表

| 年份 | 日期 | 英占区 | 美占区 |
| --- | --- | --- | --- |
| 1946 | 12.10—1.6 | 1699 | 1490 |
| | 1.7—2.3 | 1675 | 1550 |
| | 2.4—3.3 | 1694 | 1540 |
| | 3.4—3.31 | 1133 | 1540 |
| | 4.1—4.28 | 1146 | 1275 |
| | 4.29—5.26 | 1155 | 1280 |
| | 5.27—6.23 | 1168 | 1180 |
| | 6.24—7.21 | 1216 | 1235 |
| | 7.22—8.18 | 1270 | 1240 |
| | 8.19—9.15 | 1478 | 1314 |
| | 9.16—10.13 | 1530 | 1247 |
| | 10.14—11.10 | 1553 | 1541 |
| | 11.11—12.8 | 1558 | 1554 |
| 1947 | 12.9—1.5 | 1542 | 1534 |
| | 1.6—2.2 | 1540 | 1534 |
| | 2.3—3.2 | 1564 | 1556 |
| | 3.3—3.30 | 1544 | 1564 |
| | 3.31—4.27 | 1537 | 1552 |
| | 4.28—5.25 | 1554 | |
| | 5.26—6.22 | 1186 | |
| | 6.23—7.20 | 1130 | |
| | 7.21—8.17 | 1256 | |
| | 8.18—9.14 | 1431 | |
| | 9.15—10.12 | 1244 | |
| | 10.13—11.9 | 1389 | |
| | 11.10—12.7 | 1401 | |

续表

| 年份 | 日期 | 英占区 | 美占区 |
|---|---|---|---|
| 1948 | 12.8—1.4 | 1479 | |
| | 1.5—2.1 | 1478 | |
| | 2.2—2.29 | 1352 | |
| | 3.1—3.31 | 1565 | 1444 |
| | 4.1—4.30 | 1601 | 1501 |
| | 5.1—5.31 | 1563 | 1553 |
| | 6.1—6.30 | 1691 | 1687 |
| | 7.1—7.31 | 1986 | 1986 |
| | 8.1—8.31 | 1805 | 1805 |
| | 9.1—9.30 | 1846 | 1846 |
| | 10.1—10.31 | 1837 | 1837 |
| | 11.1—11.30 | 1837 | 1837 |
| | 12.1—12.31 | 1189 | 1189 |

粮食的短缺严重影响了鲁尔工业的恢复。由于食物配给太低，英占区居民大都不愿从事繁重的采矿劳动。无奈之下，军政府只得以强迫劳动的形式强行招募年轻矿工。新招募的矿工不仅缺少经验，而且毫无劳动积极性。其中许多人还因超负荷劳动而身染重疾。所以，在整个1946年间，矿工的个人劳动生产率只有每天0.8吨，还不到30年代的60%①。1946年3月,由于食品供给的大幅度削减，鲁尔煤产量出现了明显的下滑。连军政府北德煤炭局（Northh German Coal Control）在4月23日也不得不承认，“输入矿井食物的减少导致了生产的下降”②。无独有偶，1946年底的粮荒也使钢铁生产下降了10%～20%。“那些真正工作的人常因饥饿而昏倒，

① CARDEN R W. Before Bizonia: Britain's Economic Dilemma in Germany, 1945-1946. *Journal of Contemporary History*, 1979, 14 (3), p. 547.

② PRESTON P (ed. ). *BDFA, Series F Europe, Part Ⅳ, Volume 1, Central Europe January1946-June1946*. Bethesda MD: University Publications of America, 2000, p. 288.

除非粮荒缓解，经济已处在崩溃的边缘。”[①]

其次，是交通、住房等基础设施的破坏。二战末期盟军的轰炸使鲁尔的交通线陷入瘫痪。根据阿尔贝斯豪泽的观点，是鲁尔煤炭外运路线的切断，而不是鲁尔煤矿本身的破坏导致了第三帝国经济的崩溃[②]。1946 年冬季，鲁尔煤产量提高相对较快，但每周石煤供应量却由 465000 吨下降到 406000 吨。与此同时，存煤量却上升了 28%。出现这种情况主要是由于水路封冻后，铁路无法及时将鲁尔煤炭运送出去。英占区军事长官布赖恩·罗伯逊（Brian Robertson）将军在 1947 年 4 月 23 日表示：“由于缺少钢材，而这又是由于缺煤造成的，我们的铁路系统已近于崩溃，如果煤运不出去，基础工业便无法复兴，恶性循环还将继续。”[③] 阿尔贝斯豪泽和爱尔兰学者艾伦·克莱默（Alan Kramer）都将运输的崩溃看作英占区生产崩溃的原因[④]。矿区住房的紧缺也对鲁尔煤炭工业的恢复产生了不利影响。战争结束时，鲁尔区原有的 121.7 万套住房中只剩下 16%是完好无损的[⑤]。随着煤炭生产的迅速恢复，房屋修缮和重建的速度远远赶不上矿工人数增加的速度。到 1947 年初，房屋的缺乏已成为新雇佣计划的主要障碍。

第三，煤钢工业之间的密切关系加大了鲁尔工业复兴的难度。鲁尔焦炭是钢铁生产的主要原料。由于煤产量低下且被用于强制出口，鲁尔钢厂一直无法得到充足的原料供应。而钢铁生产的虚弱反过来又进一步阻碍煤产量的提高。军事长官罗伯逊在分析鲁尔煤钢工业产量低下的原因时曾

---

① CARDEN R W. Before Bizonia: Britain's Economic Dilemma in Germany, 1945—1946. *Journal of Contemporary History*, 1979, 14 (3), p. 543.

② 阿贝尔斯豪泽：《德意志联邦共和国经济史（1945—1980）》，张连根，吴衡康，译。北京：商务印书馆，1988 年，第 12 页。

③ PRESTON P (ed.). *BDFA, Series F Europe, Part Ⅳ, Volume 7, Austria Central Europe(General) and Germany January 1947- December 1947*. Bethesda MD: University Publications of America, 2002, p. 317.

④ 阿贝尔斯豪泽：《德意志联邦共和国经济史（1945—1980）》，张连根，吴衡康，译。北京：商务印书馆，1988 年，第 25 页，KRAMEK A. *The West German Economy: 1945-1955*. New York and London: Berg, 1911, pp. 100-101.

⑤ TURNER I (ed.). *Reconstruction in Post War Germany: British Occupation Policy and Western Zones, 1945-1955*. Oxford: Berg, 1989, p. 108.

说："几乎所有的矿用设备都能够且必须在德国进行生产，但它生产的数量一直都是不足的，这主要应归咎于钢铁工业分配的煤炭太少。"①

为了维持占领区的正常生活，英国以及1947年后参与鲁尔管制的美国军政府决定优先解决急迫的生产、生活保障问题。自1946年下半年开始，英国占领当局把提高鲁尔煤炭产量的重点逐渐放在了改善矿工食品供应上。1946年9月，英国宣布，将鲁尔矿工食物配给提高到每天3800卡(英占区平均配给是每天1550卡)。之后，英美又在鲁尔煤炭工业中引入了三种所谓的"特惠奖励机制"（Points System)。第一种特惠奖励机制是1947年1月1日由英国建立的，内容是依据矿工的劳动成果对其进行物质奖励，使矿工能够按照普通价格从特种商店中购买额外的生活必需品②。另外两种则是美国在1947年夏创立的，包括当矿工完成一定生产目标给予特惠包、无条件给予矿工价格波动补贴等。特惠奖励机制不仅有利于提高矿工的劳动生产率，也可以吸引更多的劳动力到矿井中来，这一机制的引入有力地促进了鲁尔煤炭工业的复兴。

与此同时，盟国还大力修建鲁尔矿区的住房。为了缓解住房压力，英国占领当局最初采取了以下几个措施：加速修复受损的房屋；强行征用鲁尔区的民房；集中在当地征募矿工等。鲁尔区所能提供的现成的住所和矿工显然是有限的，所以在1947年5月，英美又通过了一个雄心勃勃的鲁尔矿区住房修建计划，号称要在两年内可以为所有"原有的和新来的劳动力提供住宿"。然而，该计划在执行时却遇到了诸多困难：计划要求整个双占区的资源分配要向鲁尔建筑业倾斜，这不能不引起美占区各州的不满；管制机构效率低下，无法为计划制定细则并监督计划的执行；计划的预算要求也大大超出了北威州的财政负担能力；等等③。尽管如此，英美的努力使鲁尔矿工的住房条件在1945—1948年间有了较大的改善（见表3)。

---

① PRESTON P (ed.). *BDFA, Series F Europe, Part Ⅳ, Volume 7, Austria Central Europe(General) and Germany January 1947-December 1947*. Bethesda MD: University Publications of America, 2002, p. 316.

② KRAMEK A. *The West German Economy: 1945-1955*. New York and London: Berg, 1911, p. 81.

③ TURNER I (ed.). *Reconstruction in Post War Germany: British Occupation Policy and Western Zones, 1945-1955*. Oxford: Berg, 1989, pp. 111-113.

**表 3　战后初期鲁尔矿工住房的修建**[①]

| 年份 | 季度 | 产量（平方米） |
|---|---|---|
| 1945 | 三 | 18511 |
| | 四 | 18511 |
| 1946 | 一 | 36571 |
| | 二 | 15570 |
| | 三 | 15570 |
| | 四 | 6889 |
| 1947 | 一 | 5158 |
| | 二 | 7682 |
| | 三 | 5611 |
| | 四 | 5597 |
| 1948 | 一 | 7201 |
| | 二 | 6225 |

双占区成立后，英美还集中力量对鲁尔交通线进行了恢复。在英美的努力下，鲁尔货物运输能力比以前上升了三分之一，存煤量也由 1947 年 11 月的 121.3 万吨下降到 1948 年 2 月的 7.7 万吨[②]。随着煤炭供应的改善，鲁尔钢铁工业生产也有了显著的提高。

## 第三节　盟国对鲁尔工业限制及改造政策的修改和消除

### 一、消除拆迁和工业水平限制政策的不利影响

根据《波茨坦协议》和 1946 年 3 月的工业水平计划，德国钢铁生产能

① TURNER I (ed.). *Reconstruction in Post War Germany: British Occupation Policy and Western Zones, 1945-1955*. Oxford: Berg, 1989, p. 109.

② ABELSHAUSER W. *Deutsche Wirtschaftsgeschichte seit 1945*. Müchen: Verlag C. H. Beck, 2004, S. 116-117.

力被限制在1933年33%的水平。凡是超过这一标准的生产能力都被视为德国和平经济所不需要的，应被立即拆迁赔偿给其他国家。1945年秋，盟国管制委员会公布了74家需立即拆迁用于赔偿的工厂。

二战期间，尽管英国政府各部门为战后改造德国制定了不同的方案，但对于在鲁尔工业中推行非军事化改造这一点，它们却是一致赞成的①。因此，在波茨坦会议结束之前，英国军政府就已经开始在英占区摧毁军工设备了。1945年10月，它对军工厂的拆迁赔偿工作也开始了②。“整个1946年，对英占区军事工业的拆迁和摧毁一直在稳步地进行着。”③

但与此同时，直到1947年3月，英占区非军工工业的拆迁却一直进展缓慢。整个1946年，占领区共有185家工厂被列入拆迁计划，但实际被执行的却只有14家。至于鲁尔的重工业，尤其是钢铁工业，1947年10月之前都基本未予触动④。造成鲁尔钢铁工业拆迁工作进展缓慢的原因很多，但以下这几点是最重要的：首先，从客观上说，它受到了德国钢铁工业生产状况的制约。1946年，德国钢铁产量实际上比1894年还低，直到1948年，钢产量的恢复一直都是缓慢而不稳定的。面对如此严峻的形势，英国一直将避免钢铁“分配的崩溃”放在首位⑤，无暇顾及拆迁及限制钢

---

① TURNER I (ed.). *Reconstruction in Post War Germany: British Occupation Policy and Western Zones, 1945-1955*. Oxford: Berg, 1989, p. 69.

② TURNER I (ed.). *Reconstruction in Post War Germany: British Occupation Policy and Western Zones, 1945-1955*. Oxford: Berg, 1989, p. 137.

③ CARDEN R W. Before Bizonia: Britain's Economic Dilemma in Germany, 1945-1946. *Journal of Contemporary History*, 1979, 14 (3), p. 541.

④ MARSHALL B. German Attitudes to British Military Government 1945-1947. *Journal of Contemporary History*, 1980, 15 (4), p. 655. 只有五家鲁尔钢铁企业在此之前完成了拆迁：埃森（Essen）炼钢厂、韦特（Wetter）哈根钢铁有限公司、丁斯拉肯（Dinslaken）轧钢股份公司、多特蒙德（Dortmund）瓦格纳公司、维腾-安嫩（Witten-Annen）鲁尔钢铁股份公司铸钢厂。它们的钢铁生产约为192.5万吨，只占1938年鲁尔钢铁产量的7%不到。参见：HASENACK W. *Dismantling in Ruhr Valley: A Mence to European Recovery*. Cologne: Westdeutscher Verlag, 1949, pp. 51-53, 1938年鲁尔钢铁产量是笔者将1938年鲁尔生铁和粗钢产量相加得来，数据来自 WIEL P (Hrsg.). *Wirtschafts Geschichte des Ruhrgebiets. Tatsachen und Zahlen*. Essen: Siedlungverband Ruhrkohlenbezirk, 1970, S. 228, S. 238.

⑤ GILLINGHAM J. *Coal, Steel, and Rebirth of Europe, 1945-1955: The Germans and French from Ruhr Conflicts to Economic Community*. New York: Cambridge University Press, 1991, p. 191.

产量的问题。其次，从主观上说，这也是因为英国向来奉行温和的对德经济政策，反对过于严厉的拆迁赔偿计划。英国军政府并不想按《波茨坦协议》和1946年3月工业水平计划的相关规定对钢铁等与战争相关工业进行过于严厉的限制，它的非军事化政策主要针对的是那些直接与战争相关的军工工业。罗伯逊将军表示，在盟国就拆迁的更详细的条件达成一致之前，任何工厂都不应拆迁①。另外，从技术方面来看，一个工厂的拆迁要经过评估、申报、包装、运输等多个环节，在当时的技术条件下，完成这些环节往往需要相当长的时间。

在拖延拆迁的同时，英国还积极谋求提高1946年3月盟国所限定的德国钢产量水平。为了能在“优先赔偿”的原则下执行德国赔偿政策，英国一直希望将战后德国钢产量定在1050万吨，这一数字不仅远远高于苏联所提的460万吨，也高于美法所提的720万吨和700万吨。“英国希望保留足够的工业，以使德国人能够获得等同欧洲平均水平的生活条件，同时又不因终止必要的进口而加重占领国的负担，而苏联、法国甚至美国却想将德国的经济能力降低到比英国预想的要低得多的水平上。”② 陷于孤立的英国别无他法，只得在1946年3月的会议上接受了德国钢产量750万吨生产能力、580万吨的生产上限的规定。

英国是被迫接受德国工业水平计划的，所以它一直在想方设法修改这一计划。早在1946年1月，罗伯逊就明确表示，“保持750万吨生产能力就意味着可以生产到这一数字”，“英国是不会同意让德国永远贫困、饥饿和受到奴役的”③。

在工业水平计划出台之前，英国又为这一计划的执行设立了三个前提条件：①德国经济的统一；②人口不超过6650万；③德国出口能支付必要的进口，以使占领国不用养活德国人④。显然，如果不能实现德国的经济

---

① CARDEN R W. Before Bizonia: Britain's Economic Dilemma in Germany, 1945-1946. *Journal of Contemporary History*, 1979, 14 (3), p. 540.

② TURNER I (ed.). *Reconstruction in Post War Germany: British Occupation Policy and Western Zones, 1945-1955*. Oxford: Berg, 1989, p. 131.

③ TURNER I (ed.). *Reconstruction in Post War Germany: British Occupation Policy and Western Zones, 1945-1955*. Oxford: Berg, 1989, p. 132.

④ TURNER I (ed.). *Reconstruction in Post War Germany: British Occupation Policy and Western Zones, 1945-1955*. Oxford: Berg, 1989, p. 133.

统一和自立，英国是不打算执行这一工业水平计划的。随着1946—1947年东西方冲突的不断加剧，德国各占领区之间的统一变得越来越遥不可及。在这种情况下，英国内阁最终下定决心，要将德国的钢产量水平提高到原先所提的1100万吨。

至于英国坚持要提高德国钢产量水平的原因，学者克莱默给出了以下四个理由：①迫于负责向西方十八国分配德国赔偿物资的盟国间赔偿机构（Inter Allied Reparations Agency，简称IARA）的压力；②英国国内对赔偿品的需求。盟国间赔偿机构及英国国内工业界都希望尽快从德国获得赔偿品，而修正工业水平计划是执行赔偿计划的前提；③为了拉拢德国人；④害怕美苏接近，想用新的双占区工业水平计划将美国与自己绑在一起①。笔者认为，克莱默给出的这些理由固然重要，但还有两个最重要的原因也是不可忽视的：第一，是为了减轻英国的经济负担。1946年11月，英国估算自己要为德国的进口支付1.25亿英镑的费用，而当时占领区的出口利润还不足400万英镑。过低的钢产量将使德国长期无法实现进出口平衡，这当然是英国所不愿看到的。第二，这也是为了保证对德和对苏安全。盟国对钢产量的限制，必然会使德国陷入长期的贫困状态。英国外交部德国处处长约翰·特洛斯贝克（John Trouthbeck）在评价工业水平计划时说："很显然，永久的贫民窟是不能带来安全的，细菌可以像炸弹一样致死，专制可以在一个贫困的民族中滋生，经济形势越糟糕，建立一个无情独裁政权的可能性就越大。"② 与此同时，英国还认为，苏联此时如此压低德国钢产量，拒不实现德国经济统一，就是为了使德国陷入混乱，好趁机将其置于苏联的控制之下③。

然而，对提高德国工业水平和修改赔偿计划，美国一开始却显得有些犹豫不决。一方面，它也对1946年3月的计划十分不满。在工业水平计划出台后不久，军政府长官克莱就表示，在不远的将来，美国将会寻求对其进行修改，德国工业应该增加100%。为了保护美占区经济并向苏联施加

---

① TURNER I (ed.). *Reconstruction in Post War Germany: British Occupation Policy and Western Zones, 1945-1955*. Oxford: Berg, 1989, pp. 140-141.

② STEININGER R. *Ein Neues Land an Rhein und Ruhr: Die Ruhrfrage 1945/46 und die Entstehung Nordrhein-Westfalen*. Köln: Verlag W. Kohlhammer, 1990, S. 149.

③ STEININGER R. *Ein Neues Land an Rhein und Ruhr: Die Ruhrfrage 1945/46 und die Entstehung Nordrhein-Westfalen*. Köln: Verlag W. Kohlhammer, 1990, S. 264.

压力，克莱宣布除了军工厂和预定的24家工厂外，停止美占区一切拆迁活动。另一方面，当英国在1946年底向美国重提1100万吨的钢产量计划时，克莱却不愿接受，因为这一数字“代表着危险的战争潜力”。“在这一时期，美国还不同意修改或全面提高双占区的工业水平。”[①] 1947年4月5日凌晨，贝文再次向马歇尔建议，将“1100万吨的钢铁年产量作为解决其他相关问题的基础”，“这些可以在不背离《波茨坦协议》的条件下完成，作为对既定形势的权宜之计”。马歇尔表示，“虽然美国人意识到（1100万吨）作为最初讨论的大致的基础是比较方便的，但它并不愿参与一个以固定的钢铁产量为基础的讨论”，因为美国“不希望将赔偿的基础建立在持续的争论之上，并由此而引起……严重的麻烦”[②]。1947年莫斯科外长会议期间，马歇尔终于同意就修改德国工业水平计划一事与英国进行谈判，不过同时他也要求，将谈判推迟到六周后再举行。结果，直到1947年5月，英美才开始制定新的双占区工业水平计划。美国迟迟不同意提高双占区工业水平计划，与其政府内部在对德复兴政策上的斗争不无关系。1946年底到1947年初，正是美国对欧综合复兴政策形成的时期。虽然早在1946年9月美国就已经确立了对德复兴政策，但是，在德国复兴与欧洲其他国家复兴的关系确立之前，美国不敢轻易提高双占区工业水平，因为这一做法必然会激起德国邻国，尤其是法国的坚决反对。

1947年7月初，克莱和罗伯逊完成了新的双占区工业水平计划的制定。然而，英国人却希望先跟法国商讨后再公布这一计划，因为他们既不想因此而影响这时正在巴黎举行的关于“马歇尔计划”的十六国会谈，也希望通过与法国的合作迫使美国接受自己关于鲁尔工业产权的主张。在英国的要求下，美国同意推迟公布新的双占区工业水平计划，并派出负责经济事务的助理国务卿威廉姆·克莱顿（William Clayton）等与法国就该计划和鲁尔国际化等问题进行接触[③]。一开始，法国坚决反对英美复兴德国

---

① TURNER I (ed.). *Reconstruction in Post War Germany: British Occupation Policy and Western Zones, 1945-1955*. Oxford: Berg, 1989, pp. 139-140.

② U.S. Department of State (ed.). *FRUS 1947, Volume II, Council of Foreign Ministers, Germany and Austria*. Washington D.C.: GPO, 1972, pp. 309-310.

③ U.S. Department of State (ed.). *FRUS 1947, Volume II, Council of Foreign Ministers, Germany and Austria*. Washington D.C.: GPO, 1972, pp. 987-988.

的新计划。1947 年 7 月 11 日，皮杜尔在与克莱顿的会谈中指出："现在（德国）钢产量还没有超过三四百万吨，既然最高限额远远还未达到，就没有理由提高 1946 年 3 月所规定的限额。"① 法国驻美大使也曾明确表示："法国人民绝不能接受一个仅仅由双占区司令官们制定的关于德国的计划。"②

但是，1947 年莫斯科外长会议之后，法国逐渐改变了那种徘徊在东西方之间的外交路线，加速向英美靠拢。之所以会出现这种情况，一是因为此时法国政府对共产主义的恐惧日益加深。1947 年 5 月 4 日，法国总理保罗·拉马迪埃（Paul Ramadier）将法共赶出了联合政府。在苏联的支持下，强大的法共不断掀起反美反政府的宣传活动，这使法国政府明显地感觉到了来自内部的威胁。美驻法大使杰弗逊·加夫里（Jefferson Caffery）1947 年 7 月 18 日报告说：法共不仅攻击美国要从"经济上殖民法国"，还将美国的鲁尔政策斥为"将鲁尔的经营权送给了曾服务过希特勒的人"③。法共报纸《人道报》（Humanite）则公开抨击法国政府：如果"多列士（莫里斯·多列士，Maurice Thorez，法共总书记）按人民意愿组阁或只要法共未被赶出政府，现在'走向地狱'的形势便不会发生"④。在外部，随着苏联和东欧国家一致拒绝"马歇尔计划"，法国也明显地感觉到了苏联的巨大压力。二是法国此时在经济上也急需美国的援助。自二战结束以来，法国衰落的经济一直没有什么起色，政府也面临着严重的财政危机。"法国的黄金或美元储备将在（1947 年）10 月 15 日－31 日间枯竭。"⑤ 为了维持政权的稳定，法国政府要求美国加大对法援助。拉马迪埃表示：除非美援能在未来几个月到达，否则法国政府就会崩溃，并为一届不可能排

---

① U. S. Department of State（ed.）. *FRUS 1947, Volume Ⅱ, Council of Foreign Ministers, Germany and Austria*. Washington D. C.: GPO, 1972, p. 985.

② U. S. Department of State（ed.）. *FRUS 1947, Volume Ⅱ, Council of Foreign Ministers, Germany and Austria*. Washington D. C.: GPO, 1972, p. 1022.

③ U. S. Department of State（ed.）. *FRUS, 1947, Volume Ⅲ, British Commonwealth, Europe*. Washington D. C.: GPO, 1972, p. 724.

④ U. S. Department of State（ed.）. *FRUS, 1947, Volume Ⅲ, British Commonwealth, Europe*. Washington D. C.: GPO, 1972, p. 751.

⑤ U. S. Department of State（ed.）. *FRUS, 1947, Volume Ⅲ, British Commonwealth, Europe*. Washington D. C.: GPO, 1972, p. 747.

除共产党人的政府所代替[①]。与此同时，出于冷战需要的美国也加大了对法国的援助力度。1947 年 6 月，美国提出了“马歇尔计划”，有意对包括法国在内的西欧各国提供急需的经济援助。“马歇尔计划”提出后，美国还通过世界银行给了法国一笔 2.5 亿美元的贷款，并表示“世界银行将考虑 10 月份时法国的状况是否可以再追加一笔相同数目的贷款”[②]。总之，经济和政治上的双重困境加重了法国对美国的依赖，迫使其不得不接受英美的对德复兴政策。1947 年 8 月 6 日，皮杜尔向克莱顿表示：他不认为“法国和美国在德国工业水平问题上存在多少分歧。如果英美向法国人民保证鲁尔资源不会被再次用于对法战争，法国就不会阻碍任何工业水平的目标”[③]。不过，法国却依旧希望英美推迟公布新工业水平计划的时间。“他（皮杜尔）不能理解英美此时匆忙考虑德国工业水平计划的必要性，因为不管决定是什么，德国工业的实际产量都要用 18 个月的时间才能达到原先规定的限额。因此，将此事留在（1947 年）11 月外长会议之后再做考虑并没有什么害处。”[④] 然而，美国已决心不再修改新的双占区工业水平计划及其公布时间，美国国务院官员罗伯特·洛维特（Robert Lovett）在 8 月 14 日的信中即明确拒绝了法国的这一要求[⑤]。

1947 年 8 月 22 日，英、法、美关于双占区新工业水平计划的三方会谈最终在伦敦得以举行。在这次会议上，美国取得了重大胜利：它不仅成功地迫使法国接受按原定时间公布新的双占区工业水平计划，还回避了法国所要求的关于鲁尔经营权、分配权国际化的讨论。8 月 28 日，三大国正式公布了新的双占区工业水平计划及会谈备忘录。根据新计划，双占区工业水平将比原计划提高约 1/3 至 2/5，即达到 1938 年 70%～75%；有 687 家企业免予拆迁，钢产量则从原来的 750 万吨提高到 1070 万吨，即约

---

① U. S. Department of State (ed.). *FRUS, 1947, Volume Ⅲ, British Commonwealth, Europe*. Washington D. C.: GPO, 1972, p. 763.

② U. S. Department of State (ed.). *FRUS 1947, Volume Ⅱ, Council of Foreign Ministers, Germany and Austria*. Washington D. C.: GPO, 1972, p. 720.

③ U. S. Department of State (ed.). *FRUS 1947, Volume Ⅱ, Council of Foreign Ministers, Germany and Austria*. Washington D. C.: GPO, 1972, p. 1023.

④ U. S. Department of State (ed.). *FRUS 1947, Volume Ⅱ, Council of Foreign Ministers, Germany and Austria*. Washington D. C.: GPO, 1972, p. 1023.

⑤ U. S. Department of State (ed.). *FRUS 1947, Volume Ⅱ, Council of Foreign Ministers, Germany and Austria*. Washington D. C.: GPO, 1972, p. 1036.

等于战前生产能力的一半[①]。

新工业水平计划的问世为拆迁赔偿政策的修改铺平了道路。1947 年 10 月16 日，英美公布了新的拆迁企业名单。在计划拆除的 682 家企业中，有 294 家位于北威州[②]。这 294 家企业的部门分布为：军工 43、钢铁 77、机械制造 151、化工 19、其他加工 4[③]。此后，英国一改以往拖延拆迁的做法，开始贯彻拆迁计划。自 1947 年底、1948 年初起，英占区大约每月拆迁 4.5 万吨设备，在拆迁中，当局甚至还动用了氧气切割机与炸药。对鲁尔钢铁工业的拆迁也在稳步进行，尽管列入拆迁的数目比以前有所减少[④]。1948 年 7 月 3 日，英国军政府还公布了拆迁时间表（见表 4）。但是，由于北威州的坚决反对，很多企业的拆迁都无法按时完成，有的甚至被推迟到 1949 年中期[⑤]。即便如此，到 1949 年 11 月，已有 600 家工厂完成了拆迁，西占区钢铁生产能力减少了 670 万吨[⑥]。

**表 4　1948 年 7 月北威州拆迁时间表（按月份计算）[⑦]**

| 1948 年 6 月 30 日前已经执行 | 1948 年 | | | | | | 1949 年 | | | 未定 | 总计 |
|---|---|---|---|---|---|---|---|---|---|---|---|
| | 7 月 | 8 月 | 9 月 | 10 月 | 11 月 | 12 月 | 1 月 | 2 月 | 5 月 | | |
| 159 | 10 | 21 | 19 | 24 | 14 | 43 | 1 | 1 | 1 | 2 | 295 |

---

① CARLYL M (ed.). *Documents on International Affairs, 1947-1948*. London: Oxford University Press, 1952, pp. 625-626.

② U. S. Department of State (ed.). *FRUS 1947, Volume II, Council of Foreign Ministers, Germany and Austria*. Washington D. C.: GPO, 1972, p. 1026.

③ KÖCHLING M. *Demontagepolitik und Wiederaufbau in Nordrhein-Westfalen*. Essen: Klartext Verlag, 1995, S. 357.

④ 新计划中要求拆迁的鲁尔钢铁有：克雷菲尔德（Krefeld）德意志优质钢生产厂、埃森（Essen）克虏伯铸钢厂、汉伯恩（Hamborn）奥古斯特蒂森冶炼厂、波鸿（Bochum）波鸿联合、哈廷根（Haittingen）鲁尔钢铁股份公司海因里希冶炼厂、杜伊斯堡（Duisburg）下莱茵冶炼厂、多特蒙德（Dortmund）霍尔德冶炼厂和米尔海姆（Mülheim）莱茵钢管股份公司的钢管厂，HASENACK W. *Dismantling in Ruhr Valley: A Mence to European Recovery*. Cologne: Westdeutscher Verlag, 1949, pp. 54-69.

⑤ KÖCHLING M. *Demontagepolitik und Wiederaufbau in Nordrhein-Westfalen*. Essen: Klartext Verlag, 1995, S. 176.

⑥ 哈达赫：《二十世纪德国经济史》，扬绪，译。北京：商务印书馆，1984 年，第 98 页。

⑦ KÖCHLING M. *Demontagepolitik und Wiederaufbau in Nordrhein-Westfalen*. Essen: Klartext Verlag, 1995, S. 175.

在1948—1949年间，英国一直拒绝再次提高德国钢铁工业水平上限并停止对鲁尔钢铁工业的拆迁。那么，为何英国此时会如此坚定地执行拆迁计划呢？

首先，这与英国一直以来所谋求的自立加安全的对德政策有着直接关系。在修改双占区工业水平计划之前，英国着重于实现德国西占区的经济自立；当德国西占区经济自立通过新的工业水平计划得以实现之后，它就转而关注安全问题。尤其是在1948年币制改革之后，随着西占区经济的迅速复兴，英国也更加担忧未来德国的走向。“对通过新工业水平计划增加（双占区）的工业能力十分满意的英国，也禁不住感到一丝不安……对英国来说……德国的工业复兴最好能与防止德国再启战火的安全措施相平衡。”[①] 1948年12月，当美国要求再次提高双占区钢铁产量并保留一些为德国和平经济所不需的钢铁企业时，英国给予了断然的拒绝：“任何不拆除剩余生产能力的禁止和限制都是名不副实的……英国是从直接安全的角度出发来看待德国非军事化的重要性的。无论是国际形势还是眼下德国的形势，都无法消除未来德国军事力量进行报复的可能；在此期间，德国战争力量被有侵略性的政权有效利用的危险性会大大增加。”[②] 出于对安全问题的关注，英国在1949年3月不仅坚决反对美国延缓对德国军火工业的拆迁，“即使因此而减少了欧洲复兴计划对英国的配额也在所不惜”[③]，还要求将对这类工业的限制和禁止再保留五年[④]。

其次，英国也担心修改拆迁计划会刺激法国。在拆迁和工业水平的问题上，英国一直很看重法国的态度[⑤]。为了防止法国政府在国内的斗争中陷入困境，英国曾多次与法国一道反对修改拆迁计划[⑥]。

---

① TURNER I (ed.). *Reconstruction in Post War Germany: British Occupation Policy and Western Zones, 1945-1955*. Oxford: Berg, 1989, p. 82.

② U. S. Department of State (ed.). *FRUS, 1948, Volume Ⅱ, Germany and Austria*. Washington D. C.: GPO, 1973, p. 840.

③ U. S. Department of State (ed.). *FRUS, 1948, Volume Ⅱ, Germany and Austria*. Washington D. C.: GPO, 1973, p. 560.

④ U. S. Department of State (ed.). *FRUS, 1948, Volume Ⅱ, Germany and Austria*. Washington D. C.: GPO, 1973, p. 569.

⑤ CAIRNCROSS A. *The Price of War: British Policy on German Reparations 1941—1949*. London: Basil Blackwell, 1986, pp. 182-184.

⑥ U. S. Department of State (ed.). *FRUS, 1949, Volume Ⅲ, Council of Foreign Ministers, Germany and Austria*. Washington D. C.: GPO, 1974, p. 550, p. 560, U. S. Department of State (ed.). *FRUS, 1948, Volume Ⅱ, Germany and Austria*. Washington D. C.: GPO, 1973, p. 833, pp. 837-841.

第三，英国这样做也有消除德国钢铁工业对本国钢铁工业的竞争的意图。1949 年，罗伯逊在一份外交部文件中曾提到，制定德国工业发展计划时，英国要考虑到本国重工业的利益①。1950 年春，德国钢铁工业家布鲁诺·富格曼（Bruno Fugmann）在反驳拆迁有利于德国钢铁工业发展的观点时也指出："在经济上，英国所顽固坚持的拆迁政策看似是要为自己取得竞争优势，同时又要长期消除西德钢铁工业的国际竞争能力……美、英、法、比、卢工厂的空前扩张、升级和现代化让人怀疑，在自由的世界经济中和'舒曼计划'的条件下，西德钢铁工业是否还有竞争能力。"②

以霍斯特·拉德马赫（Horst Lademacher）为代表的一些德国学者认为，上述经济方面的原因才是英国坚持德国拆迁计划的主要原因。然而，以伊安·特纳为代表的英国学者们却认为，英国政府贯彻拆迁政策主要是为了实现安全，而不是实现对德竞争优势③。在这里，笔者倾向于折中的说法，即安全因素和经济因素都是英国坚持拆迁政策的原因，尽管英国的经济动机可能会被当时的德国政要们所夸大。

对英国的大规模拆迁政策，美国一开始采取了配合的态度。新的拆迁企业名单就是英美一起公布的。美国之所以这样做，一是因为它也不想让德国再度成为世界和平的威胁。尽管美国在 1946 年 9 月就已确立了对德经济复兴政策，但在准军事工业，尤其是钢铁工业方面，它的严格态度却改变不多。新的拆迁名单中有 2/3 属于这类企业。JSC1779 号指令取代 JSC1067 号指令后，美国对双占区的种种限制已大大放松，但在非军事化和拆迁的内容方面，两个指令却是基本一致的。二是尽管在 1947 年之后美国已在西占区取得支配地位，但这并不意味着它可以不顾及英法的意见而单独行事。毫无疑问，对德国东山再起惴惴不安的法国是 1948—1949 年间英国大规模拆迁政策的热心支持者。美国若想实现"马歇尔计划"，英法的

---

① TURNER I (ed.). *Reconstruction in Post War Germany: British Occupation Policy and Western Zones, 1945-1955*. Oxford: Berg, 1989, p. 86.

② BÜHRER W. *Ruhrstahl und Europa: Die Wirtschaftsvereinigung Eisen und Stahlindustrie und die Änfang der Europäischen Integration 1945-1952*. Müchen: R. Oldenbourg Verschlag, 1986, S. 112.

③ TURNER I (ed.). *Reconstruction in Post War Germany: British Occupation Policy and Western Zones, 1945-1955*. Oxford: Berg, 1989, pp. 85-91, pp. 145-146.

支持是少不了的，而英法同意德国西占区加入该计划的条件就是要消除其不为和平经济所需的过剩的经济能力。为了能早日实现西欧的经济复兴与合作，美国暂时对英法的拆迁政策采取了配合的态度。

但时隔不久，美国就开始谋求进一步减少对德国钢铁工业的拆迁。早在1947年12月9日，一些美国国会议员就对新双占区工业水平计划进行了如下抨击：拆迁在经济上毫无意义；拆迁妨碍德国生产的恢复，而这又是欧洲复兴的关键；在当今的世界形势下，西德工业不应当被削弱；苏联不应当再从西德工业设备中获得好处。国会参众两院也都有意根据“马歇尔计划”对拆迁计划重新作出审查[①]。商务部部长爱福莱尔·哈里曼也在1948年1月23日致信杜鲁门，表达了对新拆迁计划的强烈不满。他反对这一计划的理由是：①不相信拆迁计划能使德国尽快实现经济自立并减轻美国人民的负担；②认为对德国在“马歇尔计划”中同时作为生产者和消费者的地位没有给予充分的重视；③国会议员中已经出现了反对该计划的声音；④大多数工厂拆迁所造成的损失是不可恢复的；⑤“马歇尔计划”对西欧各国的援助可以取代这些国家对德国赔偿品的要求[②]。

基于以上原因，杜鲁门在1948年2月决定继续完成拆迁计划的同时[③]，也命令农业、商务和内政三部部长派出联合调查团，从技术角度对1947年10月的拆迁计划进行审查。1948年7月28日，“技术”调查团向华盛顿递交报告，要求将331个工厂（其中有16个是部分的）从拆迁计划上删除[④]。面对国会的压力，经济合作署主任保罗·霍夫曼（Paul Hoffman）在和国务院协商后，也向杜鲁门建议派出一个由美国大工业家组成

① U. S. Department of State (ed.). *FRUS, 1948, Volume Ⅱ, Germany and Austria.* Washington D. C.: GPO, 1973, pp. 711-712.

② U. S. Department of State (ed.). *FRUS, 1948, Volume Ⅱ, Germany and Austria.* Washington D. C.: GPO, 1973, pp. 716-717.

③ U. S. Department of State (ed.). *FRUS, 1948, Volume Ⅱ, Germany and Austria.* Washington D. C.: GPO, 1973, p. 731.

④ Final Report of Cabinet Technical Mission on Reparation. U. S. Department of State (ed.). *FRUS, 1948, Volume Ⅱ, Germany and Austria.* Washington D. C.: GPO, 1973, pp. 779-788. 根据这一报告，三部部长向杜鲁门建议将163个工厂从新拆迁计划中剔除。1948年8月16日，杜鲁门批准这一报告，参见 U. S. Department of State (ed.). *FRUS, 1948, Volume Ⅱ, Germany and Austria.* Washington D. C.: GPO, 1973, pp. 796-797.

的调查团，为进一步修改德国拆迁赔偿计划做准备[①]。10 月 15 日，这一以美国工业家乔治·汉弗莱（George Humphrey）为首的调查团，即著名的“汉弗莱委员会”（Humphrey Committee）在华盛顿宣告成立。在依据“马歇尔计划”的要求对等待拆迁的德国企业进行了重新评估后，汉弗莱委员会于 1949 年 1 月将他们的评估报告递交国务院。1949 年 1 月—3 月，美国与英法围绕着汉弗莱委员会的报告展开了激烈的争论[②]。经过反复的讨价还价，三国外长终于在 1949 年 4 月 13 日签署了新的对德拆迁计划——《华盛顿协定》。根据该协定，汉弗莱报告中所要求免除拆迁的 167 个工厂被批准了 159 个，只有 6 个钢铁厂还在名单之上[③]；原来对德国许多工业的限制也都被取消；不过，除了造船工业外，对军火工业和钢铁工业的限制却依然如故[④]。

然而，美国并未就此停止修改拆迁计划的步伐。1949 年 9 月 14 日，美国驻德高级专员约翰·麦克洛伊（John McCloy）向华盛顿建议，停止除军火工业之外的一切拆迁活动，因为继续拆迁对美国没有任何价值，而停止拆迁则可换取新建立的德国联邦政府加入鲁尔国际管制机构[⑤]。与此同时，霍夫曼也指出：“对美国来说，如果我们同时又把援助的资金投入德国，那拆迁就是很不明智的。”[⑥] 在 9 月 15 日召开的华盛顿三大国外长会议上，美国更是利用德国人的压力，来强迫英法同意终止除军火工业以外所有的对德国的拆迁活动[⑦]。

---

① U. S. Department of State (ed.). *FRUS, 1948, Volume Ⅱ, Germany and Austria*. Washington D. C.: GPO, 1973, pp. 792-793, p. 797.

② U. S. Department of State (ed.). *FRUS, 1949, Volume Ⅲ, Council of Foreign Ministers, Germany and Austria*. Washington D. C.: GPO, 1974, pp. 546-557, pp. 559-563, pp. 565-572.

③ KÖCHLING M. *Demontagepolitik und Wiederaufbau in Nordrhein-Westfalen*. Essen: Klartext Verlag, 1995, S. 195.

④ Revision of Dismantling in Germany. *Times*, 1949-04-14.

⑤ U. S. Department of State (ed.). *FRUS, 1949, Volume Ⅲ, Council of Foreign Ministers, Germany and Austria*. Washington D. C.: GPO, 1974, pp. 597-599.

⑥ POST O. *Zwischen Sicherheit und Wiederaufbau: Die Ruhrfrage in der alliierten Disskution, 1945-1949*. Giessen: Focus Verschlag, 1986, S. 162-163.

⑦ U. S. Department of State (ed.). *FRUS, 1949, Volume Ⅲ, Council of Foreign Ministers, Germany and Austria*. Washington D. C.: GPO, 1974, pp. 599-603.

在美国催促修改拆迁计划的同时，德国人对拆迁活动的不满也日益高涨。由于先前一直专注于黑市、粮食和东西方关系等问题，西占区（鲁尔、基尔等个别地区除外[1]）德国人一开始并未与盟国的拆迁发生大规模的冲突。直到1948年币制改革后，双占区经济委员会主席艾哈德才向英国副外交大臣助理罗杰·史蒂文斯（Roger Stevens）提出了德国政治家对拆迁政策的首个质询[2]。差不多同时，波鸿联合钢铁公司的弗朗茨·穆泽（Franz Muser）也在美国国家反战委员会的支持下，在美国举行了几次反拆迁活动。1949年，德国经济学家威廉·哈泽纳克（Wilhelm Hasenack）在《鲁尔谷地的拆迁——对欧洲复兴的威胁》中明确指出："从经济角度看，终止对德国工厂的拆迁是理性的，这将终止一场会对整个欧洲造成打击的可怕浩劫，但愿现在停止还来得及。"[3] 随着首届联邦议院选举的临近，德国基民盟和社民党都加紧反对盟国的拆迁活动。1949年9月13日，两党领袖阿登纳和舒马赫在与麦克洛依的会谈中分别从政治、心理和经济、社会的角度分析了拆迁的严重后果，强烈要求三大国能够重新修订这个"在经济上没有任何好处"的计划[4]。10月14日，阿登纳在英、法、美三国驻德高级专员面前发表演说，暗示只要盟国终止对德国工业的拆迁，联邦德国就可同意加入鲁尔国际管制机构。

鉴于美国也在积极谋求修改拆迁计划，德国人将他们斗争的矛头指向了英国。"到1949年为止，拆迁已经被看作纯粹是英国的行为。1947—1948年冬，先是美国经济合作署，其后是美国军政府及国务院对英国修改拆迁计划所施加的压力，不能不引起德国领导人的注意。"[5]

面对着德国人潮水般的抗议，英国终于同意终止包括对鲁尔钢铁工业

---

① MARSHALL B. German Attitudes to British Military Government 1945-1947. *Journal of Contemporary History*, 1980, 15 (4), p. 667.

② TURNER I (ed.). *Reconstruction in Post War Germany: British Occupation Policy and Western Zones, 1945-1955*. Oxford: Berg, 1989, p. 149.

③ HASENACK W. *Dismantling in Ruhr Valley: A Mence to European Recovery*. Cologne: Westdeutscher Verlag, 1949, p. 22.

④ U. S. Department of State (ed.). *FRUS, 1949, Volume Ⅲ, Council of Foreign Ministers, Germany and Austria*. Washington D. C.: GPO, 1974, pp. 594-596.

⑤ TURNER I (ed.). *Reconstruction in Post War Germany: British Occupation Policy and Western Zones, 1945-1955*. Oxford: Berg, 1989, p. 150.

在内的德国绝大多数工业的拆迁。1949 年 9 月 15 日，贝文在与美国国务卿艾奇逊的谈话中表示："如果德国人态度良好，他可以重新评估那些还没有开始拆迁的工厂。"[①] 在 11 月 9 日召开的三大国巴黎外长会议上，英国一改往日与法国站在一起反对美国停止拆迁的做法，转而与美国一起劝说法国同意停止拆迁。罗伯逊向法国外长罗伯特·舒曼（Robert Schuman）表示，就算盟国现在不主动停止，拆迁也会因德国人的反对而停止[②]。

英国在拆迁问题上转变态度，除了受美、德的压力之外，还有更深层次的原因：首先，这与英国对德安全战略的转变有关。前面曾提到，英国坚持要对德国钢铁等工业进行拆迁，很大程度上是由于它希望借此来防止德国军事力量的再度复苏。但是，随着形势的发展，英国人开始明白，拆迁不仅不能消除德国的威胁，反而会激起德意志的民族主义情绪，甚至会使德国人向东投入苏联的怀抱。因此，在同意停止拆迁的同时，英国还将核准德国钢产量上限的权力交给了欧洲经济合作组织，"这意味着我们已经放弃了通过限制德国粗钢产量而获取安全的任何企图"。其次，英国同意终止对钢铁等工业的拆迁，也是为了诱使联邦德国答应加入鲁尔国际管制机构[③]。

但是，在 1949 年巴黎外长会议上，法国却以安全需要为由，拒绝停止对鲁尔钢铁工业的拆迁。英国代表表示，如按现在的拆迁规模，原产量 230 万吨的汉伯恩（Hamborn）钢厂就只能剩下 60 万吨的生产能力，这样过度的拆迁显然是不符合盟国的意愿的。至于安全问题，则可通过德国加入军事安全委员会（Military Security Board，又译军事安全局）加以解决。在英美的联合压力下，法国终于被迫同意基本终止对鲁尔钢铁工业的拆迁，并与英美一起向三国驻德高级委员会下达了要求联邦德国加入鲁尔国际管制机构和修改德国拆迁计划的指令[④]。

自 1949 年 9 月 15 日起，三国高级委员会多次与阿登纳在彼得斯贝格

---

① U. S. Department of State (ed.). *FRUS, 1949, Volume Ⅲ, Council of Foreign Ministers, Germany and Austria*. Washington D. C.: GPO, 1974, p. 600.

② POST O. *Zwischen Sicherheit und Wiederaufbau: Die Ruhrfrage in der alliierten Disskution, 1945-1949*. Giessen: Focus Verschlag, 1986, p. 175.

③ POST O. *Zwischen Sicherheit und Wiederaufbau: Die Ruhrfrage in der alliierten Disskution, 1945-1949*. Giessen: Focus Verschlag, 1986, S. 174-175.

④ U. S. Department of State (ed.). *FRUS, 1949, Volume Ⅲ, Council of Foreign Ministers, Germany and Austria*. Washington D. C.: GPO, 1974, pp. 635-638.

举行会议，讨论联邦德国与西方的关系问题。11月15日，高级委员会向阿登纳传达了三大国巴黎会谈的决议。在党内同志、联邦德国工会和工商界的支持下，阿登纳不顾德国社民党的坚决反对，同意加入鲁尔国际管制机构，以换取对德拆迁活动的停止。1949年11月22日，高级委员会与阿登纳签署了《彼得斯贝格议定书》，其主要内容包括：①联邦德国同意加入鲁尔国际管制机构，并愿意与高级委员会在军事安全委员会中保持合作；②停止对石油化工、合成橡胶和钢铁等受限工业的拆迁。最后从拆迁名单上被删除的鲁尔钢铁企业是：汉伯恩（Hamborn）的奥古斯特一蒂森钢铁厂、锡格兰（Siegerland）的冶金工厂、哈廷根（Hattingen）的鲁尔钢铁公司、波鸿的波鸿联合钢铁公司、杜伊斯堡的下莱茵炼钢厂、杜塞尔多夫的克律克纳工厂、克雷菲尔德（Krefeld）的德意志优质钢生产厂①。

《彼得斯贝格议定书》为鲁尔钢铁工业的进一步复兴扫除了障碍。在此之后，不仅盟国对鲁尔钢铁工业的拆迁赔偿基本停止，连1100万吨的钢铁生产上限也实际上被取消了。当联邦德国钢产量突破了1100万吨的上限后，联邦政府采取了一种较为明智的做法，即不再向盟国提出有关提高上限的问题。而此时的美国政府也乐于“不叫醒已经睡着的狗”。就这样，和一战后的德国赔款问题类似，战后盟国对鲁尔的钢铁生产限制最后也是不了了之②。

### 二、民主化改造所造成的产权、经营权缺失问题的解决

占领鲁尔后，英国军政府不仅从政治上对鲁尔煤钢巨头进行了大规模的非纳粹化清洗，还对这些巨头在煤钢工业中的财产进行了没收和分割。

非纳粹化使鲁尔煤炭企业老板、经理人的命运时刻处于风雨飘摇之中。他们中有些人已经身陷囹圄或被迫去职，有些虽然还留在领导岗位，但也对自身的前途颇为担忧。在这种情况下，工厂的管理阶层根本不敢对劳工严加管理。而这正是不愿参加强制劳动的工人所求之不得的③。1945年8月在科隆接任克律克纳一洪堡股份公司（Klöckner-Humboldt

---

① U. S. Department of State (ed.). *FRUS, 1949, Volume Ⅲ, Council of Foreign Ministers, Germany and Austria*. Washington D. C.: GPO, 1974, pp. 343-348.

② ADAMSEN H. *Investionshilfe für Ruhr, Wiederaufbau, Verbände und Soziale Marktwirtschaft 1948-1952*. Wuppertal: Peter Hammer Verlag, 1981, S. 94.

③ TURNER I (ed.). *Reconstruction in Post War Germany: British Occupation Policy and Western Zones, 1945-1955*. Oxford: Berg, 1989, p. 101.

AG）监事会主席的京特·海勒表示，他“在组建有工作效率的经理委员会的时候遇到了巨大的困难”，“说到困难，最终还是由人力问题，尤其是领导岗位缺人的问题造成的”[①]。与此同时，产权的变更和非集中化的推进也造成了企业管理的混乱。“母公司不再能控制煤矿政策，发号指令的环节被打破了。而且，煤矿经理们常常要决定他们应当为谁的利益服务，1945年底，英国剥夺了煤矿主的产权，看起来，这些财产要按英国的模式被公有化或国有化。”[②]

非纳粹化、没收产权和非集中化所造成的管理层的虚弱和企业管理上的混乱，的确是影响鲁尔煤钢工业恢复的重要原因。但在德国改造过程中，这种情况的出现是不可避免的。进入1947年后，英美确立了优先复兴德国的政策。为了减少对德改造对工业复兴的不利影响，英美采取了相应的措施：

一方面，英国军政府加快了英占区的非纳粹化进程，并逐步将甄别和惩罚纳粹分子的审判权交给了德国人。关于这一问题，将在本书第四章第三节作详细讨论。

另一方面，为了进一步稳定和提高产量，英美还逐步将鲁尔煤钢工业的经营权和产权归属的决定权交还到德国人手中。

1945年7月—1946年3月间，英国提高鲁尔煤炭产量的努力取得了一定的成效。由于战争破坏，到战争临近结束时，鲁尔煤炭产量已降至每天2万吨。1945年夏，煤产量恢复到每天10万吨，1946年3月，又增至每天17万吨。但是，这些成果都是新增劳动力才得来的，并不是真正意义上的恢复。直至1946年10月，鲁尔煤产量一直徘徊在每天17万吨，还不及1938年的一半。另外，1945年7月—1946年3月，矿工的个人劳动生产率却只有每天1.2吨，比20世纪30年代的50%还低。

---

① Einleitung, BRACHER K, MORSEY R, SCHWARZ H (Hrsg.). *Quellen zur Geschichte des Parlamentarismus und der politischen Parteien, Vierte Reihe, Deutschland seit 1945, Band 6, Neubeginn bei Eisen und Stahl im Ruhrgebiet, die Beziehungen zwischen Arbeitgebern und Areitnehemern in der nordrhein-westfalischen Eisen und Stahlindustrie 1945-1948*. Düsseldorf: Droste Verlag, 1990, S. 13.

② TURNER I (ed.). *Reconstruction in Post War Germany: British Occupation Policy and Western Zones, 1945-1955*. Oxford: Berg, 1989, p. 100.

鲁尔煤炭产量增长缓慢，引起了其他盟国的不满。美国认为，在掌控鲁尔的一年多里，英国一直热衷于对鲁尔工业进行管制和产权改造，并没有把全部精力放在复兴鲁尔煤炭工业上，这是英国没能更快地提高煤产量的重要原因[①]。1947 年 6 月 17 日，美国军政府政治顾问罗伯特·墨菲（Robert Murphy）在致马歇尔的信中转述了克莱对英国的不满："在任何以提高欧洲煤炭产量为目标的计划受到欢迎的同时，鲁尔一亚琛煤矿的最基本的问题是这些煤矿的地位不确定……他强调对煤矿的经营缺少刺激……长久以来，我们一直催促英国人提高德国人对煤产量所负的责任，但并未收到实际的效果。工党一直坚信公有化是解决办法。"[②] 陆军部部长罗伯特·帕特森（Robert Patterson）也在 1947 年 6 月多次向马歇尔表示："在这一关键时刻，英国在鲁尔煤矿中的公有化尝试毫无疑问地会阻碍煤产量的最大化，我们必须向英国施加压力，以使其停止这方面的尝试。"[③] 克莱和帕特森的观点得到了马歇尔的支持。6 月 20 日，马歇尔通知贝文："英国在鲁尔的表现十分糟糕，我们知道，鲁尔煤炭产量是欧洲复兴的关键，除非我们知道鲁尔煤炭产量问题能被解决，我们是不能全身心的承担新的援助欧洲的巨大义务的。在英国试图对他们所控制的鲁尔煤矿进行公有化的时候，我们不能干坐着，时间已不允许进行这种试验。"[④]

美国人相信，如果能将鲁尔煤矿的产权和管理权交还给德国资本家，鲁尔煤产量就能得到更大幅度的增长。为了将管理权交还给德国人，同时阻止英国的产权社会化计划，克莱以下属威廉姆·德雷柏（William Draper）将军的方案为基础，提出了一个"托管人计划"，将鲁尔煤炭工业暂时置于德国托管人（指负责日常经营的德国经理）手中。"在这一计划下，煤矿的经营将由托管人负责并要对产量的提高给予奖励。"墨菲表

---

① U. S. Department of State (ed.). *FRUS, 1947, Volume II, Council of Foreign Ministers, Germany and Austria.* Washington D. C.: GPO, 1972, p. 223.

② U. S. Department of State (ed.). *FRUS, 1947, Volume II, Council of Foreign Ministers, Germany and Austria.* Washington D. C.: GPO, 1972, pp. 924-925.

③ U. S. Department of State (ed.). *FRUS, 1947, Volume II, Council of Foreign Ministers, Germany and Austria.* Washington D. C.: GPO, 1972, pp. 927-928.

④ U. S. Department of State (ed.). *FRUS, 1947, Volume II, Council of Foreign Ministers, Germany and Austria.* Washington D. C.: GPO, 1972, p. 929.

示，“托管人计划”“在我们看来是一个折中的好办法。因为它至少部分地解决了不确定性，而这种不确定的存在对产权是一个巨大的不利影响”[①]。

1947年7月16日，英美代表首先在双占区委员会中达成了一份名为《德国煤炭组织》的文件：首先，英美军政府将把包括鲁尔煤矿在内的德国煤矿的责任交给德国人；其次，将在双占区经济委员会中成立一个专门负责煤炭生产的行政部门，煤炭分配权也由军政府转交给经济委员会；第三，决定成立直接对军政府负责的德国煤炭管理局（Deutsche Kohlenbergbau-Leitung,简称DKBL），主管煤炭工业的日常经营管理活动。协议还对管理局的组织结构、职能和局长的权限作出了详细的规定；第四，成立拥有管治权的英美煤炭小组，根据英美利益对管理局局长给予指导[②]。1947年9月10日，在美国的主导下，英美公布了鲁尔煤矿改组计划，正式决定建立直接对英美军政府负责的德国煤炭管理局，将双占区煤炭工业的日常经营权交还给德国人。与此同时，为了减少产权的不稳定对煤炭产量恢复的不利影响，英美还决定将有关产权问题的讨论“冷冻”。

德国煤炭管理局对鲁尔煤炭工业复兴最大的贡献就是将管理工作的重心由过去追求产量的最大化转移到提高劳动生产率上来。煤炭管理局并没有像过去占领当局那样主要靠增加矿工人数来提高产量，而是一面吸引更多的劳动力参与到研发工作中来，一面又集中精力减少井下作业的浪费。虽然军政府担心德国人的这些做法会影响产量提高的速度，但它并没有强行干涉管理局的经营权。德国煤炭管理局的措施没有白费。1946—1948年间，从事研发准备工作的煤矿职员比单纯采煤的矿工有了更大幅度的增长。1948年上半年的井下生产率也比以往有了明显的提高。1948年11月10日，英美通过军政府75号法令，将钢铁工业的经营管理大权也交给了德国人。1950年，英、法、美三国驻德高级委员会通过了27号法令，再次重申将鲁尔煤钢工业的产权交给德国联邦政府决定。

---

① U. S. Department of State (ed.). *FRUS, 1947, Volume II, Council of Foreign Ministers, Germany and Austria.* Washington D. C.: GPO, 1972, pp. 924-925.

② U. S. Department of State (ed.). *FRUS, 1947, Volume II, Council of Foreign Ministers, Germany and Austria.* Washington D. C.: GPO, 1972, pp. 940-941.

然而，27号法令也给鲁尔煤钢工业的产权和经营权带来了新的不稳定因素：该法令不仅重申了在鲁尔进一步贯彻非集中化政策的决心，还引发了煤钢工业劳资双方对企业经营领导权的新一轮争夺[①]。艾哈德表示，根据27号法令，鲁尔钢铁工业的产权形式只受德国法律的约束和保护。工商界企图利用德国缺少对等共决法的机会，取消在鲁尔钢铁企业中业已建立的监事会对等共决制。为了保住在监事会对等共决方面已取得的成果，德意志工会联合会向工商经济界和联邦政府发出了煤钢总罢工的威胁。在阿登纳的积极斡旋下，劳资双方终于在1951年初达成了新的协议。1951年5月,联邦议院正式通过了《煤钢企业经理委员会及监事会雇员共决法》，解决了长期悬而未决的鲁尔社会化之争。

但与此同时，阿登纳却被迫接受了盟国对鲁尔煤钢工业的非集中化改造，以换取欧洲煤钢共同体的建立。阿登纳签署《欧洲煤钢共同体条约》主要是着眼于让德国重新获得政治上的平等，这难免会对鲁尔煤钢工业产生一些负面影响。比如，欧洲煤钢共同体对煤钢工业纵向垄断的分散和限制就大大削弱了鲁尔重工业的竞争力。但从另一个角度来看，鲁尔煤钢工业非集中化方案的最终确定，也有利于减少这些工业产权的不稳定性（见表5）。

**表5　1945—1957年鲁尔井下劳动力、产量及生产率[②]**

| 年份 | 月份 | 井下矿工人数 | 平均日产量（吨） | 井下每人班作业量（公斤） | 食物摄取量（卡） |
|---|---|---|---|---|---|
| 1938 | 平均 | 228813 | 353566 | 1970 | |
| 1945 | 10 | 157415 | 116355 | | |
| | 11 | 166985 | 128133 | | |
| | 12 | 174740 | 126097 | | |

① 参阅本书第四章第一节。

② 1945—1948年数据来自于 TURNER I（ed.）. *Reconstruction in Post War Germany: British Occupation Policy and Western Zones, 1945-1955*. Oxford：Berg，1989，p. 95，p. 107. 1949—1957年数据是笔者根据 WIEL P（Hrsg.）. *Wirtschafts Geschichte des Ruhrgebiets. Tatsachen und Zahlen*. Essen：Siedlungverband Ruhrkohlenbezirk，1970，S. 128的数据计算。

续表

| 年份 | 月份 | 井下矿工人数 | 平均日产量（吨） | 井下每人班作业量（公斤） | 食物摄取量（卡） |
|---|---|---|---|---|---|
| 1946 | 1 | 177756 | 141342 | | |
| | 2 | 279295 | 146000 | | |
| | 3 | 180790 | 125000 | | |
| | 4 | 181148 | 120967 | | |
| | 5 | 180728 | 126677 | | |
| | 6 | 180410 | 126467 | | |
| | 7 | 181573 | 144935 | | |
| | 8 | 182986 | 144677 | | |
| | 9 | 184250 | 139900 | | |
| | 10 | 186421 | 148968 | 1227 | 2627 |
| | 11 | 189812 | | 1221 | 3373 |
| | 12 | 193069 | | 1231 | 3834 |
| 1947 | 1 | 198877 | 198000 | 1234 | 3586 |
| | 2 | 203288 | 212800 | 1253 | 3823 |
| | 3 | 205394 | 218500 | 1258 | 3654 |
| | 4 | 207391 | 204300 | 1199 | 3628 |
| | 5 | 209461 | 201100 | 1176 | 3643 |
| | 6 | 212599 | 203400 | 1181 | 3570 |
| | 7 | 217940 | 208900 | 1192 | 3767 |
| | 8 | 223700 | 220800 | 1214 | 3795 |
| | 9 | 224800 | 224800 | 1229 | 3837 |
| | 10 | 232627 | 229400 | 1198 | 3855 |
| | 11 | 260700 | 260700 | 1212 | 3833 |
| | 12 | 244600 | 244600 | 1230 | 3780 |
| 1948 | 1 | 240755 | 237100 | 1196 | 3637 |
| | 3 | 242916 | 269600 | 1307 | |
| | 6 | 244916 | 265800 | 1307 | |
| 1949 | 平均 | | 263805 | 1383① | |

① ABELSHAUSER W. *Der Ruhr-Kohlebergbau seit 1945*. Müchen: Verlag C. H. Beck, 1984, S. 34.

续表

| 年份 | 月份 | 井下矿工人数 | 平均日产量（吨） | 井下每人班作业量（公斤） | 食物摄取量（卡） |
|---|---|---|---|---|---|
| 1950 | 平均 | | 283093 | | |
| 1951 | 平均 | | 303095 | | |
| 1952 | 平均 | | 313474 | | |
| 1953 | 平均 | | 316578 | | |
| 1954 | 平均 | | 325238 | | |
| 1955 | 平均 | | 331797 | | |
| 1956 | 平均 | | 341444 | | |
| 1957 | 平均 | | 337559 | | |

### 三、鲁尔煤炭强制出口的取消

煤的强制出口严重影响了鲁尔经济的复苏。根据相关规定，鲁尔必须将产煤中的相当一部分以低于世界市场的价格出口。鲁尔煤炭对西欧其他国家，尤其是法国意义重大。战争刚结束时，英国是将法国而不是美国看作其主要盟友的。而法国又恰恰在鲁尔问题上态度强硬，要求英国将鲁尔交给一个国际共管的鲁尔国家治理。“1945 年底至 1946 年初，英国远远没有将美国视作主要盟友，来自德国的廉价煤炭是巩固欧洲联盟的主要方法，而法国无疑是这些出口的重要目标。”[①] 因此，当时鲁尔煤炭的出口价格只有每吨 10.5 美元，远远低于每吨 25～30 美元的世界均价[②]。这种低价强制出口一方面严重挫伤了矿工及煤矿管理阶层的劳动积极性，影响了煤产量的提高。“1945—1946 年的（煤）产量令人失望的部分原因是英国在矿工中引起了相当的敌意……大量的按赔偿价格出口的煤炭激怒了矿工。”[③] “很清楚，当劳动管理部门中的德国管理人员以敌人的名义发布管

---

① TURNER I (ed.). *Reconstruction in Post War Germany: British Occupation Policy and Western Zones, 1945-1955*. Oxford: Berg, 1989, p. 103.

② 阿贝尔斯豪泽：《德意志联邦共和国经济史（1945—1980）》，张连根，吴衡康，译。北京：商务印书馆，1988 年，第 20 页。

③ TURNER I (ed.). *Reconstruction in Post War Germany: British Occupation Policy and Western Zones, 1945-1955*. Oxford: Berg, 1989, p. 117.

理指令时，他们感到很不舒服，这种感觉，因大多数生产出来的煤要被以远低于市场的价格出口——这是广为所知的——而被大大加强了。”[①] 与此同时，受财力和运力所限，鲁尔当时只能依靠自产的煤炭来恢复生产，所以强制出口对鲁尔钢铁工业产生了不利的影响。总之，强制出口“不仅扼杀了煤产量，也使工业生产的积极性下降”[②]，它已成为影响鲁尔乃至整个英占区复兴的关键因素。

其实，对《波茨坦协议》所规定的强制出口，英国自己也是十分不满的。为了避免英占区出现大规模动乱，“英国秘密地向占领区供应了比其国际义务所允许的还要多的煤”[③]。1946 年巴黎外长会议失败后，英国进一步减少了鲁尔煤炭出口。法国在 1946 年底抱怨说，由于贝文秋天的命令，法国在 12 月份只从鲁尔得到了 31.3055 万吨煤，比年初减少了 10%以上[④]。强制出口的减少不仅有利于提高矿工的劳动积极性，还有利于鲁尔当地钢铁工业的恢复。

然而，根据 1948 年签署的《鲁尔国际管制条约》，鲁尔煤炭的分配权被交给了新成立的鲁尔国际管制机构。1949 年底，阿登纳政府决定加入鲁尔国际管制机构，以换取对德国拆迁的终止。在鲁尔国际管制机构的控制下，鲁尔煤炭继续以低于世界市场的价格被强制出口。本来在 1950 年 5 月 18 日，德国联邦政府已经盟国驻德高级委员会批准，取得了在 1950 年第四季度自主签订贸易协定的权力。然而，朝鲜战争爆发后，鲁尔国际管制机构却先后决定了 1950 年第四季度和 1951 年第一季度的煤炭出口量为 683 万吨和 600 万吨。在鲁尔国际管制机构的控制下，鲁尔不得不一边以低于世界市场的价格出口煤炭，一边又必须按世界市场的价格从美国进口

---

① TURNER I (ed.). *Reconstruction in Post War Germany: British Occupation Policy and Western Zones, 1945-1955*. Oxford: Berg, 1989, p. 99.

② PRESTON P (ed.). *BDFA, Series F Europe, Part Ⅳ, Volume 1, Central Europe January1946-June1946*. Bethesda MD: University Publications of America, 2000, p. 288.

③ TURNER I (ed.). *Reconstruction in Post War Germany: British Occupation Policy and Western Zones, 1945-1955*. Oxford: Berg, 1989, p. 101.

④ TURNER I (ed.). *Reconstruction in Post War Germany: British Occupation Policy and Western Zones, 1945-1955*. Oxford: Berg, 1989, p. 78.

煤炭。根据联邦“马歇尔计划”部部长的估计，这两者之间的差价高达每吨 9.89 美元[①]。1949—1951 年间，强制出口共使鲁尔煤炭工业损失 60 亿马克[②]。如此赔本的买卖，不仅严重打击了鲁尔煤钢工业的投资积极性，还可能会引起更大的经济和政治危机。阿登纳在 1950 年 11 月 27 日的信中明确表示了对这一危险的忧虑，并要求缩小强制出口，“如果出口配额不下降……将在 12 月最后一周发生全行业大罢工”。联邦政府的建议得到了工商界的鼎力支持，他们也强烈要求盟国将原煤价格的制定权交给德国联邦政府[③]。因此，在 1950 年六国“巴黎会谈”期间，阿登纳坚决要求将取消鲁尔国际管制机构作为成立欧洲共同市场的前提条件。几经拖延之后，法国终于答应了德国的请求。

《欧洲煤钢共同体条约》签署后，鲁尔煤炭的出口价格于 1957 年 7 月开始上涨，鲁尔煤炭工业开始盈利[④]。强制出口的结束，不仅给鲁尔煤炭工业带来了利润，也进一步缓解了鲁尔钢铁工业对原煤的需求。

## 第四节　1948—1952 年对鲁尔煤钢工业投资问题的解决

### 一、1948 年后鲁尔煤钢工业发展缓慢的原因

经过英美占领当局几年的努力，到 1948 年德国西占区币制改革后，鲁尔煤钢工业已度过了最艰难的战后重建时期。但是，相对消费品工业和整个工业的发展来说，这些基础工业在接下来的几年中仍然滞后，它们依旧是德国西占区和联邦德国复兴的“瓶颈”。

由表 6 可以看出，1950 年 4 月－12 月联邦德国工业生产增长 27.2%

---

① ADAMSEN H. *Investionshilfe für Ruhr, Wiederaufbau, Verbände und Soziale Marktwirtschaft 1948-1952*. Wuppertal: Peter Hammer Verlag, 1981, S. 89.

② SCHLIEPER A. *150 Jahre Ruhrgebier: Ein Kapital deutscher Wirtschaftsgeschichte*. Düselldorf: Schwann, 1986, S. 169.

③ ADAMSEN H. *Investionshilfe für Ruhr, Wiederaufbau, Verbände und Soziale Marktwirtschaft 1948-1952*. Wuppertal: Peter Hammer Verlag, 1981, S. 88-89.

④ ADAMSEN H. *Investionshilfe für Ruhr, Wiederaufbau, Verbände und Soziale Marktwirtschaft 1948-1952*. Wuppertal: Peter Hammer Verlag, 1981, S. 87.

(1949 年同期是增长 15.8%)，但煤炭和钢铁工业只增长了 10%和 12%。1951 年4 月与上年同期相比，整个工业增长了 33%，而煤炭只增长了 11%。由此可见，鲁尔煤炭工业此时再次成为整个联邦德国经济复兴的"瓶颈工业"。由于缺煤，鲁尔钢铁工业也再次遭到沉重打击，1951 年 2 月钢产量比 1950 年 11 月最高值下降了 11%。火电产量也下降了 12%[①]。当时钢铁和火电也因此而被称为"第二瓶颈工业"(见表 6)。

**表 6：1950—1951 年联邦德国工业增长指数 (1936 年＝100)[②]**

| 年 | 月 | 整个工业 | 煤炭工业 | 钢铁制造业 | 消费品工业 |
|---|---|---|---|---|---|
| 1950 | 4 | 103 | 99 | 76 | 100 |
| | 5 | 109 | 97 | 79 | 107 |
| | 6 | 110 | 95 | 80 | 103 |
| | 7 | 111 | 96 | 82 | 99 |
| | 8 | 117 | 96 | 85 | 110 |
| | 9 | 126 | 98 | 89 | 125 |
| | 10 | 132 | 101 | 92 | 134 |
| | 11 | 138 | 109 | 96 | 142 |
| | 12 | 131 | 109 | 85 | 134 |
| 1951 | 1 | 124 | 107 | 86 | 142 |
| | 2 | 130 | 109 | 85 | 137 |
| | 3 | 133 | 110 | 86 | 137 |
| | 4 | 137 | 110 | 95 | 137 |
| | 5 | 138 | 108 | 95 | 133 |
| | 6 | 136 | 106 | 96 | 125 |
| | 7 | 131 | 105 | 94 | 117 |
| | 8 | 130 | 104 | 93 | 119 |
| | 9 | 137 | 105 | 94 | 130 |
| | 10 | 144 | 108 | 99 | 137 |
| | 11 | 153 | 118 | 104 | 149 |
| | 12 | 140 | 114 | 99 | 131 |

那么，为何在币制改革后的 1949—1951 年，当其他工业都迅速恢复的时

---

① ADAMSEN H. *Investionshilfe für Ruhr, Wiederaufbau, Verbände und Soziale Marktwirtschaft 1948-1952*. Wuppertal: Peter Hammer Verlag, 1981, S. 106.

② ADAMSEN H. *Investionshilfe für Ruhr, Wiederaufbau, Verbände und Soziale Marktwirtschaft 1948-1952*. Wuppertal: Peter Hammer Verlag, 1981, S. 260.

候，鲁尔煤钢工业却依旧发展缓慢，从而成为整个联邦德国经济恢复的“瓶颈”呢？

首先，这一状况和盟国对鲁尔煤钢工业的限制和改造政策的消极影响有关。非集中化和工会的对等共决要求造成了煤钢工业产权和经营权的不明确。和拆迁一样，它们也对投资者的信心产生了极其不利的影响。1951 年4 月 10 日，联邦经济部曾明确指出：“迄今为止，因为拆迁的进行和不清楚的产权关系，对钢铁工业的贷款投资一直是格外困难的。”[①]

其次，币制改革本身也对鲁尔煤钢工业的投资构成了严重的阻碍。币制改革的贯彻可说是当时的双占区经济委员会主席、后来的联邦德国首任经济部部长艾哈德的胜利。在币制改革之前，英国军政府和双占区经济委员会一直试图为鲁尔煤钢工业的发展制定目标和计划。1948 年初，经济委员会还分别为双占区的七大行业制定了年度发展规划。艾哈德却明确反对全盘的指令性计划经济。他要求将德国经济复兴的基础建立在私人消费需求上，以消费带动基础工业的发展。早在 1947 年 11 月 12 日，继承了弗赖堡学派思想精髓的他就曾明确表示：“我个人毫不犹豫地认为，人们不能再按迄今为止的方式简单地为民族作出牺牲了。在战后重建阶段，我们长期容忍生产资料生产的优先。如果我们能够通过提高和增加消费品而改善社会状况的话，我更愿意指出基础工业优先所带来的明显的弊病。”[②] 艾哈德主张通过提高消费和需求，即通过自由市场的手段来实现西占区经济的复兴，坚决拒绝将发展基础工业的负担转嫁到消费品工业上。1948 年初，艾哈德就任经济委员会主席。在他的领导下，经济委员会不顾前任经济委员会主席和军政府内部的反对，毅然于 1948 年 6 月 12 日启动了以激活市场、放开消费品价格为特点的“币制改革”，并在短期内取得了巨大的成功。到 1949 年中期，食品及饮品产量已达到 1936 年的水平[③]。

---

① ADAMSEN H. *Investionshilfe für Ruhr, Wiederaufbau, Verbände und Soziale Marktwirtschaft 1948-1952*. Wuppertal: Peter Hammer Verlag, 1981, S. 103.

② ADAMSEN H. *Investionshilfe für Ruhr, Wiederaufbau, Verbände und Soziale Marktwirtschaft 1948-1952*. Wuppertal: Peter Hammer Verlag, 1981, S. 41.

③ BAUMGART E. Investionen und ERP-Finazierung // Deutsches Institut für Wirtschaftsforschung. *Sonderhefte Nr. 56, Reihe A.* Berlin: Dunker und Humbolt, 1961, S. 69.

国内学术界将1948年德国西占区的币制改革看作是联邦德国经济迅速复兴的制胜法宝之一。从总体上来看，币制改革确实对20世纪50、60年代联邦德国的经济腾飞起到了极大的推动作用。但与此同时，这次币制改革也对鲁尔煤钢工业的复兴产生了一定的负面影响。在币制改革过程中，为了保持经济运行的稳定，煤钢等原材料的价格却依旧受到管制。1950年8月—1951年2月，联邦德国主要食品价格上涨11%，但同期钢铁等工业产品价格仅上涨6%[①]。随着消费品价格的提高，大量资本流入到消费品工业，而使得原材料工业的投资出现了严重的不足。

此外，朝鲜战争的爆发，也使得鲁尔煤钢工业中业已出现的投资不足变得更加明显。1949—1950年间，鲁尔煤炭库存曾一度达到200万吨。朝鲜战争爆发后，由于其他经济部门的高速发展，它们对原材料的需求也陡然加大，这直接导致了鲁尔区存煤量的急剧下降。到1951年3月—4月间，存煤量更是降到了3.3万吨的最低值[②]。战争爆发所造成的对原材料需求的骤增，不仅使联邦德国当局看到了加大对“瓶颈工业”投资补助的必要性，也使得其他西方国家相信，绝不能让“瓶颈工业”威胁到联邦德国经济，只有保证联邦德国的稳定，才能在与社会主义阵营的对抗中站稳脚跟[③]。这也是后来盟国同意取消鲁尔煤炭强制出口和欧洲煤钢共同体得以诞生的重要原因。

不难看出，币制改革后，鲁尔基础工业成为“瓶颈”的主要原因已经不再是粮食、住房、交通这些基本生产生活方面的问题，而是因为缺乏扩大再生产的资本。拆迁的持续、产权与经营权的不稳影响了人们对鲁尔煤钢工业投资的积极性，而1948年的币制改革又使得大部分资金流向了基础工业以外的领域；再加上受朝鲜战争的影响，联邦经济部估计，到1951年4月10日，整个工业急需的14.75亿马克的投资中，74%集中在煤（20%）、钢（17%）和火电等“瓶颈工业”中[④]。

---

① ADAMSEN H. *Investionshilfe für Ruhr, Wiederaufbau, Verbände und Soziale Marktwirtschaft 1948-1952*. Wuppertal: Peter Hammer Verlag, 1981, S. 106.

② ADAMSEN H. *Investionshilfe für Ruhr, Wiederaufbau, Verbände und Soziale Marktwirtschaft 1948-1952*. Wuppertal: Peter Hammer Verlag, 1981, S. 86.

③ ADAMSEN H. *Investionshilfe für Ruhr, Wiederaufbau, Verbände und Soziale Marktwirtschaft 1948-1952*. Wuppertal: Peter Hammer Verlag, 1981, S. 104.

④ ADAMSEN H. *Investionshilfe für Ruhr, Wiederaufbau, Verbände und Soziale Marktwirtschaft 1948-1952*. Wuppertal: Peter Hammer Verlag, 1981, S. 102.

## 二、“马歇尔计划”对鲁尔煤钢工业复兴的贡献

由于盟国政策、币制改革和朝鲜战争的消极影响，鲁尔煤钢工业再次成为阻碍整个联邦德国经济复兴的“瓶颈”。联邦德国建立后，阿登纳政府在政治外交方面取得的成就不仅大大消除了盟国对鲁尔工业的限制，还解决了长期困扰这些工业的产权、经营权关系不清的问题。这些成就都有利于消除投资者的顾虑，从而可以在一定程度上对煤钢工业的“瓶颈”问题起到缓解作用。不过，单靠这些成就是不行的。币制改革、盟国的限制和朝鲜战争所引发的严重的投资不足，才是导致鲁尔煤钢工业在1949—1951年间成为“瓶颈”的主要原因。因此，要想从根本上克服“瓶颈”问题，还必须为“瓶颈工业”筹集急需的投资补助（见表7）。

**表7　1949—1952年“马歇尔计划”贷款占联邦德国各生产部门的毛投资的百分比**[①]

| | 1949年 | 1950年 | 1951年 | 1952年 |
|---|---|---|---|---|
| 联邦德国整体 | 6.4% | 8.6% | 4.5% | 2.3% |
| 工业整体 | 7.1% | 13.0% | 4.4% | 2.3% |
| 煤炭 | 47.0% | 40.0% | 13.0% | 4.9% |
| 钢铁 | | 18.0% | 14.0% | 2.0% |
| 食品 | 0.3% | 2.6% | 2.5% | 3.5% |
| 其他日用消费品 | 0.5% | 5.7% | 3.2% | 2.3% |
| 其他 | 4.6% | 27.0% | 8.1% | 9.9% |
| 能源整体 | 14.0% | 24.0% | 21.0% | 5.5% |
| 交通整体 | 20.0% | 7.1% | 3.3% | 2.2% |

“马歇尔计划”从外部为鲁尔煤钢工业的发展提供了必要的投资，对鲁尔煤钢工业的复兴起到了极其重要的推动作用。自1945年起，美国就开始通过“政府对被占领国的援助和解救计划”（Government Aid and Relief in Occupied Areas，简称GARTOA-Assistance）向德国支援急需的食品和

① ADAMSEN H. *Investionshilfe für Ruhr, Wiederaufbau, Verbände und Soziale Marktwirtschaft 1948-1952*. Wuppertal: Peter Hammer Verlag, 1981, S. 259.

药品[①]。“马歇尔计划”一开始也是以食品进口援助为重点的。这些急需的粮食无疑对鲁尔的恢复具有重要意义。不过，“马歇尔计划”对鲁尔复兴的影响，主要体现在它后期对煤钢工业投资的扶植上。1949—1952年间，“马歇尔计划”贷款有33.93%流向工业（不含建筑和电力，下同），其中煤炭11.16%，钢铁7.14%，分居接受贷款工业部门的第一和第二位。在“马歇尔计划”的特别支出款项中，煤、钢分别接受71.7145万美元和41.7153万美元，亦是分居前两位[②]。而“马歇尔计划”贷款在这一时期煤钢工业总投资额中所占的比例，也是整个工业中最高的。

从整体上看，“马歇尔计划”对联邦德国的援助主要集中在粮食等基本生活品上，流向基础工业的比例并不大。但是，在1949—1952年间，“马歇尔计划”却是给鲁尔基础工业提供巨额资本支持的唯一来源。正如曼海姆大学国民经济系教授克里斯托弗·布赫海姆（Christoph Buchheim）所言：“‘马歇尔计划’的基金减缓了这些工业的资金短缺，并因此而阻止了一场经济危机的发生。”[③] 但是，仅仅依靠“马歇尔计划”的援助，是不能从根本上解决投资问题的。“马歇尔计划”将于1952年结束，联邦德国必须想办法从其他途径继续为基础工业的投资募集资本。

**三、联邦政府解决煤钢工业瓶颈问题的努力与《工商业经济投资补助法》**

除了“马歇尔计划”的支持外，阿登纳政府还通过制定《工商业经济投资补助法》，从内部为鲁尔煤钢工业筹集投资补助资金。

(1) 艾哈德计划的提出与失败

艾哈德将币制改革的出发点归结为：促进联邦德国经济由以原材料工业为重心转向以消费工业为重心；促进联邦德国由经济管制体制向市场经

---

① SCHRÖDER H. *Marshallplan und Westdeutschland Wiederaufbau: Positionen-Kontroversen*. Stuttgart: Franz Steiner Verlag, 1990, S. 23.

② BAUMGART E. Investionen und ERP-Finazierung // Deutsches Institut für Wirtschaftsforschung. *Sonderhefte Nr. 56, Reihe A.* Berlin: Dunker und Humbolt, 1961, S. 121-123.

③ DIEFENDORF J M, FROHN A, RUPIEPER H (eds.). *American Policy and the Reconstruction of West Germany 1945-1955*. Cambridge: Cambridge University Press, 1996, p. 78.

济体制转变；更好地利用“马歇尔计划”。这说明，在币制改革时，他是不打算对基础工业投资给予特别补助的。直到煤钢工业的“瓶颈”问题日趋严重时，艾哈德才不得不考虑为鲁尔煤钢工业筹集特备资本一事。1951 年 2 月12 日,艾哈德提出了他的储蓄标志计划（Sparmarkenplan），要求通过大幅度提高某些消费品的价格来为基础工业的投资筹集必要的资金。价格提高后，个人将不得不为购买消费品支付更多的钱，而国家则可将这部分钱用于对“瓶颈工业”的投资[①]。

艾哈德提出这一计划的第一个目的在于避免全盘的计划性投资，减少国家对经济的干预。艾哈德曾在 1950 年 12 月 23 日的发言中明确承认了国家干预的重要性：“对我们来说，尤其是对我们的经济来说，1951 年是极为重要的。时代的特征清楚地表明了国家严密计划和集权的思想正在与所有包括市场功能的力量作斗争……处在世界之中的德国也不能置身事外。”但与此同时，他却坚持着自由市场经济理念，坚决反对通过全盘的计划管制和国家干预来解决“瓶颈工业”问题。“间接的作用手段，如税收、货币信贷政策等，对良好的和自然的秩序施加积极的影响是足够的。”[②]

艾哈德计划的另一个目的是避免强制性储蓄（Zwangssparen）。艾哈德认为，政府强行提高个人和企业储蓄率，虽然也可以筹集到大笔的资金，但是这种做法却“与基本法不符，而且一定不会受到欢迎”。

此外，避免加税也是艾哈德提出这一计划的目的之一。艾哈德反对通过对高消费等课累进税来为“瓶颈工业”筹集投资资金。因为这一做法“具有巨大的政治及心理缺陷，如果国家采取这一做法，接下来就是残酷的公有化，企业主和消费者也肯定会反对”[③]。

艾哈德计划的本质就是要让消费者为“瓶颈工业”的投资买账。这一计划得到了自由民主党和联邦议院中部分基民盟议员的支持。以他的计划为基础，自民党和部分基民盟议员提出了具体的行动方案——尼德布莱辛

---

① ADAMSEN H. *Investionshilfe für Ruhr, Wiederaufbau, Verbände und Soziale Marktwirtschaft 1948-1952*. Wuppertal：Peter Hammer Verlag，1981，S. 113-114.

② ADAMSEN H. *Investionshilfe für Ruhr, Wiederaufbau, Verbände und Soziale Marktwirtschaft 1948-1952*. Wuppertal：Peter Hammer Verlag，1981，S. 109-110.

③ ADAMSEN H. *Investionshilfe für Ruhr, Wiederaufbau, Verbände und Soziale Marktwirtschaft 1948-1952*. Wuppertal：Peter Hammer Verlag，1981，S. 114.

格工作组计划（Niederbreisiger Arbeitkreises Plan），其主要内容有：1951财政年度向基础工业提供30亿马克投资补助；同期将向住房建设投资40亿马克；确定农产品的成本及价格；为筹集必要的资金，保证以上目标的实现，要求将部分日用品的价格提高10%[①]。

然而，艾哈德一派的观点遭到了广泛的反对。首先，联邦政府和基民盟、基督教社会联盟的内部就存在着不同的声音。联邦财政部部长弗里茨·舍费尔（Fritz Schäffer）认为，应当加强国家干预，通过税收手段来保持经济的稳定，突破瓶颈。他提出了两种扩大政府收入的途径；一是征收高额累进消费税，即对非生活必需消费品，如相机、电子产品征收25%～50%，最高可达100%的消费税，并将这些税收补贴给食品等生活必需品的消费，以减轻人民的负担；二是降低企业的折旧率，企业为此而多纳税，以此来为“瓶颈工业”的投资补助筹集资金[②]。舍费尔方案的实质是由企业和高收入者来负担扩大内需和突破“瓶颈工业”的投资，这是和艾哈德限制人民消费的做法针锋相对的。由于害怕艾哈德的激进方案会损害普通工人的利益，从而破坏自己好不容易才在国内重新实现的劳资和平，阿登纳也对经济部部长艾哈德的观点进行了批评[③]。在1951年3月7日与德意志工会联合会的会谈中，阿登纳只提到了舍费尔的计划，而闭口不提艾哈德的方案。

在政府之外，艾哈德的计划还遭到了德国社会民主党、德意志工会联合会和部分工商界人士的反对。社民党议员卡尔·席勒（Karl Schiller）在1951年2月15日的《经济政策指导纲领》中指出，解决“瓶颈工业”问题的唯一办法是有效增加社会产品。具体的措施有：保持市场竞争；细化投资分配；紧缩银根；扩大对“瓶颈工业”的投资；成立由企业高层和劳工经理组成的投资委员会和银行，负责制定包括“瓶颈工业”在内的投资政策；立即制定投资补助计划，重点倾斜莱茵—鲁尔经济区；开征消费税；

---

① ADAMSEN H. *Investionshilfe für Ruhr, Wiederaufbau, Verbände und Soziale Marktwirtschaft 1948-1952*. Wuppertal: Peter Hammer Verlag, 1981, S. 120-121.

② ADAMSEN H. *Investionshilfe Für Ruhr, Wiederaufbau, Verbände und Soziale Marktwirtschaft 1948-1952*. Wuppertal: Peter Hammer Verlag, 1981, S. 134-136.

③ ADAMSEN H. *Investionshilfe für Ruhr, Wiederaufbau, Verbände und Soziale Marktwirtschaft 1948-1952*. Wuppertal: Peter Hammer Verlag, 1981, S. 109.

实行全盘的经济计划，因为这“可以缓和心理波动，进一步加强生产力的独立性”；坚持迄今为止的价格绑定，以投资突破瓶颈[①]。显然，社民党是主张通过计划性的投资来解决“瓶颈工业”问题的，这与艾哈德的市场经济的解决办法形成了尖锐对立。在1951年3月14日的联邦议院辩论中，社民党议员埃里克·诺尔廷（Erik Nölting）坚决反对艾哈德的方案，斥之为“为投资向大众征税，从工资袋中获取资本”。诺尔廷认为，应减少对企业自我资金积累的优惠，严格控制资本募集手段，从利润和折旧准备金中获取必要的资本；这些资本应成为特别资金，重点流向基础工业，同时对高收入者和奢侈品消费征税[②]。

1951年3月12日，德意志工会联合会也对艾哈德的计划进行了强烈的批判。“在战时和战后经济、社会、政治全面崩溃的时代，没有严格的控制和计划，仅依靠自由市场经济的手段，是不能够在一个国家中实现经济的健康发展的。德意志工会联合会要求政府制定全面的以提高产量和生产率为目标的经济计划，以求改善全体人民的生活质量，限制特定人群的高消费；通过进口管制和出口增长来解决外贸问题；进行全面的投资管制，例如，只投资‘瓶颈工业’；加强重建信贷机构[③]的权力，如支配商业折旧费，支配企业税后利润的24%，支配财产及人寿保险的80%等；工会应在该机构的董事会中拥有代表。”[④] 社民党和德意志工会联合会的观点，就是坚决反对艾哈德让人民大众为“瓶颈工业”投资筹集资金的做法，希望通过国家强有力的干预，从企业和高消费者处强行为基础工业募集投资资本。

工商界也有人不同意艾哈德的计划。德国工商业协会就怀疑这一计划是否能与国民经济相宜，且其实用性也难以预料。重建信贷机构董事会和

---

① ADAMSEN H. *Investionshilfe für Ruhr, Wiederaufbau, Verbände und Soziale Marktwirtschaft 1948-1952*. Wuppertal: Peter Hammer Verlag, 1981, S. 138-139.

② ADAMSEN H. *Investionshilfe für Ruhr, Wiederaufbau, Verbände und Soziale Marktwirtschaft 1948-1952*. Wuppertal: Peter Hammer Verlag, 1981, S. 139-140.

③ 重建信贷机构（Kreditanstalt Für Wiederaufbau，简称KFW），1948年11月5日建立，原是专门负责对分配马歇尔计划贷款提出建议的机构。后来也负责制定联邦德国的长期贷款计划。

④ ADAMSEN H. *Investionshilfe für Ruhr, Wiederaufbau, Verbände und Soziale Marktwirtschaft 1948-1952*. Wuppertal: Peter Hammer Verlag, 1981, S. 141-143.

执行机构成员赫尔曼·阿布斯（Hermann Abs）则认为，“储蓄标志计划”对储蓄者的自由意志是一种歧视①。

与此同时，美国也要求联邦德国停止内部的争论，尽快采取国家强制干预的手段来突破鲁尔煤钢工业的瓶颈。1951 年 3 月 6 日，美国驻德高级专员麦克洛伊向阿登纳明确指出，“联邦政府现在必须采取一系列的强制手段，如采取必要的贷款限制，对通过的贷款再进行详细甄别等，以保证必要的投资和紧要商品的生产”②。麦克洛伊之所以催促阿登纳采取国家强制手段，而不是市场经济的方法来解决瓶颈问题，是有原因的。首先，这是因为此时杜鲁门政府所奉行的市场经济理念与艾哈德的观点大不相同。杜鲁门能够击败共和党蝉联总统，很大程度上就是靠他的内容广泛的国家干预经济的方案。连任后，杜鲁门更是提出了旨在拉动消费、保持经济增长的公平施政纲领。因此，麦克洛伊强调联邦德国应通过强制干预的办法克服困难并不奇怪。其次，这也是为了加快联邦德国复兴，以便更好地对抗苏联。朝鲜战争爆发后，美国进一步认识到维持联邦德国政治稳定、加快其经济发展的必要性。这是麦克洛伊希望阿登纳能用强制力尽快突破瓶颈的又一重要原因。第三，麦克洛伊本人也并不是一个视计划经济和社会民主主义为洪水猛兽的人。在联邦德国劳资双方就共决问题谈判期间，麦克洛伊就曾明确表示他不会同美国企业界一起向联邦德国工会施压。再加上当时与华盛顿之间缺少默契，使得麦克洛伊有能力抵制美国政府内部的自由主义派。

面对多方的压力，艾哈德的“储蓄标志计划”最终为阿登纳政府所否决。

(2) 工商界方案的提出

就在艾哈德的计划陷入困境的同时，联邦德国工商界也在积极酝酿对“瓶颈工业”的投资补助方案。在不久前结束的联邦德国劳资双方有关煤钢共决的谈判中，工商界在工会罢工的压力下被迫作出重大让步，丢尽颜面。为了重新树立自己的威信，工商界领导层决定在投资补助的问题上先发制人。1951 年 3 月 28 日，德国工业联合会公布了“联邦德国经济形势

---

① ADAMSEN H. *Investionshilfe für Ruhr, Wiederaufbau, Verbände und Soziale Marktwirtschaft 1948-1952*. Wuppertal: Peter Hammer Verlag, 1981, S. 118.

② ADAMSEN H. *Investionshilfe für Ruhr, Wiederaufbau, Verbände und Soziale Marktwirtschaft 1948-1952*. Wuppertal: Peter Hammer Verlag, 1981, S. 145.

备忘录”，要求在避免国家干预的前提下，从工商企业界内部自筹资金，完成对基础工业，尤其是鲁尔煤钢工业的投资补助。具体建议包括：①德国基础工业须尽全力在短期内消除盟国的禁令和限制；②可通过税收来筹集所需资金，但解决原材料短缺问题的税收措施都必须建立在市场经济的基础之上，拒绝将政府贷款与征收特别税相连，因为这样做似乎有纳粹政策的影子；③所有“瓶颈工业”企业均可平等地通过赢利性的“投资委员会(Investionsberaten)”获得资金，且在该委员会中，企业是完全自由的；④通过全面恢复自由价格制度，减少国家干预[①]。在其后出台的几份备忘录中，德国工业联合会和德国工商业协会又对上述主张进行了少许修订，并最终在 4 月 17 日将其扩展为一份正式的立法建议[②]。

工商界领导层的意图十分明显，就是要在完成投资补助的同时，进一步巩固刚刚建立起来的联邦德国市场经济制度，以此与当时崇尚计划的社会民主主义相对抗。“重新引入经济管制手段，会对取消经济限制所形成的经济活动空间重新构成威胁。而这一空间对于完成重建来说似乎是不可缺少且已然受到欢迎的。”[③] 相对艾哈德的计划而言，工商界的方案将募集投资补助资金的目光放在了自己身上，并没有加重普通民众的负担，这使得它更容易为工会所接受。

工商界这种排除国家干预、按市场经济原则自筹资金的投资补助方法得到了联邦政府的支持。艾哈德在自己的方案失败后，转而赞同与自己方案最为接近的工商界提案。“我认识到，在大原则不变，不退缩的前提下，自由企业所需资本应从德国经济中获得，如果企业不认识到这一时代特点，那政府也不可能坚持。”[④] 1951 年 4 月 9 日，由德国工业联合会、德国工商业协会和德国雇主联合会（Bundesvereinigung der Deutschen Arbeitgeberverbänd 简称 BDA）组成的工商经济界领导层与联邦经济部专

---

① ADAMSEN H. *Investionshilfe für Ruhr, Wiederaufbau, Verbände und Soziale Marktwirtschaft 1948-1952*. Wuppertal: Peter Hammer Verlag, 1981, S. 128-132.

② ADAMSEN H. *Investionshilfe für Ruhr, Wiederaufbau, Verbände und Soziale Marktwirtschaft 1948-1952*. Wuppertal: Peter Hammer Verlag, 1981, S. 273-275.

③ ADAMSEN H. *Investionshilfe für Ruhr, Wiederaufbau, Verbände und Soziale Marktwirtschaft 1948-1952*. Wuppertal: Peter Hammer Verlag, 1981, S. 128.

④ ADAMSEN H. *Investionshilfe für Ruhr, Wiederaufbau, Verbände und Soziale Marktwirtschaft 1948-1952*. Wuppertal: Peter Hammer Verlag, 1981, S. 163.

门就投资补助问题举行谈判，达成了所谓的“七点共识”：①对德国基础工业的投资必须优先于其他工业；②为达到此目的，德国工商经济界计划“自治、自力筹集资金”；③基础工业界将立即与提供资金的集团举行会议，制定投资计划，“该计划将确定资助手段及提供所需物资的方式及时机”；④工商界领导层将为政府提供一个计划作为立法的基础；⑤计划制定者保证，其重点扶植基础工业的目标可进一步向其他工业延伸，因为基础工业的真正恢复最终还是取决于其他工业的复兴；⑥通过发展德国基础工业，同时可以加大德国经济为整个欧洲经济繁荣所作出的贡献；⑦“仅有此路，可以提高整体生产力水平，丰富社会产品，并因此真正提高德国和欧洲人民的生活水平。”[①] 阿登纳也对工商界的这一主动行为表示欢迎：“我很高兴的是，最终企业家们主动请缨，表达了一种观点。”[②] 1951 年 4 月 11 日，联邦政府发布新闻公报，正式宣布“接受工商经济界的建议并通过法律手段加以贯彻……自 1951 年 7 月 1 日—1952 年 6 月 30 日，将向基础工业提供 10 亿马克的投资补助”。联邦政府的态度表明，它要坚定地在市场经济，而不是在计划经济的道路上走下去[③]。

然而，工商界的提案却遭到了工会的反对。1951 年 3 月 9 日，德意志工会联合会在与政府代表会谈中曾表示，他们愿接受财政部部长舍费尔的方案。但德国工业联合会却明确表示，舍费尔方案征收特别税的做法是工商经济界绝对无法接受的。相对舍费尔的计划，它更愿意接受艾哈德的提价之法。显然，工会和工商界都想让对方所代表的利益集团为“瓶颈工业”的投资补助买单。当工商界与政府达成“七点共识”后，德意志工会联合会的态度是“惊愕”和“不为所动”[④]。工商界在 4 月 13 日与艾哈德的会谈中则表达了愿意与德意志工会联合会在有关投资补助的问题上展开合作的意愿。德国雇主联合会甚至指出，愿意以对等共决的方式与工会保持密

---

① ADAMSEN H. *Investionshilfe für Ruhr, Wiederaufbau, Verbände und Soziale Marktwirtschaft 1948-1952*. Wuppertal: Peter Hammer Verlag, 1981, S. 156.

② ADAMSEN H. *Investionshilfe für Ruhr, Wiederaufbau, Verbände und Soziale Marktwirtschaft 1948-1952*. Wuppertal: Peter Hammer Verlag, 1981, S. 158.

③ ADAMSEN H. *Investionshilfe für Ruhr, Wiederaufbau, Verbände und Soziale Marktwirtschaft 1948-1952*. Wuppertal: Peter Hammer Verlag, 1981, S. 160-162.

④ ADAMSEN H. *Investionshilfe für Ruhr, Wiederaufbau, Verbände und Soziale Marktwirtschaft 1948-1952*. Wuppertal: Peter Hammer Verlag, 1981, S. 158.

切合作。

为了让工会改变态度，在阿登纳的支持下，德意志工会联合会与工商界按劳资合作的传统设立了由劳资双方共同组成的投资协调小组，后改成社会伙伴投资委员会（Ausschuß für Investitionen der Sozialpartner），专门就投资补助问题展开磋商。其实，工商经济界的提案并不包括工会最不可接受的提价政策，劳资双方的分歧点主要集中在总投资补助额问题上。工会对工商界的计划并无原则性异议，它只是希望能够加大投资补助额，以加强国家对经济的干预力度①。在工商界的积极努力下，德意志工会联合会最终接受了工商界的提案。5 月 8 日，劳资双方共同向阿登纳递交了《工商业经济投资补助法》草案，从而为《工商业经济投资补助法》的制定奠定了基础。

(3)《工商业经济投资补助法》的出台

就在劳资双方就投资补助问题达成和解的同一天，联邦财政部也按照工商界的观点，制定完成了首部《工商业经济投资补助法》草案。政府内外部围绕着这部草案的争论主要集中在投资补助的执行机构上。草案原本写明由工商业行会（Hammern）参与补助贷款的执行与审核，因为财政部觉得，如果它自己全面接手相关事务的话，负担会太重。但经济部却对行会成员的独立性表示怀疑，反对将筹措和发放资金的重任交给这一机构。经济部之所以这样认为，其实是想减少工会对投资补助的干预，因为行会本身是一个劳资对等共决的经济自治机构②。与此同时，工商界却希望将投资补助的执行权交给由他们建立的“工业信贷银行”负责。但这一观点又遭到了联邦政府的反对。经济部认为应将执行权留给业已存在的半官方组织——重建信贷机构负责③。在一番激烈的争论之后，各方终于在 6 月 19 日的政府草案中达成妥协：在管理机构方面，“工业信贷银行”将对筹措资金负主要责任，但重建信贷机构也继续行使盟

---

① ADAMSEN H. *Investionshilfe für Ruhr, Wiederaufbau, Verbände und Soziale Marktwirtschaft 1948-1952*. Wuppertal: Peter Hammer Verlag, 1981, S. 169.

② ADAMSEN H. *Investionshilfe für Ruhr, Wiederaufbau, Verbände und Soziale Marktwirtschaft 1948-1952*. Wuppertal: Peter Hammer Verlag, 1981, S. 177.

③ ADAMSEN H. *Investionshilfe für Ruhr, Wiederaufbau, Verbände und Soziale Marktwirtschaft 1948-1952*. Wuppertal: Peter Hammer Verlag, 1981, S. 174.

国27号法令所赋予的贷款项目和企业项目，行会则被完全排除在外；由联邦经济部负责确定贷款的分配数额，而财政部则负责法律的执行[①]。1951年7月8日，联邦政府将修改后的《工商业经济投资补助法》草案交联邦议院审核。

《工商业经济投资补助法》草案在联邦议院中遇到了极其巨大的阻力。议院右派政党，如自民党、巴伐利亚党都对政府的《工商业经济投资补助法》草案表示了强烈的不满。笃信自由市场理念的自民党要求通过对"瓶颈工业"的特别折旧来帮助它们积累必要的投资资金，并要求解除对这些工业的价格绑定。自民党甚至还重新拾起了艾哈德的议案[②]。巴伐利亚党也认为政府草案中国家干预太多，缺少自由经济的精神[③]。

与此同时，左派的社民党、德国共产党也都坚决反对这一由工商界提出的、以自由市场经济为基础的提案。社民党的格哈德·克赖西希（Gerhard Kreyssig)在《南德意志报》上撰文指出，联邦政府的《工商业经济投资补助法》草案在经济上是荒唐的，因为这么做实际上是为企业避税。"该草案的起草人已经印上了私有经济最坏的特征，并剥夺了国家的权力。"[④] 社民党主张积极的国家投资控制，要求将投资补助总额扩展至50亿马克，并坚决反对对"瓶颈工业"给予特别折旧的优惠。德共则表示，在整个工业产权的社会化尚未实现之前，拒绝考虑任何与投资补助相关的法律和提案[⑤]。

在左右两翼的夹攻之下，1951年11月22日，政府草案第一条的二读未能表决通过。这对于急于要完成《工商业经济投资补助法》的联邦政府来说，无异于当头一棒。一名基民盟议员表示："国会的决定是我们经济史

---

① ADAMSEN H. *Investionshilfe für Ruhr, Wiederaufbau, Verbände und Soziale Marktwirtschaft 1948-1952*. Wuppertal: Peter Hammer Verlag, 1981, S. 179.

② ADAMSEN H. *Investionshilfe für Ruhr, Wiederaufbau, Verbände und Soziale Marktwirtschaft 1948-1952*. Wuppertal: Peter Hammer Verlag, 1981, S. 187-188, S. 191.

③ ADAMSEN H. *Investionshilfe für Ruhr, Wiederaufbau, Verbände und Soziale Marktwirtschaft 1948-1952*. Wuppertal: Peter Hammer Verlag, 1981, S. 190.

④ ADAMSEN H. *Investionshilfe für Ruhr, Wiederaufbau, Verbände und Soziale Marktwirtschaft 1948-1952*. Wuppertal: Peter Hammer Verlag, 1981, S. 184.

⑤ ADAMSEN H. *Investionshilfe für Ruhr, Wiederaufbau, Verbände und Soziale Marktwirtschaft 1948-1952*. Wuppertal: Peter Hammer Verlag, 1981, S. 190.

上最不光彩的一页。”工会也表态说，尽管他们对政府草案中国家的监督力度感到不满，“但这毕竟是一个开始，使得政府、工商经济界和工会可以迅速做出成就”。联盟党议院党团主席及联邦“马歇尔计划”部部长也力促各党团慎重考虑《工商业经济投资补助法》①。

为了突破僵局，联盟党决定先拉住执政伙伴自民党。在法案二读的过程中，联盟党曾先后两次对自民党作出让步：第一次是 11 月 5 日，阿登纳、艾哈德和舍费尔同意，在《工商业经济投资补助法》中包含提高基础工业折旧率的内容②；第二次是在 11 月底，艾哈德同意在法案中进一步引入自由市场经济手段——煤钢等“瓶颈工业”不仅可以通过特别折旧获得资本，而且在不远的将来，它们也会加入自由市场价格体系③。这两次让步使得两大执政党逐渐在《工商业经济投资补助法》的问题上形成了统一战线。

与此同时，部分社民党议员也转变了对政府草案的敌视态度。实际上，社民党一直对工商界的投资补助方案持矛盾态度。一方面，他们认为这一法案是对未来产权社会化改革的偏见，是对已经实现社会化的部门的重新私有化；另一方面，他们也将该法案看作是保证国家对投资进行监控的机会。1951 年 11 月 27 日，社民党经济政策委员会公布了新的经济发展计划，其中“对计划经济只字未提，而更多的是投资政策……它因此而形成了社民党政策重心从整体经济计划到投资计划的转变”④。

在联盟党、自民党及部分社民党议员的支持下，联邦政府的《工商业经济投资补助法》议案终于在 1951 年 11 月 13 日以微弱多数三读通过。7 天后，联邦参议院也不顾黑森州代表的反对通过了这一法案。1952 年 1 月 7 日，《工商业经济投资补助法》正式生效。该法令的内容主要包括以下几

---

① ADAMSEN H. *Investionshilfe für Ruhr, Wiederaufbau, Verbände und Soziale Marktwirtschaft 1948-1952*. Wuppertal: Peter Hammer Verlag, 1981, S. 192.

② ADAMSEN H. *Investionshilfe für Ruhr, Wiederaufbau, Verbände und Soziale Marktwirtschaft 1948-1952*. Wuppertal: Peter Hammer Verlag, 1981, S. 188-189.

③ ADAMSEN H. *Investionshilfe für Ruhr, Wiederaufbau, Verbände und Soziale Marktwirtschaft 1948-1952*. Wuppertal: Peter Hammer Verlag, 1981, S. 192-193.

④ ADAMSEN H. *Investionshilfe für Ruhr, Wiederaufbau, Verbände und Soziale Marktwirtschaft 1948-1952*. Wuppertal: Peter Hammer Verlag, 1981, S. 196-197.

个方面：

首先，对“瓶颈工业”投资补助资金的筹措作出了详细的规定。法案开宗明义就指出了其制定的目的：“为了解决煤、钢、能源工业急迫的投资需求，根据该法律，工商经济界将进行一次性的债券认购摊派以筹集10亿马克。”法案规定，所有1951年1月1日前存在或1951年度新建企业都有认购债券的缴款义务；企业缴款比例将根据其当年利润或纳税的情况决定，其中单一企业和含两个子公司的企业每年最高分担1万马克，含两个以上子公司的企业则最高要缴纳2万马克；法案还规定德国邮政、联邦铁路等10类企业不在负担义务之列。

其次，法案对投资补助的执行机构和应用手续作出了规定。投资补助的执行机构是位于杜塞尔多夫的信贷银行（Kreditinstitut)，其常设代表是董事会（Kuratorium)。董事会成员中13人由经济部任命，其中工商界和德意志工会联合会分别提名8人和5人；另外经济部、财政部和交通部再各派代表1人，联邦参议院3人。董事会负责发行和分配贷款债券，但它所作出的决定不得损害或违背“重建信贷机构”的决定。

第三，法案的第三章则规定在1952年1月1日—1954年12月31日两个财政年度，煤、钢、电力三大“瓶颈工业”可享受特别折旧率，以减少纳税。法案规定，在进行设备购置和建造时，不动产折旧所提供的资金可占到其成本的30%，而动产折旧资金所占成本比例则可高达50%。

第四，“如果价格变动只是为了消除公众对市场经济的误解，而不对整体价格水平，尤其是生活质量产生不良影响的话”，1948年4月10日和1949年2月3日所确定的对原材料价格的绑定即不再有效[①]。

(4)《工商业经济投资补助法》的执行、问题及终止

早在《工商业经济投资补助法》出台之前，联邦政府已经开始着手为“瓶颈工业”的投资补助作准备了。1951年7月16日，艾哈德通知德意志诸州银行（即联邦德国中央银行前身）理事会主席卡尔·贝尔纳德（Karl Bernard)准备发行债券，并暗示《工商业经济投资补助法》将很快在议院

---

① Bundesministerium der Justiz (Hrsg.). *Bundesgesetzblatt (BGBl), 1952, Nr. 1*. Berlin: Bundesanzeiger Verlag, 1952, S. 7-14.

获得通过。但德意志诸州银行却以政府的要求没有法律依据为由，只同意以“重建信贷机构”从“马歇尔计划”处得到的有息贷款为抵押，提前预支1亿马克给政府，而这只是政府要求的一半。这是联邦政府投资补助计划的开始。

1951年8月6日，信贷银行理事会预备会议首次召开，专门就1亿马克的分配问题展开讨论。会议原本决定，将煤、钢、电三大“瓶颈工业”的投资补助额定为4000万、2500万和5500万。但这却遭到了钢铁工业经济联合会的坚决反对，它要求将钢铁工业的资助额上升为5500万。会议否定了钢铁工业经济联合会的要求，只同意再从电的5500万中拨出500万给钢铁，另500万给其他能源工业。所以，最终确立的三大“瓶颈工业”的资助额为电4420万、煤3930万、钢2950万[①]。这次会议表明，由经济部和工商界联合决定投资分配的模式是行之有效的（见表8）。

**表8　联邦经济部投资补助资金分配建议及实际分配额（单位：百万马克）[②]**

| | 经济部投资顾问委员会建议 | 艾哈德的建议 | 信贷银行理事会的批准额度 |
|---|---|---|---|
| 煤炭 | 270 | 260 | 228.2 |
| 钢铁 | 210 | 260 | 296.5 |
| 电力 | 320 | 380 | 241.8 |
| 煤气 | 100 | | 106.1 |
| 其他 | 100 | 100 | 122.4 |
| 总计 | 1000 | 1000 | 1000 |

实际上，在工商界中，钢铁工业经济联合会最关注这次政府的投资补助行动。它担心政府的补助会和“马歇尔计划”一样不能持久。联邦经济部国务秘书卢格尔·韦斯特里克（Ludger Westrick）保证，在未来的信贷银行理事会中会充分考虑钢铁工业的需求。“我们一直认为，先前对煤、

① ADAMSEN H. *Investionshilfe für Ruhr, Wiederaufbau, Verbände und Soziale Marktwirtschaft 1948-1952*. Wuppertal: Peter Hammer Verlag, 1981, S. 265.

② ADAMSEN H. *Investionshilfe für Ruhr, Wiederaufbau, Verbände und Soziale Marktwirtschaft 1948-1952*. Wuppertal: Peter Hammer Verlag, 1981, S. 264.

钢、能源的投资分配（指‘马歇尔计划’），令每个集团都很不满。我们相信，我们可以用更好的手段处置各方利益。”① 在钢铁工业经济联合会的坚持下，信贷银行理事会最终所批准的10亿马克贷款中，钢铁工业分得近3亿马克，大大高于经济部原先计划的分配额。

《工商业经济投资补助法》的强行摊派从一开始就引起了许多企业，尤其是中型企业的不满。有些企业是想从投资补助中捞取更大的好处，如化学工业；另有一些则是对原材料价格的上涨忧心忡忡，如家具制造业。由于这些企业的反对，部分贷款的认购期限被一拖再拖。1951年中期，联邦议院中主张通过刺激消费来拉动经济增长的一派，也就修改《工商业经济投资补助法》一事向政府施压，要求在价格等方面作出更大的变革。

为了减少中小企业和议院反对派的不满，联邦政府分别于1952年8月和1953年初对《工商业经济投资补助法》进行了两次修改，提高了中层企业豁免认购义务的上限，延长了企业的缴款期限②。与此同时，政府也坚持不放弃《工商业经济投资补助法》的基本原则。政府的坚持得到了社民党的支持，因为社民党认为，《工商业经济投资补助法》虽然有种种弊端，但毕竟“通过这一调控政策，私有和整体经济的目标才能实现，并很快得以贯彻”。因此，虽然遇到重重阻力，但《工商业经济投资补助法》还是为主要“瓶颈工业”完成了筹措10亿马克资金的任务。

然而，这种强行摊派的做法只能应一时之需，联邦德国经济长期持续发展肯定不能寄希望于此。1953年10月15日，自民党议院党团建议终止对“瓶颈工业”的投资补助，理由是已完成当初确定的10亿马克的筹资目标。联盟党和社民党的绝大多数议员都对这一建议表示赞同。“《工商业经济投资补助法》必须被埋葬，在墓前，人们只能对死人说好话。”1955年2月24日，联邦议院正式通过了《投资补助终止法》。

---

① ADAMSEN H. *Investionshilfe für Ruhr, Wiederaufbau, Verbände und Soziale Marktwirtschaft 1948-1952*. Wuppertal: Peter Hammer Verlag, 1981, S. 203.

② ADAMSEN H. *Investionshilfe für Ruhr, Wiederaufbau, Verbände und Soziale Marktwirtschaft 1948-1952*. Wuppertal: Peter Hammer Verlag, 1981, S. 223.

## 第五节　英美及联邦德国对鲁尔煤钢工业复兴政策的影响

1945—1952年间，英美和新兴的联邦德国为鲁尔煤钢工业的复兴付出了艰辛的努力。这些努力对鲁尔煤钢工业日后的快速发展起到了极大的推动作用。

英美和联邦德国的政策促进了鲁尔煤钢工业投资的发展。战后初期，整个西欧都极度缺乏重建资金，而受到盟国重点轰炸和限制的鲁尔工业更是如此。为了让鲁尔煤钢工业这个联邦德国乃至整个西欧的发动机重新运转起来，美国和联邦德国先后通过"马歇尔计划"和1952年《工商业经济投资补助法》为其注入了急需的"第一桶金"。到1955年时，联邦政府共为工业发展投入了57亿马克，其中煤炭工业获得了22.8%，钢铁工业获得了29.7%，电力、煤气、水运获得了42.5%，其他交通企业获得了5%①。北威州获得的资助占全德的69%②。

对于鲁尔煤钢工业来说，"马歇尔计划"和《工商业经济投资补助法》所送来的不仅仅是资金，更是投资者的信心。"马歇尔计划"表达了英美减少鲁尔复兴限制的决心，它使德国西占区和联邦德国投资者在鲁尔看到了新的希望；《工商业经济投资补助法》也从三个方面促进了投资者对鲁尔煤钢工业信心的恢复：私人自由投资；原材料价格绑定解除；明确将私人企业作为承担义务的对象，闭口不提社会化，实际上是对私有产权进一步给予了确认。

除促进投资外，英美及联邦德国的政策还为鲁尔煤钢工业的复兴募集了必要的劳动力。约翰·格林哈姆曾说："恢复煤炭生产的全部指望都在矿工身上。"③ 在占领之初，英国主要通过增加矿工数量来提高产量。

---

① BOVERMANN R, GOCH S, PRIAMUS H (Hrsg.). *Das Ruhrgebiet: Ein Starkes Stück Nordrhein-Westfalen, Politik in der Region 1946-1966*. Essen: Klartext Verlag, 1996, S. 264.

② KÖLLMANN W (Hrsg.). *Das Ruhrgebiet im Industriezeitalter: Geschichte und Entwickelung, Band I*. Düsseldorf: Patmos Verlag GmbH, 1990, S. 512.

③ GILLINGHAM J. *Coal, Steel, and Rebirth of Europe, 1945-1955: The Germans and French from Ruhr Conflicts to Economic Community*. New York: Cambridge University Press, 1991, p. 180.

1945年4至8月间，在北德煤炭局的积极引导下，共有29000多名鲁尔矿工回到了自己原先的工作岗位，这使得鲁尔的煤炭产量从每月268万吨提高到每月360.7万吨。随着熟练矿工资源的枯竭，英国又将目光放在了那些“饥饿劳动力”身上。可是，由于恶劣的健康状况和糟糕的待遇，那些“饥饿的劳动力”并不愿从事繁重的井下劳动。别无他法，英国军政府只得决定，通过和其他行业强行交换劳动力的方法来增加鲁尔矿工数量。至1946年，英占区50%的劳动力交换是为了寻找新的矿工劳力资源[①]。显然，这种方法只能在极其有限的程度上提高煤炭产量。因此，自1946年下半年开始，占领当局把提高鲁尔煤炭产量的重点逐渐放在了提高矿工的待遇上。朝鲜战争爆发后，尤其是《工商业经济投资补助法》制定后，煤钢工人的工资一直高于联邦德国其他行业。1950—1957年间，矿工收入增长了61%，而其他工业只增加了42%。煤钢工人的周薪在1957年时达140马克，远远高于其他行业的工人。与此同时，英美和联邦德国还下大力气改善鲁尔工人的住宿条件。修建和新建住房，一直被英国军政府视为复兴鲁尔煤炭工业的必要之举。联邦德国建立后，于1951年10月通过了《矿工住房需求法》，准备3年内为鲁尔矿工修建9万套住房[②]。这些举措有利于吸引更多的劳动力到煤钢工业中来，从而大大缓解了煤钢工业劳动力不足的状况。

英美和联邦德国的政策还为鲁尔煤钢工业的复兴提供了必要的制度上的保证[③]。二战结束后，英国军政府最初在鲁尔实行严格的统制经济政策。早在1945年7月，英国第21集团军司令部就建立了经济计划委员会。1946年2月，英国军政府又制定了对英占区生产与消费进行全面计划的“第一个斯巴达计划”（First Spartan Plan）。这种政策将十分有限的社会资源集中供应到鲁尔，为鲁尔煤钢工业的重建起到了很大的推动作用[④]。

---

① TURNER I (ed.). *Reconstruction in Post War Germany: British Occupation Policy and Western Zones, 1945-1955*. Oxford: Berg, 1989, pp. 96-97.

② KÖLLMANN W (Hrsg.). *Das Ruhrgebiet im Industriezeitalter: Geschichte und Entwickelung, Band I*. Düsseldorf: Patmos Verlag GmbH, 1990, S. 513-514.

③ 参阅本书第五章第一节。

④ TURNER I (ed.). *Reconstruction in Post War Germany: British Occupation Policy and Western Zones, 1945-1955*. Oxford: Berg, 1989, pp. 75-80.

然而，这种统制经济并未使英占区及后来的双占区走上快速复兴的道路。因此，在美国的支持下，艾哈德于1948年中期转而推行了旨在重建西占区市场经济体制的“币制改革”。随着币制改革的开展，西占区消费品工业出现了令人难以置信的高速增长。但与此同时，初创的市场经济制度并没有给鲁尔煤钢工业带来同样的繁荣。这其中一个最重要的原因就是，为了维持社会的稳定，艾哈德并未将市场经济制度扩展到原材料工业，煤钢价格在币制改革后依旧受到严格的管制。朝鲜战争爆发后，煤钢已明显成为阻碍整个联邦德国复兴的瓶颈。如前所述，为了解决这一问题，联邦德国围绕着未来经济制度的问题展开了一次大争论。以社民党和德意志工会联合会为代表的一方要求加大国家对经济的干预力度，通过强有力的计划管制来克服煤钢瓶颈问题；但以艾哈德和工商界为代表的一方却坚决反对回到计划经济的老路上，他们希望用自由市场的办法来为鲁尔煤钢工业筹集投资补助资金。在联邦政府的积极努力下，各方终于以工商界的建议为基础达成了妥协，决定要按市场经济原则为“瓶颈工业”投资补助筹集资金。《工商业经济投资补助法》不仅避免了国家对煤钢工业管制的恢复，还将市场经济制度最终扩展到了这些工业之中，从而为它们的进一步复兴提供了制度上的保证。

当然，1952年的《工商业经济投资补助法》绝不是一种单纯的市场经济手段。从它的出台到执行，再到最后结束，无不深深地体现着国家干预的特点。正因为如此，1953年8月1日，256家企业将《工商业经济投资补助法》告上了联邦宪法法院，要求法院认定该法对经济的控制违宪。控方的理由是：《工商业经济投资补助法》限制了企业的自由；损害了企业的产权；妨碍公平；违反了基本法关于经济政策中立性的规定，阻碍了自由竞争；对负有筹款义务的许多企业不利。宪法法院对这些控告予以逐条批驳：只要给企业自由性留下足够的发挥空间，就符合基本法关于自由的定义；《工商业经济投资补助法》既未剥夺产权，也没有进行财产清算，不损害产权；基本法并未对社会经济体制作出规定，这一体制当由法律及政策规定，故《工商业经济投资补助法》不违宪；基本法授权制定对某一集团有害的法律①。这次判决，在联邦德国历史上首次确定了私人企业在国家

---

① ADAMSEN H. *Investionshilfe für Ruhr, Wiederaufbau, Verbände und Soziale Marktwirtschaft 1948-1952*. Wuppertal: Peter Hammer Verlag, 1981, S. 219.

面前的自由活动空间，是社会市场经济发展史上的一个里程碑。

不过，盟国和联邦德国片面地追求鲁尔煤钢工业的快速发展，也带来了一些负面影响。

首先，一味地追求煤炭产量的提高，掩盖了鲁尔煤矿生产率低下的问题。持续的超负荷运转加速了鲁尔煤矿的老化。连许多早已倒闭的矿井也重新开工。当时鲁尔煤炭工业的增长主要是粗放式的，即通过加大资本投入或扩大矿工人数来提高产量，技术革新被放在了次要位置。1952 年已有 60％的煤矿超过了 75 年，而 25 年以下的新矿还不足 3％。英法等国煤矿生产率 1952 年就已达到了 1938 年的水平，而鲁尔则只有 1938 年的 76％。[①] 朝鲜战争爆发后，煤炭工业加速扩张，进一步掩盖了劳动生产率低下的问题。长期的买方市场消磨了鲁尔煤炭工业的竞争意识。“煤炭工业不能满足国内焦急的顾客，换句话说，消费者必须为几吨煤摇尾乞怜。”20 世纪 50 年代中期后，由于国外廉价的煤炭和石油大量涌入，鲁尔煤炭工业的市场急剧萎缩。1957 年，联邦德国煤炭进口已从 1950 年的 3％上升至 22％，而煤钢共同体高级机构还在要求其所属煤炭工业在 20 年内提高 4000 万吨的产量。1958 年 2 月，随着第一家 16000 名矿工的煤矿首次停工，鲁尔煤炭工业进入了 20 多年漫长的结构转型期[②]。

其次，煤钢工人数量的猛增，也加剧了鲁尔城市的住房压力。1956 年，波鸿有近五分之一的住房不符合要求，有 1 万个家庭没有自己的住房。而由东德难民和住房损毁者所形成的难民潮更加重了这一弊端。仅有 2.5％的难民在 20 世纪 50 年代末有了自己的住房[③]。1957 年末，鲁尔工人人数达到峰值，住房问题也格外紧张。在这种情况下，一旦煤矿停工或停产，许多工人就会因付不起房租而陷入困境。

再次，煤钢工业的迅猛发展，也导致了鲁尔区产业结构比例的严重失调。20 世纪 50 年代，鲁尔煤炭等基础工业比例明显偏大，而新兴高科技

---

① KÖLLMANN W (Hrsg.). *Das Ruhrgebiet im Industriezeitalter: Geschichte und Entwickelung, Band I*. Düsseldorf: Patmos Verlag GmbH, 1990, S. 510-511.

② SCHLIEPER A. *150 Jahre Ruhrgebiet: Ein Kapital deutscher Wirtschaftsgeschichte*. Düselldorf: Schwann, 1986, S. 172.

③ KÖLLMANN W(Hrsg.). *Das Ruhrgebiet im Industriezeitalter: Geschichte und Entwickelung, Band I*. Düsseldorf: Patmos Verlag GmbH, 1990, S. 515.

企业的发展却严重滞后。1961 年，鲁尔电子工业只占全区工业的 3.3%，而同期这一产业在全联邦所占的比例为 6.9%[①]。这种发展趋势在一定程度上影响到鲁尔区在新的技术浪潮中的竞争力。从就业结构看，妇女就业率偏低这一问题依旧没有消除。作为一个以煤炭、钢铁和电力等重工业为主的工业区，鲁尔区所提供的男性就业岗位一直远远高于女性。战后初期煤钢工业的优先发展，更进一步加重了鲁尔区就业中的性别不平衡。1960 年，鲁尔妇女就业率为 27.5%，而联邦则为 37.5%[②]（见表 9）。

**表 9　1950—1970 年鲁尔区与联邦德国非农业就业岗位**[③]

| 经济部门 | 在总就业人口中所占的百分比 | | | | | |
|---|---|---|---|---|---|---|
| | 1950 | | 1961 | | 1970 | |
| | 鲁尔 | 联邦德国 | 鲁尔 | 联邦德国 | 鲁尔 | 联邦德国 |
| 能源、矿山、水处理 | 25.2% | 4.9% | 16.3% | 3.4% | 9.4% | 2.1% |
| 加工企业 | 33.6% | 43.9% | 36.1% | 43.7% | 37.2% | 42.3% |
| 建筑 | 9.3% | 10.0% | 9.2% | 9.4% | 8.8% | 8.7% |
| 交通 | 6.9% | 7.8% | 5.8% | 6.8% | 5.6% | 6.0% |
| 贸易、银行、保险 | 13.4% | 15.3% | 16.8% | 17.6% | 18.2% | 22.5% |
| 特别服务业 | 11.5% | 17.9% | 15.5% | 18.7% | 20.1% | 22.5% |

总之，正是长期的原材料生产扩张政策，才导致了鲁尔经济发展的失衡，并使得煤钢工业对后来的危机准备不足。

## 小　结

鲁尔煤钢工业的复兴问题是战后鲁尔问题的重要组成部分。这一问题

---

① KÖLLMANN W（Hrsg.）. *Das Ruhrgebiet im Industriezeitalter: Geschichte und Entwickelung, Band I*. Düsseldorf: Patmos Verlag GmbH, 1990, S. 517.

② SCHLIEPER A. *150 Jahre Ruhrgebiet: Ein Kapital deutscher Wirtschaftsgeschichte*. Düselldorf: Schwann, 1986, S. 170.

③ KÖLLMANN W（Hrsg.）. *Das Ruhrgebiet im Industriezeitalter: Geschichte und Entwickelung, Band I*. Düsseldorf: Patmos Verlag GmbH, 1990, S. 516.

的解决过程主要可分为三个阶段：

第一个阶段是二战末期的盟国讨论阶段。鲁尔煤钢重工业是德国发动数次对外侵略战争的经济基础。以美国财政部部长亨利·摩根索为代表的一些人认为，防止德国再度侵略最直接、最有效的办法莫过于大规模摧毁该地区的工业。1944 年的“摩根索计划”正是这一思想的体现。但是，如果按照“摩根索计划”对整个德国实行农牧业化，则不仅会使德国走向崩溃，就连其他欧洲国家也将陷入困境。因此，“摩根索计划”不仅在美国国内遭到了军方和国务院的强烈反对，在国际上也引来一片骂声。到波茨坦会议时，三大国达成一致，要给德国留下足以维持自身生存的工业。

第二个阶段是从波茨坦会议到“马歇尔计划”出台这段时期。这是鲁尔煤钢工业从有限复兴到全面复兴的过渡期。根据《波茨坦协议》和 1946 年 3 月德国工业水平计划的相关规定，德国为和平经济所不需的工业生产能力将被摧毁，或被拆迁用于赔偿。但与此同时，盟国也允许鲁尔保留一部分和平工业，以维持德国的经济自立。根据历史经验，德国的土地不能养活德国所有的人口，德国必须靠工业品出口换取粮食。因此，只有给鲁尔煤钢工业留下足够的生产能力，才能防止整个德国走向崩溃。而只有避免德国的全面崩溃，才能保持欧洲的持久和平与繁荣。但在当时的条件下，要完成这一任务绝非易事。虽然鲁尔工业本身在战争中受损并不严重，但支撑工业生产的其他基本条件却是严重不足。由于粮食匮乏、住房短缺，鲁尔煤炭产量的增长十分缓慢。再加上煤炭外运的交通线全面瘫痪，鲁尔钢铁工业根本不可能及时得到原料补充。而钢铁生产的虚弱反过来又进一步阻碍了煤炭工业的复兴。因此，在这一阶段中，英美解决鲁尔复兴问题的主要任务就是尽快解决衣食住行等基本生产、生活保障问题，防止德国和欧洲的经济走向崩溃。

在这一时期中，英美对德经济政策还实现了由抑制到扶植的转折。波茨坦会议之后，英美虽然同意鲁尔保留足够的和平工业，但并不支持德国的优先复兴。此后，随着形势的发展，英美很快发现，要想真正解决德国问题，单单靠维持德国的经济自立是远远不够的。因此，在 1946—1947 年初，英美对德经济政策先后发生重大改变，它们不再满足于实现德国的经济自立，而是要加速德国西占区复兴，让德国西占区重新成为整个西欧复兴的“领头羊”。英美政策的转变为下一阶段鲁尔煤钢工业的全面复兴奠定了基础。

鲁尔复兴的第三阶段始于“马歇尔计划”提出之后，这是鲁尔煤钢工业走向全面复兴的阶段。在英美的主导下，西欧各国也普遍承认了鲁尔及德国西占区复兴对整个西欧复兴的重大意义。有关“马歇尔计划”的十六国“巴黎会谈”还明确规定：“必须把德国的经济纳入欧洲的经济体系，因为德国的复兴也必须为欧洲的普遍复兴作出贡献。从新闻报道中可以看出，巴黎会议强调，提高鲁尔区煤炭的生产和出口数量对重建欧洲具有决定性意义，一切为提高鲁尔煤炭生产所必需的进口物资，不仅在德国而且在欧洲的进口计划当中，都应享有优先权。只要德国的西方占领区在经济上得不到发展，那么西欧国家就不可能有经济上的繁荣。西德必须把它的国际贸易提高到超过战前水平。只有这样，德国才能在 1951 年底——拟定的四年规划结束后——达到收支平衡。会议一再强调德国西方占领区的一切经济措施必须纳入欧洲合作的范围内并与之相配合。”①

然而，实现鲁尔煤钢工业的全面复兴也绝非易事。一方面，盟国及联邦德国必须消除盟国政策对鲁尔复兴的不利影响。这些政策包括：盟国对鲁尔钢铁生产的限制和大规模拆迁政策；盟国对鲁尔煤钢工业进行改造时所造成的产权和经营管理权的缺失问题；煤炭的强制出口问题等。在一番激烈的斗争之后，盟国及联邦德国终于通过 1949 年 11 月《彼得斯贝格议定书》、1951 年《煤钢企业经理委员会及监事会雇员共决法》和《欧洲煤钢共同体条约》等，逐步消除了盟国对鲁尔生产的种种限制。当然，二战之后的鲁尔工业已不可能回到完全由德国控制的状态。即使是在币制改革之后，钢铁工业的投资也一直在盟国的监管之下。双占区 75 号法令、盟国 27 号法令都对这些工业作出了相应的限制，所有企业的人员、设备、产量也都必须通过军事安全委员会的审核。煤钢工业的投资及生产均受制于欧洲经济合作组织和欧洲煤钢共同体。

另一方面，要想实现鲁尔煤钢工业的全面复兴，还必须为这些工业的扩大再生产募集必要的投资补助资金。从外部为鲁尔煤钢工业输送投资资本的是“马歇尔计划”。尽管在“马歇尔计划”对德国西占区和联邦德国的援助中，流向工业的比例并不大，但这些援助对于当时急缺资本的鲁尔煤

---

① 阿登纳：《阿登纳回忆录（一）》，上海外国语学院德法语系德语组，译。上海：上海人民出版社，1976 年，第 130 页。

钢工业来说，还是解了燃眉之急的。从内部为鲁尔煤钢工业募集了投资补助的是1952年联邦德国的《工商业经济投资补助法》。该法案不仅为鲁尔煤钢工业募集了资本，还最终解除了一直以来对基础工业的价格绑定，因此吸引了更多的私人资本投资到这一领域，从根本上解决了鲁尔煤钢工业投资不足的问题。

鲁尔煤钢工业复兴问题的实质是，应将这些工业复兴到何种程度，才最有利于德国问题的圆满解决，才最有利于维持欧洲的持久和平与繁荣。显而易见，“摩根索计划”中全面禁止鲁尔工业复兴和《波茨坦协议》中严格限制鲁尔工业复兴的做法都不能很好地解决鲁尔问题和德国问题。只有优先复兴鲁尔煤钢工业，让这些工业在欧洲联合的框架下为西欧复兴作出贡献，才能从根本上解决鲁尔问题。

# 第三章　战后初期鲁尔煤钢工业国际监督机制的形成

## 第一节　英国对鲁尔国际管制政策的演变与北莱茵-威斯特伐伦州的建立（1945—1946）

### 一、英国与法国建立国际共管鲁尔国家的方案

二战结束时，法国曾希望将鲁尔从德国分离出来并置于国际管制之下。这时英国的态度决定着法国政策的命运。在波茨坦会议上，英国是三大国中唯一一个没有明确表示要将鲁尔留在德国的国家。实际上，虽然不是很明确，贝文一开始确实也有分离鲁尔的念头。英国外交部官员奥利弗·哈利（Oliver Harley）在1945年8月28日英法会谈中提道："贝文先生将会对我们以前从未得到的法国政策的细节非常有兴趣。他将自己深入研究这一问题，包括对在鲁尔建立一个特殊政权给予特别关注，这个政权将以与其他经济结合的方式把煤、钢、化学产品的生产置于西方政权的管制之下。"①

贝文最初倾向于分离鲁尔的政策，一方面是为了确保德国不会对英国构成威胁，另一方面也是为了讨好在英国对外战略中占有重要地位的法

---

① PRESTON P（ed.）. *BDFA, Series F Europe, Part Ⅲ, Volume 7 Central Europe April 1945-September 1945*. Bethesda MD: University Publications of America, 1998, p. 225.

国。1945 年 9 月，贝文在伦敦外长会议上向皮杜尔表示："在波茨坦会议上拒绝接受斯大林所提出的将鲁尔看作德国一部分的建议，就是因为这一问题没有法国不能讨论……在英国方面，人们赞成建立一个莱茵兰共和国。"[①] 然而，法国分离鲁尔的方案却遭到了财政部官员戴维·韦利（David Waley)爵士、外交部德国处处长约翰·特洛斯贝克（John Trouthbeck)、经济和工业计划参谋处主席马克·特纳（Mark Turner)、罗伯逊将军等许多英国军政要员的反对。另外，美、苏、荷、比、卢等国对法国方案的反对意见此时也陆续送达英国。在这种情况下，贝文很快就改变了自己原先对法国方案的态度。

1945 年 12 月 16 日，贝文在一份备忘录中表示，为了保证德国不会威胁其他国家而又不摧毁德国的工业潜力，应对鲁尔工业实行国际化而不是将鲁尔从德国分离出来[②]。根据这一备忘录，经济和工业计划参谋处在 1946 年 2 月 4 日的"鲁尔管制文件"中制定了对鲁尔工业实行国际化的详细计划。该方案的主要特点是：①将鲁尔留在德国之内；②将鲁尔工业交由一个国际控股公司所有，其中各国所占股份为英、美、法、苏各 20%，荷兰 10%，比、卢共 10%；③在公司的最高层设立议事会（Berates)，由各国代表组成，负责制定公司的发展方针，但不干涉日常经营，各子公司经理由德国人担任等[③]。在贝文的积极引导下，英国内阁于 1946 年 3 月 8 日将经济和工业计划参谋处的计划评价为"迄今为止最有成功希望的选

---

① Dok. Nr. 22, BRACHER K, MORSEY R, SCHWARZ H (Hrsg. ). *Quellen zur Geschichte des Parlamentarismus und der politischen Parteien, Vierte Reihe, Deutschland seit 1945, Band 4, Die Ruhrfrage 1945/46 und die Entstehung des Landes Nordrhein-Westfalen: britische, französische und amerikanische Akten.* Düsseldorf: Droste Verlag, 1988, S. 332.

② Dok. Nr. 58, BRACHER K, MORSEY R, SCHWARZ H (Hrsg. ). *Quellen zur Geschichte des Parlamentarismus und der politischen Parteien, Vierte Reihe, Deutschland seit 1945, Band 4, Die Ruhrfrage 1945/46 und die Entstehung des Landes Nordrhein-Westfalen: britische, französische und amerikanische Akten.* Düsseldorf: Droste Verlag, 1988, S. 429-430.

③ Dok. Nr. 100, BRACHER K, MORSEY R, SCHWARZ H (Hrsg. ). *Quellen zur Geschichte des Parlamentarismus und der politischen Parteien, Vierte Reihe, Deutschland seit 1945, Band 4, Die Ruhrfrage 1945/46 und die Entstehung des Landes Nordrhein-Westfalen: britische, französische und amerikanische Akten.* Düsseldorf: Droste Verlag, 1988, S. 570.

择建议”[①]，这实际上等于彻底否决了法国的鲁尔政策。1946年6月21日，由内阁主要成员组成的英国海外重建委员会（Overseas Reconstruction Committee，简称ORC）重申“英国政府应坚持将鲁尔在政治上留在德国的政策”[②]。

那么，英国为什么要反对法国分离鲁尔的政策呢？

首先，怕因此激起德国的民族主义情绪。英国军政府（管制委员会）首任经济分委会主任珀西·米尔斯（Percy Mills）爵士在1945年12月12日的备忘录中指出：“德意志是一个民族，法国的方案会被所有德国人所拒绝，其结果将是，对德国进行再教育的所有可能性都不复存在。”[③]贝文在1946年7月2日给英国驻法大使达夫·库帕（Duff Cooper）的信中也表示：“毋庸置疑，分离鲁尔将会激起德国人的强烈反对，无论是在被分离区之内还是之外，全世界具有德国血统的人都会反对。”[④]

其次，英国认为，法国的计划会给鲁尔和德国其他地方的经济发展带来巨大的困难。最早从经济和财政方面对法国方案提出质疑的是来自财政部的韦利爵士。在他看来，如果将鲁尔完全从德国分离出来，就必须要重新考虑《波茨坦协议》所规定的德国赔偿计划。根据《波茨坦协议》，德国应被允许保留足够的工业来维持本国人民的生计。鲁尔是德国工业的中心，“如果鲁尔工业不再是德国工业的一部分，那就很难知道下一步会发生什么。可能这些工业都是为德国和平经济所必需的。那样地话，无论如

---

① Dok. Nr. 100，BRACHER K，MORSEY R，SCHWARZ H（Hrsg.）. *Quellen zur Geschichte des Parlamentarismus und der politischen Parteien, Vierte Reihe, Deutschland seit 1945, Band 4, Die Ruhrfrage 1945/46 und die Entstehung des Landes Nordrhein-Westfalen: britische, französische und amerikanische Akten*. Düsseldorf：Droste Verlag，1988，S. 572.

② STEININGER R. *Ein Neues Land an Rhein und Ruhr: Die Ruhrfrage 1945/46 und die Entstehung Nordrhein-Westfalen*. Köln：Verlag W. Kohlhammer，1990，S. 237.

③ Dok. Nr. 53，BRACHER K，MORSEY R，SCHWARZ H（Hrsg.）. *Quellen zur Geschichte des Parlamentarismus und der politischen Parteien, Vierte Reihe, Deutschland seit 1945, Band 4, Die Ruhrfrage 1945/46 und die Entstehung des Landes Nordrhein-Westfalen: britische, französische und amerikanische Akten*. Düsseldorf：Droste Verlag，1988，S. 420.

④ PRESTON P（ed.）. *BDFA, Series F Europe, Part Ⅳ, Volume 2, Central Europe July1946-December1946*. Bethesda MD：University Publications of America，2000，p. 110.

何也不可能遵守波茨坦会议的议程：到 1946 年 2 月从西占区支付赔偿品"①。面对韦利的质疑，法国在 1945 年 10 月 12 日—16 日的英法会谈中辩解道："请谨记，法国政府的解决建议只关注未来安全。人们总是可以通过数据来证明，这一方案从经济方面来看不是特别合理的……以至于人们有可能认为从严格的经济观点来看，建立一个大一些的德国是最好的选择。但法国政府决不会因为经济方面的原因来修正自己的观点。"法国认为，英国不应担心德国人民"因其资源最重要的部分被剥夺而长久贫困"，因为盟国可将鲁尔出口的部分利润用于德国其他地方支付进口和赔偿②。但韦利却认为，法国低估了分离鲁尔的经济后果。"我们认为，将几平方英里的地区（指鲁尔）变成一个独立的国家"是相当困难的。因为鲁尔是一个工业区，在萧条时期，已成为另一个国家的鲁尔的周边农村地区将不能吸收该地区的失业人口，从而使鲁尔地区的失业状况更加严重。在繁荣时期，以租借的方式将鲁尔产品出口的部分利润用于满足德国其他地方的国际收支平衡，"将会引起尖锐的政治矛盾，并且很难与将鲁尔彻底从德国独立出来的目标相适应"③。

韦利的上述观点后来为英国政府所接受。贝文在 1946 年 7 月 2 日的信中明确表示："完全的分离意味着，如果有足够多数的参与鲁尔国际管制的国家不同意将鲁尔的利润分配给（剩下的）德国，那么德国的收支平衡就将一直处于随时被打破的危险之中……德国的生活水平将会比《波茨坦协议》规定的更低，德国的赔偿能力也将被降低。"④

---

① Dok. Nr. 23, BRACHER K, MORSEY R, SCHWARZ H (Hrsg.). *Quellen zur Geschichte des Parlamentarismus und der politischen Parteien, Vierte Reihe, Deutschland seit 1945, Band 4, Die Ruhrfrage 1945/46 und die Entstehung des Landes Nordrhein-Westfalen: britische, französische und amerikanische Akten*. Düsseldorf: Droste Verlag, 1988, S. 333.

② PRESTON P(ed.). *BDFA, Series F Europe, Part Ⅲ, Volume 8, Central Europe October1945-December1945*. Bethesda MD: University Publications of America, 1998, pp. 67-68.

③ PRESTON P(ed.). *BDFA, Series F Europe, Part Ⅲ, Volume 8, Central Europe October1945-December1945*. Bethesda MD: University Publications of America, 1998, pp. 69-70.

④ PRESTON P(ed.). *BDFA, Series F Europe, Part Ⅲ, Volume 8, Central Europe October 1945-December 1945*. Bethesda MD: University Publications of America, 1998, p. 111.

再次，分离鲁尔还会给英国带来巨大的经济负担。英占区是德国最主要的工业区，这里不仅人口众多，而且传统上主要依靠工业品出口换取粮食。但是，《波茨坦协议》和 1946 年 3 月的工业水平计划不仅对鲁尔的工业水平做出了严格的限制，还要从这里拆迁大量的工业设备用于赔偿。因此，英国不得不耗费大量的财力尽可能地维持英占区人民的最低生活水平。据贝文的估计，英国在 1945—1946 财政年度共向德国投入 32 亿美元，远远超过同期美国的 20 亿美元。但是，由于英国战后自己正面临着“经济敦刻尔克”，让它挑起这一负担实属不易。而 1945—1946 年的严冬又使它的困难雪上加霜。到 1946 年 3 月，英占区连矿工的食物配给都只有 500 卡,远远低于一个正常人的水平。因此，英国此时最关注的是如何让盟国尽快提高德国的工业水平，而不是是否分离鲁尔的问题。贝文在 1946 年 3 月 30 日与法国驻英大使勒内·马西格里（Rene Massigli）的会谈中就表示：“我们不得不优先解决德国工业水平问题，英国对占领区人民负有巨大的责任，我们不准备采取将鲁尔从德国分离出去的行动，因为这将使英国增加新的财政和其他方面的负担。”[①] 贝文在 1946 年 7 月 2 日的信中进一步指出:“分离鲁尔将意味着盟国直接对管理这片领土的方方面面负责,包括为维持这里的生活水平和经济的运转负长期的责任。这片领土将主要由管制政权提供救济,罢工也将针对各盟国。”[②]而这种长期的责任，正是英国此时极力所要避免的。再加上对分离鲁尔可能造成的德国其他地方局势的混乱的担忧，贝文终于下定决心反对分离鲁尔。

第四，英国反对分离鲁尔还有一个更深层的原因，那就是此时苏联威胁的加剧。在 1946 年 2 月经济和工业计划参谋处计划出台之前，英国并没有一个明确得到高层认可的鲁尔政策。但英国决策者们十分清楚的是，未来对鲁尔的处置必须要提防苏联的威胁。这就是英国在波茨坦会议上拒绝苏联四大国共管鲁尔方案的主要原因。虽然在 1945 年 8 月—9 月间，贝文为了讨好法国曾一度支持分离鲁尔，但是，随着 1945 年底至 1946 年初欧洲形

---

① PRESTON P(ed.). *BDFA, Series F Europe, Part Ⅳ, Volume 1, Central Europe January 1946-June 1946*. Bethesda MD: University Publications of America, 2000, p. 44.

② PRESTON P(ed.). *BDFA, Series F Europe, Part Ⅳ, Volume 2, Central Europe July 1946-December 1946*. Bethesda MD: University Publications of America, 2000, p. 111.

势的发展，对苏联的疑虑逐渐成为英国制定鲁尔政策的出发点。此时苏联的一些行为，如强迫东占区社会民主党与共产党合并，力主压低德国工业水平，支持德国中央工会组织，大张旗鼓的对德国统一和反对分离鲁尔进行宣传等，都使英国相信，苏联正在试图控制整个德国。在得知 1946 年 2 月东占区社会民主党与共产党合并之后，英国即认为“（在东占区）我们可以和西方民主制说再见了，战前德国曾有一半是这种制度，但现在它要降到巴尔干的水平了”。1945 年 2 月 20 日，哈利在一份报告中指出，随着德国统一和中央集权的加强，整个西欧都将置于苏联影响之下[①]。第一副外交大臣奥姆·萨金特（Orme Sargent）爵士也认为，苏联正在尽全力保证未来的德国政府是共产主义的或接受苏联控制[②]，“苏联希望出现一个弱的德国……这样一个德国将处在它的影响之下，或至少不处在我们的影响之下”[③]。许多英国官员和观察家都相信，分离鲁尔只会将德国推向苏联的怀抱。为了防止苏联控制德国，必须反对法国分离鲁尔的计划[④]。这种观点得到了贝文的支持。

1946 年 3 月 11 日，贝文向内阁“德国工业委员会”同时提交了法国分离鲁尔的方案和经济和工业计划参谋处的方案。在对苏联的威胁进行了一番大肆的渲染之后，贝文表示，如果德国真的处于苏联的控制之下，那鲁尔最好就不要再是德国的一部分；但如果德国政党一开始就反对这样，我们也不能盲目地拒绝对鲁尔区实行长期国际化（但不分离）的可能；如

---

① Dok. Nr. 87, BRACHER K, MORSEY R, SCHWARZ H (Hrsg.). *Quellen zur Geschichte des Parlamentarismus und der politischen Parteien, Vierte Reihe, Deutschland seit 1945, Band 4, Die Ruhrfrage 1945/46 und die Entstehung des Landes Nordrhein-Westfalen: britische, französische und amerikanische Akten*. Düsseldorf: Droste Verlag, 1988, S. 526-528.

② Dok. Nr. 88, BRACHER K, MORSEY R, SCHWARZ H (Hrsg.). *Quellen zur Geschichte des Parlamentarismus und der politischen Parteien, Vierte Reihe, Deutschland seit 1945, Band 4, Die Ruhrfrage 1945/46 und die Entstehung des Landes Nordrhein-Westfalen: britische, französische und amerikanische Akten*. Düsseldorf: Droste Verlag, 1988, S. 528-529.

③ STEININGER R. *Ein Neues Land an Rhein und Ruhr: Die Ruhrfrage 1945/46 und die Entstehung Nordrhein-Westfalen*. Köln: Verlag W. Kohlhammer, 1990, S. 167.

④ STEININGER R. *Ein Neues Land an Rhein und Ruhr: Die Ruhrfrage 1945/46 und die Entstehung Nordrhein-Westfalen*. Köln: Verlag W. Kohlhammer, 1990, S. 160, S. 166, S. 168.

果效果显著的话，它甚至可以成为西德国家的核心[①]。通过陈述分离鲁尔在政治和经济方面所存在的诸多弊端，贝文向委员会建议，拒绝接受法国分离鲁尔的方案。其他内阁高官也对苏联的威胁颇为担忧。英国贸易委员会主席斯坦福·克里普斯（Stafford Cripps）指出："他不能接受建立独立的鲁尔和莱茵兰国家的计划，因为这将会使苏联的影响到达这些国家的东部边界。"[②] 1946年3月15日，英国内阁正式决定，接受经济和工业计划参谋处的方案，反对法国分离鲁尔和莱茵河左岸的计划。总之，英国认为，如果在苏联挥动德国统一大旗时自己却支持鲁尔和莱茵兰的分离，那西方就很难在德国赢得民心了。正如贝文在1946年7月2日的信中所说的："一旦从政治上分离鲁尔……会使德国人的态度转向东方，将来没有国家比一个与苏联紧密结盟共同对付西方的德国更加危险的了。"[③]

此外，贝文的经历也是他改变态度的原因之一。此人曾在鲁尔亲眼目睹了1923年的那场危机。"考虑到从德国分离鲁尔，他就不能不想起1923年法国以相同的原因和目的所试图实行的计划。"很显然，1923年鲁尔危机给德国带来的经济通胀、政治动荡以及纳粹党崛起等仍让贝文心有余悸。

### 二、东西方矛盾的加剧与英国鲁尔工业产权国际化方案的终结

在1946年四大国巴黎外长会议上，英美与苏联在诸如德波边界、占领区之间合作等重大问题上的分歧不仅没有能够缩小，反而在进一步扩大。英国认为，苏联此时的一些做法，如压低鲁尔工业产量，从鲁尔索取大量赔偿，以及拒不实现德国的经济统一等，就是为了让德国西部陷入混乱，以趁机扩大自己在这一地区的影响。为了防止苏联的阴谋得逞，贝文在

---

① Dok. Nr. 97, BRACHER K, MORSEY R, SCHWARZ H (Hrsg.). *Quellen zur Geschichte des Parlamentarismus und der politischen Parteien, Vierte Reihe, Deutschland seit 1945, Band 4, Die Ruhrfrage 1945/46 und die Entstehung des Landes Nordrhein-Westfalen: britische, französische und amerikanische Akten*. Düsseldorf: Droste Verlag, 1988, S. 560.

② Dok. Nr. 100, BRACHER K, MORSEY R, SCHWARZ H (Hrsg.). *Quellen zur Geschichte des Parlamentarismus und der politischen Parteien, Vierte Reihe, Deutschland seit 1945, Band 4, Die Ruhrfrage 1945/46 und die Entstehung des Landes Nordrhein-Westfalen: britische, französische und amerikanische Akten*. Düsseldorf: Droste Verlag, 1988, S. 571.

③ PRESTON P (ed.). *BDFA, Series F Europe, Part Ⅳ, Volume 2, Central Europe July 1946-December1946*. Bethesda MD: University Publications of America, 2000, p. 110.

1946年7月10日正式提出了德国经济统一政策，要求将德国在经济上视作一个整体，实现全德商品、人员和货币的自由流动。同日，莫洛托夫也在会上发表声明支持德国统一，但他却更加强调德国的政治统一，即要求先建立全德中央政府再考虑经济统一的问题。10日和11日，美国代表贝尔纳斯两次发表声明，重申英国先前所提的经济统一德国的原则。苏联此时依旧对插手鲁尔管制念念不忘。莫洛托夫表示："法国所主要感兴趣的是鲁尔、莱茵兰和萨尔问题，而苏联代表最想知道的是鲁尔地区现在的形势和未来的发展计划。"[①] 但是，英美却坚持优先实现德国经济统一，反对抛开德国而单独决定鲁尔的前途。贝文指出，"英国更关注的是整个德国的前途"，而不是像法苏那样只对鲁尔的前途感兴趣。"如果能发现一个针对整个德国的共同的基础，那就有可能决定鲁尔的前途了。"[②] 由于双方分歧太大，巴黎外长会议最终未能就德国问题达成任何协议。

1946年3月15日，英国内阁正式接受了经济和工业计划参谋处制定的鲁尔煤钢工业国际化方案。然而，在当时的背景下，这一方案只不过是昙花一现。

1946年3月30日，外交部要求国际法学家杰弗里·维克斯（Geoffrey Vickers）为鲁尔工业的国际化设计一个更为详细的实施方案。但是，维克斯并没有按外交部的要求去做，他反而把鲁尔工业国际化的想法批判了一通。在维克斯的建议下，副外交大臣助理埃德蒙德·霍尔-帕奇（Edmund Hall-Patch）于1946年4月10日重新向外交部递交了一份计划：在鲁尔相关地区建立一个新的州；州政府应建立一个公司，该公司与州政府的关系相当于英国国家煤炭委员会与英国政府的关系；将鲁尔工业的产权交与这一公司所有；一个国际管制当局应当对该公司进行监督[③]。以此计划为蓝

---

① U. S. Department of State (ed.). *FRUS, 1946, Volume Ⅱ, Council of Foreign Ministers*. Washington D. C.: GPO, 1970, pp. 398-399.

② U. S. Department of State (ed.). *FRUS, 1946, Volume Ⅱ, Council of Foreign Ministers*. Washington D. C.: GPO, 1970, p. 397.

③ Dok. Nr. 121, BRACHER K, MORSEY R, SCHWARZ H (Hrsg.). *Quellen zur Geschichte des Parlamentarismus und der politischen Parteien, Vierte Reihe, Deutschland seit 1945, Band 4, Die Ruhrfrage 1945/46 und die Entstehung des Landes Nordrhein-Westfalen: britische, französische und amerikanische Akten*. Düsseldorf: Droste Verlag, 1988, S. 646-648.

本，贝文在1946年4月15日制定了鲁尔工业产权社会化方案。巴黎外长会议结束后，这一计划正式为英国内阁获准实行。

那么，英国为什么会放弃经济和工业计划参谋处的鲁尔工业国际化方案，而最终选择了产权社会化方案呢？

首先，这与英国工党政府的政治理念有一定关系。对某些重工业实行国有化，是英国工党所奉行的基本政策之一。战后初期，英国政府在大刀阔斧地对本国重工业实行国有化改造的同时，有些工党政府成员也提出了对鲁尔煤钢工业产权实行社会化的计划。在这些人看来，私有制是导致德国工业界支持纳粹的主要原因。因此，要想防止这些工业再次成为德国侵略扩张的工具，就必须要对它们进行公有化改造。1945年11月15日，属于工党左翼的兰开斯特公爵郡大臣海德曾明确表示："正是在那些'工业小集团中'的人的帮助下，希特勒才取得权力的。只要那些人没有被起诉并被作为战犯而被判刑，事情就仍会继续。要对所有权进行激进的变更。使工人的工作不再对私有资本集团有好处。"[①] 为了达到上述目的，海德认为，应该在鲁尔周围建立一到两个新州，并将鲁尔工业转交给州政府所有。贝文非常赞同海德的想法。1946年2月1日，贝文在下院宣布："鲁尔工业不会返还到私人企业主手中，政府希望对它们实行公有化。"[②] 对公有化政策的偏好为贝文后来接受霍尔-帕奇的方案奠定了基础。

其次，产权社会化比国际化能更好地笼络德国的民心。在有些英国人看来，尽管没有将鲁尔从德国分离出来，但鲁尔产权的国际化还是会激起德国人的强烈不满。相比之下，只对鲁尔工业产权实行社会化就可以在很大程度上避免这种危险。"德国不能通过国际管制来被永久压制，更好的一种政策是，在德国建立一种初步的社会民主，这将允许德国转

---

① Dok. Nr. 50, BRACHER K, MORSEY R, SCHWARZ H (Hrsg.). *Quellen zur Geschichte des Parlamentarismus und der politischen Parteien, Vierte Reihe, Deutschland seit 1945, Band 4, Die Ruhrfrage 1945/46 und die Entstehung des Landes Nordrhein-Westfalen: britische, französische und amerikanische Akten*. Düsseldorf: Droste Verlag, 1988, S. 415.

② VAN HOOK J. From Socialization to Co-determination: The U. S., Britain, Germany and Public Ownership in Ruhr, 1945-1951. *The Historical Journal*, 2002 (I), p. 160.

向民主国家的共同体。根据这个目标，最好将工业产权留在德国人手中。"[①]

此外，随着东西方矛盾的扩大，英国对苏联的不信任也在不断加重。英国认为，苏联此时正企图将整个德国置于自己的控制之下。而以往盟国所推出的各种鲁尔工业国际化方案，都难以避免这种危险[②]。在1946年4月15日举行的外交部会议上，贝文表示，解决"鲁尔问题最大的困难就是找到一个方法，避免俄国在我们占领区中得到特殊地位的同时，我们却在他们的占领区没有得到同样的地位"[③]。为了防止苏联插手鲁尔，贝文以霍尔-帕奇方案为蓝本制定了鲁尔工业产权社会化方案。贝文的方案与霍尔-帕奇方案主要不同之处就是着重强调了要将苏联排除在鲁尔管制之外。"一旦建立莱茵-威斯特伐伦州，这一地区的工业将仅由英占区司令单独进行控制，以为将来实现西方国家的国际共管铺平道路，苏联只有允许西方参与控制东德工业，它才被允许参与这一计划。"[④] 4月17日，贝文在向内阁递交的对鲁尔工业产权实行社会化的方案中明白无误地指出，"我个人的观点是，在西德，我们不能向俄国提供比他们准备在东德向我们提供的更多的便利"[⑤]。

正因为在反苏方面表现得太露骨，贝文的方案在同日举行的内阁会议上引起了激烈的争论。支持贝文方案的一方认为，该方案不仅有利于鲁尔

---

① STEININGER R. *Ein Neues Land an Rhein und Ruhr: Die Ruhrfrage 1945/46 und die Entstehung Nordrhein-Westfalen*. Köln: Verlag W. Kohlhammer, 1990, S. 188.

② Dok. Nr. 90, BRACHER K, MORSEY R, SCHWARZ H (Hrsg.). *Quellen zur Geschichte des Parlamentarismus und der politischen Parteien, Vierte Reihe, Deutschland seit 1945, Band 4, Die Ruhrfrage 1945/46 und die Entstehung des Landes Nordrhein-Westfalen: britische, französische und amerikanische Akten*. Düsseldorf: Droste Verlag, 1988, S. 535.

③ GREENWOOD S. Bevin, Ruhr and Division of Germany: August 1945-December 1946. *The History Journal*, 1986, 29 (1), p. 207.

④ GREENWOOD S. Bevin, Ruhr and Division of Germany: August 1945-December 1946. *The History Journal*, 1986, 29 (1), p. 208.

⑤ Dok. Nr. 128, BRACHER K, MORSEY R, SCHWARZ H (Hrsg.). *Quellen zur Geschichte des Parlamentarismus und der politischen Parteien, Vierte Reihe, Deutschland seit 1945, Band 4, Die Ruhrfrage 1945/46 und die Entstehung des Landes Nordrhein-Westfalen: britische, französische und amerikanische Akten*. Düsseldorf: Droste Verlag, 1988, S. 659.

为西方民主制度作出贡献，还可以强迫苏联在德国问题上与西方进行合作。“此方案符合欧洲现在分裂为两个受影响的区域的现实，它给我们提供了一个机会去证明，我们能在一个民主的德国建立高效的经济，以和那个俄国在东德所建立的另一种经济秩序相抗衡。我们可以让苏联少许地参加鲁尔工业的管制，以作为其让我们参加东德，如对萨克森工业管制的回报。”[①] 而反对该方案的一方则认为，为了防止德国战争潜力的复苏，必须优先维持与苏联之间的合作。由于双方分歧太大，英国内阁在此次会议上并未通过贝文的方案。

巴黎外长会议召开之后，英国对苏联对德政策的猜忌进一步加重。越来越多的英国官员认为，为了有效地阻止德国的共产主义化，必须对鲁尔工业产权实行社会化。“如果我们不采取这一政策的话，那我们就会遭到（德国）社民党和俄国的抨击，这有可能会将社民党推向德共的怀抱，并因此而使苏联在德国扩展自己的影响。”[②] 此外，英国还希望能通过产权社会化政策支持鲁尔社民党和工会中的反共产主义力量的发展[③]。正是在这种情况下，英国才最终通过了鲁尔工业产权社会化方案。

**三、北莱茵-威斯特伐伦州的建立**[④]

为了尽快实现德国的经济统一，英国在巴黎外长会议失败后一个引人注目的行动，就是将鲁尔与周边的小工业区、农业区合并，亦即将原普鲁士邦的北莱茵省与威斯特伐伦省合并，组建了一个新的大州——北莱茵-威斯特伐伦州。

---

① Dok. Nr. 129, BRACHER K, MORSEY R, SCHWARZ H (Hrsg.). *Quellen zur Geschichte des Parlamentarismus und der politischen Parteien, Vierte Reihe, Deutschland seit 1945, Band 4, Die Ruhrfrage 1945/46 und die Entstehung des Landes Nordrhein-Westfalen: britische, französische und amerikanische Akten*. Düsseldorf: Droste Verlag, 1988, S. 663.

② STEININGER R. *Ein Neues Land an Rhein und Ruhr: Die Ruhrfrage 1945/46 und die Entstehung Nordrhein-Westfalen*. Köln: Verlag W. Kohlhammer, 1990, S. 264.

③ VAN HOOK J. From Socialization to Co-determination: The U. S., Britain, Germany and Public Ownership in Ruhr, 1945-1951. *The Historical Journal*, 2002 (I), p. 160.

④ 参见拙作：《战后鲁尔问题与德国北莱茵-威斯特伐伦州的建立》，载《德国研究》，2009 年第 1 期。

英国一直在积极酝酿建立一个包括鲁尔在内的新州的计划。早在1945年12月20日，罗伯逊就曾提出过建立鲁尔州的计划，并将此作为“讨论未来的德国政治结构的准备”①。1946年4月，许多英国官员，如霍尔-帕奇和海德等都在自己的鲁尔工业产权社会化方案中提到了建立新州的计划，不过，对于具体该如何建立这个新州，他们却都心中无数。

与此同时，为了阻止法国分离鲁尔的企图，德国人自己也在积极地思考建立新州的计划。1946年5月6日，北莱茵省省长罗伯特·赖尔（Robert Lehr）向英国军政府提出了将北莱茵省与威斯特伐伦省合并的建议：“由于失去了科布伦茨及特里尔等偏僻的农业地区，再加上战败前几个月的战争行为，北莱茵省的损失是特别惨重的。北莱茵和威斯特伐伦的合并意味着：将莱茵的煤钢工业及矿山与威斯特伐伦的经济区进行合并，可避免经济区域的重复；但是，在经济建设中，仅仅片面的合并几个经济部门也是不对的，因此，一个莱茵－威斯特伐伦经济区必须有农业经济为补充。威斯特伐伦的农业部分将在一个更大地范围内提供不可缺少的平衡，并使莱茵－威斯特伐伦地区真正具有抵御危机的能力。”

赖尔的计划呈递英国后，立即在政府和占领当局中引发了一场激烈的“大、小州”之争。以罗伯逊为首的英国军政府支持赖尔的计划，希望在英占区建立一个由北莱茵和威斯特伐伦省合并组成的大州②。以联合参谋长会议、海德及部分外交部高官为代表的一方则反对赖尔的计划，他们主张将鲁尔地区建成一个单独的鲁尔州。

实际上，两派在建州的原则及目的方面并无分歧，即他们都是想通过建州来尽量减少苏联在鲁尔的影响，保持英占区的稳定。他们的分歧主要存在于以下几个具体的问题之中：①在对德安全方面，支持小州计划的人认为，合并后的北威州太大，人口太多，工业实力太强，不利于盟国的管

---

① STEININGER R. *Ein Neues Land an Rhein und Ruhr: Die Ruhrfrage 1945/46 und die Entstehung Nordrhein-Westfalen*. Köln: Verlag W. Kohlhammer, 1990, S. 201.

② STEININGER R. *Ein Neues Land an Rhein und Ruhr: Die Ruhrfrage 1945/46 und die Entstehung Nordrhein-Westfalen*. Köln: Verlag W. Kohlhammer, 1990, S. 209.

制，而且两省的居民也不会赞同合并①。但支持大州计划的军政府却认为，由于鲁尔的对外依赖性极强，所以将其与威斯特伐伦的农业区合并，是有利于维持鲁尔地区的稳定的；而且将鲁尔单独建州并不符合德国的历史传统，必然会引起德国人的强烈不满，也对拉拢基民盟和社民党不利②。②在防范苏联方面，支持大州计划的人认为，鲁尔单独建州是有利于苏联在鲁尔扩大自己的影响的，因为鲁尔区的居民大都是亲苏、亲共产主义的③。但海德却反驳说，鲁尔区居民中支持共产党的只有10%，而支持社民党的却高达60%。建立大州只会让基民盟取得统治地位，对英国支持的社民党不利④。③在军事方面，军政府认为如果所建的州太小，则使英军无法部署和操练⑤；但联合参谋长会议却指出，建立大州将有利于苏联在德国西占区扩大自己的军事存在。“从军事观点来看，人们应当更倾向于

---

① Dok. Nr. 192, BRACHER K, MORSEY R, SCHWARZ H (Hrsg.). *Quellen zur Geschichte des Parlamentarismus und der politischen Parteien, Vierte Reihe, Deutschland seit 1945, Band 4, Die Ruhrfrage 1945/46 und die Entstehung des Landes Nordrhein-Westfalen: britische, französische und amerikanische Akten*. Düsseldorf: Droste Verlag, 1988, S. 891.

② Dok. Nr. 184, BRACHER K, MORSEY R, SCHWARZ H (Hrsg.). *Quellen zur Geschichte des Parlamentarismus und der politischen Parteien, Vierte Reihe, Deutschland seit 1945, Band 4, Die Ruhrfrage 1945/46 und die Entstehung des Landes Nordrhein-Westfalen: britische, französische und amerikanische Akten*. Düsseldorf: Droste Verlag, 1988, S. 859-860.

③ Dok. Nr. 184, BRACHER K, MORSEY R, SCHWARZ H (Hrsg.). *Quellen zur Geschichte des Parlamentarismus und der politischen Parteien, Vierte Reihe, Deutschland seit 1945, Band 4, Die Ruhrfrage 1945/46 und die Entstehung des Landes Nordrhein-Westfalen: britische, französische und amerikanische Akten*. Düsseldorf: Droste Verlag, 1988, S. 860.

④ Dok. Nr. 192, BRACHER K, MORSEY R, SCHWARZ H (Hrsg.). *Quellen zur Geschichte des Parlamentarismus und der politischen Parteien, Vierte Reihe, Deutschland seit 1945, Band 4, Die Ruhrfrage 1945/46 und die Entstehung des Landes Nordrhein-Westfalen: britische, französische und amerikanische Akten*. Düsseldorf: Droste Verlag, 1988, S. 892.

⑤ Dok. Nr. 184, BRACHER K, MORSEY R, SCHWARZ H (Hrsg.). *Quellen zur Geschichte des Parlamentarismus und der politischen Parteien, Vierte Reihe, Deutschland seit 1945, Band 4, Die Ruhrfrage 1945/46 und die Entstehung des Landes Nordrhein-Westfalen: britische, französische und amerikanische Akten*. Düsseldorf: Droste Verlag, 1988, S. 860.

小州，因为一旦苏军进驻鲁尔管制区，西方就很难阻止苏军拥有在危急状态下在全北威州展开行动的权力。”①

随着形势的发展，“大州派”在争论中逐渐占据上风。而先前支持小州计划的贝文也很快改变了自己的态度②。1946年6月11日，贝文向海外重建委员会递交了一份以大州计划为基础的折中方案：在新建的北威州中再建立一个鲁尔区，并在该区内实行工业管制和军事占领③。21日，海外重建委员会正式通过了建立北莱茵-威斯特伐伦州的决定④。巴黎外长会议失败后，英国便不再顾及法苏的反对态度，于7月17日宣布了建州决定。

那么，究竟是何原因促使英国建立北威州呢？

其一，由于英国对苏联的猜疑日渐加深，东西方在国际共管鲁尔的问题上达成协议的前景已变得十分渺茫。英国一开始之所以迟迟不敢作出建州的决定，就是害怕这一行为会引起苏联的强烈反对⑤。不过，随着形势的发展，尤其是在巴黎外长会议上东西方矛盾彻底暴露后，英国建州的决心才变得坚定起来。贝文虽然在建州方案中并未完全将苏联排除在外，但实际上，他并不相信东西方能够在短期内就德国问题达成一致。在英国人看来，如果东西方分裂已成定局，那就应不顾苏联的反对而立即建立北威

① Dok. Nr. 190, BRACHER K, MORSEY R, SCHWARZ H (Hrsg.). *Quellen zur Geschichte des Parlamentarismus und der politischen Parteien, Vierte Reihe, Deutschland seit 1945, Band 4, Die Ruhrfrage 1945/46 und die Entstehung des Landes Nordrhein-Westfalen: britische, französische und amerikanische Akten*. Düsseldorf: Droste Verlag, 1988, S. 890.

② STEININGER R. *Ein Neues Land an Rhein und Ruhr: Die Ruhrfrage 1945/46 und die Entstehung Nordrhein-Westfalen*. Köln: Verlag W. Kohlhammer, 1990, S. 220.

③ Dok. Nr. 185, BRACHER K, MORSEY R, SCHWARZ H (Hrsg.). *Quellen zur Geschichte des Parlamentarismus und der politischen Parteien, Vierte Reihe, Deutschland seit 1945, Band 4, Die Ruhrfrage 1945/46 und die Entstehung des Landes Nordrhein-Westfalen: britische, französische und amerikanische Akten*. Düsseldorf: Droste Verlag, 1988, S. 871-875.

④ STEININGER R. *Ein Neues Land an Rhein und Ruhr: Die Ruhrfrage 1945/46 und die Entstehung Nordrhein-Westfalen*. Köln: Verlag W. Kohlhammer, 1990, S. 237-238.

⑤ GREENWOOD S. Bevin, Ruhr and Division of Germany: August 1945-December 1946. *The History Journal*, 1986, 29 (1), p. 207.

州，以期早日实现德国的经济统一。贝文在 1946 年 6 月 11 日的备忘录中指出，一旦巴黎外长会议破裂，则英国可不必与其他盟国商量，独自行动建立北威州。艾德礼则更加露骨地说出了这一方案排除苏联的意图："外交大臣的意思是先建立新州再讨论对鲁尔实行国际管制的问题，至于苏军能否驻扎在这一地区，到时再说。"①

正如贝文等人所料，巴黎外长会议终因东西方在德国问题上的分歧而破裂。此后，英国便打消了建立北威州的最后一点顾虑。7 月 15 日，英国军政府向阿登纳通告了建州决定。"罗伯逊中将在解释这一使我极为惊异的措施时说，苏联拒绝四个占领区的政治和经济合作。英国军政府……决定，尽快地使他们所占领的德国地区在政治和经济方面统一起来……从罗伯逊的讲话中清楚地看出，苏联的态度对北威州的建立起着重要作用。"②

其二，是为了使法国彻底断绝分离鲁尔的念头。海外重建委员会在 6 月 21 日通过建州决定的同时，还最终作出了将鲁尔在政治上留在德国的决定③。阿登纳在回忆录中也指出："英国人采取这一措施，显然是得到美国的赞同，他们想以这一步骤解决，并且已经解决了与法国关于鲁尔区国际化和中立化的……种种争端。"④

其三，是为了减轻自身的负担。自二战结束以来，英国为恢复鲁尔经济，保证鲁尔食品供应承担了巨大的经济压力。因此，它希望早日建立一个包括鲁尔在内的新州，以便尽快将管理鲁尔日常事务的责任交给德国州政府。在 7 月 17 日的建州公报中，英国军政府明确指出："将北莱茵省和威斯特法伦省合并建立以杜塞尔多夫为首府的北莱茵-威斯特伐伦州，是唯

---

① STEININGER R. *Ein Neues Land an Rhein und Ruhr: Die Ruhrfrage 1945/46 und die Entstehung Nordrhein-Westfalen*. Köln: Verlag W. Kohlhammer, 1990, S. 239.

② 阿登纳：《阿登纳回忆录（一）》，上海外国语学院德法语系德语组，译。上海：上海人民出版社，1976 年，第 101 页。

③ STEININGER R. *Ein Neues Land an Rhein und Ruhr: Die Ruhrfrage 1945/46 und die Entstehung Nordrhein-Westfalen*. Köln: Verlag W. Kohlhammer, 1990, S. 237.

④ 阿登纳：《阿登纳回忆录（一）》，上海外国语学院德法语系德语组，译。上海：上海人民出版社，1976 年，第 102 页。

一能实现以下目的的方法，即减轻英占区在行政、经济和管理方面的财政负担。”①

最后，则是为鲁尔工业产权社会化做准备。由于迟迟无法建立德国中央政府，在全德水平上对鲁尔工业产权实行社会化，即国有化是不可能的。因此，霍尔-帕奇和海德的产权社会化计划中都包括建立新州的内容，以便在州一级水平上对鲁尔工业产权实行社会化。虽然后来具体方案一变再变，但这种思想却一直隐藏在英国的建州计划之中。贝文在6月11日的建州建议中提出，英国占领当局应立即接管鲁尔区的主要工业，就像之前接管煤矿一样。“之后，我们便可以进一步决定，是该对德国人的产权进行国际化还是公有化。”② 贝文的这一建议在6月21日海外重建委员会的建州决定中得到了采纳。如前文所述，巴黎外长会议召开后，英国已基本倾向于对鲁尔工业实行社会化改造。因此，英国在决定建立北威州的同时，又让军政府接收鲁尔的主要工业，其目的就是想将这些工业交给即将成立的北威州政府。也正因为如此，英国的这一政策引起了英占区其他德国州（下萨克森、汉堡等）的强烈不满。“因为大多数基础工业只坐落在一个州——北威州。像鲁尔这样的工业区，是全德国所赖以生存的，不能完全留在一个德国州政府手中。”③

1946年7月17日，英国正式宣布建立北威州④。8月30日，新的州政府召开了第一次全体会议。北威州的建立对未来西德国家联邦体制和民主政治体制的重建有着重要的影响。

---

① STEININGER R. *Ein Neues Land an Rhein und Ruhr: Die Ruhrfrage 1945/46 und die Entstehung Nordrhein-Westfalen*. Köln: Verlag W. Kohlhammer, 1990, S. 249.

② Dok. Nr. 185, BRACHER K, MORSEY R, SCHWARZ H (Hrsg.). *Quellen zur Geschichte des Parlamentarismus und der politischen Parteien, Vierte Reihe, Deutschland seit 1945, Band 4, Die Ruhrfrage 1945/46 und die Entstehung des Landes Nordrhein-Westfalen: britische, französische und amerikanische Akten*. Düsseldorf: Droste Verlag, 1988, S. 875.

③ CARDEN R W. Before Bizonia: Britain's Economic Dilemma in Germany, 1945-1946. *Journal of Contemporary History*, 1979, 14 (3), p. 546.

④ 阿登纳回忆录中是18日。

# 第二节　英、美、法在鲁尔国际管制问题上的斗争与《鲁尔国际管制条约》的出台（1947—1948）

## 一、从政治分离到经济管制——1946年底至1947年初法国鲁尔政策重心的变化

法国鲁尔政策的核心是分离鲁尔。与此同时，对鲁尔经济，尤其是这一地区的煤钢工业实行国际共管也一直是法国鲁尔政策的重要组成部分。在1945年的方案中，法国从经济上控制鲁尔的内容主要有：首先，严格限制鲁尔工业，尤其是钢铁工业的产量；其次，要对鲁尔工业的产权和经营权实行国际化。“不可能将煤矿留在其现在主人的手中……应由国际财团接手这些工业的运作，这些财团的股份应由鲁尔国授权的国家拥有”，“应由新的经理人员经营这些工业”[①]。

巴黎外长会议后，法国仍然没有放弃成立独立鲁尔国的官方政策。在1947年2月7日与美驻法大使加夫里的会谈中，皮杜尔便再一次强调了法国分离鲁尔的要求[②]。不过随着形势的变化，法国在鲁尔问题上的态度也出现了某些松动，“它已很少提到莱茵兰的问题了，并且在分离鲁尔的问题上将重点越来越放在经济上而不是政治上”[③]。1947年2月1日，法国向三大国分别递交了一份备忘录，对以前法国处置鲁尔的方案中有关鲁尔产权和经营权国际化的内容进行了专门的阐述[④]。

为什么法国此时要着重强调鲁尔经济的国际化呢？

原因之一，法国政治分离鲁尔的目标实现的可能性越来越小。杜鲁门

---

① PRESTON P (ed.). *BDFA, Series F Europe, Part Ⅲ, Volume 8, Central Europe October1945-December1945*. Bethesda MD: University Publications of America, 1998, p. 66.

② U. S. Department of State (ed.). *FRUS, 1947, Volume Ⅱ, Council of Foreign Ministers, Germany and Austria.* Washington D. C.: GPO, 1972, p. 154.

③ CAMPBEL J C. *The United States in World Affairs 1945-1947*. New York: Harperand Brothers, 1948, p. 181.

④ U. S. Department of State (ed.). *FRUS, 1947, Volume Ⅱ, Council of Foreign Ministers, Germany and Austria.* Washington D. C.: GPO, 1972, p. 154.

在波茨坦会议上已明确表示反对分离鲁尔。所以，美国从一开始就对法国的鲁尔方案没什么好感。1945 年 8 月下旬，戴高乐与皮杜尔等访美。在他们向美国提出自己的鲁尔方案时，贝尔纳斯表示，美国将提出一项针对德国的 25 年的非军事化方案，因此“法国的鲁尔方案是完全没有必要的”，“看不出皮杜尔的要求比将全世界在联合国中组织起来的力量更大”①。贝尔纳斯还提出，法国分离鲁尔、不在德国建立中央机构的理由之一是为了防止苏联控制德国，但它的鲁尔政策中却又包括了让苏联参加对鲁尔管制的内容，两者之间实际上是有矛盾的。美国决不允许苏联插手鲁尔地区。在 1945 年 11 月 13 日—30 日举行的法美双边会谈中，美国国务院代表再次尖锐地指出了法国分离鲁尔方案的种种弊病②。

美国军方也反对法国分离鲁尔的政策。军政府长官克莱在一份名为《鲁尔国际化》的文件中明确表示：他反对将鲁尔从德国分离出来，因为这一举动不仅会使德国在经济上无法自立并加重英美的经济负担，还会在政治上引起德国人的愤怒③。陆军部部长帕特森在 1946 年 6 月 11 日给贝尔纳斯的信中也表示：“陆军部相信，美国的国家安全要求尽快实现中西欧的政治经济稳定。按照这一观点，将鲁尔地区的德国人从德国剩余地区分离出来将是极度不幸的，因为照此方式所创造的日耳曼尼亚伊莱敦塔（根据历史或居民的种族应属一国而被另一国统治的地区）将成为未来煽动和骚乱的源泉。”④ 可见，陆军部和国务院在反对分离鲁尔这一点上是没有异议的。这就为美国在 1946 年 9 月公开宣布反对分离鲁尔、支持德国经济统一奠定了基础。不过，“出于安全因素和与法国妥协的考虑”，克莱也曾表示：“对鲁尔煤钢工业的某种形式的国际共管是可以接受的。”⑤ 他的计划是，

---

① MCALLISTER J. *No Exit: America and the German Problem 1943-1954*. Ithaca: Cornell University Press, 2002, p. 100.

② STEININGER R. *Ein Neues Land an Rhein und Ruhr: Die Ruhrfrage 1945/46 und die Entstehung Nordrhein-Westfalen*. Köln: Verlag W. Kohlhammer, 1990, S. 87.

③ U. S. Department of State (ed.). *FRUS, 1946, Volume V, The British Commonwealth, West and Central Europe*. Wachington D. C.: GPO, 1969, p. 541.

④ U. S. Department of State (ed.). *FRUS, 1946, Volume II, Council of Foreign Ministers*. Washington D. C.: GPO, 1970, p. 487.

⑤ U. S. Department of State (ed.). *FRUS, 1946, Volume V, The British Commonwealth, West and Central Europe*. Wachington D. C.: GPO, 1969, p. 541.

在鲁尔建立一个管理煤钢工业的股份公司，股份由德国老板和占领国政府组成，不过只有后者才有投票权。这一想法却遭到了负责经济事务的助理国务卿克莱顿的反对，因为克莱的计划不仅实行起来会有“巨大的困难”，而且不能满足法国的需要。克莱顿认为，法国控制鲁尔不仅仅如克莱所认为的只是出于经济方面的考虑，它还有政治方面的考虑。“很有必要说服法国相信克莱所提的类似建议是符合法国的这一更大的目标的。”①

总的来看，除了反对将鲁尔从德国分离外，美国此时还没有制定出自己的鲁尔处置方案。正如 1947 年 2 月出席参议院外交委员会听证会的新任美国国务卿马歇尔所说的，“鲁尔问题当然是一个非常坚硬而难于嗑开的坚果”②，他需要对这一问题作进一步的研究。

由于期望参与鲁尔管制，苏联对法国方案中国际管制鲁尔的内容表现出较大的兴趣。莫洛托夫在 1945 年 12 月的法苏会谈中向法国代表表示：“你们的建议非常不错，我们在这一地区有着共同的利益。”③ 但是，苏联却并不想为此而改变自己将鲁尔留在德国的方针。因此，它对法国的政策采取了一种敷衍战术：“鲁尔在英国人手中……有必要在讨论其他问题之前先得到他们的意见。”④

尽管戴高乐在 1946 年 1 月下台，但法国政府严厉处置德国的方针却没有改变。1946 年 5 月 15 日，皮杜尔在贝文的要求下重申了法国的对德政策，再次表明了其分离鲁尔的决心。可是，在外长会议的第一阶段（4 月 25 日—5 月 15 日），英、美、苏却将主要精力放在讨论对其他战败国的和约上，并未对德国问题做深入探讨。在专门讨论德国问题的第二阶段会议（6 月 5 日—7 月 12 日）上，英美和苏联又在德国经济统一与政治统一问题

---

① U. S. Department of State (ed.). *FRUS, 1946, Volume V, The British Commonwealth, West and Central Europe*. Wachington D. C.: GPO, 1969, p. 542.

② U. S. Department of State (ed.). *FRUS, 1947, Volume II, Council of Foreign Ministers, Germany and Austria*. Washington D. C.: GPO, 1972, p. 170.

③ STEININGER R. *Ein Neues Land an Rhein und Ruhr: Die Ruhrfrage 1945/46 und die Entstehung Nordrhein-Westfalen*. Köln: Verlag W. Kohlhammer, 1990, S. 91.

④ YOUNG J. *France, Cold War. The Western Alliance 1944-1949: France Foreign Policy and Post War Europe*. London: Leicester University Press, 1990, p. 87.

上争执不下。双方的不欢而散使法国在这次会议上实现自己德国政策的愿望落了空。

更为严重的是，不管是英美经济统一德国的政策，还是苏联政治统一德国的目标，都是与法国肢解德国的方案相悖的。这意味着三大国已经在明确、公开地反对法国分离鲁尔的政策。在 7 月 10 日的声明中莫洛托夫强调："近来讨论……分离鲁尔变得很流行……但是，我已经说过，如果我们关注、热爱和平与宁静，那毁灭德国就不应该是我们的目标。"[①] 1946 年 9 月,英国宣布将鲁尔与其周围小工业和农业地区合并成立一个新的州——北莱茵-威斯特伐伦州。此举表明了英国要将鲁尔留在德国之内的决心。9 月 6 日，贝尔纳斯在斯图加特演说中明确表示"美国不会支持任何如下行为：即企图侵略无可争议的德国领土和违背人民真正意愿分割德国"[②]。此后，英美两个占领区也在 1947 年初实现了初步的经济联合。总之，此时三大国对法国分离鲁尔政策的反对已从不太明确走向了明确，从秘密的外交方式走向了公开的行动。越来越多的事实表明，三大国不可能接受法国将鲁尔从德国分离出来的方案。得不到三大国的支持，法国不得不在鲁尔问题上让步。正如美国国务院一位官员所说的："既然他们意识到这个问题达成协议的可能性很小，他们可能会不再强调其政治分离鲁尔的方面。不过，他们将对控制鲁尔工业以保证法国和其他欧洲国家产品（供应）的措施极为感兴趣。"[③]

法国强调鲁尔经济国际化的第二个原因是，此时它正迫切地需要鲁尔为其经济恢复和重新崛起服务。1946 年 3 月，法国制定了复兴国内经济的"莫内计划"。该计划的核心内容之一就是提高法国的钢铁产量，使法国钢铁工业取得较强的国际竞争力（尤其是针对德国来说），抢占原属于德国的钢铁市场。法国本土产铁多，产煤少，要提高钢铁产量，鲁尔煤炭的供应是少不了的。而且，"莫内计划"一旦成功，即使将来那些严厉的对德政

---

① VON OPPEN B ( ed. ). *Documents on Germany under Occupation 1945-1954*. London: Oxford University Press, 1955, p. 145.

② VON OPPEN B ( ed. ). *Documents on Germany under Occupation 1945-1954*. London: Oxford University Press, 1955, pp. 159-160.

③ U. S. Department of State (ed. ). *FRUS, 1947, Volume II , Council of Foreign Ministers, Germany and Austria.* Washington D. C. : GPO, 1972, p. 209.

策（如政治分离鲁尔）消失了，它还可以为法国提供长久的安全环境。因此，法国一方面要求控制鲁尔的钢铁工业，限制德国的钢铁产量，另一方面却急切地要求提高鲁尔的煤炭产量。

早在1946年4月15日，法国就向英国提出增加鲁尔煤炭对法国出口量的问题，但两国并未就此达成协议。1946年7月，法国又向巴黎外长会议提出“必须尽快提高鲁尔煤炭的产量，以保证欧洲国家必要的需求”，但会议最终也未能给法国一个满意的答复。然而，法国的能源供应状况在巴黎外长会议之后却进一步恶化。根据“莫内计划”的要求，鲁尔应在1946年每月向法国提供100万吨煤，但实际上法国在1946年第四季度只从双占区获得了310万吨煤[①]。鲁尔煤产量的低下使法国的钢铁工业在1946年底1947年初陷入了危机。更为严重的是，法国在这一时间又遇上了多年未见的寒冬，民用煤供应出现了严重短缺。在这种情况下，法国要求英国立即提高鲁尔煤炭的产量，加大鲁尔煤炭对法国的出口，以解燃眉之急。1946年12月26日，法国临时政府总理莱昂·勃鲁姆（Léon Blum）约见了英国大使库帕。库帕形容他的谈话是“从煤开始到煤结束”。勃鲁姆宣称：“法国的一切都取决于煤。”[②] 1947年3月6日，法国总统樊尚·奥里奥尔（Vincent Auriol）向到访的美国国务卿马歇尔表示：“法国的问题，将军，是煤，我们必须再找1200万吨……我认为，研究提高鲁尔产量的必要条件是有用的。”[③]

显然，严重的能源危机使法国深深地体会到对鲁尔经济加以控制的必要性。在政治分离鲁尔希望不大的情况下，它自然把自己鲁尔政策的重心放在经济上。1947年2月1日，法国在一份备忘录中再次指出：“简单地摧毁鲁尔是不可想象的……由于缺少煤炭，本国的钢铁工业无法实现产量的最大化，建议只在那些爱好和平的欧洲国家发展重工业。”正如德国经

① MILWARD A S. *The Reconstmact'un of Western Europe 1945-1951*. New York: Metbuen& Co. Ltd., 1984, pp. 132-133.

② PRESTON P (ed.). *BDFA, Series F Europe, Part Ⅳ, Volume 4, Western Europe October1946-December1946*. Bethesda MD: University Publications of America, 2000, p. 18, p. 14.

③ U. S. Department of State (ed.). *FRUS, 1947, Volume Ⅱ, Council of Foreign Ministers, Germany and Austria*. Washington D. C.: GPO, 1972, p. 190.

济史专家维尔纳·比勒（Werner Bührer）所说，这份备忘录暴露了法国要让“鲁尔煤炭只为洛林钢铁工业服务”的野心[①]。

原因之三，是英美此时加紧了对法国的拉拢。要实现德国的经济统一，法国的支持也是少不了的。因此，在巴黎外长会议上，英国决定支持法国合并萨尔的要求，以换取法国在其他问题上的合作。巴黎外长会议后不久，贝尔纳斯在斯图加特的演讲中也对法国的萨尔方案表示支持。英美在萨尔问题上的拉拢是促使法国在其他有关德国的问题上态度软化的重要原因。据阿登纳的推断，正是因为英美在萨尔问题上的态度，法国才默许英国在其占领区成立统一的北莱茵-威斯特伐伦州[②]。

为了使法国早日在德国问题上改变态度，英美还在煤炭问题上大力拉拢法国。1946年4月20日，贝尔纳斯在给军政府政治顾问墨菲的信中明确表示：“法国阻碍建立德国中央管理机构，部分是由于想通过控制鲁尔保证煤炭供应，只有保证他们的煤炭供应，它才有可能改变现在的立场。”[③] 1946年5月15日，美国国务院官员艾奇逊在答复法国关于煤炭的要求时明确表示：“美国实质利益在于立即采取步骤提高鲁尔煤炭产量。”[④]英国在1947年初也表示同意增加鲁尔煤炭出口。1947年3月20日，皮杜尔在莫斯科外长会议上表示，如不能满足法国的煤炭需求，就不谈德国经济统一、工业水平和赔偿问题[⑤]。为了防止法苏接近，英美在这次会议上最终同意了法国的要求，保证随着鲁尔煤炭产量的增长，逐渐增加对法国的煤炭供应。英美在煤炭问题上对法国的拉拢有力地促进了法国在整个德国问题上态度的软化。

---

① BÜHRER W. *Ruhrstahl und Europa: Die Wirtschaftsvereinigung Eisen und Stahlindustrie und die Änfang der Europäischen Integration 1945-1952*. Müchen: R. Oldenbourg Verschlag, 1986, S. 71.

② 阿登纳：《阿登纳回忆录（一）》，上海外国语学院德法语系德语组，译。上海：上海人民出版社，1976年，第105页。

③ U. S. Department of State (ed.). *FRUS, 1947, Volume II, Council of Foreign Ministers, Germany and Austria*. Washington D. C.: GPO, 1972, p. 772.

④ U. S. Department of State (ed.). *FRUS, 1947, Volume II, Council of Foreign Ministers, Germany and Austria*. Washington D. C.: GPO, 1972, p. 779.

⑤ U. S. Department of State (ed.). *FRUS, 1947, Volume II, Council of Foreign Ministers, Germany and Austria*. Washington D. C.: GPO, 1972, p. 265.

原因之四，这段时期中，法国国内几个主要政党在鲁尔问题上态度的变化也有力地推动了法国官方政策的变化。戴高乐下台后，左翼的共产党、社会党和右翼的人民共和党就成了法国临时政府中最有实力的政治集团。

在三大党中，社会党从一开始就不同意将鲁尔从德国分离出来的做法。它只希望在经济上控制鲁尔。1946 年 4 月 8 日，美国驻法大使加夫里在给国务院的报告中即明确指出："法国社会党比其他政党更接近英国在德国问题上的观点，特别是在鲁尔问题上。"[①] 法国临时政府总理、社会党人费历克斯·古安（Félix Gouin）在斯特拉斯堡的演讲中曾专门提出法国对鲁尔经济实行国际共管的愿望，却没有提政治分离。一时间，其他国家还以为法国改变了对德政策。但皮杜尔很快就出来证明，古安的意见只代表社会党，法国的官方政策没有改变[②]。

为了赢得民心，法共在 1946 年前半年一直支持分离鲁尔的政策。然而，苏联在巴黎外长会议上反对政治分离鲁尔的举动，却使法共的鲁尔政策遭到了沉重的打击。加夫里在 1946 年 7 月 11 日的报告中表示："他们(法共）毋庸置疑——他们总是如此——会找到对莫斯科最近举动合理的解释，但对他们来说，目前就改变这一政策将是十分困难的，特别是他们以前曾支持皮杜尔……反对包括鲁尔和莱茵兰的中央集权的德国的建立。"[③] 到 1946 年底，法共的领导"已经彻底放弃了所有涉及政治分离鲁尔的公众讲话，并与社会党联合起来一起支持经济上共管（鲁尔)"[④]。就在法共鲁尔政策发生变化的同时，执掌法国外交大权的皮杜尔的态度也发生了变化。皮杜尔及人民共和党所奉行的分离鲁尔的政策是由戴高乐在 1945 年制定的。但是，戴高乐本人在 1946 年 7 月 28 日提及法国鲁尔政策时，却闭口不

---

① U. S. Department of State (ed.). *FRUS, 1947, Volume Ⅱ, Council of Foreign Ministers, Germany and Austria*. Washington D. C.: GPO, 1972, p. 423.

② PRESTON P (ed.). *BDFA, Series F Europe, Part Ⅳ, Volume 7, Austria Central Europe (General) and Germany January 1947-December 1947*. Bethesda MD: University Publications of America, 2002, p. 35.

③ U. S. Department of State (ed.). *FRUS, 1946, Volume Ⅴ, The British Commonwealth, West and Central Europe*. Wachington D. C.: GPO, 1969, p. 577.

④ PRESTON P (ed.). *BDFA, Series F Europe, Part Ⅳ, Volume 10, France, Portugal and Spain January 1947-December 1947*. Bethesda MD: University Publications of America, 2002, p. 43.

谈政治分离鲁尔的主张。在这种情况下，皮杜尔在鲁尔问题上的立场也有所软化。1946年8月29日，皮杜尔向他身边的一个工作人员承认："法国对德政策，特别是坚持鲁尔应当被分离的政策，一直是一个错误。"①

总之，在英美外交攻势和国内政治经济因素的综合作用下，法国在鲁尔问题上的态度在1946年末1947年初逐渐向英美靠拢。在这段时间里，尽管法国官方没有宣布改变自己的鲁尔政策，但它已经将鲁尔政策的重心从政治分离转移到了经济共管上来。

在1947年3月—4月举行的莫斯科外长会议上，法国企图利用苏联的要求来实现自己的鲁尔政策。会上，莫洛托夫再次重申了苏联参加鲁尔管制的要求，"将鲁尔资源置于盟国中任何一个单独的管制之下都是错误的和不允许的"，"任何将苏联和其他盟国从对鲁尔工业区的实质性的管制中排除出来的计划都是不允许的"②。为了实现自己的鲁尔工业国际化政策，法国对苏联的这一方案给予了支持。1947年4月10日，皮杜尔在一份声明中明确表示：应由四大国，而不是仅由与鲁尔工业密切相连的国家对鲁尔实行国际共管。法苏在鲁尔问题上的合作引起了英美的惊恐。为了阻止法苏接近和苏联插手鲁尔，英美一面严词拒绝了经济共管鲁尔的计划，一面又在鲁尔煤炭供应问题和萨尔问题上大力拉拢法国。随着此次外长会议的破裂，在四大国的框架下全面解决鲁尔问题已变得不可能。于是，英美决定撇开苏联，由西方国家单独解决鲁尔问题。

## 二、1947年法国与英美在鲁尔工业国际管制问题上的分歧与妥协

进入1947年后，英美对德政策实现了由抑制到扶植的转变。此后，英美对鲁尔政策的目标就成了在保证鲁尔为德国西占区优先复兴作出贡献的前提下，加紧与法国协调立场。

为了实现德国西占区的优先复兴，英美积极谋求提高鲁尔钢铁工业的产量。为此，它们主要采取了两个措施：其一是提高双占区钢产量上限。马歇尔与贝文在莫斯科外长会议期间决定，修改1946年3月四大国制定的德国

---

① U. S. Department of State (ed.). *FRUS, 1946, Volume V, The British Commonwealth, West and Central Europe*. Washington D. C.: GPO, 1969, p. 96.

② CARLYL M (ed.). *Documents on International Affairs, 1947-1948*. London: Oxford University Press, 1952, p. 429.

工业水平计划，提高双占区工业水平。两个月后，新的双占区工业水平计划由英美占领区军事长官罗伯逊与克莱制定完成[①]。其二是将鲁尔煤炭工业的日常经营权和产权还到德国人手中。1949 年 9 月 10 日，英美公布了华盛顿会谈公报，决定将鲁尔煤炭工业的日常经营交给德国人负责的德国煤炭管理局，并将这些工业的产权交给未来德国中央政府决定。英美还将原英国军政府北德钢铁局缩小为美国人担任主席的煤炭管制小组（UK/US Coal Control Group，简称 UK/USCCG），保留对鲁尔煤钢工业必要的管制权[②]。

莫斯科外长会议之后，日益严重的经济和政治困难加重了法国对美国的依赖。在英美的拉拢和逼迫下，法国加速倒向西方阵营，并开始积极谋求在德国问题上与英美进一步协调立场。法国一开始坚决反对英美提高双占区工业水平和将鲁尔煤炭工业的日常经营权、产权交给德国人的做法。但它也深知，英美绝不会因为自己的反对而改变既定政策。因此，法国决定以接受鲁尔和德国西占区的优先复兴为代价，换取自己参与鲁尔管制。

为了达到这一目的，法国暂时搁置了鲁尔产权国际化的要求，转而将政策的重点放到了鲁尔经营管理权和产品分配权的国际化上来。产权国际化本是法国经济共管鲁尔政策的核心。但到了 1947 年下半年，由于美国已决心将鲁尔煤炭工业交还到德国人手中，法国再顽固坚持产权国际化已变得没有实际意义。为了实现鲁尔经营权和分配权的国际化，法国决定暂时搁置在产权方面的要求。1947 年 7 月 11 日，皮杜尔在与到访的克莱顿会谈时表示："鲁尔煤矿的产权问题，可能通过法国参与鲁尔经营的方法加以改变。"[③] "美国禁止鲁尔煤矿公有化，英国要求煤矿公有化，法国则要求国际化，如果现在不可能解决这一问题，就有必要通过法国的参与立即改变鲁尔煤矿的经营。"[④] 1947 年 8 月 12 日，皮杜尔在谈到法国对鲁尔的

① U. S. Department of State (ed.). *FRUS, 1947, Volume II, Council of Foreign Ministers, Germany and Austria.* Washington D. C.: GPO, 1972, p. 1010.

② Sitzung des Landtages am 2. August 1947, ABELSHAUSER W. *Der Ruhr-Kohlebergbau seit 1945*. Müchen: Verlag C. H. Beck, 1984, S. 26.

③ U. S. Department of State (ed.). *FRUS, 1947, Volume II, Council of Foreign Ministers, Germany and Austria.* Washington D. C.: GPO, 1972, p. 984.

④ U. S. Department of State (ed.). *FRUS, 1947, Volume II, Council of Foreign Ministers, Germany and Austria.* Washington D. C.: GPO, 1972, p. 983.

要求时，也并未再提产权的问题，而是希望能够建立两个管制机构分别用来保证“鲁尔工业能力不再被用于反对法国的军事目的”和“不能再像以前那样，只有服从德国的意志西欧才能获得鲁尔的产品”①。10月8日，皮杜尔正式向美国表示搁置产权国际化的主张。

美国国内各方对法国的这些要求的反应不一。为了拉拢法国，国务院某些官员希望在排除苏联的前提下对鲁尔工业实行国际共管。1947年1月22日—23日，国务院召开了由6名高级官员参加的特别会议。与会代表就鲁尔问题提出了以下几个基本意见：可以对鲁尔实行某种管制，但这种管制必须是经济上而不是政治上的；不能让苏联参与鲁尔的日常管理，“但如果他们没有投票权，且管制委员会的权力受到合适限制的话，苏联的参与便没有危险”②。以这一建议为基础，国务院在其后出台的一份备忘录中系统地提出了美国处置鲁尔的方案：美国应一如既往地坚决反对将鲁尔从德国分离出来的主张；要反对法国所提出的实现鲁尔产权和经营权国际化的主张；应对鲁尔的经济资源进行国际共管，但管制的范围却仅限于对工业产品分配的监督③。在这份备忘录中，国务院明确表示美国在鲁尔并没有直接的利益，它要求对鲁尔实行经济管制主要是为了拉拢法国。

在国务院中，驻英大使刘易斯·道格拉斯（Lewis Douglas）、驻法大使加夫里和负责经济事务的助理国务卿克莱顿是法国鲁尔政策最热心的支持者。1947年8月13日，3人与皮杜尔达成协议，决定将建立鲁尔工业产品分配国际管制委员会的内容写入未来的对德和约中④。第二天下午5时，3人将这一协议呈送国务院，并草拟了一份美、英、法三国关于鲁尔问题的公开声明：“美、英、法三国政府一致同意，如下措施对欧洲安全与和平是必要的：即建立一个与对德和约联系起来的国际委员会，这个德国也可

① U.S. Department of State (ed.). *FRUS, 1947, Volume II, Council of Foreign Ministers, Germany and Austria*. Washington D.C.: GPO, 1972, pp. 1029-1030.

② U.S. Department of State (ed.). *FRUS, 1947, Volume II, Council of Foreign Ministers, Germany and Austria*. Washington D.C.: GPO, 1972, p. 200.

③ U.S. Department of State (ed.). *FRUS, 1947, Volume II, Council of Foreign Ministers, Germany and Austria*. Washington D.C.: GPO, 1972, pp. 222-223.

④ U.S. Department of State (ed.). *FRUS, 1947, Volume II, Council of Foreign Ministers, Germany and Austria*. Washington D.C.: GPO, 1972, p. 1033.

以参加的委员会将有权在德国国内和平经济需求及出口之间分配鲁尔的煤铁钢产品。吾等还一致认为一定可以制定一种合适的国际协议来为贯彻该委员会的决议建立一套机制。”[①]

然而，为了防止德国的进一步分裂，美国军政府却坚决反对单独对鲁尔建立国际管制。在1947年3月5日的备忘录中，军政府明确表示：“独立于盟国管制机构的国际化会被认为是将鲁尔从德国分离出来，是不可行和不受欢迎的。”[②]“我们不相信由这种独立于盟国管制机构和其他任何盟国机构的鲁尔管制机构进行的分配能监督德国政府，德国不能有两个政府。鲁尔管制机构决不能有单独的分配权，既然分配权是一个政府的基本权力，那分配权就应当留在盟国管制机构手中并必须对整个德国行使。”[③] 陆军部也表示，法国不能只关注他们自身安全的问题，而使美国发展德国经济和避免持续财政负担的任务难于实现[④]。总之，正如美国国务院所说的，陆军部及占领军政府反对任何只针对鲁尔的国际管制，甚至与和约相联系也是如此[⑤]。

在军方的强烈反对下，国务院高层对法国的要求采取了回避和拖延的态度。1947年8月14日晚8时，代理国务卿罗伯特·洛维特（Robert Lovett）对道格拉斯等人的建议作出如下回答：首先，美国充分理解法国在安全和产品分配权国际化方面的要求，但在占领时期，这两大目标只能由占领国来完成；其次，在占领结束后，可以通过非武装化和非军事化条约所建立的管制来保证法国对鲁尔安全方面的要求，第三，美国认为欧洲国家可以平等获得鲁尔工业产品，但对建立国际管制机构一事则未置可否[⑥]。8月19日，马歇尔也通过道格

---

① U. S. Department of State (ed.). *FRUS, 1947, Volume II, Council of Foreign Ministers, Germany and Austria.* Washington D. C.: GPO, 1972, p. 1034.

② U. S. Department of State (ed.). *FRUS, 1947, Volume II, Council of Foreign Ministers, Germany and Austria.* Washington D. C.: GPO, 1972, p. 225.

③ U. S. Department of State (ed.). *FRUS, 1947, Volume II, Council of Foreign Ministers, Germany and Austria.* Washington D. C.: GPO, 1972, p. 233.

④ U. S. Department of State (ed.). *FRUS, 1947, Volume II, Council of Foreign Ministers, Germany and Austria.* Washington D. C.: GPO, 1972, p. 1051.

⑤ U. S. Department of State (ed.). *FRUS, 1947, Volume II, Council of Foreign Ministers, Germany and Austria.* Washington D. C.: GPO, 1972, p. 1053.

⑥ U. S. Department of State (ed.). *FRUS, 1947, Volume II, Council of Foreign Ministers, Germany and Austria.* Washington D. C.: GPO, 1972, pp. 1035-1036.

拉斯等人通知皮杜尔："有关鲁尔问题的讨论将被推迟到合适时间"，因为"这不是一个简单的问题，它不仅涉及英法各国，还涉及华盛顿各部门之间"[①]。总之，由于美国政府内的分歧一时难以消除，美国不愿立即就鲁尔国际化问题与法国展开谈判，"(国务院) 已与陆军部达成一致，将通知道格拉斯大使在伦敦三方会谈期间不考虑法国关于鲁尔的建议"[②]。

在 1947 年 8 月下旬召开的英、法、美三方会谈中，法国与英美就鲁尔国际管制问题展开正面交锋。法国为英美新制定的双占区工业水平计划的实施提出了三个条件：①如果四大国外长会议在德国经济统一方面达成一致，则要重新考虑该计划；②保证德国复兴和占领结束后，德国煤炭出口不会影响到其他国家的钢产量，尤其是法国的"莫内计划"；③对鲁尔煤炭工业日常经营权的处置不会影响到这些工业未来产权和经营权的国际化[③]。之后，法国又向会议提出要对鲁尔工业产品分配进行国际监督。由于在会谈之前，英美已经就新工业水平计划和鲁尔煤炭工业改组方案达成了基本的一致，所以它们召开这次会议的主要目的是强迫、诱使法国接受新的双占区工业水平计划，而不是要在鲁尔问题上与其讨价还价。为了拉拢法国，英美于 8 月 24 日同意保证法国安全和获得鲁尔产品，但同时又表示，法国"在鲁尔煤炭方面所附加的条件不在此次讨论的范围之内"[④]。至于对鲁尔产品分配实行国际监督的要求，美国则已准备好了以下的备忘录："美国将在合适的时间、合适的地点以赞许的态度加入有关建立这一机构的讨论，该机构建立的目的正是为了保证未来不会像战前那样只有服从德国才能获取鲁尔产品。"[⑤]

几经讨论之后，三国终于在 8 月 28 日公布的会谈备忘录中就如下问题达成一致：英美提高双占区工业水平的措施不影响未来四国外长会议对德国工业

---

① U. S. Department of State (ed.). *FRUS, 1947, Volume II, Council of Foreign Ministers, Germany and Austria*. Washington D. C.: GPO, 1972, p. 1041.

② U. S. Department of State (ed.). *FRUS, 1947, Volume II, Council of Foreign Ministers, Germany and Austria*. Washington D. C.: GPO, 1972, p. 1054.

③ U. S. Department of State (ed.). *FRUS, 1947, Volume II, Council of Foreign Ministers, Germany and Austria*. Washington D. C.: GPO, 1972, pp. 1048-1049.

④ U. S. Department of State (ed.). *FRUS, 1947, Volume II, Council of Foreign Ministers, Germany and Austria*. Washington D. C.: GPO, 1972, p. 1056.

⑤ U. S. Department of State (ed.). *FRUS, 1947, Volume II, Council of Foreign Ministers, Germany and Austria*. Washington D. C.: GPO, 1972, p. 1059.

水平所作的决定；英美对鲁尔煤矿经营的改组不影响鲁尔未来的地位；英美保证不会再使鲁尔用于德国的侵略扩张；不妨碍其他国家获取鲁尔的工业产品及资源。不一致的地方有：法国仍对英美改组鲁尔煤矿的做法持保留态度，法要求专门为鲁尔煤、焦炭等产品的分配制定具体的协议，英美则表示要到以后再讨论这一问题[①]。

在 1947 年 9 月的华盛顿会谈中，英美将鲁尔煤炭工业的日常经营权和产权都交给了德国人。在这种情况下，法国更加迫切地要求早日与英美就建立鲁尔产品国际管制机构的问题达成一致。1947 年 9 月 18 日，参加第二届联大会议的皮杜尔在纽约会见马歇尔时表示，在 11 月的四大国外长会议上西方很有可能不会与苏联达成一致："他觉得如果会谈破裂而没有准备好一个（鲁尔）计划，将会是很不幸的。"[②] 他希望法美讨论德国问题的会谈能够在几天后就开始，并为鲁尔煤钢工业的经营权和产品分配权的处置拟定了一个详细的计划。然而，美国早已决定不在外长会议前讨论德国问题，所以马歇尔在此次会晤中不愿与皮杜尔深入讨论这一问题。就这样，英、美、法有关鲁尔问题的正式会谈一直被推迟到 1948 年初才得以进行。

总之，在这一阶段中，法国不仅被迫接受了由英美制定的新的德国工业水平计划，还不得不搁置了鲁尔产权国际化的主张。尽管法国仍坚持鲁尔企业经营权的国际化，但对英美将这些企业的日常管理交付德国托管人的做法却也无可奈何。在确知不能通过谈判改变美国在工业水平及鲁尔煤矿改组等方面的态度后，法国又提出鲁尔产品分配权国际化的主张。该主张在一定程度上得到了美国国务院官员的赞成，却遭到了以克莱为代表的美国军方的坚决反对。结果，国务院不得不一再推迟法美就这一问题举行的谈判。即使后来皮杜尔亲自出马要求美国速开德国问题的谈判，也未能使马歇尔转变心意。只是在四大国伦敦外长会议失败之后，西方关于鲁尔问题的正式讨论才得以进行。

---

① CARLYL M（ed.）. *Documents on International Affairs, 1947-1948*. London: Oxford University Press，1952，p. 626.

② U. S. Department of State（ed.）. *FRUS, 1947, Volume Ⅱ, Council of Foreign Ministers, Germany and Austria*. Washington D. C.：GPO，1972，p. 680.

## 三、1948 年六国伦敦会议与鲁尔国际管制机构的建立

(1) 1947 年底伦敦四大国外长会议的破裂与建立西德国家方案的提出

第五次四大国外长会议于 1947 年 11 月 25 日—12 月 15 日在伦敦举行。会上，四大国围绕德国问题展开了激烈的争论。11 月 27 日，莫洛托夫建议会议应首先准备对德和约，而对德和约的首要一条就是要建立全德民主政府[①]。在 12 月 5 日的声明中，马歇尔则针锋相对地表示："任何有关德国政治组织的决定都必须以建立德国经济统一为前提。"[②] 苏联在会上还重申要对鲁尔实行四大国共管，但此次它的这一要求却遭到了西方三国的一致反对[③]。显然，西方三国与苏联在德国问题上的重大分歧仍然无法解决，会议不欢而散只是早晚的事。12 月 15 日，莫洛托夫企图让德国人民代表大会的代表来会议旁听，遭到了英、法、美的一致拒绝。于是，早已决心结束此次会议的马歇尔便突然宣布无限期休会。

伦敦外长会议不欢而散后，英美决心加快复兴德国西占区和成立西德国家的步伐。1947 年 12 月 18 日，马歇尔、贝文指示克莱、罗伯逊"要毫不迟疑地改进双占区的政治组织"[④]。1948 年 1 月 7 日—8 日，克莱、罗伯逊在法兰克福召开会议，确定了双占区机构政府化的具体措施[⑤]。但英美心中十分清楚，要想在复兴德国西占区的同时加强西方盟国之间的团结，使西欧真正得以复兴，就必须迫使法国转变在德国问题、尤其是在鲁尔问题上的态度。因此，在 1947 年伦敦外长会议期间，英美继续支持法国在经济上兼并萨尔，以诱使法国改变在德国问题上的强硬立场。

而在伦敦外长会议期间，东西方的矛盾和英美的拉拢也使法国最终下定决心，改变过去那种游离于东西方之间的外交政策，全面投入英美的怀

---

① CARLYL M (ed.). *Documents on International Affairs, 1947-1948*. London: Oxford University Press, 1952, p. 510.

② CARLYL M (ed.). *Documents on International Affairs, 1947-1948*. London: Oxford University Press, 1952, p. 511.

③ U. S. Department of State (ed.). *FRUS, 1947, Volume II, Council of Foreign Ministers, Germany and Austria*. Washington D. C.: GPO, 1972, p. 755.

④ 战后世界历史长编编委会:《战后世界历史长编 (1949 年)》，上海：上海人民出版社，1980 年，第 296 页。

⑤ U. S. Department of State (ed.). *FRUS, 1948, Volume II, Germany and Austria*. Wachington D. C.: GPO, 1973, pp. 1-5.

抱。正如艾奇逊所说："到了 11 月，在伦敦外长会议上，三个盟国终于能够结成一条坚强的阵线来对付俄国人了。"[①] 法国整体对外政策的转变，为其与英美在德国问题上进行协调创造了条件。11 月 28 日，皮杜尔重申，一旦此次外长会议未能达成协议，关于合并法占区的讨论将会加快[②]。外长会议破裂后，"法国即承认四国间的关系不再允许它单独呆在德国，考虑法占区与双占区的合并是时候了，这样，伦敦外长会议就为德国事务中的另一个重要决策——决定建立西德政府铺平了道路"[③]。因此，伦敦外长会议的破裂和英美对法国拉拢，为三国在下一阶段正式就鲁尔经济管制问题展开会谈奠定了坚实的基础。

受 1948 年 2 月捷克事件的影响，英国要求美国立即召开西方三国会议讨论成立西德政府的问题。而美国此时也急于与英法就这一问题达成协议。1948 年 2 月 20 日，马歇尔指示道格拉斯，美国政府要在即将进行的伦敦会议中达到以下两个目标：在政治和经济上重建德国；让西德国家融入西欧共同体[④]。

（2）法国与英美在六国伦敦会议上就鲁尔问题进行的斗争与妥协

1948 年 2 月 26 日，英、法、美三国及低地国家在伦敦召开了专门讨论德国问题的"六国伦敦会议"。由于在会议的准备阶段英美已就成立西德国家的问题达成一致，所以这次会上的斗争仍然主要在美法之间进行。1947 年底伦敦外长会议结束时，皮杜尔曾表示，如果法国的安全和管制鲁尔这两件事使法国得到满足，成立西德政府等问题当可迎刃而解。因此，鲁尔问题和法国的安全问题便成了此次会议的中心议题。

六国伦敦会议所讨论的鲁尔问题主要由以下三个方面组成：①经营权的监督问题，即对鲁尔煤钢企业经理的任免权，日常生产、投资的批准权，

---

① 战后世界历史长编编委会：《战后世界历史长编（1949 年）》，上海：上海人民出版社，1980 年，第 290 页。

② U. S. Department of State (ed.). *FRUS, 1947, Volume Ⅱ, Council of Foreign Ministers, Germany and Austria.* Washington D. C.: GPO, 1972, p. 738.

③ CLAY L D. *Decision in Germany.* Garden City: NY: Doubleday & Company, 1950, p. 349.

④ U. S. Department of State (ed.). *FRUS, 1948, Volume Ⅱ, Germany and Austria.* Wachington D. C.: GPO, 1973, pp. 71-73.

企业经济情报的获得权及检查权；②产品分配权问题：即确定鲁尔煤钢产品用于国内消费及出口之间的比例的权力；③管制权问题：最主要的是保证鲁尔煤钢工业的非军事化（不准鲁尔的煤钢产品用于德国的武装与侵略），另外还包括对鲁尔煤钢工业实行非集中化（禁止鲁尔煤钢企业的过度集中）和非纳粹化（禁止原纳粹分子拥有鲁尔煤钢工业和商业机构的产权或控制权）。对德安全问题与鲁尔问题密切相关，因为保证鲁尔煤钢工业非军事化本身就是对德安全问题的一部分。1948 年 2 月 13 日，一名法国外交官曾明确指出，"倘对德安全问题不能满意解决，法国就更加重视鲁尔经济安全方面的保证"[①]。

1948 年 2 月 27 日，法国代表马西格里在六国伦敦会议上提出了法国在对德安全方面的需要，希望盟国能有效监督德国的非军事化。美国代表道格拉斯深知满足法国在安全方面的要求对法美在鲁尔问题上达成妥协具有十分重要的意义。3 月 2 日，道格拉斯向马歇尔建议"设立三国军政府管理机构的附属机构军事安全委员会"，理由是"如果法国在防范德国侵略方面获得美国的长期防务合作，即在这种情况下我们将在莱茵河作战，法国在德国工业及重建方面的态度就会宽松很多"[②]。3 月 4 日，马歇尔回信道格拉斯，正式授权他向会议提出建立隶属三国军政府的军事安全委员会[③]。对于这一建议，法国当然是大加欢迎，而英国也没有什么异议。5 月 26 日，六国伦敦会议通过对德安全文件，正式提出建立军事安全委员会。

相对军事安全委员会的谈判来说，西方三国关于鲁尔经济管制的谈判要更为复杂和漫长。早在 1947 年 10 月，皮杜尔就提出了关于经济管制鲁尔的详细方案：①在占领期间鲁尔煤钢工业的经营权由英美管制小组负责监督；②"为了使鲁尔融入有组织的欧洲，要建立一个永久性的机构（鲁尔国际管制机构），保证鲁尔的煤钢产品在德国和需要它们的欧洲国家之间公平地进行分配"；③这个永久的机构"不仅要有产品分配权，在将来还

---

① U. S. Department of State (ed.). *FRUS, 1948, Volume II, Germany and Austria*. Wachington D. C.: GPO, 1973, p. 64.

② U. S. Department of State (ed.). *FRUS, 1948, Volume II, Germany and Austria*. Wachington D. C.: GPO, 1973, p. 111.

③ U. S. Department of State (ed.). *FRUS, 1948, Volume II, Germany and Austria*. Wachington D. C.: GPO, 1973, p. 123.

要拥有必要的来自占领当局或管制小组的管制权，以使该机构能够实现鲁尔的非军事化”；④该机构不用等占领结束即可建立[①]。法国在六国伦敦会议上所提的国际管制鲁尔的方案就是在这一方案的基础上形成的。两个方案的唯一不同之处在于：法国在后一个方案中要求将鲁尔企业的经营监督权交给新成立的鲁尔国际管制机构。

在会议的前两个阶段（1948 年 2 月—6 月），法美两国关于法国上述鲁尔政策的争论主要针对以下问题：

首先，是否有必要在占领时期即设立鲁尔国际管制机构。美国认为，这一机构的设立应该与对德和约相联系，即应到缔结对德和约和占领结束后再设立，理由是：①这样可以使盟国在占领期间获得对鲁尔管理的经验[②]；②太过严厉的国际管制可能会导致德国背离西方。但法国却反驳说：“德国的威胁虽不（像苏联那样）具有长期性，但若它与苏联结盟，那危险即在眼前！”所以，应当尽早设立鲁尔国际管制机构以排除苏联影响[③]。英国表示，在经济统一的前提下原则上不反对对鲁尔实行某种形式的经济共管。原因是：英国想借此诱使法国同意合并占领区，以实现其经济统一目标。贝文在 1948 年 3 月 1 日晚对马西格里表示，英国不反对经济上国际共管鲁尔，但如果法国不将其占领区与英美双占区合并，也不分担现在两大国之间的义务的话，“英国是不会接受法国被承认为鲁尔共管机构中与英美具有平等地位的现实的”[④]。英国对法国关于德国的要求十分同情，这是它不反对对鲁尔经济实行国际共管的另一个理由。贝文在会后下院辩论中曾说：“我必须指出，在受到三次侵略之后，如果所有东西都被留在鲁尔并被德国所控制，法国将对此地区表示严重关切。鲁尔有技术上高度发达的

---

① U. S. Department of State (ed. ). *FRUS, 1947, Volume Ⅱ, Council of Foreign Ministers, Germany and Austria.* Washington D. C.: GPO, 1972, pp. 684-685.

② U. S. Department of State (ed. ). *FRUS, 1947, Volume Ⅱ, Council of Foreign Ministers, Germany and Austria.* Washington D. C.: GPO, 1972, p. 683.

③ U. S. Department of State (ed. ). *FRUS, 1948, Volume Ⅱ, Germany and Austria.* Wachington D. C.: GPO, 1973, p. 98.

④ PRESTON P (ed. ). *BDFA. Series F Europe, Part Ⅳ, Volume 13, Germany and Austria January 1948-December 1948.* Bethesda MD: University Publications of America, 2002, p. 20.

机械工业，是三次战争的基础。对我们来说非常有优势的是，有一片海水将我们与大陆隔开了，我们从来没有受过（地面的）侵略，但我们必须了解在大陆上的想法。”[①] 当然，英国自己也十分关注安全问题。在两次世界大战中，德国的侵略给英国造成的人员和物质损失也是十分巨大的。所以，英国在思考鲁尔方案时“还不得不考虑安全问题……要采取措施防止这类问题的（再次）发生”[②]。在英法的一再坚持下，美国最终勉强同意在占领期间设立这一机构，但强调鲁尔国际管制机构不应是“惩罚性的，而是为了西德和西欧更有效地融合在一起”[③]。

其次，在经营权方面，法国的最终目的是要通过鲁尔国际管制机构控制煤钢工业的经营权，让“自己的经理和工程技术人员进入鲁尔，参与鲁尔企业的日常管理”[④]。“问题的实质在于鲁尔国际管制机构能否在（鲁尔企业经营）的细节活动上强加干涉。”[⑤] 但美国却认为，在占领期间鲁尔企业的经营应由占领当局及其下辖的管制小组负责监督，不能将此项权力交给鲁尔国际管制机构。“绝对清楚的是，这样的权力绝无可能为美国人所接受，法国必须放弃所有鲁尔国际管制机构正式获得合法日常经营权的念头。”[⑥] 英国也明确反对法国提出的鲁尔企业经营权国际化的设想。贝文表示，他在这个问题上“受上次大战后鲁尔所发生的问题的影响”，“在那里，我亲眼看到了，在非德国人经营的煤矿中有组织的故意破坏。虽然现在形势不同了，但我仍感到没有从根本上改变。我因此不可能同意鲁尔的经营

---

① PRESTON P (ed.). *BDFA, Series F Europe, Part Ⅳ, Volume 13, Germany and Austria January 1948-December 1948*. Bethesda MD: University Publications of America, 2002, p. 31.

② PRESTON P (ed.). *BDFA, Series F Europe, Part Ⅳ, Volume 13, Germany and Austria January1948-December1948*. Bethesda MD: University Publications of America, 2002, p. 35.

③ U. S. Department of State (ed.). *FRUS, 1948, Volume Ⅱ, Germany and Austria*. Wachington D. C.: GPO, 1973, p. 99.

④ MILWARD A S. *The Reconstruction of Western Europe 1945-1951*. New York: Metbuen& Co. Ltd., 1984, p. 140.

⑤ MILWARD A S. *The Reconstruction of Western Europe 1945-1951*. New York: Metbuen& Co. Ltd., 1984, p. 151.

⑥ MILWARD A S. *The Reconstruction of Western Europe 1945-1951*. New York: Metbuen& Co. Ltd., 1984, p. 151.

权操纵在非德国人手中”[①]。在英美的强大压力下，法国不得不作出让步，在6月份的会谈公报中同意对鲁尔企业经营的监督权仍由管制小组行使[②]。

第三，在产品分配权方面，美国原本不同意鲁尔国际管制机构可以直接确定鲁尔煤钢用于国内消费及出口之间的比例，而是希望它只有监督分配的权力[③]。但法国和低地国家却坚持法国原先的方案，英国则表示两种方案都可以接受。在这种情况下，美国只得暂时同意了法国的要求，将鲁尔国际管制机构直接拥有产品分配权的内容写入了3月4日的草案中。但是，在会议的第二阶段（1948年4月—6月），美国又觉得自己在这一问题上让步太多，故又对鲁尔国际管制机构行使产品分配权加了两条重要的限制条件：鲁尔国际管制机构在分配煤钢时必须保护德国利益[④]；在联合进出口机构（Joint Importation and Exportation Agency）存在期间，鲁尔国际管制机构不能行使此项权力。美国一直通过联合进出口机构向德国的出口提供财政支持，它不想“一面对德国出口提供支持，一面又限制德国出口”，“必须等德国经济自立了，鲁尔国际管制机构才能进行分配”[⑤]。

第四，在管制权方面，三国代表在会议开始后不久便一致同意占领期间应由占领当局负责对鲁尔煤钢工业的非军事化进行监督。但问题是，当占领结束后，这项权利应由谁来继承？英美主张，此项权力应当移交给一个新建立的国际机构，假若未能建立这一机构，非军事化的权力才能由鲁尔国际管制机构继承。但法国却力主将这一权力移交给自己业已拥有三票表决权的鲁尔国际管制机构[⑥]。几经争论之后，法国被迫屈从了美国的意

---

① PRESTON P（ed.）. *BDFA, Series F Europe, Part Ⅳ, Volume 13, Germany and Austria January 1948-December 1948*. Bethesda MD：University Publications of America，2002，p. 29.

② CARLYL M（ed.）. *Documents on International Affairs, 1947-1948*. London：Oxford University Press，1952，p. 564.

③ U. S. Department of State（ed.）. *FRUS, 1948, Volume Ⅱ, Germany and Austria*. Wachington D. C.：GPO，1973，p. 126.

④ U. S. Department of State（ed.）. *FRUS, 1948, Volume Ⅱ, Germany and Austria*. Wachington D. C.：GPO，1973，p. 197.

⑤ U. S. Department of State（ed.）. *FRUS, 1948, Volume Ⅱ, Germany and Austria*. Wachington D. C.：GPO，1973，p. 202.

⑥ U. S. Department of State（ed.）. *FRUS, 1948, Volume Ⅱ, Germany and Austria*. Wachington D. C.：GPO，1973，pp. 127-128.

见。不过，在6月7日的《鲁尔管制文件》中，也规定了继承鲁尔煤钢工业非军事化权力的国际机构必须与鲁尔国际管制机构保持密切的合作①。

在一番激烈争论之后，六国伦敦会议终于在6月7日出台了《鲁尔管制文件》，对鲁尔煤钢工业的产权、经营权、产品分配权和管制权作出了笼统的规定②。然而，这一文件却存在着极大的漏洞：文件搁置了鲁尔产权问题，这就为法国与英美后来在这一问题上的争论埋下了伏笔；法国在会前的另一个目标是实现鲁尔企业经营权的国际化，但《鲁尔管制文件》却规定由英美管制小组负责监督此项权力，法国不仅没能让自己的管理、技术人员进入鲁尔，甚至参与监督经营的资格都没有。实际上，鲁尔企业的经营监督权仍然操纵在军事长官的手中③。1948年6月16日，法国国民议会以微弱多数通过了包括《鲁尔管制文件》在内的“伦敦建议”。然而，在批准协议的同时，国民议会再次强调，法国希望鲁尔煤矿和基础工业国际化，并寻求通过国际管制机构参与对鲁尔企业的指导参与控制德国工业潜力的扩张④。在这种情况下，有关鲁尔问题的三大国谈判势必重开。

克莱一向重视谋求德国自立和复兴。冷战兴起后，他更是将此看作是复兴西欧、对抗苏联的第一要务。因此，他从一开始就反对国务院在复兴德国的问题上对法国作出让步，尤其反对在鲁尔单独建立国际管制机构。在克莱提出的“德国煤炭工业托管人计划”成为美国官方鲁尔政策后，他就一直在积极谋求进一步贯彻这一计划，以求早日实现德国西占区的复兴。

1948年11月10日，克莱与罗伯逊一起制定了德国煤钢工业改组法令——75号法令，这一法令不仅将德国钢铁工业的产权交由未来的德国政府决定，还将其经营权交给由军政府指定的托管人（这些人多数是原企业的德国老板）组成的托管协会负责。克莱等人的做法引起了法国的强烈不

① CARLYL M (ed.). *Documents on International Affairs, 1947-1948*. London: Oxford University Press, 1952, p. 565.

② CARLYL M (ed.). *Documents on International Affairs, 1947-1948*. London: Oxford University Press, 1952, pp. 563-565.

③ MILWARD A S. *The Reconstruction of Western Europe 1945-1951*. New York: Metbuen& Co. Ltd., 1984, p. 157.

④ U. S. Department of State (ed.). *FRUS, 1948, Volume II, Germany and Austria*. Wachington D. C.: GPO, 1973, p. 1512.

满。75号法令公布的第二天，法国外长舒曼就对该法令提出了强烈的抗议。6天后，戴高乐在一次记者招待会上也称75号法令为“20世纪最严重的一个决定”[①]。在此背景下，专门讨论鲁尔问题的六国伦敦会谈第三阶段会议于1948年11月11日至12月24日召开。会议一开始，法国就重提在鲁尔实现产权与经营权国际化（这时经营权国际化是指将鲁尔企业的日常经营权转交给鲁尔国际管制机构）的要求，反对美国在75号法令中对这两项权力做出的处置。法国代表团团长赫尔夫·阿尔方（Herve Alpfand）表示，法国不能接受75号法令，不希望由德国人主持鲁尔工业。

但美国方面并不打算作出让步，就在75号法令公布的同一天，美代理国务卿保罗·尼采（Paul Nitze）在给道格拉斯的训令中即明确指出：“法国政府接受‘伦敦建议’时，法国国民议会就要求政府重申对鲁尔煤钢工业产权国际化的要求……根据本届（美国）政府和法国政府最近的外交往来，法国代表显然在即将开始的讨论中谋求达成协议，把‘伦敦建议’修改成规定对鲁尔地区煤炭资源和钢铁厂的产权、经营权实行国际化……美国政府一贯反对把鲁尔工业的产权或管理职能授予一个国际机构……如果法国代表在即将开始的讨论中……要求改变‘伦敦建议’的条款，你可以明确指出，美国政府不愿对‘伦敦建议’中有关鲁尔的部分所体现的基本原则作任何改变。”[②] 这意味着美国官方的鲁尔政策与克莱75号法令所体现的精神是基本一致的。因此，在六国伦敦会议上，美国对阿尔方的上述抗议做出以下回答：“美国完全有义务同法国商量（鲁尔问题），但这并不等于美国有义务同意法国的意见，产权国际化不仅会引起复杂的法律问题，而且会破坏西德的经济和政治声誉；经营权的国际化，是惩罚性的手段，是不信任西德的表现。”[③] 法美在鲁尔产权和经营权上的分歧使会议陷入了僵局。

然而，随着柏林危机中美苏斗争的加剧，美国越来越需要法国在这次

---

① MILWARD A S. *The Reconstruction of Western Europe 1945-1951*. New York: Metbuen& Co. Ltd., 1984, p. 153.

② U. S. Department of State (ed.). *FRUS, 1948, Volume II, Germany and Austria*. Wachington D. C.: GPO, 1973, pp. 466-467.

③ U. S. Department of State (ed.). *FRUS, 1948, Volume II, Germany and Austria*. Wachington D. C.: GPO, 1973, pp. 512-514.

斗争中支持自己。在这种情况下，就如何应对法国在鲁尔问题上的强硬态度，美国国内产生了两种截然不同的观点。国务院官员主张软化美国在75号法令中所形成的过激立场，在鲁尔产权和经营权国际化方面给法国回旋的空间。道格拉斯在1948年11月19日给马歇尔的电报中明确反对由军政府决定鲁尔产权的未来。因为：①由军政府决定产权可能危及欧洲和平；②产权问题已不是占领事务，不应由军政府决定。而且“鲁尔工业产权的未来也不应仅由在这一地区进行管制的两国政府决定”[①]。洛维特甚至提出：“美国在鲁尔管制当局的代表是代表美国整体利益的政府级代表，军事长官并不代表这一职务。”言下之意就是，军事长官并不一定就代表美国官方的政策，鲁尔国际管制机构的美国代表可能修改军事长官的决定，向法国让步。

克莱当然坚决反对对法国作出让步。他在1948年11月13日致电陆军部：“法国的反对肯定是为现在伦敦召开的鲁尔会议制造舆论的一部分，与其在春天开伦敦会议时的行为一样。那次会议期间，他们如此深地影响了公众舆论以制造接受‘伦敦建议’时的政治困难……如果事实上我们已决定德国的经济复兴对欧洲复兴有重大意义，我们就得坚决而有力地实施自己的计划。”[②] 对于洛维特的观点克莱更是恼怒至极。他表示，三年半来，军政府一直是贯彻政府对德政策的中枢。国务院和陆、海军等部之间的不同意见应在华盛顿先解决好，不能政出多门。“我当然知道，洛维特的电报是暗示我没有能力代表美国的广泛利益，如果事情真是如此，我就该滚蛋了。”[③] 就这样，不仅美法在六国伦敦会议上僵持不下，连美国政府内部也在鲁尔问题上争得不可开交。

为了早日解决问题，马歇尔在巴黎召开了由克莱、墨菲、查尔斯·波伦(Charles Bohlen)、加夫里等人参加的专门讨论当时西欧局势的会议。作为美国政府中外交决策二号人物的马歇尔一向比较同情法国。他在这次会议上宣布，

---

① U. S. Department of State (ed.). *FRUS, 1948, Volume Ⅱ, Germany and Austria*. Wachington D. C.: GPO, 1973, p. 515.

② U. S. Department of State (ed.). *FRUS, 1948, Volume Ⅱ, Germany and Austria*. Wachington D. C.: GPO, 1973, pp. 495-496.

③ U. S. Department of State (ed.). *FRUS, 1948, Volume Ⅱ, Germany and Austria*. Wachington D. C.: GPO, 1973, pp. 347-348.

为了争取法国早日在德国问题上与美国协调一致，除不能同意鲁尔产权国际化外，法国关于国际管制鲁尔经营权的要求可通过让法国参加英美管制小组的方式予以满足。虽然克莱对马歇尔的态度十分失望，却也无可奈何①。在解决美国政府内部的分歧后，马歇尔在 1948 年 11 月 19 日正式同意法国加入英美煤钢管制小组，从而打破了美法在六国伦敦会议上的僵局。

在获准参加英美管制小组后，法国又向六国伦敦会议提出，在占领结束后，鲁尔国际管制机构将从盟国管制小组继承三项重要的权力：管制权中对鲁尔煤钢企业进行非集中化、非纳粹化的权力以及对这些企业的经营监督权②。英国对法国的上述要求表示赞同，美国也同意将进行非集中化和非纳粹化的权力交给鲁尔国际管制机构。但对于鲁尔企业经营监督权的移交，美国却顾虑重重。不过美国最终还是有条件地接受了法国的要求。因为美国相信："纯粹不赞成或反对法国的愿望将产生极其不幸的结果，即使能在这儿达成协议，还不知法国国民议会能否批准。"③

(3)《鲁尔国际管制条约》的出台

1948 年 12 月 18 日，在经历了将近一年的断断续续的会谈之后，六国伦敦会议发布了鲁尔会谈的公报和《鲁尔国际管制条约》。公报指出：在反对德国军事侵略方面，军事安全委员会是最重要的，它将与鲁尔国际管制机构进行合作，保证德国的非武装化和非军事化④；在经济管制鲁尔方面，鲁尔国际管制机构则是主要机构，但它的决议必须由军事长官执行。当军事长官权力缩小后，则要与西德政府保持密切的合作，并且要与欧洲经济合作组织所执行的"马歇尔计划"保持联系⑤。在鲁尔国际管制机构的具体职能方面，《鲁尔国际管制条约》作出以下规定：①占领期间占领当局在

---

① U. S. Department of State (ed.). *FRUS, 1948, Volume Ⅱ, Germany and Austria.* Wachington D. C.: GPO, 1973, p. 528.

② U. S. Department of State (ed.). *FRUS, 1948, Volume Ⅱ, Germany and Austria.* Wachington D. C.: GPO, 1973, p. 530.

③ U. S. Department of State (ed.). *FRUS, 1948, Volume Ⅱ, Germany and Austria.* Wachington D. C.: GPO, 1973, p. 532.

④ U. S. Department of State (ed.). *FRUS, 1948, Volume Ⅱ, Germany and Austria.* Wachington D. C.: GPO, 1973, p. 578.

⑤ U. S. Department of State (ed.). *FRUS, 1948, Volume Ⅱ, Germany and Austria.* Wachington D. C.: GPO, 1973, p. 579.

鲁尔保留一定的管制权；占领结束后这一权力移交给鲁尔国际管制机构和军事安全委员会，或依据盟国协定建立的其他机构；②鲁尔国际管制机构的职能主要是根据德国和欧洲国家的需要分配鲁尔煤钢，促进欧洲复兴，"但在行使这项权力时，它必须同有关占领当局协议如何使管制机构的决定同需要提交欧洲经济合作组织的建议中的规章和计划的准备工作取得协调"[①]。但管制机构不能对这些工业经营的细节加以控制，且不能对正常的经营权进行干涉[②]；③通过法国的参与，原英美煤钢管制小组将改组为联合煤炭、联合钢铁管制小组（Combined Steel Group，简称 CSG)，负责监督指导鲁尔的煤钢工业，包括生产、投资、开发和其他有关经营权的问题。在适当时候其权力将移交给管制机构、军事安全委员会或其他国际机构。

## 第三节　鲁尔煤钢工业国际监督机制的嬗变与西欧一体化的启动（1949—1952)

### 一、通往一体化之路——鲁尔煤钢工业管制问题与"舒曼计划"的出台

（1）欧洲重建和一体化——美国对鲁尔国际管制机构功能的修正

六国伦敦会议之后，美国便开始着手实施建立西德国家的计划。然而，在这一问题上，军方和国务院却还存着很大的分歧。"克莱和其他陆军部官员都抱怨英法拖延的诡计，以及他们缺少国务院的支持。而后者正全神贯注于北约的谈判，并忽视了美军在德国所遇到的问题。他们坚持认为，在对待这些问题时，国务院过于注重细枝末节了，或者是慌于作出损害德国复兴及美国在德国地位的让步。军方倾向于采取一揽子政策，除非

① 《国际条约集（1948—1949)》，北京：世界知识出版社，1959 年，第 220 页。

② MILWARD A S. *The Reconstruction of Western Europe 1945-1951*. New York: Metbuen& Co. Ltd. , 1984, p. 161.

得到让步，否则就撤回‘马歇尔计划’的援助及对鲁尔协定、北约条约的支持。”① “对国务院的官员来说，军方的建议走得太远了。凯南指责克莱和军方在与盟友的谈判中过于刻板，阻挠谈判，在讨论中没有运用讨价还价的方法，并拒绝在德国与法国及其他接受‘马歇尔计划’援助的西欧国家之间寻求平衡。既然在德国无法解决德国问题，就只有放到欧洲的范围内才能解决。因此，必须支持西欧自由国家逐步建立一个西欧联盟，并将日后成立的西德国家纳入这一体系。”②

为了解决内部的分歧，美国政府专门任命了一个委员会对这些问题进行研究，该委员会实际为国务院所控制。在 1949 年 3 月最终上交给杜鲁门的报告中，国务院的观点得到了充分的体现。报告指出，美国不仅要加快在政治和经济上重建西德国家的步伐，将西德纳入“马歇尔计划”和北约，还要促进西欧国家接受西德，并最终让西德加入所谓的西欧联盟③。在这一政策中，“重建西德”是强迫性的，是无论如何都必须实现的政策；而“让西德融入西欧”则是引导性的，因为要实现这一点，就必须让西欧国家，尤其是法国采取主动才行④。为了实现这些目的，美国在六国伦敦会议后一边将鲁尔国际管制机构的作用严格限制在西欧重建领域，一边又积极将它往欧洲一体化的道路上引导。

出于上述想法，自 1949 年初开始，美国一直极力避免把对德经济限制与安全问题扯在一起。它主张，将鲁尔国际管制机构的作用范围严格限定在经济重建领域，以求给予“德国人更多的自由空间而消除民族主义滋生的土壤”⑤。美国的这一政策显然是与法国建立鲁尔国际管制机构的初衷相

---

① U. S. Department of State (ed.). *FRUS, 1949, Volume Ⅲ, Council of Foreign Ministers, Germany and Austria*. Wachington D. C.: GPO, 1974, pp. 84-87, pp. 87-89, pp. 105-113.

② U. S. Department of State (ed.). *FRUS, 1949, Volume Ⅲ, Council of Foreign Ministers, Germany and Austria*. Wachington D. C.: GPO, 1974, pp. 87-84, pp. 96-102.

③ U. S. Department of State (ed.). *FRUS, 1949, Volume Ⅲ, Council of Foreign Ministers, Germany and Austria*. Wachington D. C.: GPO, 1974, pp. 142-155.

④ POST O. *Zwischen Sicherheit und Wiederaufbau: Die Ruhrfrage in der alliierten Disskution, 1945-1949*. Giessen: Focus Verschlag, 1986, S. 151.

⑤ POST O. *Zwischen Sicherheit und Wiederaufbau: Die Ruhrfrage in der alliierten Disskution, 1945-1949*. Giessen: Focus Verschlag, 1986, S. 153.

悖的。法国谋求鲁尔国际化，为的就是在实现对德经济优势的同时获得长久的安全保障。英国对法国在安全方面的要求表示理解。1949 年 3 月 2 日,英国在一份名为“鲁尔管制与欧洲经济一体化”的备忘录中表示，建立鲁尔管制机构的主要目的应是满足法国在安全方面的需求，这有利于西德政府的顺利成立[①]。因此，英法都希望能早日建立鲁尔管制机构。

在 1949 年 4 月初召开的西方三国华盛顿外长会议上，两国敦促美国尽快就贯彻《鲁尔国际管制条约》展开谈判。然而，美国会前就打定主意，在自己与英法就建立西德国家一事达成协议之前，绝不同意建立鲁尔国际管制机构[②]。所以，墨菲答复英法说，美国“想要把所有东西联系在一起，在所有其他协定都签完之后，我们才准备签鲁尔协定……对军事安全委员会协定也是如此”[③]。直到 1949 年 4 月 8 日，美国和英法才签订了“华盛顿协议”，完成了建立西德国家的最后程序，并将三国军政府缩小为文职的高级委员会，负责对新成立的西德国家进行监督。在扫除了这一障碍之后，鲁尔国际管制机构才最终在 1949 年 4 月 28 日得以建立。不过，在 5 月 11 日和 23 日的两份备忘录中，美国依旧将管制机构的功能限定在欧洲重建的范围[④]。

与此同时，美国还积极将鲁尔国际管制机构向欧洲一体化的道路上引导。美国提出“马歇尔计划”的目的之一就是使西欧在自己的领导下统一起来。1947 年 5 月 16 日，凯南在他制定的关于“马歇尔计划”的备忘录中明确指出：“建立包括处于英、美、法占领之下的前德国领土的西欧联邦是（‘马歇尔计划’的）最终目标”，“应当制定一个计划，去鼓励地区性的政治合作，以便德国和奥地利的西占区能为欧洲的经济恢复贡献最大的力量”[⑤]。为了实现这一目的，美国希望使双占区资源符合总的欧洲复兴计划，并在原则上同意考虑监督鲁尔煤钢工业的机制。美国希望对鲁尔煤钢工业的处

① POST O. *Zwischen Sicherheit und Wiederaufbau: Die Ruhrfrage in der alliierten Disskution, 1945-1949*. Giessen: Focus Verschlag, 1986, S. 154.

② POST O. *Zwischen Sicherheit und Wiederaufbau: Die Ruhrfrage in der alliierten Disskution, 1945-1949*. Giessen: Focus Verschlag, 1986, S. 155.

③ U. S. Department of State (ed.). *FRUS, 1949, Volume Ⅲ, Council of Foreign Ministers, Germany and Austria*. Washington D. C.: GPO, 1974, p. 161.

④ POST O. *Zwischen Sicherheit und Wiederaufbau: Die Ruhrfrage in der alliierten Disskution, 1945-1949*. Giessen: Focus Verschlag, 1986, S. 156-157.

⑤ U. S. Department of State (ed.). *FRUS, 1947, Volume Ⅲ, British Commonwealth, Europe*. Washington D. C.: GPO, 1972, pp. 220-221.

置能为西欧一体化服务。美国价格管理办公室（Office of Price Administration）主任保罗·波特（Paul Porter）就曾提出："通过对德国煤钢或许还有化学、电力工业建立国际管制解决德国问题，或许这本身不会完成欧洲联合，但它可以有力地推动欧洲在这个方向上前进。"[①] 国务院官员麦克洛伊则在 1947 年 6 月 10 日向国务院明确建议将鲁尔煤钢工业的重建变成欧洲经济一体化的基础。"我提出这一建议是因为，我们在全欧洲建大片工厂、道路和交通系统的做法都是些毫不相干的努力，除非我们抓住了最根本的经济（行业）——煤。"[②] 在 1948 年伦敦会谈时，国务院也专注于实现西欧一体化。"他们仍然相信，正如他们自 1947 年莫斯科外长会议以来所相信的，对鲁尔的国际监督将有利于控制德国的权力，保证法国安全并促进欧洲一体化。"[③] 六国伦敦会议上美国代表团团长道格拉斯甚至建议建立一个真正的国际政权，对法国、低地国家和鲁尔的煤钢工业的融合实行监督[④]。

就法国方面而言，虽然皮杜尔在 1947 年 10 月 8 日也曾表示"要让鲁尔融入有组织的欧洲经济"[⑤]，但是，与美国的西欧合作思想不同，法国的这种"融入"是建立在歧视、压制德国的基础上的。它想让鲁尔国际管制机构"拥有主权，可以对鲁尔煤钢工业的经营管理进行管制，并在欧洲经济合作组织中拥有正式的成员资格。这一安排的实质是让法国实际掌握德国的生产投资权和在国内消费和对外出口之间分配德国资源的权力"[⑥]，强

---

① DIEFENDORF J M, FROHN A, RUPIEPER H (eds.). *American Policy and the Reconstruction of West Germany, 1945-1955*. Cambridge: Cambridge University Press, 1996, p. 90.

② GILLINGHAM J. *Coal, Steel, and Rebirth of Europe, 1945-1955: The Germans and French from Ruhr Conflicts to Economic Community*. New York: Cambridge Universi-ty Presse, 1991, p. 61.

③ MAIER C S. *The Marshall Plan and Germany: West Germany Development within the Framework of the European Recovery Program*. New York: Berg Publishers Ltd., 1991, p. 141.

④ MAIER C S. *The Marshall Plan and Germany: West Germany Development within the Framework of the European Recovery Program*. New York: Berg Publishers Ltd., 1991, p. 143.

⑤ U. S. Department of State (ed.). *FRUS, 1947, Volume II, Council of Foreign Ministers, Germany and Austria*. Washington D. C.: GPO, 1972, p. 684.

⑥ MAIER C S. *The Marshall Plan and Germany: West Germany Development within the Framework of the European Recovery Program*. New York: Berg Publishers Ltd., 1991, pp. 143-144.

迫鲁尔为欧洲"服务"。美国对法国的这种做法当然十分不满。在1948年的六国伦敦会议上，道格拉斯、洛维特、尼采等人曾多次表示，"对鲁尔实行的管制在性质上应是为了西德及西欧有效的联合而不应是惩罚性的"[①]，"法国对鲁尔的关注应放在整个西德乃至西欧的视野中来衡量，只有建立一个在政治经济上将西欧组织起来的方案，并由德国在这一方案中作出重大贡献，德国才有可能保证其安全，因为鲁尔的资源是（实现）这一计划的关键因素。"[②] 美国认为，法国的企图严重损害了"欧洲复兴及德国纳入强大的西欧经济、政治组织的计划，对美国代表来说，这一框架才是解决德国复兴及欧洲安全的最好办法"[③]。

然而，在英法等国的坚持下，一个具有歧视性的《鲁尔国际管制条约》还是被制定了出来。为了加快推动欧洲一体化，美国决心对该条约附加必要的条件，以使它最终能由鲁尔管制机构发展成"一个广泛地、为了共同利益而保证有效地利用鲁尔和其他欧洲资源的机构"[④]。在美国的强烈要求下，英法勉强同意，可将对鲁尔企业的国际监督作为欧洲一体化的前奏，"在这一框架下（指鲁尔国际管制机构），六国代表要提供一种方法，使一个和平民主的德国能够进入西欧共同体，并在其中以独立的资格来承担完全的责任"[⑤]。最终，"美国人成功地将法国的安全需要与自己复兴西德和欧洲一体化的愿望结合在了一起，通过一个类似于马歇尔在莫斯科外长会议上所提出的监督机构"[⑥]。

六国伦敦会议之后，美国继续将鲁尔国际管制机构向西欧一体化的方向上引导。1949年1月3日，国务院欧洲事务办公室再次向法国表示：

---

① U. S. Department of State (ed.). *FRUS, 1948, Volume II, Germany and Austria*. Wachington D. C.: GPO, 1973, p. 99.

② U. S. Department of State (ed.). *FRUS, 1948, Volume II, Germany and Austria*. Wachington D. C.: GPO, 1973, p. 514.

③ MAIER C S. *The Marshall Plan and Germany: West Germany Development within the Framework of the European Recovery Program*. New York: Berg Publishers Ltd., 1991, p. 150.

④ U. S. Department of State (ed.). *FRUS, 1948, Volume II, Germany and Austria*. Wachington D. C.: GPO, 1973, p. 467.

⑤ U. S. Department of State (ed.). *FRUS, 1948, Volume II, Germany and Austria*. Wachington D. C.: GPO, 1973, p. 578.

⑥ MAIER C S. *The Marshall Plan and Germany: West Germany Development within the Framework of the European Recovery Program*. New York: Berg Publishers Ltd., 1991, p. 151.

“我们将鲁尔国际管制的建立看作是更大程度上的欧洲经济一体化的前奏。”[①] 麦克洛伊在1950年元旦召开的专门讨论未来一年美国对德政策的高级会议上也指出，“扩大鲁尔管制机构的管辖区域将对德国人具有巨大的吸引力”，“它将有利于西欧一体化，扩大鲁尔国际管制机构将是比欧洲经济合作组织更好的工程”[②]。国务卿艾奇逊还向舒曼表示，鲁尔工业的过度集中问题也可以通过欧洲一体化的框架来解决[③]。

正因为如此，通过一体化来解决鲁尔问题的“舒曼计划”很快就受到美国的欢迎。美方称：“这个建议想象力丰富，有用，有很多优点。”“高级机构有权做出使法德同样受约束的安排，将对德国人很有吸引力，它们会以此抗衡鲁尔协定和那些专门对付它们的安全措施；这一建议还为法国减少对德国钢铁工业的限制和修改或废除鲁尔协定打下基础。”[④] 1950年6月2日，艾奇逊向各驻欧使节发出指示，正式宣布美国支持法德就“舒曼计划”展开会谈[⑤]。

（2）联邦德国对《鲁尔国际管制条约》的态度

在1949年11月10日召开的三大国巴黎外长会议上，法国最终接受了英美提出的停止对德国拆迁（军火工业除外）的建议，而美国则答应和英法一起向联邦德国施压，以迫使其在拆迁终止的同时加入鲁尔国际管制机构。会议结束后，三国外长授权驻德高级专员向联邦德国传达盟国停止对德国拆迁的决定，但前提是，联邦德国必须加入鲁尔国际管制机构并与军事安全委员会保持密切的合作[⑥]。面对盟国的压力，德国人在是否应该加入鲁尔国际管制机构的问题上出现了分歧。以舒马赫为代表的德国社民党

---

① POST O. *Zwischen Sicherheit und Wiederaufbau: Die Ruhrfrage in der alliierten Disskution, 1945-1949*. Giessen: Focus Verschlag, 1986, S. 233.

② U. S. Department of State (ed.). *FRUS, 1950, Volume Ⅳ, Central East Europe, Soviet Union*. Wachington D. C.: GPO, 1980, p. 596.

③ U. S. Department of State (ed.). *FRUS, 1949, Volume Ⅲ, Council of Foreign Ministers, Germany and Austria*. Wachington D. C.: GPO, 1974, pp. 622-625.

④ U. S. Department of State (ed.). *FRUS, 1950, Volume Ⅲ, Western Europe*. Wachington D. C.: GPO, 1977, pp. 696-697.

⑤ U. S. Department of State (ed.). *FRUS, 1950, Volume Ⅲ, Western Europe*. Wachington D. C.: GPO, 1977, pp. 714-715.

⑥ 关于三国外长向高级专员们发出的指令，参见 U. S. Department of State (ed.). *FRUS, 1948, Volume Ⅲ, Council of Foreign Ministers, Germany and Austria*. Waching-ton D. C.: GPO, 1974, pp 635-637.

坚决反对联邦德国加入鲁尔国际管制机构。在 1948 年 12 月 29 日的新闻公告中，德国社民党断然拒绝了盟国制定的《鲁尔国际管制条约》[1]。与此同时，舒马赫在和加拿大政府会谈时也对该条约予以否定[2]。

社民党之所以拒绝鲁尔管制机构，是因为：首先，该机构会对联邦德国未来的经济生存产生极其严重的负面影响。舒马赫将鲁尔工业视作德国最后一个"民族希望"，不能接受德国在鲁尔国际管制机构中只拥有很少的权力。早在 1949 年 5 月的党代表大会上，他就明确表示："对鲁尔国际化的经济管制和生产管理是正确的。但这种管制也必须有德国的决定性的参与。德国的国民经济要求我们必须参与鲁尔工业产品的分配。"[3] 其次，不涉及私有产权改造问题的鲁尔国际管制机构，与社民党实现全欧工业社会化的理念格格不入[4]。舒马赫将鲁尔国际管制机构视作是一个巨型的资本集团的代言人，认为德国加入这一机构会加剧煤钢工业劳资冲突[5]；第三，舒马赫认为，只有在平等的条件下才能实现欧洲一体化。1949 年 9 月 21 日，他在联邦议院中明确指出："社民党曾做了当时德国其他政党都没做的事情，即在 1925 年的《海德贝格纲领》（Heidelberger Programm）中的外交政策部分决定性地加入了欧洲合众国内容……但是生死攸关的法德和解是不能只用激扬的话语就能实现的，而是必须依靠民主的讨论。欧洲呼唤平等。"[6] 社民党代表卡尔洛·施密特（Carlo Schmidt）在议会委员会

---

① Sozialdemokratie gegen das neue Ruhrstatus // *Sozialdemokratischer Pressdienst (1948), SPD /Ⅲ /157, 29. Dezember 1948.* Bonn：Bibliothek der Fridrich-Elbert-Stiftung，[2001]．

② POST O. *Zwischen Sicherheit und Wiederaufbau: Die Ruhrfrage in der alliierten Disskution, 1945-1949.* Giessen：Focus Verschlag，1986，S. 137-138，S. 139.

③ MÜLLER W. *Die europapolitischen Vorstellungen von Kurt Schumacher 1945-1952: Eine Alternative für Deutschland und Europa.* Stuttgart：Ibidem-Verlag，2003，S. 69.

④ POST O. *Zwischen Sicherheit und Wiederaufbau: Die Ruhrfrage in der alliierten Disskution, 1945-1949.* Giessen：Focus Verschlag，1986，S. 137-138，S. 142.

⑤ MÜLLER W. *Die europapolitischen Vorstellungen von Kurt Schumacher 1945-1952: Eine Alternative für Deutschland und Europa.* Stuttgart：Ibidem-Verlag，2003，S. 69-70.

⑥ SCHUMACHER K. *Deutschland und Europa, Rede von Dr. Schumacher auf dem Parteitag der SPD in Nurnburg, 1947.* Frankfurt am Main：Sozialdemokratische Partei Hessen，1947，S. 22.

讨论鲁尔国际管制机构时也曾指出，“只有所有所涉及的国家真正让渡出一部分主权，并将其交给欧洲联邦，欧洲国才能建立。”他还表示，他个人认为欧洲合众国的建立应在“德国统一之后”。最后，我们也应该看到，舒马赫反对鲁尔国际管制机构，也是出于一种党派斗争的需要。他曾在联邦议院中明确表示：“人们可不能将反对党当成政府的小伙伴。”[①] 因此，当联邦政府决定要加入鲁尔国际管制机构时，舒马赫便提出了相反的观点，以实现自己作为反对派的存在。

《鲁尔国际管制条约》出台后，基民盟领导人也纷纷表示，这一只针对鲁尔的条约既是对德国的巨大歧视，也不利于鲁尔工业的复兴，因此必须加以修改。来自斯图加特德国和平问题办公室的官员黑尔弗里德·哈特曼（Helfried Hartmann）指出，这一条约除了会对德国的生产“造成持续的世界竞争的压力”外，还会加剧德国的分裂，因为该条约等于抛弃了四大国的《波茨坦协议》[②]。阿登纳也表示，鲁尔国际管制机构“有权管理鲁尔区整个煤炭生产和钢铁生产……这也就可能对整个德国经济生活产生决定性的影响，倘若要根据实施这项法规而使德国的经济受到压制，那么‘马歇尔计划’就会变得毫无意义”[③]。因此，这一机构对德国来说是“不可忍受和不现实的，希望能对伦敦建议进行修改，使我们德国人有平等的权利和义务参与欧洲重建”[④]。

但与此同时，联盟党的绝大多数成员也认为，尽管鲁尔国际管制机构存在着种种弊端，德国还是应该加入其中。

其一，在当时的情况下，单纯排斥鲁尔国际管制机构是没有任何用的。鲁尔国际管制机构是三大国经过近一年的艰苦谈判才勉强取得的结果，不可能因为德国人的反对而轻易被修改。对于这一点，艾哈德领导

---

① SCHUMACHER K. *Deutschland und Europa, Rede von Dr. Schumacher auf dem Parteitag der SPD in Nurnburg, 1947*. Frankfurt am Main: Sozialdemokratische Partei Hessen, 1947, S. 7.

② POST O. *Zwischen Sicherheit und Wiederaufbau: Die Ruhrfrage in der alliierten Disskution, 1945-1949*. Giessen: Focus Verschlag, 1986, S. 133.

③ 阿登纳：《阿登纳回忆录（一）》，上海外国语学院德法语系德语组，译。上海：上海人民出版社，1976年，第202页。

④ POST O. *Zwischen Sicherheit und Wiederaufbau: Die Ruhrfrage in der alliierten Disskution, 1945-1949*. Giessen: Focus Verschlag, 1986, S. 138-139.

的德国和平问题办公室在1948年6月时就看得十分清楚。“对德国来说，加入鲁尔协定是必须且必要的，因为单纯的抗议和拖延政策是绝不会有任何效果的。只有将德国自己的利益融入其中，才能赢得合作并促使条约进一步发展。”首届联邦政府的大多数成员也认为：“要使德国的影响能左右高级专员的政策，在最近的时间肯定是不可能的——对于盟国安全委员会也是如此——然而，通过派出一名德国代表进入鲁尔专署，就有一定机会对那边执行的政策施加影响。”① 面对盟国的压力，阿登纳也选择了接受管制机构这一现实的做法，正如他在其他政策上的现实主义做法一样。

其二，联邦德国可以以此换取盟国减轻拆迁赔偿。阿登纳把加入鲁尔国际管制机构看作是使盟国修改拆迁计划的机会，他在回忆录中表示，自己“打算只有在绝对明确地看到英法两国对美国提出的减轻德国经济负担的要求也表示同意时，也就是说三国高级专员都愿意在拆除设备上做出让步时”，他才让人知道德国“准备给鲁尔专署派出一名代表”。只有当阿登纳“确有把握从盟国方面相应地得到大的让步时”，他才敢于向德国公众宣布他准备参加鲁尔专署②。

其三，联邦德国参加鲁尔国际管制机构还有引导这一机构走向欧洲联合的意图。为了能够平等地参与西欧的重建，基民盟提出了有名的“阿诺德计划”，要求将鲁尔国际管制机构的管制范围扩大到所有西欧国家③。“阿诺德计划”得到了同样主张欧洲联合的阿登纳的支持。这位基民盟主席认为，鲁尔国际管制机构是欧洲合作的“试金石”，加入这一机构，可以更好地引导其向欧洲一体化的方向上前进。“如果本着欧洲和德国的利益来执行鲁尔法规，如果鲁尔法规意味着一种西欧经济秩序的开始，那它就有可能成为欧洲合作一个大有希望的开端。”④ “这一法规可以给欧洲联邦

---

① 阿登纳：《阿登纳回忆录（一）》，上海外国语学院德法语系德语组，译。上海：上海人民出版社，1976年，第280～281页。

② 阿登纳：《阿登纳回忆录（一）》，上海外国语学院德法语系德语组，译。上海：上海人民出版社，1976年，第283页。

③ 参见本书第五章第三节。

④ 阿登纳：《阿登纳回忆录（一）》，上海外国语学院德法语系德语组，译。上海：上海人民出版社，1976年，第202页。

开个头……如果情况是这样的话，我乐于参加进去。”[①]

鲁尔国际管制机构当然也引起了鲁尔大工业家们的强烈不满。联邦德国煤炭工业当时并不存在私有产权，也没有利益代表组织。因此，德国煤炭管理局局长海因里希·科斯特（Heinrich Kost）就成了联邦德国煤炭工业利益的代言人。当《鲁尔国际管制条约》出台后，科斯特一面宣布接受该条约的主要内容，一面又对它的不良影响进行了批判：“其对欧洲精神发展的负面作用是难以消除的。鲁尔国际管制机构所开的先例，可能会导致盟国对鲁尔经济无休止的控制，打击工人积极性，影响煤炭产量的提高。”与煤炭工业不同的是，当时联邦德国钢铁工业不仅存在盟国所任命的托管人，也存在自己的利益代表组织——德国钢铁工业经济联合会。作为钢铁工业的托管人，原鲁尔钢铁工业家海因里希·丁克尔巴赫（Heinrich Dinkelbach）也对《鲁尔国际管制条约》提出了批评：“该条约会使人们倾向于无限制的沮丧，去赢得盟国的信任是非常重要的，但盟国也必须信任我们。”[②] 与此同时，德国钢铁工业经济联合会则一直对《鲁尔国际管制条约》持一种漠不关心的态度。直到1949年11月3日，该条约才出现在联合会的正式议事日程当中。钢铁工业经济联合会之所以不关心《鲁尔国际管制条约》，主要是因为当时盟国对鲁尔钢铁工业的限制实在是太多了，而《鲁尔国际管制条约》好歹还包括与欧洲联合相关的内容。

但与此同时，以海勒为代表的另一部分鲁尔大工业家却认为联邦德国应该加入鲁尔国际管制机构并在其中积极发挥作用。1949年10月26日，海勒在一次联邦议院会议上向联邦经济部部长艾哈德建议，联邦政府应该同意加入鲁尔国际管制机构，因为：“在短期内这一机构并没有什么权力，它只有通过德国的积极参与才能拥有实际的职权……而且，法国在安全方面的需求确实巨大，只有德国方面在鲁尔管制问题上作出让步，法国在拆迁问题上的反对才能被消除。”艾哈德对这一建议深表认同，并在10月

---

① POST O. *Zwischen Sicherheit und Wiederaufbau: Die Ruhrfrage in der alliierten Disskution, 1945-1949*. Giessen: Focus Verschlag, 1986, S. 137-138, S. 137-138, S. 141-142.

② BÜHRER W. *Ruhrstahl und Europa: Die Wirtschaftsvereinigung Eisen und Stahlindustrie und die Änfang der Europäischen Integration 1945-1952*. Müchen: R. Oldenbourg Verschlag, 1986, p. 147.

29日将其转交给已成为德国联邦政府总理的阿登纳[①]。当联邦政府公开宣布加入鲁尔国际管制机构之后，海勒立即对阿登纳的这一决定表示支持。在1949年10月29日写给阿登纳的信中，海勒认为，加入鲁尔国际管制机构不仅对停止盟国对鲁尔钢铁工业的拆迁具有“决定性的作用”，还有利于消除法国的不安全感，促进法德和解[②]。

德意志工会联合会则积极支持联邦政府对鲁尔国际管制机构的政策。博克勒在1949年12月15日指出：“通过加入（鲁尔国际管制机构），使德国第一次在这一机构中有了自己利益的代表，并有可能使鲁尔国际管制机构向全欧重工业机构进一步发展。”[③] 在1950—1951年的报告中，德意志工会联合会理事会曾明确表示：“只有欧洲国家能够限制各自的主权并用欧洲的观点来解决欧洲经济问题，欧洲经济区才能健康。”德意志工会联合会在报告中还提出以下建议：鲁尔必须为欧洲的安全与繁荣服务；将鲁尔国际管制机构置于一个欧洲组织的控制之下等[④]。阿登纳十分重视德意志工会联合会对自己政策的支持：“德国内政方面的困难应通过争取一位工会领袖人物作为德国代表的做法加以避免。大家知道德意志工会联合会领导人博克勒（尔）博士在这个问题上和德国社会民主党领导集团是相反的。他是持赞成态度的。”[⑤]

由于《鲁尔国际管制条约》与基本法相违背，联邦德国只能按占领法规加入鲁尔国际管制机构，所以无需经过议会的批准。在这种情况下，阿登纳便不顾社民党的激烈反对，在1949年11月22日与三国驻德高级专员

---

① POST O. Zwischen Sicherheit und Wiederaufbau: *Die Ruhrfrage in der alliierten Disskution, 1945-1949*. Giessen: Focus Verschlag, 1986, S. 137-138.

② BÜHRER W. *Ruhrstahl und Europa: Die Wirtschaftsvereinigung Eisen und Stahlindustrie und die Änfang der Europäischen Integration 1945-1952*. Müchen: R. Oldenbourg Verschlag, 1986, pp. 152-153.

③ POST O. Zwischen Sicherheit und Wiederaufbau: *Die Ruhrfrage in der alliierten Disskution, 1945-1949*. Giessen: Focus Verschlag, 1986, S. 137-138, S. 178.

④ Stellungnahme der Gewerkschaften zum Ruhrstatut, DGB Bundesvorstand (Hrsg.). *Geschäftsbericht des Bundesvorstandes des DGB, 1950-1951*. Düsseldorf: [s. n.], [1951], S. 139.

⑤ 阿登纳：《阿登纳回忆录（一）》，上海外国语学院德法语系德语组，译。上海：上海人民出版社，1976年，第281页。

达成了《彼得斯贝格议定书》。根据协议书的规定，盟国同意停止对联邦德国绝大部分工业的拆迁，作为回报，联邦德国则同意加入鲁尔国际管制机构[①]。《彼得斯贝格议定书》是联邦德国通向主权国家之路上的一个里程碑。在此之后，不仅对联邦德国工业的拆迁赔偿基本停止，连1100万吨的钢铁生产上限也实际上被取消了。更为重要的是，它还开辟了联邦德国与西方国家关系的新纪元。根据《彼得斯贝格议定书》，联邦德国被允许参加各种国际组织。1950年4月1日，欧洲委员会向联邦德国发出了参加邀请，从而使得其“所丧失的权力在参加鲁尔国际管制机构后不久就得到了补偿”[②]。

(3) 鲁尔问题对法国制定“舒曼计划”的推动作用

鲁尔问题对法国提出“舒曼计划”起到了巨大的推动作用。从客观方面来说，鲁尔国际管制机构的成立不能保证德国让渡鲁尔煤钢工业的产品分配权和经营监督权，并不能一劳永逸地解决鲁尔问题。与此同时，美国也一直要求通过西欧一体化来谋求鲁尔问题的进一步解决。在这种情况下，法国不得不重新考虑解决鲁尔问题的途径。从主观方面来说，解决鲁尔问题则是法国政治家简·莫内（Jean Monnet）个人制定“舒曼计划”的主要动机。

《鲁尔国际管制条约》本身就存在着巨大的漏洞。一方面，鲁尔国际管制机构权力有限。鲁尔国际管制机构的主要职能是确定鲁尔煤钢的出口比例。但是，如果鲁尔国际管制机构的决定得不到欧洲经济合作组织的支持，或者占领当局不去执行它所确定的分配比例，那它的决定就将形同一张废纸。因此，西欧国家普遍怀疑“在占领继续和美国居主导地位的情况下，鲁尔国际管制机构能否被允许在实际意义下发挥作用”[③]。实际上，鲁尔国际管制机构在煤炭分配方面的作用还远远比不上联合国欧洲经济委员会下辖的欧洲煤炭委员会。另外，《鲁尔国际管制条约》对鲁尔工业经营监

---

① U. S. Department of State (ed.). *FRUS, 1949, Volume Ⅲ, Council of Foreign Ministers, Germany and Austria.* Wachington D. C.: GPO, 1974, pp. 343-348.

② GILLINGHAM J. *Coal, Steel, and Rebirth of Europe, 1945-1955: The Germans and French from Ruhr Conflicts to Economic Community.* New York: Cambridge University Press, 1991, p. 215.

③ U. S. Department of State (ed.). *FRUS, 1949, Volume Ⅲ, Council of Foreign Ministers, Germany and Austria.* Wachington D. C.: GPO, 1974, p. 81.

督权的规定也是模糊不清的，鲁尔国际管制机构或军事安全委员会最终能否得到这项权力还是个未知数。另一方面，《鲁尔国际管制条约》只针对鲁尔工业建立国际管制，这本身就是对德国的歧视。随着西德国家的建立和不断发展，该机构的存在必然会引起越来越多的德国人的不满。

这两个体制上的缺陷使鲁尔国际管制机构根本无法满足法国在经济及安全方面的需要。实际上，若无德国和英美占领当局的配合，鲁尔国际管制机构的决议是很难得到贯彻的。朝鲜战争使煤钢产品再次成为全球的抢手货。联邦德国希望趁此机会进一步提高自己的钢铁产量，进而实现国家复兴。而美国出于军事上的需要，也大力支持联邦德国充分发挥自己的工业潜力。因此，美德都企图将更多的炼钢用的焦炭留在联邦德国，根本无暇顾及法国对煤炭的需求。在这场危机中，鲁尔国际管制机构在煤炭分配方面的无能令法国大失所望。"鲁尔国际管制机构没有建立煤矿与单个购买者之间细节上的联系，它不能保证来自鲁尔的焦炭供应，而这正是法国钢铁工业所需要的，法国不再对这一机构抱有幻想，并公开轻视它的作用。"① 由于法国缺少煤炭，当联邦德国钢铁生产能力达到100%时，法国生产能力却只有85%②。随着盟国对联邦德国钢铁工业限制的不断减少，到1952年底，联邦德国"将再次垄断欧洲钢铁市场"③。很明显，鲁尔国际管制机构在未来几年难以防止德国工业在西欧的再次称霸。所以，无论是在经济方面还是在安全方面，鲁尔国际管制机构都无法满足法国的需要。为了能从根本上解决鲁尔问题及欧洲煤钢问题，满足自己在经济及安全方面的需要，法国终于在1950年提出了一种建立在法德和解基础上的、全新的鲁尔政策。正如一位西方学者所说的："认识到鲁尔国际管制机构像芦苇一样微弱，无疑使得舒曼去寻求法国人更可接受的对德问题的新途径。"④

---

① LOVETT A W. The United States and the Schuman Plan, A Study in French Diplomacy 1950-1952. *The Historical Journal*, 1996, 39 (2), p. 430.

② MCKESSON J A. The Schuman Plan. *Political Science Quarterly*, 1952, 67 (1), p. 512.

③ MCKESSON J A. The Schuman Plan. *Political Science Quarterly*, 1952, 67 (1), p. 513.

④ 刘同舜，高文凡:《战后世界历史长编（1950—1951)》，上海：上海人民出版社，1985年，第194页。

从主观方面看，解决鲁尔问题和欧洲煤钢问题无疑是莫内制定“舒曼计划”的主要动机之一。莫内对于欧洲煤钢问题有着清醒的认识。“（德法）双方的共同的天然财富首先是煤和钢。但法德各自占有的煤和钢的数量并不相同，而是互为补充的。煤钢矿脉的天然走向呈三角形，在历史上两国的国界则是人为划定的。这些始非所料的国界线在产业革命时代就已形成，随之而来的是民族主义的诞生。这条人为划定的国界线阻碍了双方的贸易往来，造成了双方的激烈冲突。两国人民中的任何一方如果得到这快三角地带，另一方便会感到安全失去了保证。双方对三角地带的争夺只有通过战争来解决，而战争又只是问题的暂时解决——不过是准备更大规模战争的间歇而已。此外煤钢结合在一起，又是增强军事实力和制造军火武器的关键问题。如果能超越国界的局限，把两国的煤钢结合在一起，既可以剥夺一方的垄断地位，又可以为另一方消除战争威胁。”① 正是基于这种认识，莫内对新成立的鲁尔国际管制机构表现出了极大的不信任：“鲁尔区的煤钢资源也从（1949年）4月份起转交给一个国际机构管理……但因德国已为争取权利而斗争，所以拒绝出席盟国会议。”② 显然，莫内觉得以压制、歧视德国为基础建立的国际机构是不可能真正解决鲁尔问题的。要想解决鲁尔问题，必须实现西欧的一体化。在莫内心中，“舒曼计划”的首要任务就是要解决鲁尔问题。“选择煤钢工业来完成这一步，是因为在德国和其他欧洲国家公众的心目中，鲁尔工业是与战争潜力联系在一起的。”③

1950年5月4日，莫内制定了关于“舒曼计划”的备忘录。5月9日，舒曼在记者招待会上公布了这一计划。6月25日，莫内又制定了实施“舒曼计划”的细则。

笔者认为，在解决鲁尔问题方面，“舒曼计划”有两个明显的优势：

其一，该计划所要建立的煤钢共同体具有超国家性（Supranational）。

---

① 莫内：《欧洲之父：莫内回忆录》，孙慧双，译。北京：国际文化出版公司，1989年，第99页。

② 莫内：《欧洲之父：莫内回忆录》，孙慧双，译。北京：国际文化出版公司，1989年，第86页。

③ U. S. Department of State (ed.). *FRUS, 1950, Volume Ⅲ, Western Europe.* Wachington D. C.: GPO, 1977, p. 706.

“舒曼计划”提出，要建立一个“行使国家主权的新的国际机构”[①] ——高级机构（High Authority）。“该机构将对整个体制的运行负责，其成员由各国政府在平等原则的基础上挑选有独立人格的人组成。”[②] 时任鲁尔国际管制机构执行秘书的乔治·卡伊肯贝克（Georges Kaeckenbeek）依据自己多年从事国际组织工作的经验指出：“在经济领域，没有一个由部长委员会或政府间代表组成的国际机构能满意的工作，没有独立的人格就不可能有国际组织，也不可能有国际公正可言。”[③] 卡伊肯贝克所依据的经验，当然包括他在鲁尔国际管制机构工作的经验。因为鲁尔国际管制机构就是一个典型的经济领域的国家间机构，它常因成员国之间的争权夺利而陷于瘫痪。而在莫内的设计中，新成立的高级机构是由具有超国家性的人员组成的，这些人活动的依据并不是某个成员国的利益，而是全体成员国的整体利益。这样一来，就可以大大减少高级机构各成员之间的摩擦，提高煤钢共同体的决策力。

其二，“舒曼计划”的优势还在于它的平等性。与鲁尔国际管制机构不同，参与“舒曼计划”的各国在地位上是完全平等的。所以，“舒曼计划”特别受到德国人的欢迎。阿登纳在得知“舒曼计划”的内容后兴奋地表示：“法国的建议是建立在平等基础上的……我认为舒曼的建议是法德关系的一个非常重大的发展，其意义是无法再做强调的了。”[④] 而对法国来说，只有消除德国人的抵抗情绪，才能持久有效地解决鲁尔问题，才能真正维护自己的利益。

莫内之所以能创造性地提出“舒曼计划”，是因为他向来崇信法德和解和欧洲联合的思想。早在 1945 年夏，欧洲重建在即的时候，时任法国民族解放委员会军需与武器装备委员的莫内就指出，欧洲的繁荣与必不可少的社会发展意味着欧洲各国应该组成一个联邦，或是一个欧洲实体，使欧

---

① U. S. Department of State（ed.）. *FRUS, 1950, Volume Ⅲ, Western Europe*. Wachington D. C.：GPO，1977，pp. 699-700.

② U. S. Department of State（ed.）. *FRUS, 1950, Volume Ⅲ, Western Europe*. Wachington D. C.：GPO，1977，p. 694.

③ KAECKENBEECK H E, GREEN L C, GOITEIN H. The International Authority for the Ruhr and the Schuman Plan. *Transactions of the Grotius Society, Problems of Public and Private International Law, Transactions for the Year 1951*，1951（37），pp. 9-10.

④ 阿登纳：《阿登纳回忆录（一）》，上海外国语学院德法语系德语组，译。上海：上海人民出版社，1976 年，第 377～378 页。

洲成为一个共同的经济单位[①]。“马歇尔计划”出台后，莫内再次表示：“西欧各国应该把各自的努力化为全欧洲的共同努力，只有成立西欧联邦，才可能把共同的努力化为现实。”[②] 莫内认为，只有消除百年来法德两国的历史积怨，才能真正开启欧洲一体化的历史进程。“只要我们大家能消除对德国工业统治的恐惧心理，对于欧洲联合的最大障碍也就得到了消除，这样才能为欧洲的联合创造必要的经济和政治条件，才能对欧洲的统一起积极促进作用。”[③] “欧洲应在联邦的基础上组织起来，法德联合是欧洲联合的基本因素，从现在起，即应建立发展经济的共同基础，这是法德联合的第一阶段。”[④] 法德和解和西欧联合是莫内制定“舒曼计划”的思想基础，没有这两种思想，莫内是很难想到用“舒曼计划”的方法来解决鲁尔问题的。

**二、六国巴黎会谈中法国与联邦德国在鲁尔问题上的斗争**

1950年6月20日—1951年4月18日，法国、联邦德国、意大利、荷兰、比利时、卢森堡在巴黎进行了关于建立欧洲煤钢共同体的谈判，史称“六国巴黎会谈”。法国在会上的重要目标就是要使联邦德国实实在在地交出鲁尔煤钢工业的经营监督权和产品分配权，联邦德国则千方百计地加以阻止。会议期间，两国在高级机构的权限问题和鲁尔国际管制机构的存废问题上展开了激烈的交锋。

法国希望通过授予欧洲煤钢共同体处置西欧煤钢工业的实权，迫使联邦德国永久性地让渡鲁尔煤钢工业的产品分配权和经营监督权。在“舒曼计划”中，法国赋予了高级机构决定煤钢工业投资、生产、分配的广泛权力，并使其拥有了必要的执行权[⑤]。为了实现鲁尔产品分配权和经营监督权的让渡，法国

---

① 莫内：《欧洲之父：莫内回忆录》，孙慧双，译。北京：国际文化出版公司，1989年，第10页。

② 莫内：《欧洲之父：莫内回忆录》，孙慧双，译。北京：国际文化出版公司，1989年，第312页。

③ 郇庆治，胡瑾，宋全成：《欧洲早期一体化思想与实践研究（1945—1967）》，济南：山东人民出版社，2000年，第88页。

④ 莫内：《欧洲之父：莫内回忆录》，孙慧双，译。北京：国际文化出版公司，1989年，第101页。

⑤ U. S. Department of State（ed.）. *FRUS, 1950, Volume Ⅲ, Western Europe.* Wachington D. C.：GPO, 1977, pp. 693-694, GILLINGHAM J. Coal, Steel, and Rebirth of Europe, 1945-1955：*The Germans and French from Ruhr Conflicts to Economic Community*. New York：Cambridge University Press, 1991, p. 240.

坚持要将建立高级机构作为“舒曼计划”的首要任务。莫内在1950年5月23日会见阿登纳时就指出：“当前主要的目标是立即建立高级机构。”[①] 正如格林哈姆所说的：“莫内设计出了一个基于民主集中制的强有力的机构，并且将执行权集中于其主席手中。”“高级机构是法国草案的核心内容。”[②]

严格来说，此时的联邦德国还没有从法律上收回鲁尔企业的经营权和分配权。即使如此，它仍不想向高级机构让渡自己即将拥有的这两项权力。由于焦炭占钢铁生产成本的70%以上[③]，所以焦煤储量丰富的鲁尔可以生产出比其他国家便宜得多的钢材。如果让高级机构决定西欧钢铁工业的生产、投资、价格和工资，那必然就会损害联邦德国钢铁工业的竞争优势。为了使高级机构“不能干涉鲁尔的复兴、鲁尔传统的运作方式及其在西欧重工业中所扮演的角色”[④]，联邦德国在六国巴黎会谈中尽可能地削弱这一机构所拥有的权力。它不仅反对高级机构决定产品加工方案及参与制定长期生产计划，还与荷兰等一起提出设立部长理事会来牵制高级机构。在一番激烈的争论之后，联邦德国与法国双方最终达成了妥协：一方面，联邦德国原则上接受了高级机构所拥有的巨大的执行权力。它之所以作出重大让步，其原因正如京特·海勒所说的：“如果煤钢联营不能正常的建成，我们的希望就会破灭。”[⑤] 另一方面，联邦德国也成功地限制了高级机构禁止削减煤钢工人工资的权力，前提是：“这一削减的命令是全国总体经济政策的组成部分。”[⑥]

---

① 莫内：《欧洲之父：莫内回忆录》，孙慧双，译。北京：国际文化出版公司，1989年，第119页。

② GILLINGHAM J. *Coal, Steel, and Rebirth of Europe, 1945-1955: The Germans and French from Ruhr Conflicts to Economic Community*. New York: Cambridge University Press, 1991, p. 239.

③ LOVETT A W. The United States and the Schuman Plan, A Study in French Diplomacy 1950—1952. *The Historical Journal*, 1996, 39 (2), p. 437.

④ GILLINGHAM J. *Coal, Steel, and Rebirth of Europe, 1945-1955: The Germans and French from Ruhr Conflicts to Economic Community*. New York: Cambridge University Press, 1991, pp. 240-241.

⑤ GILLINGHAM J. *Coal, Steel, and Rebirth of Europe, 1945-1955: The Germans and French from Ruhr Conflicts to Economic Community*. New York: Cambridge University Press, 1991, p. 242.

⑥ GILLINGHAM J. *Coal, Steel, and Rebirth of Europe, 1945-1955: The Germans and French from Ruhr Conflicts to Economic Community*. New York: Cambridge University Press, 1991, p. 244.

法国与联邦德国之间在取消鲁尔国际管制机构的问题上也展开了激烈的较量。联邦德国一直对鲁尔国际管制机构及其他盟国管制鲁尔的措施心存不满。阿登纳企图趁此次谈判之机迫使法国同意取消鲁尔国际管制机构。他在回忆录中写道："在代表们签署'舒曼计划'的会谈中，还有一个问题需要澄清……那就是鲁尔法规的问题……如果专署（指鲁尔国际管制机构）掌管鲁尔的生产，又让包括所有煤钢联营代表在内的'舒曼计划'的高级机构再去担负同样的工作，那是荒谬的事。"①

但是，莫内和法国领导人却另有考虑。在二战刚结束时，莫内曾向美国《幸福》杂志表示："为了参加国的利益，应将鲁尔的煤钢资源交付给欧洲的权力机构领导和管理。"② 1947 年秋，莫内又对自己的好友克莱顿提出："鲁尔的生产不应仅为德国和其他双边协定所利用，它应对整个欧洲的生产作出贡献。"③ 可见，莫内早期解决鲁尔问题的想法与鲁尔国际管制机构并不矛盾。所以，在 1948 年 8 月 20 日，他曾明确表示"鲁尔国际管制机构在短期内可以提供保护法国现代化的措施，在长期可作为经济一体化的手段"④。由于"舒曼计划"前途未卜，法国并不打算立即取消鲁尔国际管制机构。在 1950 年 5 月 9 日的声明中，舒曼并未敢断言要用新成立的煤钢共同体代替鲁尔国际管制机构，反而表示煤钢共同体应该配合鲁尔国际管制机构的工作⑤。六国巴黎外长会议开始后，法国官方在这一问题上的态度是："很明显鲁尔国际管制机构将被新的机构所代替……但鲁尔协定将不受共同体的影响。"⑥

---

① 阿登纳：《阿登纳回忆录（一）》，上海外国语学院德法语系德语组，译。上海：上海人民出版社，1976 年，第 497 页。

② 莫内：《欧洲之父：莫内回忆录》，孙慧双，译。北京：国际文化出版公司，1989 年，第 10 页。

③ 刘同舜，高文凡：《战后世界历史长编（1950—1951）》，上海：上海人民出版社，1985 年，第 203 页。

④ GILLINGHAM J. *Coal, Steel, and Rebirth of Europe, 1945-1955: The Germans and French from Ruhr Conflicts to Economic Community*. New York: Cambridge University Press, 1991, p. 162.

⑤ U. S. Department of State (ed.). *FRUS, 1950, Volume Ⅲ, Western Europe*. Wachington D. C.: GPO, 1977, p. 694.

⑥ U. S. Department of State (ed.). *FRUS, 1950, Volume Ⅳ, Central East Europe. Soviet Union*. Wachington D. C.: GPO, 1980, p. 740.

到1950年11月有关欧洲煤钢共同体的谈判日渐明朗之时，法国政府终于同意，在"'舒曼计划'有了结果之后，法国就不需要鲁尔法规了"[①]。但是，法德在何时取消鲁尔国际管制机构的问题上却依旧存在着分歧。联邦德国要求将取消盟国对鲁尔的限制作为签署《欧洲煤钢共同体条约》的条件，法国却坚持要到欧洲煤钢共同市场成立之后再取消这一机构。随着《欧洲煤钢共同体条约》签署日期的临近，联邦德国知道大势已去，遂转向要求法国就撤销鲁尔国际管制机构及其他鲁尔管制措施一事给出一个书面的承诺。在英国的支持下，联邦德国终于在《欧洲煤钢共同体条约》签署的当天得到了来自法国的这份承诺。舒曼向阿登纳保证："鲁尔专署和设立这一机构的1949年4月28日伦敦协定，必须在与协约国商定的情况下最迟在煤钢共同市场建成时废止；盟国高级委员会应代表其自身及所属机构（包括监督组织）宣布放弃其在煤钢方面为高级机构所取得的那些职能，即授权后者按照过渡时期协定规定行使这一职能。"[②] 1952年7月25日,美、英、法、荷、比、卢在巴黎签署了《关于停止鲁尔国际管制机构职权和终止建立鲁尔国际管制机构协定》。在1953年2月欧洲煤钢共同市场成立之后，鲁尔国际管制机构的历史使命终于走到了尽头。

巴黎会谈期间，法国与联邦德国间还在鲁尔煤钢工业的非集中化问题上发生了严重的分歧[③]。1950年9月28日，莫内在一份备忘录中提到：高级机构有权批准公司合并和签署专门化（specialization）协定，"有权建立或规范所谓的'共同组织'（Organismes Communs）——一个广泛地包括了联合购买、出售辛迪加、运输工会和压力集团的（法语）概念"[④]。莫内强烈要求对鲁尔煤钢工业实行非集中化改造，并希望将反垄断条款写入未

① U. S. Department of State (ed.). *FRUS, 1950, Volume Ⅳ, Central East Europe, Soviet Union*. Wachington D. C.: GPO, 1980, p. 731. 另见 U. S. Department of State (ed.), *FRUS, 1950, Volume Ⅲ, Western Europe*. Wachington D. C.: GPO, 1977, p. 765.

② 阿登纳：《阿登纳回忆录（一）》，上海外国语学院德法语系德语组，译。上海：上海人民出版社，1976年，第499页。

③ 请参阅本书第四章第二节。

④ GILLINGHAM J. *Coal, Steel, and Rebirth of Europe, 1945-1955: The Germans and French from Ruhr Conflicts to Economic Community*. New York: Cambridge University Press, 1991, p. 256.

来的《欧洲煤钢共同体条约》[①]。与此同时，为了争取美国对上述政策的支持，法国还转而要求解散德国煤炭销售机构[②]。

然而，法国的这些要求遭到了联邦德国政府的强烈反对[③]。联邦德国以有可能会降低本国钢铁工业的生产效益为由，拒不接受对鲁尔煤钢工业纵向的非集中化。至于解散德国煤炭销售机构，得到工业界及工会联合支持的联邦政府更是寸步不让[④]。莫内认为，这不过是德国人的缓兵之计，"鲁尔工业家心里很清楚，如果他们成功地拖延决定，他们将毋庸置疑地取消所有的限制，并将得到比他们所谋求的更多的好处"[⑤]。于是，莫内在1951年1月29日向联邦德国最后摊牌：如果联邦德国再不在解散其煤炭销售机构的问题上让步，法国就将退出六国巴黎会谈[⑥]。然而，联邦德国却没有被莫内的最后通牒所吓倒。巴黎会谈已到了破裂的边缘。

为了挽救危局，美国决定亲自干预谈判。1951年3月2日，麦克洛伊召见阿登纳，提醒他联邦德国已使欧洲煤钢共同体的谈判耽搁了两个月。麦克洛伊宣布，美法别无选择，只得强行在联邦德国工业中推进非集中化。第二天，盟国正式向联邦德国下达了煤钢工业非集中化命令。在美国的强大压力下，阿登纳被迫接受了盟国的要求，同意继续在联邦德国工业中推行非集中化，并在《欧洲煤钢共同体条约》中加入有关反垄断的内容。

---

① 莫内：《欧洲之父：莫内回忆录》，孙慧双，译。北京：国际文化出版公司，1989年，第167页。

② DIEFENDORF J M. FROHN A, RUPIEPER H (eds.). *American Policy and the Reconstruction of West Germany, 1945-1955*. Cambridge: Cambridge University Press, 1996, p. 211. 德国煤炭销售机构，（英语 German Coal Sales Agency，德语 Die Deutsche Kohlenverkauf，简称 DKV），是负责鲁尔煤炭销售的辛迪加。

③ GILLINGHAM J. *Coal, Steel, and Rebirth of Europe, 1945-1955: The Germans and French from Ruhr Conflicts to Economic Community*. New York: Cambridge University Press, 1991, p. 258.

④ LOVETT A W. The United States and the Schuman Plan, A Study in French Diplomacy 1950—1952. *The Historical Journal*, 1996, 39 (2), p. 446.

⑤ GILLINGHAM J. *Coal, Steel, and Rebirth of Europe, 1945-1955: The Germans and French from Ruhr Conflicts to Economic Community*. New York: Cambridge University Press, 1991, p. 279.

⑥ GILLINGHAM J. *Coal, Steel, and Rebirth of Europe, 1945-1955: The Germans and French from Ruhr Conflicts to Economic Community*. New York: Cambridge University Press, 1991, p. 276.

在解决了法国与联邦德国间的众多分歧之后，六国代表终于在1952年4月18日签署了《欧洲煤钢共同体条约》。

### 三、欧洲煤钢共同体对鲁尔煤钢工业的管理与监督

自1947年以来，法国一直希望能通过一个国际组织直接介入鲁尔企业的经营。它的这一愿望最终通过欧洲煤钢共同体得到了实现。高级机构可以通过两条途径对鲁尔企业的日常经营进行干涉。其一，控制企业的新投资。随着资本的不断积累，德国人此时正在加紧对自己的工业进行生产改造。一旦改造完成，鲁尔的煤钢产品肯定会比以前具有更强的国际竞争力。“无论如何，鲁尔的现代化与扩张，将会使（欧洲其他国家）面临严重的威胁。”[①] 为了避免出现这种情况，高级机构被授权对煤钢企业的新投资加以控制：“（高级机构将为煤钢工业）的现代化、生产的远期规划及生产能力的扩张定期制定总的目标。”[②] “如果委员会（高级机构）发现，一项计划的筹资或拟议中的设施的运行涉及与本条约相违背的补贴、援助、保护或歧视，则它依据这些理由而发表的反对意见，具有第十四条意义内的决定的效力（指执行权）。”[③] 其二，欧洲煤钢共同体还可以通过生产配额制对经营权加以干涉。1950年初，由于鲁尔和其他欧洲地区的钢铁工业迅速恢复，欧洲曾一度出现了钢铁过剩危机。为了防止此类情况的再度发生，《欧洲煤钢共同体条约》授权高级机构在必要的时候可以确定西欧钢铁企业的生产配额[④]，以限制鲁尔等地区钢铁生产的过度膨胀。

欧洲煤钢共同体还从煤钢产品的分配入手解决鲁尔问题。为了保证德国以外的欧洲国家能公平地获得鲁尔的煤炭资源，欧洲煤钢共同体采取了以下措施：①建立欧洲煤钢共同市场，防止德国人使用不公正的或带有歧视性的做法分配鲁尔产品。条约规定：“在生产者之间或在消费者之间，特别是在价格和交货条件或运输收费及条件上实行歧视性的措施和做法，以

---

① PARKER W N. The Schuman Plan-A Preliminary Prediction. *International Organization*, 1952, 6 (3), p. 391.

② 戴炳然：《欧洲共同体条约集》，上海：复旦大学出版社，1993年，第23页。

③ 戴炳然：《欧洲共同体条约集》，上海：复旦大学出版社，1993年，第27页。

④ 戴炳然：《欧洲共同体条约集》，上海：复旦大学出版社，1993年，第30页。

及阻碍购买者自由选择供货者的措施或做法……都被认为与煤钢共同市场相抵触，因此，应如本条约的规定，在共同体内废止或禁止。”① ②通过建立分配配额制度，保证在煤炭资源紧缺的状态下其他国家也能获得鲁尔的焦炭供应。《欧洲煤钢共同体条约》第五十九条规定：“高级机构发现共同体在受其管辖的某种或所有的产品上正面临着严重的短缺”，“它将此形势提请（部长）理事会注意……理事会应就高级机构的提议与之磋商，以全体一致议决，确定消费的重点，并确定如何向受其管辖的工业、出口及其他消费部门分配共同体煤钢资源，如果理事会未就（上述）提及的措施达成全体一致的决议，高级机构应不管生产的地点而依据消费与出口，在成员国间分配共同体的资源”②。③欧洲煤钢共同体还通过价格手段干涉鲁尔产品的分配。《欧洲煤钢共同体条约》第六十条明确规定：“歧视性的做法，包括销售者在共同市场内，特别是以购买者的国籍为由，对可比的交易实行不一样的条件的定价方法应予以禁止。”③ 这一措施将保证联邦德国企业在出售鲁尔煤钢产品时会对国内外购买者，尤其是法德两国的购买者采取一视同仁的做法。安全的鲁尔煤炭供应是法国多年来所追求的目标，《欧洲煤钢共同体条约》的上述规定终于使它的这一梦想变成了现实。

至于对鲁尔企业的非集中化，《欧洲煤钢共同体条约》则在《协定与集中》一章中做出专门、详细的规定。20 世纪 60 年代以后，随着煤钢资源战略地位的不断下降，《欧洲煤钢共同体条约》中针对鲁尔的这些规定也不再显得像以前那样重要了。不过，《欧洲煤钢共同体条约》作为欧洲一体化的源起却依然受到人们的重视。时至今日，人们大多已不再关注这一条约在解决鲁尔问题方面所作出的贡献。但笔者必须指出的是，如果不是为了解决鲁尔问题，欧洲煤钢共同体是不可能成立的。

就在欧洲煤钢共同体从经营等方面着手解决鲁尔问题的同时，鲁尔的军事安全问题也通过联邦德国加入北约获得了基本的解决。

朝鲜战争爆发后，美国国务卿艾奇逊与舒曼订立了一项秘密协定：联邦德国的工业潜力将在“舒曼计划”的范围内用来生产纯粹作战物资。这

---

① 戴炳然：《欧洲共同体条约集》，上海：复旦大学出版社，1993 年，第 2 页。
② 戴炳然：《欧洲共同体条约集》，上海：复旦大学出版社，1993 年，第 30～31 页。
③ 戴炳然：《欧洲共同体条约集》，上海：复旦大学出版社，1993 年，第 32 页。

一措施使军事安全委员会所担负的鲁尔煤钢工业的非军事化职责变得有名无实。对德占领结束后，军事安全委员会正式宣布解散。然而，有关鲁尔的军事安全问题却还没有得到彻底的解决。

1950 年 9 月，美国在三国纽约外长会议上正式提出了重新武装联邦德国的问题。尽管美国一再强调重新武装并不是要让欧洲防务“围着鲁尔转”，但法国依旧对此顾虑重重。为了防止德国军国主义的复活，法国于 1950 年 10 月 24 日提出了“普利文计划”，企图建立一支统一指挥、统一组织、统一军备、统一财政，由超国家的高级机构统一领导的欧洲军。“普利文计划”得到了美国和联邦德国的大力支持，但最终却因法国自己的国民议会的否决而胎死腹中。在一番艰苦的努力之后，盟国终于找到了一条重新武装联邦德国的办法，即将 1948 年签订的西欧五国《布鲁塞尔条约》加以修改，让联邦德国加入，同时再让联邦德国加入北约。1954 年 10 月 23 日，盟国与联邦德国达成《巴黎协议》。根据这一协议，西欧联盟将专门设立军备安全局，对包括联邦德国在内的成员国的军备加以约束。有关鲁尔的军事安全问题最终在北约和《巴黎协定》的框架内得到了解决。

欧洲煤钢共同体所创造的平等的、超国家的机制后来为欧共体和欧盟所继承；北约则一直存在至今。半个多世纪以来，鲁尔并没有再次成为德国独霸欧洲的工具，相反却为战后西欧的整体繁荣作出了巨大的贡献。事实证明，欧洲煤钢共同体和北约在解决鲁尔工业国际监督问题方面是成功的，尽管这种成功也与战后世界形势的变迁有着密切的关系。

## 小　结

从外部对鲁尔煤钢工业进行监督，是解决鲁尔问题一个必须且必要的途径。雅尔塔会议之前，英、美、苏三大国都曾提出过肢解德国、将鲁尔与德国其他地区分离的想法。但是雅尔塔会议之后，三大国就相继放弃了这种主张。二战结束后，各大盟国又先后提出了一系列鲁尔工业国际监督方案：法国的方案是，将鲁尔从德国分离出来并置于国际管制之下；苏联的方案是，鲁尔仍是德国一部分，但须对鲁尔工业单独进行四大国管制；

直接占领鲁尔的英国则提出了不分离鲁尔，而只将鲁尔工业国际化的方案以安抚法国人。但不久之后，英国又否决了这一计划，转而谋求只在州一级水平上对鲁尔工业产权实行社会化改造；美国主张将鲁尔问题放在整个德国问题的框架下解决，对于其他三国所提出的单独对鲁尔实行“国际化”和国际管制的计划，它都予以了拒绝。

冷战兴起后，西方决定抛开苏联，单独解决鲁尔煤钢工业的国际监督问题。然而，即便是在西方集团内部，英美与法国在这一问题上的分歧也是巨大的。法国要求将鲁尔煤钢工业的产权、经营权和分配权都国际化，而英美却只同意对分配权国际化予以考虑。在一番激烈争论之后，西方盟国终于在 1949 年初建立起第一个鲁尔煤钢工业国际监督机制——鲁尔国际管制机构。这一机制具有以下几个特点：首先，它是法国压制德国政策的体现；鲁尔国际管制机构只对鲁尔工业进行管制，是对德国的巨大歧视；其次，鲁尔国际管制机构是英美与法国妥协的产物，它只拥有确定鲁尔产品国内消费和国外出口比例的有限权力；第三，鲁尔国际管制机构是一个国家间机构。各国代表常常为了一己私利争吵不休，其行动效率相当低下。

以鲁尔国际管制机构为核心的第一个鲁尔工业国际监督机制显然不能从根本上解决鲁尔工业的外部监督问题：一方面，鲁尔国际管制机构本身的权力十分有限，它既不能保证法国获得对德安全，也不能保证法国平等获取鲁尔原料；另一方面，美国和联邦德国也对鲁尔国际管制机构的存在十分不满。

为了能从根本上解决鲁尔工业的国际监督问题，法国人莫内提出了将西欧所有国家的重工业都置于一个超国家机构控制之下的新计划，即著名的“舒曼计划”。与先前的鲁尔国际管制机构相比，这一新的鲁尔煤钢工业国际监督体制具有以下几个特点：首先，它是法国对德政策转折的标志和结果，在“舒曼计划”中，联邦德国与其他参加国同居于平等地位；其次，“舒曼计划”建立的是一个超国家机构，其行动效率较鲁尔国际管制机构高；第三，欧洲煤钢共同体权力较大，它不仅有权干预所属工业的原料及产品分配，还拥有指导这些工业日常经营管理的大权。这就保证了西欧各国能平等地使用鲁尔的资源，有利于防止德国霸权的重现。以欧洲煤钢共同体为核心的第二个鲁尔煤钢工业国际监督机制不仅成功地解决了困扰欧洲多年的鲁尔问题，也开启了欧洲一体化的新时代。

# 第四章　战后初期鲁尔煤钢工业的改造

## 第一节　战后鲁尔煤钢工业的社会民主化改造——监事会劳资对等共决制[①]和劳工经理制的形成

### 一、监事会劳资对等共决制形成的背景

(1) 战前德国劳资合作机制的发展[②]

劳资共决思想在德国源远流长。早在1848年，法兰克福国民大会就曾提出要在各企业设立企业委员会作为参与决策的机构。德意志帝国时期出现了第一个强制成立基层工人代表组织的法律，要求企业在制定劳动章程前要听取工人基层代表组织的意见。第一次世界大战期间，社会主义自由工会和社民党都支持国家的战争政策，德国政府也制定了《为

① 所谓共决制（英语 Co-determination，德语 Die Mitbestimmung），从狭义上来讲，指的是在企业和超企业水平的决策中工人拥有平等的、数量上均等的份额，即“对等共决”，它不同于共同影响（Die Mitwirkung）及共同建议（Die Mitberatung）。具体而言，就是工会在企业监事会和董事会中拥有与资方同等数量的代表；但从广义上来讲，共决指的是工人直接参与企业、经济乃至其他社会领域的决策和管理的思想及制度，包括共同影响及共同建议权。参见格罗塞尔等：《德意志联邦共和国经济政策及实践》，晏小宝，译。上海：上海翻译出版公司，1992年，第91页。

② 战前劳资合作机制的发展，可参见孟钟捷：《劳资利益团体合作与一战结束前后的德国社会——试论〈斯廷内斯—列金协议〉的起源及其意义》，载《世界历史》，2006年第1期。

祖国支援服务法》，对自由工会的合法地位予以了确认。战争结束时，劳资双方还达成了《施廷内斯—列金协议》，要求在50人以上的企业中成立工人小组，参与企业管理。这一协议已包含了劳资共决的思想。

在一战后的革命和动荡岁月中，《施廷内斯—列金协议》所包括的共决思想更多是以一种中间改良主义出现的。这一思想得到了德国社民党和自由工会的拥护。然而，社民党和自由工会的中间主义路线遭到了左右两翼力量的猛烈批判。左翼的独立社会民主党和“革命者团体”虽然也提出过共决的主张，但他们的共决，其实是一种让工人取得企业主导权的“完全控制权”，与自由工会和社民党的政策相去甚远。右翼的大工业家及其政治代理人则坚决反对工人参与企业的经营管理，而只想通过有限的劳资合作来维持企业和平，谋求企业发展。在革命和罢工的压力下，尤其是在独立社会民主党的积极影响下，社民党政府最终部分地接受了工人在企业中享有共决权的主张，允许基层工人代表组织“企业代表会”，派出1～2名代表参与企业监事会，审查企业收支状况，并在企业发展、社会福利政策等方面拥有广泛的共决权。这一政策最终反映到了1920年2月的《企业代表会法》中①。

随着1918年11月《施廷内斯—列金协议》和1920年2月《企业代表会法》的制定，魏玛时代的德国工人拥有了参与企业管理和社会政策制定的共决权。但是，这些法律的实际执行状况却很不理想。1934年1月，纳粹公布《民族劳动秩序法》，正式取缔了《企业代表会法》。二战结束之后，企业代表会制才在联邦德国得到了全面的贯彻。

鲁尔煤钢工业在德国劳资合作史上拥有着极其重要的地位。有关《施廷内斯—列金协议》的谈判就是在柏林和鲁尔煤钢工业的劳资双方之间同时展开的。十一月革命和魏玛共和国初期，鲁尔区工兵代表会和地方工会也一直是推动共决制向前发展的中坚力量。这些传统是二战后以监事会对等共决制和劳工经理制为核心的新劳资共决制首先在鲁尔煤钢工业中得以实现的重要原因。

---

① 关于企业代表制起源的详细内容，可参见孟钟捷：《德国劳资关系演进中的里程碑：1920年〈企业代表会法〉的发生史研究》，上海：华东师范大学历史系博士学位论文，2005年。

(2) 战后鲁尔区企业代表会和独立工会[①]的重建

工人代表组织的重建是战后鲁尔经济民主化的一个重要特征。这一过程可以大致划分为三个阶段:

从盟军进占鲁尔工业区到1945年7月为第一阶段。在1944年底,盟国远征军最高统帅艾森豪威尔将军宣布,允许德国工人组建自己的工会[②]。之后,鲁尔工人便在反纳粹的德国共产党党员的领导下,迅速开始了工会的重建工作。1945年4月15日,25名来自煤炭和化学工业的工人代表展开了一次关于德国工会未来发展的讨论,并选举出了一个由4名共产党员和1名社民党员组成的“自由德意志煤炭工业工会联合会”领导机构。为了清除纳粹和法西斯的影响,德共希望以德国传统的企业代表会为基础建立一个统一的、中央集权的工会,彻底改变魏玛时代工会林立、互相攻击的局面[③]。4月29日,来自56个矿井的360名代表起草了带有浓厚共产主义色彩的宣言,要求工人能在企业未来的发展中扮演决定性的角色。宣言再次呼吁早日建立统一、集权的鲁尔工会,甚至喊出“所有有阶级意识的工人大团结万岁!所有工人的自由工会联合会万岁!社会主义斗争万岁!”的口号[④]。鲁尔工人强烈的共产主义政治倾向和谋求建立统一工会的愿望是英国所无法接受的。因此,占领当局便以工会组建必须先从企业一级开

---

① 德国的工人代表组织(或称劳方利益代表组织)包括了企业代表会和工会(Gewerkschaft)等。当今德国最大的独立工会组织是德意志工会联合会。截至2006年底共有会员660多万。除此之外,德国还有以下几个规模较大的独立工会组织:德国职员工会(1949年在斯图加特建立,初始会员21.5万人),德国公务员联合会(1949年建立,2005年底拥有127万会员,是德国第二大工会),基督教工会联合会(1955年建立全国组织)。但是,无论是从规模还是从经济民主化中所起的作用来看,在笔者所研究的1945—1955年间的鲁尔区,德意志工会联合会是其他工会组织无法比拟的。在本书中,如无特殊说明,工会都指德意志工会联合会及其下属的各行业工会。

② BARK D, GRESS D. *From Shadow to Substance, 1945-1963*. Oxford: Blackwell, 1993, p. 137.

③ PIETSCH H. *Militärregierung, Bürokratie, und Sozialisierung: zur Entwickelung des politischen Systems in den Städten des Ruhrgebiets, 1945 bis 1948*. Duisburg: Walter Braun Verlag, 1978, S. 83.

④ PIETSCH H. *Militärregierung, Bürokratie, und Sozialisierung: zur Entwickelung des politischen Systems in den Städten des Ruhrgebiets, 1945 bis 1948*. Duisburg: Walter Braun Verlag, 1978, S. 83.

始为由否决了这一针对整个鲁尔区的宣言[①]，英国军政府则一直禁止工人代表组织参与政治活动。但是，无论是以上所提到的矿工代表会议，还是后来在布尔（Buer）、赫恩（Herne）等地召开的工人代表会议，都表现出明显的政治倾向。

这一时期的鲁尔工会运动主要具有以下特点：大多数工人代表组织的领导人都将工人和工会看作是未来一支决定性的政治力量，工人代表组织重建过程中共产主义倾向明显；尽管谋求建立统一工会，但工人代表组织大都停留在单个企业的水平上；军政府阻碍了工人代表组织向更高一级发展。

从1945年7月到1946年2月是战后鲁尔工人代表组织组建的第二阶段。1945年7月5日，英国军政府出台了“英占区工会组建政策”（简称“七月法令”），要求按照民主化、非政治化、保证对德安全以及自下而上等原则对德国工人组建工会的活动进行审查。“七月法令”是英国占领德国后颁布的第一个有关工会重组的法令[②]。在此之后，英占区工会的重建工作被纳入了规范化、法制化的轨道。

为了贯彻“七月法令”，英国占领当局在这一阶段主要采取了三个措施。首先，通过10月份的“工业关系第16号令”，为英占区工会的重建设立了三个不同的阶段，以便将工会的发展进程置于自己的控制之下。这三个阶段分别是：①准备阶段：对工会建立者的政治态度进行审查；举行筹建代表大会并选举理事会；②过渡发展阶段：组建相关常设机构并挑选组成人员，制定详细的组织活动章程；③建立阶段：组建大区（Großer Raumen）至占领区级的工会，此后便可参与政治活动[③]。英国之所以设立

---

① REULECKE J. *Arbeitbewegung an Rhein und Ruhr*. Wuppertal: Peter Hammer Verlag GmbH, 1974, p. 402.

② PIETSCH H. *Militärregierung, Bürokratie, und Sozialisierung: zur Entwickelung des politischen Systems in den Städten des Ruhrgebiets, 1945 bis 1948*. Duisburg: Walter Braun Verlag, 1978, S. 96-97.

③ Industrial Relations Derective, Nr 16, PIETSCH H. *Militärregierung, Bürokratie, und Sozialisierung: zur Entwickelung des politischen Systems in den Städten des Ruhrgebiets, 1945 bis 1948*. Duisburg: Walter Braun Verlag, 1978, S. 97. REULECKE J. *Arbeitbewegung an Rhein und Ruhr*. Wuppertal: Peter Hammer Verlag GmbH, 1974, S. 409-410.

这三个阶段，主要是因为，一旦在工会的组建过程中出现了触犯非政治化和民主化原则的情况，它可以及时加以干涉。

其次，不反对企业代表会的发展，但同时又对其权力进行严格的限制。传统的企业代表会符合英国自下而上的德国工会重建原则。因此，在“七月法令”中，军政府曾明确表示，经合法选举产生的企业代表会将得到占领当局的正式承认[①]。但战后初期鲁尔的企业代表会深受德国共产党的影响。根据德共的一份资料，在受调查的80%的煤炭企业代表会中，有44%的代表支持德共，而同时只有28%和16%的人支持社民党和联盟党。而10月份社民党的一份资料更是认为三分之二的煤炭企业代表会已被置于共产主义的控制之下。在德共的领导下，鲁尔企业代表会积极谋求在鲁尔工业中扩大自己的影响。共产党员汉斯·席翁（Hans Schiwon）在1945年11月14日的煤炭企业代表会联合大会上甚至还提出了没收鲁尔工业巨头财产、将鲁尔煤矿转交公有的要求。不过，大多数德共代表此时还是采取了与其他派别合作的态度，将企业代表会的权力要求主要局限在单个企业当中，如要求对企业总的发展路线的指导权，对企业管理机构的控制权，雇佣及解雇应得到代表会的同意，对劳动合同及分配宿舍有参与决定权等[②]。

英国军政府同意企业代表会在卫生保障、生产安全保障、培训和住房等方面具有参与决定权，但拒绝它对企业发展的指导权。企业代表会可以审查雇佣及解聘的情况，但不能参与决策。按照这些原则重新改组后的企业代表会率先在埃森煤炭股份公司等4家公司中成立，不久便扩展到整个鲁尔地区。新成立的企业代表会的权力是十分有限的。它虽然可以在管理层面前代表工人及职员的利益，但也必须支持管理层的工作以实现企业的生产目标。实际上，新的企业代表会只是一个用来调解劳资关系的工具，并不能对管理层的决定，尤其是有关雇佣和解聘的决定进行否决。直到1946年4月10日，英国军政府才在新的《企业代表会法》中确认了这些

---

① PIETSCH H. *Militärregierung, Bürokratie, und Sozialisierung: zur Entwickelung des politischen Systems in den Städten des Ruhrgebiets, 1945 bis 1948*. Duisburg: Walter Braun Verlag, 1978, S. 102.

② PIETSCH H. *Militärregierung, Bürokratie, und Sozialisierung: zur Entwickelung des politischen Systems in den Städten des Ruhrgebiets, 1945 bis 1948*. Duisburg: Walter Braun Verlag, 1978, S. 103.

企业代表会的合法地位。

第三，反对优先建立英占区统一工会，要求在建立各行业工会的基础上再发展统一的工会组织。由于各地方军政府执行的政策不同，“七月法令”公布后，英占区各地方工会的重建进程也不相同。有的地方军政府在单个企业工会建立后，又允许建立市一级工会组织；另一些地方军政府则是要求先建立行业工会，再建立统一的地方工会。

随着一些地区性工会的建立，以原自由工会领袖博克勒为代表的一些德国工会领导人开始积极推动英占区统一的、高度集中的工会的组建。博克勒的要求遭到了英国军政府的反对。“……工会的重建应具有稳定性和典型代表性。德国人民应当……为工会建立稳定的基础，应当进行稳重而稳步的重建。”[①] “今天的德国工会领导人中有些仍认为统一的工会是一个拥有着巨大力量的潜在武器，而不是一个政治上中立的组织。”[②] 英国之所以反对过早建立集中统一工会，一是因为类似这种工会的自由工会并未能在 1933 年阻止纳粹的上台，二是因为这种工会也不利于非纳粹化。然而，博克勒却以反对共产主义为由而坚持自己的主张。1945 年 11 月 4 日，他在一份名为《为何统一?》的文件中表示，如果不立即将德国工会置于 1933 年之前已经存在的自由工会的影响之下，那它则极有可能会走上“极端主义”的道路。为了迫使博克勒改变态度，军政府还在 11 月 23 日邀请英国职工代表大会代表团到英占区对他及他的追随者进行劝说。后者在一封发自汉堡的信中警告博克勒，“每个成员直接隶属集中的组织，这种体制将会是一种不民主的结构”[③]。占领当局和英国工会都要求德国人通过自下而上的方式，即先建立跨地区行业工会，再向统一工会发展的方式来实现英占区工会的重建。

在军政府及英国工会代表团的强大压力下，博克勒等人最终改变了自己的态度。1945 年 12 月 7 日，他在杜塞尔多夫召开的莱茵－鲁尔区工人

---

① REULECKE J. *Arbeitbewegung an Rhein und Ruhr*. Wuppertal: Peter Hammer Verlag GmbH, 1974, S. 404.

② PIETSCH H. *Militärregierung, Bürokratie, und Sozialisierung: zur Entwickelung des politischen Systems in den Städten des Ruhrgebiets, 1945 bis 1948*. Duisburg: Walter Braun Verlag, 1978, S. 101.

③ REULECKE J. *Arbeitbewegung an Rhein und Ruhr*. Wuppertal: Peter Hammer Verlag GmbH, 1974, S. 407-408.

代表大会上表示："我们必须最终同意并完成我们的工作。如果我们改变我们的计划，这就将是有可能的。即是说，我们必须首先建立自治的工会组织，而暂时放弃我们那更高层次的、更全面的计划。"① 根据博克勒的建议，大会决定首先建立14个行业工会，以为将来筹建统一的工会作准备。

1945年7月—1946年2月是战后鲁尔工会发展的关键时期。在这一时期中，英占区各工会不仅完成了基层组织的重建工作（即英国"工业关系第16号令"所设定的第一阶段），也在一番坎坷之后确立了未来的发展方向——按照英国的意愿，自下而上的建立起一个真正具有资产阶级民主精神的工会组织。这个民主的工会不仅能够成为对抗纳粹专制主义的可靠力量，也能够有效地防止德国被苏联控制。

1946年2月至1947年4月是鲁尔工人代表组织重建的第三阶段。在完成了基层工会的重建之后，鲁尔各行业工会开始通过横向联合走向统一。自1946年2月在埃森召开了煤炭化学工业代表大会起，鲁尔区电力（3月)、金融（4月)、建筑（5月）和木材（9月）等行业也相继召开代表大会。1946年2月17日，盖尔森基兴（Gelsenkirchen)、布尔（Buer)、格拉德巴赫（Gladbeck)、博特罗普（Bottrop）和雷克灵豪森（Recklinghausen）等城市煤矿工会联合组成了盖尔森基兴－布尔（Gelsenkirchen-Buer）地区级（Bezirk）工会组织，该组织是鲁尔三个地区级煤矿工会组织之一（其他两个是埃森－奥博豪森（Essen-Oberhausen）和波鸿－多特蒙德（Bochum-Dortmund)）。以各地区的煤矿工会为基础，英占区煤炭工业工会（Industriegewerkschaft Bergbau，简称 I G Bergbau）在1946年12月8日宣告成立，奥古斯特·施密特（August Schmidt）任主席②。在属于威斯特法伦省的南部鲁尔区，到1946年秋天时共建立了三个地区级五金工业工会。1946年底，西鲁尔也形成了杜伊斯堡为中心的地区级五金工业工会。北莱茵省和威斯特法伦省的省级五金工业工会分别于1946年9月和1947年2月成立。之后不久，英占区统一的五金工会联合会也宣告成立。在

① REULECKE J. *Arbeitbewegung an Rhein und Ruhr*. Wuppertal: Peter Hammer Verlag GmbH, 1974, S. 408.

② WECKELMANN H. *Die Neugründung der IGBE (Industriegewerkschaft Bergbau und Energie) im Ruhrgebiet nach dem Zweiten Weltkrieg*. Unna: Verlag Verf., 2004, S. 14.

各行业工会建立的基础上，英占区德意志工会联合会于 1947 年 4 月在比勒菲尔德成立，博克勒任首任主席。此后，英占区德意志工会联合会的影响不断壮大。其中五金工业工会人数从 1947 年 5 月 13 日的 52.6079 万人上升到 1948 年 12 月的 70.692 万人，煤炭工会联合会人数也从 1947 年 1 月的 31.9630 万人上升到 1948 年 12 月的 47.2261 万人（其中 80%来自鲁尔）①。

独立工会的重建推进了德国西占区与联邦德国的经济民主化：首先，促进了煤钢工业共决制的形成。这点将在下文做详细论述。其次，推动了失业保障机制的建立。1950 年初，在失业工人的抗议和工会、社民党及盟国高级委员会的联合压力下，联邦政府不得不同意进一步改进就业保障体制②。第三，促进了工资制度的完善。在魏玛共和国时代，雇员工资是由国家进行调节的，工会也一直对此表示默认。但二战之后，工会却将工资政策看作是保障工人利益和推动消费的杠杆，于是便不愿在这一问题上继续扮演沉默的小伙伴的角色。在工会的压力下，联邦政府同意，工资不再由国家进行调控，而改由工会与雇主协商确定。1950 年 11 月，五金工业工会提出："在符合现有经济制度的条件下"，引入短期工资协商制度，使工资随价格的波动而及时变化③。在联邦及北威州政府的支持下，工会的主张得到了贯彻。1954 年，联邦德国的工资与价格自币制改革后首次实现了平衡。

（3）鲁尔煤钢重工业产权社会化④的失败

二战之前，鲁尔煤钢工业大都集中在私人垄断集团手中（见表 10）。

---

① PIETSCH H. *Militärregierung, Bürokratie, und Sozialisierung: zur Entwickelung des politischen Systems in den Städten des Ruhrgebiets, 1945 bis 1948*. Duisburg: Walter Braun Verlag, 1978, S. 272-273.

② BOVERMANN R, GOCH S, PRIAMUS H (Hrsg.). *Das Ruhrgebie: Ein Starkes Stück Nordrhein-Westfalen, Politik in der Region 1946-1966*. Essen: Klartext Verlag, 1996, S. 262.

③ BOVERMANN R, GOCH S, PRIAMUS H (Hrsg.). *Das Ruhrgebiet: Ein Starkes Stück Nordrhein-Westfalen, Politik in der Region 1946-1966*. Essen: Klartext Verlag, 1996, S. 273.

④ 一般来讲，在中文中，公有化指产权转归公有，包括国有化和其他形式；社会化不仅包括公有化，也包括经营管理的社会化。中文的国有化和社会化，分别对应英语的 nationalization 和 socialization，以及德语的 Die Nationalizierung \ Verstaatlichung 和 Sozializierung。英语中公有化 publisiation 一词罕见，德语中则不存在这一词语。所以，在涉及这一历史时期的英、德文献中，如不特别注明，是无法知道"社会化"是否包括经营管理权问题。在本书中，社会化包括公有化和共决制的建立。公有化仅指产权，不包括经营权的民主化，即共决制。

占领鲁尔后，英国军政府于1945年12月16日和22日先后没收了克虏伯所辖的钢厂和英占区所有的煤矿，以为将来这些工业的产权变更作准备①。1946年10月21日，英国内阁正式作出了将英占区重工业产权进行社会化的决定②。为了顺利地完成这一计划，贝文还拟定了三个具体的实施步骤：①委任德国托管人；②北威州选举后，建立一个组织，接管产权被社会化的企业；③再根据具体情况，对这些工业实行某种国际管制③。实际上，早在贝文拟定这三个步骤之前，英国军政府就已经开始在其没收的钢铁工业中任命德国托管人了。1946年11月19日，英国决定全面启动该方案的第一步；到次年2月，英占区各主要工业中都已任命了托管人。

**表10 1947—1948年北威州煤炭工业产权结构（%）④**

| | | | | |
|---|---|---|---|---|
| 外国 | 直接参与 | 卢森堡 | 3.588 | 8.96 |
| | | 法 国 | 3.292 | |
| | | 荷 兰 | 1.49 | |
| | | 瑞 士 | 0.418 | |
| | | 比利时 | 0.169 | |
| | | 美 国 | 0.001 | |
| | | 意大利 | 0.001 | |
| | | 奥地利 | 0.0006 | |
| | | 西班牙 | 0.0003 | |
| | 间接参与 | | | 3.26 |

① 参见本书第三章第一节。

② Protokoll of the Meeting of Carbinet, 21.10.1946, STEININGER R (Hrsg.). *Deutsche Geschichte 1945-1961: Darstellung und Dokumnete in Zwei Bänder, Band 2*. Frankfurt am Mainz: Fischer Taschenbuch Verlag, 1983, S. 335.

③ STEININGER R. *Ein Neues Land an Rhein und Ruhr: Die Ruhrfrage 1945/46 und die Entstehung Nordrhein-Westfalen*. Köln: Verlag W. Kohlhammer, 1990, S. 265.

④ ABELSHAUSER W. *Der Ruhr-Kohlebergbau seit 1945*. Müchen: Verlag C. H. Beck, 1984, S. 23.

**续表**

| | | | |
|---|---|---|---|
| 德国国家 | 直接参与 | | 17.18 |
| | 间接参与 | | 1.24 |
| 康采恩 | 联合钢铁公司（Vereinigte Stahlwerke） | 20.69 | 64.94 |
| | 克虏伯 | 7.19 | |
| | 佛理科集团 | 8.80 | |
| | IG 法本股份公司 | 5.26 | |
| | 赫施（Hoesch） | 4.27 | |
| | 克律克纳 | 3.52 | |
| | 哈尼尔（Haniel）集团 | 6.72 | |
| | 曼内斯曼 | 2.92 | |
| | 德意志石油股份公司 | 2.42 | |
| | 下莱茵煤炭股份公司 | 0.17 | |
| | 施廷内斯（Stinnes） | 1.17 | |
| 其他 | | | 4.42 |

值得注意的是，英国虽然提出要通过产权社会化来解决鲁尔问题，但它却只将产权社会化局限于州一级水平上。这是因为，在英国看来，保证英国安全始终是其制定对鲁尔政策的基本出发点，产权社会化也必须为这一目标服务。1946 年 10 月 20 日，贝文在下院演说中明确指出："德国的基础工业过去掌握在与德国军事机构有密切联系的工业巨头们手中，他们资助了希特勒，并且在两次世界大战中成为德国侵略政策的一部分。英国政府不希望看到这些先生们及其同类人恢复以前的权力而加以滥用，以致酿成悲剧，因此，英国军政府已没收了煤钢工业。社会主义愿望在德国从来没有这么强烈过，英国希望支持那些不想再成为工业巨头们灾难性阴谋的工具的德国人。"① 贝文认为，如果将鲁尔工业交给未来的德国中央政府，如此高度集中的工业力量会导致德国报复并最终引起战争，所以希望

---

① EISENBERG C. *Drawing the Line: American Decision to Divide Gernany 1945-1949*. New York: Cambridge University Press, 1996, pp. 272-273.

只在州一级水平上对其产权进行社会化。英国在1946年7月建立北威州的主要原因之一就是准备将鲁尔工业的产权交给新成立的州政府所有。

一般来说，在产权社会化过程中受益最大的应是工人阶级。但是在战后初期，鲁尔工人并不是这一政策最积极的拥护者。在占领当局迟迟没有启动产权社会化的情况下，英占区德意志工会联合会在1946年底已将其经济民主化政策的重心转到了共决制方面；而普通的鲁尔工人，此时则正专注于食品、住房等基本生活保障问题，对产权社会化并不热心①。1946年底和1947年春鲁尔发生的大罢工，也主要是为了增加食品供应和改善工作条件，而不是为了实现企业产权的社会化②。实际上，真正推动鲁尔产权社会化向前发展的是北威州议会中的各德国政党。

社民党要求对鲁尔工业产权实行彻底的社会化改造。早在1945年11月,流亡英国的社民党成员就曾提出过将煤钢等主要工业转交国有的建议③。后来，英占区社民党领导人维克托·阿加茨（Viktor Agartz）又在党代表大会上公开表示，未来德国“国家将接管投资银行、煤、钢等垄断工业”④。1946年12月6日，北威州劳动部部长、社民党人奥古斯特·哈尔布费尔（August Halbfell）制定了一个将煤矿产权转交国家所有的计划：“建立一个国有控股公司，其董事会具有计划、借贷、投资和销售方面的大权；控股公司之下再划分为公司（Betriebsgesellschaft）和矿井（Grossschachtanlagen）两级。”⑤ 以此计划为基础，社民党公有化委员会在1947年

---

① ABELSHAUSER W. *Der Ruhr-Kohlebergbau seit 1945*. Müchen: Verlag C. H. Beck, 1984, p. 30.

② RUDZIO W. Die ausgebliebene Sozialisierung an Rhein und Ruhr: zur Sozialisierungspolitik von Labour-Regierung und SPD 1945-1948 // *Archiv für Sozialgeschichte, XVIII Band*. Bonn: Verlag Neue Gesellschaft, 1978, S. 37.

③ RUDZIO W. Die ausgebliebene Sozialisierung an Rhein und Ruhr: zur Sozialisierungspolitik von Labour-Regierung und SPD 1945-1948 // *Archiv für Sozialgeschichte, XVIII Band*. Bonn: Verlag Neue Gesellschaft, 1978, S. 16.

④ VAN HOOK J. From Socialization to Co-determination: The U. S., Britain, Germany and Public Ownership in Ruhr, 1945-1951. *The Historical Journal*, 2002 (I), p. 158.

⑤ RUDZIO W. Die ausgebliebene Sozialisierung an Rhein und Ruhr: zur Sozialisierungspolitik von Labour-Regierung und SPD 1945-1948 // *Archiv für Sozialgeschichte, XVIII Band*. Bonn: Verlag Neue Gesellschaft, 1978, S. 19.

2月2日与北威州政府和工业界、工会代表协商后决定，直到德国中央政府建立之前，占领当局所任命的煤炭托管人应将其主要的管制权力移交给由政党、工业界和工会代表组成的“煤炭委员会”（Kohlenrat），而煤炭工业也应被改组为国有控股公司、公司和矿井三级。在政府保留巨大权力的前提下，由煤炭委员会负责日常经营活动①。之后，社民党公有化委员会还要求在钢铁工业中也建立类似的组织。

为了能早日实现鲁尔工业产权的社会化，社民党希望先从地方水平上启动这一进程。早在1946年5月，舒马赫就已经明确提出：“社会主义观点下的社会问题，必须先从地方的、临时的和州一级水平上着手，我们已迫不及待地呼吁对重工业的社会化。”1946年10月2日，社民党向首届北威州议会提交了将鲁尔主要工业转交州政府的框架性建议。“在全世界都要求将煤钢工业转交公共所有的时候，州政府需要作出这些决定，以在此道路上迈出不可避免的、必要的一步。”② 1946年11月29日—12月10日访英期间，社民党代表对英占区产权改革进程的缓慢表示了不满③。为了尽快实现自己对煤炭工业的产权改组计划，哈尔布费尔在1946年12月13日取消了计划的细节内容，而“仅仅要求由州政府任命的董事会拥有对既定公司无限的发布指令权和改组权”④。需要指出的是，社民党积极在州一级水平上推动产权社会化，只是它为了尽快完成鲁尔煤钢工业国有化的权宜之计，它并未放弃在中央一级对鲁尔产权进行社会化的政策。1947年1月6日，诺尔廷在一份备忘录中表示：“从实际情况来看，煤、铁等重要原材料差不多是偶然间都聚集到一个州之中，因此必须避免社会化在州一

---

① RUDZIO W. Die ausgebliebene Sozialisierung an Rhein und Ruhr: zur Sozialisierungspolitik von Labour-Regierung und SPD 1945-1948 // *Archiv für Sozialgeschichte, XVIII Band*. Bonn: Verlag Neue Gesellschaft, 1978, S. 21.

② RUDZIO W. Die ausgebliebene Sozialisierung an Rhein und Ruhr: zur Sozialisierungspolitik von Labour-Regierung und SPD 1945-1948 // *Archiv für Sozialgeschichte, XVIII Band*. Bonn: Verlag Neue Gesellschaft, 1978, S. 19.

③ RUDZIO W. Die ausgebliebene Sozialisierung an Rhein und Ruhr: zur Sozialisierungspolitik von Labour-Regierung und SPD 1945-1948 // *Archiv für Sozialgeschichte, XVIII Band*. Bonn: Verlag Neue Gesellschaft, 1978, S. 17.

④ RUDZIO W. Die ausgebliebene Sozialisierung an Rhein und Ruhr: zur Sozialisierungspolitik von Labour-Regierung und SPD 1945-1948 // *Archiv für Sozialgeschichte, XVIII Band*. Bonn: Verlag Neue Gesellschaft, 1978, S. 20.

级进行的可能，要建立一个不能对未来全德社会化产生阻碍的弹性的机制，州一级社会化仅仅是全德社会化的预备阶段。”①

在1946年9—10月北威州首届议会选举之后，社民党开始集中精力推动州议会通过将鲁尔煤炭工业转交北威州所有的法律。社民党的政策得到了德国共产党的支持。德共的产权政策是其按苏联斯大林模式对德国进行改造的总体政策的重要组成部分。虽然斯大林模式与社民党在州一级进行产权社会化的主张相去甚远，但这并不妨碍德共在州议会中对社民党的产权社会化议案表示支持②。与基督教工会成员有着密切联系的基民盟左派，如雅各布·凯泽（Jakob Kaiser）、卡尔·阿诺德等人，都主张在工业产权社会化方面与社民党结成广泛的同盟。即使在保守的阿登纳逐渐取得统治地位后，基民盟仍然主张一种由中央、地方和私人共同参与的混合所有制产权模式。1947年2月3日，英占区基民盟通过了“阿伦纲领”，提出了按照混合所有制原则对鲁尔煤钢工业进行产权社会化的方案：“2. a）……公共法人，如国家、州、乡镇、乡镇联合体，进而还有合作社和企业中的实际工作人员，都应分享企业的权力。还要为企业必须的首创精神留下必要的活动空间；b）另外，在混合制建立之后，这些企业在一人手中的私人资本……应有最高的法律限制；3. 煤炭工业：煤矿具有绝对的垄断性地位，因为关乎国计民生的产品都要从这里获得。因此，第二条所设立的基本原则对它尤其适用，它们应当被公有化……4. 大钢铁工业：它也要走上公有化的道路。”③

德国人的鲁尔煤钢工业产权社会化政策就在北威州议会各政党的斗争与妥协中孕育而生。1947年3月5日，基民盟和自民党占多数的州议会以

---

① Memorandum von Erik Nötig，6. 1. 1947，STEININGER R（Hrsg.）. *Deutsche Geschichte 1945-1961：Darstellung und Dokumnete in Zwei Bänder*，*Band 2*. Frankfurt am Mainz：Fischer Taschenbuch Verlag，1983，S. 339.

② RUDZIO W. Die ausgebliebene Sozialisierung an Rhein und Ruhr：zur Sozialisierungspolitik von Labour-Regierung und SPD 1945-1948 // *Archiv für Sozialgeschichte*，*XVIII Band*. Bonn：Verlag Neue Gesellschaft，1978，S. 25-26.

③ Das Ahlener Programm（Programmatische Erklarung des Zonenausschusses der CDU der britischen Zone auf der Tagung vom 1 und 3 Februar 1947 in Ahlen），STEININGER R（Hrsg.）. *Deutsche Geschichte 1945-1961*：*Darstellung und Dokumnete in Zwei Bänder*，*Band 2*. Frankfurt am Mainz：Fischer Taschenbuch Verlag，1983，S. 117-120.

101∶96否决了由社民党和共产党提出的对鲁尔工业产权进行全面社会化的议案。然而，在1947年4月20日的州议会选举中，基民盟失去了绝对多数的地位，阿登纳所策划的反对全面产权社会化的基民盟—自民党—中央党联盟也宣告破裂。为了使鲁尔煤炭工业早日回到德国人手中，以阿诺德为代表的基民盟左翼积极谋求与左翼政党就产权社会化问题达成妥协。在阿诺德的努力下，基民盟、社民党、共产党等终于暂时消除了分歧，于1947年8月2日联合签署了"北威州议会对煤矿产权关系的共同决定"："为了在煤炭经济中建立可靠的法律和经济关系，州议会向军政府请求，取消对煤炭工业的没收，将产权赋予州政府任命的并由州议会监督的德国托管人。"①

为了早日恢复对鲁尔煤炭工业行使主权，北威州议会各党团建立了临时的同盟。1947年6月—7月间，社民党多次向议会重新提出其修正了的产权社会化议案，要求立即建立一个受州政府监督的煤炭自主管理机构——煤炭委员会，其成员将由社民党、工会、煤矿主和其他代表按比例组成。基民盟则依旧坚持混合所有制原则，坚决反对鲁尔工业的全面公有化。直到1948年4月7日，社民党的议案才最终被州议会三读通过。

然而，北威州议会通过的鲁尔煤矿产权社会化法案却在1948年8月23日遭到了英国军政府的否决："北威州所处置的煤矿是属于国家的财产，因此，所有有着深远影响的政策，只要涉及这些煤矿的产权，也与其他的州相关。所以，军政府支持如下观点，煤炭工业公有化应由德国政府而不是州政府来决定。"② 英国此时会反对只在州一级上对鲁尔煤炭工业产权实行社会化改造，并将其产权问题留给未来的德国中央政府来决定是有原因的。

美国国务院某些官员是同情英国的产权社会化政策的。1946年9月，中欧司司长詹姆斯·里德勒贝格尔（James Riddleberger）表示，产权社会化可以支持脆弱的工人阶级并加强他们的地位③。在1947年初的一份文件

---

① Sitzung des Landtages am 2. August 1947, ABELSHAUSER W. *Der Ruhr-Kohlebergbau seit 1945*. Müchen: Verlag C. H. Beck, 1984, S. 26.

② Mitteilung der britischen Militärregierung and den Landtags Präsidenten von Nordenrhein-Westfalen betr. Szialisierung der Kohlenindustrie, 23. 8. 1948, ABELSHAUSER W. *Der Ruhr-Kohlebergbau seit 1945*. Müchen: Verlag C. H. Beck, 1984, S. 26-27.

③ VAN HOOK J. From Socialization to Co-determination: The U. S. , Britain, Germany and Public Ownership in Ruhr, 1945-1951. *The Historical Journal*, 2002 (I), p. 160.

中，国务院也强调“美国不应该反对德国地方政府对鲁尔工业的公有化”[①]。但是，产权社会化政策却遭到了美国军方，尤其是以克莱为首的军政府的坚决反对。1946年，克莱否决了黑森州的社会化法案。这一做法得到了他在华盛顿的上司——美国陆军部的支持。军方之所以反对英国的产权社会化政策，主要是因为他们担心英国的计划会阻碍鲁尔私有企业的发展。克莱就曾经指出，英国的计划是要使德国经济严密地组织起来，这种观点对美国人来说将是“完全不可接受的”，从长远来看，这将导致计划经济和国家所有制，使私人创造和自由企业得不到发展的空间[②]。此外，军方还担心产权的巨大变更会影响鲁尔的煤炭产量，军政府政治顾问墨菲和陆军部部长帕特森都曾经表达过这种想法。同样，军方也害怕实行产权社会化会将德国经济力量集中在德国政府手中，从而使德国未来再度发动战争的危险大大增加[③]。

为了和国务院及英国达成妥协，美国占领军政府提出由未来的德国中央政府决定鲁尔的产权。克莱在1947年4月29日明确表示：“我们坚持，直到德国政府经选举程序重新建立起来之后，社会主义政策才能在德国人民投票后决定并在单个州的基础上贯彻，我们相信我们必须将社会主义限制到尽可能少的行业，同时保持自由竞争的普遍原则，在我们看来这将代表德国人民的长期意愿。”[④] 军政府经济部部长德雷柏将军在1947年夏制定的内部计划中进一步提出，将鲁尔煤炭工业产权“冷冻”五年，等自由选举的德国中央政府成立之后，再由中央政府决定这些工业的归属；在此之前，由军政府任命的托管机构负责煤矿的生产和管理[⑤]。以此计划为蓝本，克莱制定了内容相同的“托管人计划”。

“马歇尔计划”出台后，美国迫切地要求提高鲁尔煤炭产量。为了防止

---

① U. S. Department of State (ed.). *FRUS, 1947, Volume II, Council of Foreign Ministers, Germany and Austria*. Washington D. C.: GPO, 1972, pp. 220-223.

② BECKER J, KNIPPING F. *Power in Europe: Great Britain, France, Italy and Germany in a Postwar World, 1945-1950*. Berlin: deCruyter, 1986, p. 312.

③ 格罗塞尔等:《德意志联邦共和国经济政策及实践》，晏小宝，译。上海：上海翻译出版公司，1992年，第14页。

④ SMITH J (ed.). *The Papers of General Lucius D. Clay, Germany 1945-1949*. Bloomington: Indiana University Press, 1974, p. 345.

⑤ ABELSHAUSER W. *Der Ruhr-Kohlebergbau seit 1945*. Müchen: Verlag C. H. Beck, 1984, S. 28.

产权的变动对煤产量的恢复造成不利影响，美国决定迫使英国尽快放弃在州一级水平上的鲁尔煤矿产权的社会化政策。克莱在1947年6月间曾多次表示，德国工业产权的社会化应在国家一级决定，关乎国计民生的鲁尔煤钢工业更应是如此[①]。

1947年6月19日，美国国务院、陆军部和海军部召开联席会议，专门对鲁尔煤矿前途问题进行了讨论。会议一开始，帕特森就宣布，陆军部坚决支持克莱反对鲁尔煤矿产权社会化的政策。“我们必须向英国施加压力，停止或推迟此种试验。”海军部部长詹姆斯·福雷斯特（Janmes Forrestal)对帕特森的意见表示赞同：“我们绝不能支持任何产权社会化计划，因为这将为共产主义打开口子。”他还催促马歇尔要在最高级别上向英国施压[②]。为了不使欧洲复兴计划付诸东流，马歇尔也决心采取实际行动反对英国的产权社会化政策。6月24日，他在给克莱的信中提到，他“正在通过英国大使向贝文施压，（告诉他）此时在鲁尔进行的这种试验是不明智的”[③]。至此，国务院与军方已就反对英国鲁尔工业产权州一级社会化政策达成一致。

但是，英国却不愿轻易放弃自己的政策。1947年6月24日，墨菲向马歇尔报告：“面对美国的‘托管人计划’，英国十分困惑，贝文已经决定州一级水平上的产权社会化应立即开始，事实上在北威州的计划已经进行到无法回头的地步。”英国人还表示，产权社会化是英国的决策，不关美国的事[④]。1947年8月12日—9月10日，英美召开了专门讨论鲁尔煤炭工业问题的华盛顿会议。会议一开始，英国代表、军政府政治顾问威廉姆·斯特朗（William Strang）爵士依旧坚持要求在州一级水平上对鲁尔煤炭工业实行公有化改造[⑤]。然而，由于对美国经济上的依赖，英国此时的谈判地

---

① SMITH J (ed.). *The Papers of General Lucius D. Clay, Germany 1945-1949*. Bloomington: Indiana University Press, 1974, p. 372, p. 375.

② U. S. Department of State (ed.). *FRUS, 1947, Volume II, Council of Foreign Ministers, Germany and Austria*. Washington D. C.: GPO, 1972, pp. 927-928.

③ U. S. Department of State (ed.). *FRUS, 1947, Volume II, Council of Foreign Ministers, Germany and Austria*. Washington D. C.: GPO, 1972, p. 931.

④ U. S. Department of State (ed.). *FRUS, 1947, Volume II, Council of Foreign Ministers, Germany and Austria*. Washington D. C.: GPO, 1972, p. 930.

⑤ VAN HOOK J. From Socialization to Co-determination: The U. S., Britain, Germany and Public Ownership in Ruhr, 1945-1951. *The Historical Journal*, 2002 (I), p. 164.

位其实是非常虚弱的。1945 年 12 月 6 日，英国从美国的借款就已经高达 37.5 亿美元[①]。到 1946 年中期，英国的贸易逆差达 22.5 亿美元，位居西欧各国之首[②]。双占区的成立也并未改善英国的处境，它依旧不得不把有限的美元储备用于为英占区的德国人购买粮食。鲁尔煤炭出口所获的利润，远远抵不上英国的占领成本。它在煤炭工业产权问题上屈从于美国也是必然之势。

实际上，在 1947 年 8 月—9 月的华盛顿会议之前，英国自己的鲁尔工业产权社会化政策也已经发生了改变。当以贝文为首的外交部制定了州一级产权社会化政策后，英国政府内部有许多官员都对这一政策表示了不满。海德就坚持必须由未来德国中央政府来控制鲁尔，并因此与上司贝文发生了冲突。海德的继任者弗朗西斯·帕肯汉姆（Francis Parkenham）勋爵也明确表示，在产权社会化问题上，他反对贝文的观点[③]。军政府高级执行官迈克尔·贝尔福（Micheal Balfour）少将则指出："军政府同意公有化政策，绝不是因为他们被这一政策所说服了。"英国军政府是在工党政府上台之前就组建完成的，它的主要官员，如罗伯逊中将、两任经济部部长米尔斯爵士和塞西尔·威尔（Cecil Weir）爵士都和工党的经济主张相左。所以，在贝文苦口婆心地劝说美国接受鲁尔产权社会化政策的同时，罗伯逊却在有意地拖延这一政策的执行[④]。

除了美国之外，法国、低地国家都反对英国将鲁尔工业交给德国政府所有，苏联也对英国没收鲁尔煤钢工业的做法十分不满[⑤]。就连德国社民党内也有一些人对英国人只在州一级对鲁尔工业产权进行社会化改造的真

---

① RUDZIO W. Die ausgebliebene Sozialisierung an Rhein und Ruhr: zur Sozialisierungspolitik von Labour-Regierung und SPD 1945-1948 // *Archiv für Sozialgeschichte, XVIII Band*. Bonn: Verlag Neue Gesellschaft, 1978, S. 11.

② U. S. Department of State (ed.). *FRUS, 1947, Volume Ⅲ, British Commonwealth, Europe*. Washington D. C.: GPO, 1972, p. 230.

③ RUDZIO W. Die ausgebliebene Sozialisierung an Rhein und Ruhr: zur Sozialisierungspolitik von Labour-Regierung und SPD 1945-1948 // *Archiv für Sozialgeschichte, XVIII Band*. Bonn: Verlag Neue Gesellschaft, 1978, S. 6.

④ RUDZIO W. Die ausgebliebene Sozialisierung an Rhein und Ruhr: zur Sozialisierungspolitik von Labour-Regierung und SPD 1945-1948 // *Archiv für Sozialgeschichte, XVIII Band*. Bonn: Verlag Neue Gesellschaft, 1978, S. 13.

⑤ RUDZIO W. Die ausgebliebene Sozialisierung an Rhein und Ruhr: zur Sozialisierungspolitik von Labour-Regierung und SPD 1945-1948 // *Archiv für Sozialgeschichte, XVIII Band*. Bonn: Verlag Neue Gesellschaft, 1978, S. 14.

实用意表示怀疑[①]。处在内外交困中的贝文不得不在1947年春向内阁提议暂缓在州一级上对鲁尔产权进行社会化[②]。因此，在华盛顿会议上，当美国表示愿意取消煤炭工业五年的冷藏期之后，英国代表便于1947年8月24日接受了美国的“托管人计划”[③]。

1947年9月10日，英美在华盛顿会谈公报中公布了对鲁尔煤炭工业产权的处置：在尽可能早的时间里，通过合法选举建立德国中央政府，再由中央政府决定煤炭工业产权的归属；在此之前，由军政府任命的托管机构负责这些工业的生产和管理[④]。正是在这一背景下，英国军政府于1948年8月拒绝了北威州议会接管鲁尔煤炭工业的要求。1948年11月，英美军政府制定了75号法令，要求在鲁尔钢铁工业中也建立产权托管制度，并再次强调将鲁尔工业产权交由未来德国的中央政府决定。联邦德国建立后，美国驻德高级专员麦克洛伊于1949年9月14日向国务院建议，保护德国的自由经济，进一步减少鲁尔工业产权社会化的可能。“对我而言，德国的自由企业体系是最符合美国的观点和安全需要的，如果德国工业产权的社会化是新议会的意愿的话，我们不应积极地反对它，与此同时，对其倾向于自由经济的所有政策，我们也不能施加任何影响。”[⑤]因此，在一份旨在取代75号法令的草案中，麦克洛依公然要求取消有关“工业产权交由未来德国的中央政府决定”的内容。英国认为，这一做法实际上宣告了鲁尔煤钢工业产权社会化的“死亡”[⑥]。实际上，不仅是保守势力

---

① VAN HOOK J. From Socialization to Co-determination: The U. S., Britain, Germany and Public Ownership in Ruhr, 1945-1951. *The Historical Journal*, 2002 (I), p. 161.

② U. S. Department of State (ed.). *FRUS, 1947, Volume II, Council of Foreign Ministers, Germany and Austria*. Washington D. C.: GPO, 1972, p. 998.

③ U. S. Department of State (ed.). *FRUS, 1947, Volume II, Council of Foreign Ministers, Germany and Austria*. Washington D. C.: GPO, 1972, p. 953.

④ CARLYL M (ed.). *Documents on International Affairs, 1947-1948*. London: Oxford University Press, 1952, p. 662.

⑤ VAN HOOK J. From Socialization to Co-determination: The U. S., Britain, Germany and Public Ownership in Ruhr, 1945-1951. *The Historical Journal*, 2002 (I), p. 173.

⑥ VAN HOOK J. From Socialization to Co-determination: The U. S., Britain, Germany and Public Ownership in Ruhr, 1945-1951. *The Historical Journal*, 2002 (I), p. 176.

(基民盟右派、自民党和德意志党)，连原先支持产权社会化的左派此时也对这一政策的实现丧失了信心。罗伯逊在1950年4月19日报告中说，基民盟左翼已经在产权社会化方面没有了“动力”。社民党也不得不在1950年承认，1947年华盛顿会议之后，鲁尔工业产权的社会化实际上已经失败。“在‘马歇尔计划’所决定的自由经济背景下，这一政策已无望成功。”随着盟国逐步将鲁尔产权问题“冷冻”起来，德国社民党也和德意志工会联合会一样，将经济民主化政策的重心放在了共决制上①。

**二、战后德国西占区及联邦德国工会劳资共决政策的新发展与“煤钢共决指导方针”的达成**

(1) 战后英占区工会提出监事会劳资对等共决制和劳工经理制

二战之后，联邦德国建立了较为完善的劳资共决机制。这一制度既包括传统的基层企业层面的劳资合作共决制——企业代表会制，也包括在上层企业层面上所实行的监事会劳资共决制和劳工经理制。在企业监事会和经理委员会中所采取的劳资共决制，是联邦德国劳资合作机制的一大进步。它的形成是战后德国西占区及联邦德国工会贯彻监事会劳资对等共决制和劳工经理制的成果。

英占区工会在1946年底形成了以劳资共决制为核心的新的经济民主化政策。这一政策的形成与当时鲁尔工业社会化改革的迟缓有着直接的关系。根据1920年《企业代表会法》，企业代表会拥有参与企业监事会的共决权。1946年初，克律克纳、克虏伯、鲁尔钢铁股份公司(Ruhrstahl AG)和曼内斯曼(Mannesmann)等几大鲁尔钢铁公司的企业代表会先后向各自企业的管理层提出了参与企业监事会或经理委员会的请求②。英占区工会不仅支持企业代表会重新获得原《企业代表会法》中所赋予的共决

① VAN HOOK J. From Socialization to Co-determination: The U. S., Britain, Germany and Public Ownership in Ruhr, 1945-1951. *The Historical Journal*, 2002 (I), p. 175.

② Einleitung, BRACHER K, MORSEY R, SCHWARZ H (Hrsg.). *Quellen zur Geschichte des Parlamentarismus und der politischen Parteien, Vierte Reihe, Deutschland seit 1945, Band 6, Neubeginn bei Eisen und Stahl im Ruhrgebiet, die Beziehungen zwischen Arbeitgebern und Areitnehemern in der nordrhein-westfalischen Eisen und Stahlindustrie 1945-1948*. Düsseldorf: Droste Verlag, 1990, S. 77-78.

权，还积极谋求扩大这一权力。“新的企业代表会法不仅必须重新赋予1920年2月20日《企业代表会法》中所包含的工人的代表权，也必须保证企业代表会在国家民主重建和经济复兴方面的权利。这些权利包括企业代表会在企业所有社会和劳动事务中的共决权，以及在生产和产品分配的决策方面所享有的共决权。”①

但是，鲁尔煤炭企业代表会浓厚的共产主义倾向引起了英国军政府的担忧。为了阻止德共势力的发展，军政府对企业代表会的共决权作出了严格的限制：它虽然可以在管理层面前代表工人及职员的利益，但也必须支持管理层的工作以实现企业的生产目标。实际上，新的企业代表会只是一个用来调解劳资关系的工具，并不能对管理层的决定，尤其是有关雇佣和解聘的决定进行否决。在企业内部，企业代表会其实是依附于管理层的。管理层不仅有权将企业代表会成员开除，也有权削减企业代表会的使用资金。1946年4月10日，军政府公布了新的《企业代表会法》，正式取消了企业代表会在1920年《企业代表会法》第66条第一款中所拥有的一项重要的共决权——通过建议支持企业领导的权力②。军政府的政策显然不能满足工会在劳资共决方面的要求。

与此同时，占领当局和工业界对鲁尔工业产权社会化的一再拖延，也进一步促进了工会以劳资共决制为核心的新经济民主化政策的形成。在1945年8月21—23日的比勒菲尔德大会上，英占区工会代表埃里希·波特霍夫（Erich Potthoff）提出了将工会工作重心由公有化转向共决制的建议。1946年12月4日，工会主要领导人在一次内部讨论中更是明确提出，应在更广泛的概念上实现公有制——即通过共决制来实现产权的改造：“社会化的问题，是不能通过将产权转交国家所有来解决的。它取决于如下措施：是否劳动人民的共决权，可通过其职业代表组织——工会

---

① Einleitung, BRACHER K, MORSEY R, SCHWARZ H (Hrsg.). *Quellen zur Geschichte des Parlamentarismus und der politischen Parteien, Vierte Reihe, Deutschland seit 1945, Band 6, Neubeginn bei Eisen und Stahl im Ruhrgebiet, die Beziehungen zwischen Arbeitgebern und Areitnehemern in der nordrhein-westfalischen Eisen und Stahlindustrie 1945-1948*. Düsseldorf: Droste Verlag, 1990, S. 85.

② Gesetz Nr. 22, Betriebrät, 10.04.1946. *Amtsblatte der Militärregierung, britischen Kontrollgebiet, Deutschland. Nr. 9*. [S.l.], [s.n.], [1946], S. 197-199.

获得足够的权力来实现。迄今为止各行业都还没有提出这一政策。由于以下的这些障碍，社会化无法被实现：军政府专门机构和某些新的在德国人领导下的机构只想对基础工业的组织机构作出极少的变动；但不仅是这些人想保持这一结构，更多的是那些原有的管理层，他们几年甚至几十年控制着康采恩。所有这些力量都不能理解工会圈子中进一步推动社会化的想法；为了让此次战争之后的社会化不像 1918 年之后那样付诸东流，劳动人民期待，更多的是要采取措施，以使社会化的实现能向前更进一步。"①

由于占领当局和工业界的阻挠，鲁尔工业中企业代表会制的恢复和产权社会化的改革被一再拖延。在这种情况下，从魏玛共和国的历史中吸取了教训的工会，决心不能再像以前那样轻信资本家和当局，而要在工业界恢复元气并重新控制经济之前，使工会被承认拥有与资方对等的决策权。工会已不满足于只拥有参与制定工资这类的共决权，他们要求的是在各级水平上的对等共决②。1946 年底，英占区工会正式搁置了产权社会化政策，确立了以劳资共决为核心的经济民主化方针，其主要内容除包括恢复和完善企业代表会制外，还包括：①通过工人代表对等参与监事会，并有权在经理委员会中任命一名与其他经理具有同等权力的劳工经理，在企业中实现劳资对等共决。工会还保证所选举的监事会代表中至少有两人来自企业代表会③；②在超企业层次上也要实现共决；在 1946 年 12 月 4 日的会议上，工会领导人就提出，要在被改组的工业部门中建立工人代表对等参与

① Dok. Nr. 70, BRACHER K, MORSEY R, SCHWARZ H (Hrsg.). *Quellen zur Geschichte des Parlamentarismus und der politischen Parteien, Vierte Reihe, Deutschland seit 1945, Band 6, Neubeginn bei Eisen und Stahl im Ruhrgebiet, die Beziehungen zwischen Arbeitgebern und Areitnehemern in der nordrhein-westfalischen Eisen und Stahl-industrie 1945-1948*. Düsseldorf: Droste Verlag, 1990, S. 292.

② Protokoll der ersten Gewerkschaftskonferenz der britischen Zone, Hannover, März, 1946, TURNER I (ed.). *Reconstruction in Post War Germany: British Occupation Policy and Western Zones, 1945-1955*. Oxford: Berg, 1989, p. 275.

③ Dok. Nr. 61, BRACHER K, MORSEY R, SCHWARZ H (Hrsg.). *Quellen zur Geschichte des Parlamentarismus und der politischen Parteien, Vierte Reihe, Deutschland seit 1945, Band 6, Neubeginn bei Eisen und Stahl im Ruhrgebiet, die Beziehungen zwischen Arbeitgebern und Areitnehemern in der nordrhein-westfalischen Eisen und Stahl-industrie 1945-1948*. Düsseldorf: Droste Verlag, 1990, S. 275-278.

的、负责制定整个工业部门改革方针的协商会议[①]；③反对建立混合所有制[②]。1946年10月15日，英占区工会领导人博克勒在与占领当局下辖的北德钢铁局（North German Iron and Steel Control，简称NGISC）的会谈中，首次提出了在钢铁工业中共享权力的要求。“最广泛的工人的共决是有必要的。工人是推动经济发展的主要因素。人们迫切地希望能够在各地被邀请参与决策。工人希望在最大限度上参与公司的监事会和领导机构。”[③]

（2）鲁尔钢铁工业的非集中化改造与监事会劳资共决制和劳工经理制的初创

占领当局原本对共决制没有太大的兴趣。但到了1946年底，军政府北德钢铁局竟主动接受了英占区工会对等共决的要求。它之所以会如此做，原因之一是防止共产主义思潮在鲁尔的传播。“只有工人相信正在尽一切力量改进战败所引起的恶劣状况时，他们才能加以忍受。因此，必须给予他们肩负起领导职责的第二次机会。”[④] 在占领当局看来，与在企业代表会的压力下建立共决制相比，通过工会建立共决制能更好地防止共产主义思潮在鲁尔基层企业中的传播。“在单个钢铁工厂中，企业代表会，一个更左的且不如工会有责任感的组织，正在迫使管理层作出让步，而这些让步中很多是专制的和不现实的。如果让工会参与管理……并能防止工业中的劳

---

① Dok. Nr. 70, BRACHER K, MORSEY R, SCHWARZ H (Hrsg.). *Quellen zur Geschichte des Parlamentarismus und der politischen Parteien, Vierte Reihe, Deutschland seit 1945, Band 6, Neubeginn bei Eisen und Stahl im Ruhrgebiet, die Beziehungen zwischen Arbeitgebern und Areitnehemern in der nordrhein-westfalischen Eisen und Stahlindustrie 1945-1948*. Düsseldorf: Droste Verlag, 1990, S. 292-293.

② Zoneausschuss der Gewerkschaften der Britischen Zone, Leitsätz der Gewerkschaften zur Sozialisierung, 27. 01. 1947, TURNER I (ed.). *Reconstruction in Post War Germany: British Occupation Policy and Western Zones, 1945-1955*. Oxford: Berg, 1989, p. 285.

③ Dok. Nr. 63, BRACHER K, MORSEY R, SCHWARZ H (Hrsg.). *Quellen zur Geschichte des Parlamentarismus und der politischen Parteien, Vierte Reihe, Deutschland seit 1945, Band 6, Neubeginn bei Eisen und Stahl im Ruhrgebiet, die Beziehungen zwischen Arbeitgebern und Areitnehemern in der nordrhein-westfalischen Eisen und Stahlindustrie 1945-1948*. Düsseldorf: Droste Verlag, 1990, Dusseldorf, Droste Verlag, 1990, S. 279.

④ GILLINGHAM J. *Coal, Steel, and Rebirth of Europe, 1945-1955: The Germans and French from Ruhr Conflicts to Economic Community*. New York: Cambridge University Press, 1991, p. 203.

工骚乱，虽然这只是万里长征的第一步。”①

另一个原因，则是换取工会对非集中化的支持。1946 年底，英国军政府北德钢铁局开始了对鲁尔钢铁工业的大规模非集中化改造。但军政府的这一政策遭到了英占区各界，尤其是工业界的坚决反对。由于在非集中化问题上和工业界闹得很僵，钢铁托管人丁克尔巴赫很早就开始谋求工会对自己非集中化政策的支持②。在 1946 年 12 月 14 日的会谈中，北德钢铁局向英占区工会通报了非集中化方案的细节，并将劳资共决的内容加入其中。“新的企业将产生一个特殊的经理委员会。经理委员会的组成将通过我们与工会详细的协商后决定。每个新企业都将有一个监事会。关于监事会的组成必须达成一种谅解。要确信工人和工会在其中拥有与工业界所任命的代表同样数量的代表。”③ 英占区工会对占领当局的非集中化政策并没什么好感。一位德意志工会联合会领导人曾在 1946 年 8 月 20 日指出：“基础工业不应被非集中化……它们是由系统发展的技术需求所决定的。”后来，博克勒在英占区德意志工会联合会成立大会上也明确表示，由于纯经济的原因，钢铁企业将会重新集中④。但是，为了能最终实现劳资对等共决的理想，博克勒在 1946 年 12 月 14 日的会议上决定接受军政府的建议，在对鲁尔钢铁工业进行非集中化的过程中实践监事会劳资对等共决制和劳

---

① VAN HOOK J. From Socialization to Co-determination: The U. S., Britain, Germany and Public Ownership in Ruhr, 1945-1951. *The Historical Journal*, 2002 (I), p. 167.

② Dok. Nr. 66, BRACHER K, MORSEY R, SCHWARZ H (Hrsg.). *Quellen zur Geschichte des Parlamentarismus und der politischen Parteien, Vierte Reihe, Deutschland seit 1945, Band 6, Neubeginn bei Eisen und Stahl im Ruhrgebiet, die Beziehungen zwischen Arbeitgebern und Areitnehemern in der nordrhein-westfalischen Eisen und Stahlindustrie 1945-1948*. Düsseldorf: Droste Verlag, 1990, S. 287.

③ Dok. Nr. 73b, BRACHER K, MORSEY R, SCHWARZ H (Hrsg.). *Quellen zur Geschichte des Parlamentarismus und der politischen Parteien, Vierte Reihe, Deutschland seit 1945, Band 6, Neubeginn bei Eisen und Stahl im Ruhrgebiet, die Beziehungen zwischen Arbeitgebern und Areitnehemern in der nordrhein-westfalischen Eisen und Stahlindustrie 1945-1948*. Düsseldorf: Droste Verlag, 1990, S. 300.

④ Protokoll des Grundungkongresses des Deutschen Gewerkschaftsbundes fur die britische Zone vom 22 bis 25 April 1947 in Bielefeld, TURNER I (ed.). *Reconstruction in Post War Germany: British Occupation Policy and Western Zones, 1945-1955*. Oxford: Berg, 1989, p. 284.

工经理制[①]。在取得工会的谅解之后，北德钢铁局于1947年1月17日正式公布了对鲁尔钢铁工业进行非集中化的“分割行动计划（Operation Severance）”[②]。

为了减少经济民主化对自身利益的损害，少数鲁尔工业巨头也被迫暂时对英占区工会的共决要求表示支持。早在1946年初由原普鲁士内政部部长卡尔·泽韦林（Carl Severing）主持召开的会议上，博克勒就已经向工业界提出了在大工业中实行对等共决的主张[③]。之后，双方曾就共决问题多次举行谈判，但并未取得成果。不难理解，无论是产权社会化、非集中化，还是对等共决制，都直接触犯了鲁尔工业巨头们的利益。然而，在战后自身和企业都受到严重威胁的情况下，这些大工业家已经无力全面扭转鲁尔民主化改造的潮流。在他们看来，产权社会化的威胁是最严重的，产权的分散则是他们根本无法接受的。共决制原本也不为工业界所接受。1946年间，各大钢铁公司曾多次拒绝企业代表会和工会参与公司监事会的要求[④]。但是，为了最大限度地保护自己的利益，当鲁尔工业的非纳粹化和民主化大规模展开之后，鲁尔工业家决定在对等共决制方面作出让步，以换取工会和自己一起反对占领当局对鲁尔钢铁工业的非集中化。“鲁尔管理层在受到最近的牢狱之灾和工厂混乱状况的震动之后，准备接受工会提出的共决制，因

---

① Dok. Nr. 73a, BRACHER K, MORSEY R, SCHWARZ H (Hrsg.). *Quellen zur Geschichte des Parlamentarismus und der politischen Parteien, Vierte Reihe, Deutschland seit 1945, Band 6, Neubeginn bei Eisen und Stahl im Ruhrgebiet, die Beziehungen zwischen Arbeitgebern und Areitnehemern in der nordrhein-westfalischen Eisen und Stahlindustrie 1945-1948*. Düsseldorf: Droste Verlag, 1990, S. 296.

② “分割行动计划”既对鲁尔钢铁工业进行了分散重组，又在新独立的钢铁企业中建立监事会劳资对等共决制和劳工经理制。笔者将在本章第二节重点讨论该计划中有关企业重组的内容。

③ Einleitung, BRACHER K, MORSEY R, SCHWARZ H (Hrsg.). *Quellen zur Geschichte des Parlamentarismus und der politischen Parteien, Vierte Reihe, Deutschland seit 1945, Band 1, Montanmitbestimmung*. Düsseldorf: Droste Verlag, 1984, S. XXVI.

④ Einleitung, Dok. Nr. 44, Nr. 45, BRACHER K, MORSEY R, SCHWARZ H (Hrsg.). *Quellen zur Geschichte des Parlamentarismus und der politischen Parteien, Vierte Reihe, Deutschland seit 1945, Band 6, Neubeginn bei Eisen und Stahl im Ruhrgebiet, die Beziehungen zwischen Arbeitgebern und Areitnehemern in der nordrhein-westfalischen Eisen und Stahlindustrie 1945-1948*. Düsseldorf: Droste Verlag, 1990, S. 77-78, S. 245-246, S. 246-247.

为这可能是对他们最小的威胁。”“在现在的危机中，什么也不做只能使已经十分严重的形势变得更加严重，权力共享已是不可避免。”[①] 就在北德钢铁局公布非集中化计划的第二天（1947 年 1 月 18 日），克律克纳等大钢铁公司致信英占区工会领导人，同意接受共决制[②]。钢铁巨头们在随后给英占区经济管理局（Verwaltungsamt für Wirtshcaft der Britischen Zone，简称 VAW）的信中表示：“我们真诚地愿意给予职工和工会充分的参与管理权，我们不愿意无视这种新时代的要求，我们完全同意职工参与钢铁工业部门大企业的领导以及监事会的工作。”[③] 这是“经济民主时代的新曙光”[④]。

然而，工业家们的让步为时已晚。公布“分割行动计划”后，得到英占区工会支持的北德钢铁局便开始按部就班地贯彻这一计划。军政府坚定地表示：“新建公司的监事会中包括 50%的雇员代表，这一制度……和非卡特尔化将推广到 90%的工业中。”[⑤]

伦敦也对共决制在英占区的发展表示默认。贝文在 1946 年 6 月 11 日曾明确指出，在军政府没收鲁尔钢铁工业之后，“德国工人应参与决策”[⑥]；1947 年 8 月，他还接受了北德钢铁局在钢铁企业中设立劳工经理的事实。

---

① GILLINGHAM J. *Coal, Steel, and Rebirth of Europe, 1945-1955: The Germans and French from Ruhr Conflicts to Economic Community*. New York: Cambridge University Presse, 1991, p. 198.

② Jarres bietet der Einheitgewerkschaft die Gleichstellung von Kapital und Arbeit. BILLSTEIN R (Hrsg.). *Neubeginn ohne Neuordnung: Documente und Materialien zur Politischen Weichenstellung in den Westezonen nach 1945*. Köln: Pahl-Rugenstein, 1984, S. 138-139.

③ ABELSHAUSER W. *Der Ruhr-Kohlebergbau seit 1945*. Müchen: Verlag C. H. Beck, 1984, S. 59.

④ GILLINGHAM J. *Coal, Steel, and Rebirth of Europe, 1945-1955: The Germans and French from Ruhr Conflicts to Economic Community*. New York: Cambridge University Press, 1991, p. 200.

⑤ GILLINGHAM J. *Coal, Steel, and Rebirth of Europe, 1945-1955: The Germans and French from Ruhr Conflicts to Economic Community*. New York: Cambridge University Press, 1991, p. 203.

⑥ Dok. Nr. 185, BRACHER K, MORSEY R, SCHWARZ H (Hrsg.). *Quellen zur Geschichte des Parlamentarismus und der politischen Parteien, Vierte Reihe, Deutschland seit 1945, Band 4, Die Ruhrfrage 1945/46 und die Entstehung des Landes Nordrhein-Westfalen: britische, französische und amerikanische Akten*. Düsseldorf: Droste Verlag, 1988, S. 871.

不过，贝文却希望英占区能按英国的劳资关系模式发展劳资协商机制，反对德意志工会联合会的共决路线。直到 1947 年 9 月，贝文才基本接受了北德钢铁局和德意志工会联合会在钢铁企业中所设立的监事会对等共决制。

英国军政府在 1947 年初接受了英占区工会的建议，在鲁尔钢铁工业中开创了一种新的共决模式：在公司监事会中，成员由劳方和资方各 5 名代表，外加 1 名托管局代表组成；资方代表由 4 名股东和 1 名其他人员，劳方代表也由 4 名雇员代表和 1 名其他人员组成；3 名经理中也包括 1 名由工会提名的劳工经理。之后，英占区德意志工会联合会开始谋求使共决制超出新独立公司的水平，在超企业、超行业乃至整个经济领域实行共决，从而使工会在社会经济中的作用空前扩大，实现德国的经济民主化。为此工会书记路德维希·罗森贝格（Ludwig Rosenberg）甚至提出要建立由有组织的劳工和有组织的工业家组成的经济议会（Wirtschaftkammern）的计划。经济议会将对工业计划作出决策，拥有执行权和广泛的控制权，包括规定价格、颁发执照以及分配定额，它还可以监督竞争、信贷和股票交易，如果有必要的话，它还可以关闭不景气的公司，这一机构将建立在县、州和国家水平上，它的活动将不受国家干预①。

联邦德国成立后，德意志工会联合会更加坚定地推动着自己的新共决政策。在 1949 年 10 月 12—14 日德意志工会联合会成立大会（慕尼黑）上，当选为主席的博克勒将共决作为了中心议题。1950 年 1 月 25 日，德意志工会联合会为超企业共决制定了一个新的方案："工会认为，在超企业和企业水平上的共决的实现是不可分割的……工会的法律草案将计划：①在联邦一级建立联邦经济委员会，在州一级完善州经济议会（Landwirtschaftskammern）；②在地区一级将行业协会改组为经济自决机构，政府和管理部门也将作为经济代表参与其中；③联邦经济委员会和州经济议会应建立专业顾问委员会（Fachberat），以为联邦和州的专业顾问会议（fachliche Beratung der Bundes und Landerverwaltung）的建立作准备。"② 这一新的方案被德意志工会联合会称为"关于德国

---

① TURNER I（ed.）. *Reconstruction in Post War Germany: British Occupation Policy and Western Zones, 1945-1955*. Oxford: Berg, 1989, pp. 288-290.

② Dok. Nr. 7b, BRACHER K, MORSEY R, SCHWARZ H（Hrsg.）. *Quellen zur Geschichte des Parlamentarismus und der politischen Parteien, Vierte Reihe, Deutschland seit 1945, Band 1, Montanmitbestimmung*. Düsseldorf: Droste Verlag, 1984, S. 25.

经济新秩序的建议”。

1950年5月22日，德意志工会联合会向联邦政府递交了建立经济新秩序的建议，系统地阐述了工会在经济的各领域，包括企业一级和超企业一级实行广泛共决的要求：在联邦一级建立一个联邦经济委员会，该委员会应对各联邦组织就全部经济和社会政策问题进行咨询，并具有广泛的动议权，委员会由对等共决的150名成员组成，其中一半来自德意志工会联合会及其下属行业工会；在州一级上，设立州经济委员会，成员不超过60人，亦实行劳资对等共决；在地区一级上，则要求将以前存在的区经济议事会改组为劳资对等共决的机构；在企业一级上，凡有300名雇员或资本在300万马克以上的大企业必须按先前非集中化新独立公司的共决模式建立监事会；20人以上的中等企业则必须建立经济委员会来处理一切生产方面的问题，在代表选举方面，德意志工会联合会将负主要责任，但经济委员会的产生则要由企业代表会和德意志工会联合会协商解决①。

不过，“罗森贝格模式”和超企业共决只是一个遥远的目标，德意志工会联合会要想完成自己的共决理想，当务之急是要在所有钢铁企业和其他企业中建立监事会劳资共决制和劳工经理制。然而，在接下来的岁月里，共决制的发展却经历了严峻的考验。

(3) 联邦德国工会、工业界、联邦政府在鲁尔煤钢工业共决问题上的斗争与“煤钢共决指导方针”的出台

企业监事会劳资共决制和劳工经理制的确立是联邦德国劳资共决制的新发展。这两个新机制是在鲁尔煤钢工业中首先形成的。联邦德国建立后，工会和鲁尔工业界、行政当局，围绕着鲁尔煤钢工业的共决问题展开了一场激烈的斗争。

1950年3月30日—31日，劳资双方再次就共决制举行谈判，联邦劳动部部长也参加了会议。会上，德意志工会联合会代表维克托·阿加茨重申了工会在共决制方面的要求：按照“关于德国经济新秩序的建议”，在超

---

① Dok. Nr. 37, BRACHER K, MORSEY R, SCHWARZ H (Hrsg.). *Quellen zur Geschichte des Parlamentarismus und der politischen Parteien, Vierte Reihe, Deutschland seit 1945, Band 1, Montanmitbestimmung*. Düsseldorf: Droste Verlag, 1984, S. 153-161.

企业水平上实现共决；对于大型煤钢企业，要在经理委员会中设立劳工经理，在监事会中实行对等共决①。

工业界也不反对工人参与企业决策。但大多数工业家却坚决反对德意志工会联合会所要求的监事会对等共决制、劳工经理制和超企业共决制。1947年，好希望钢厂董事长、德国钢铁工业经济联合会埃森地区委员会主席赫尔曼·罗伊施（Hermann Reusch）就认为工会在企业中权力太大不利于企业的发展，他要求在那些已经建立监事会对等共决制的企业中，工人代表只能来自那些对企业没有敌意的员工。1950年3月28日，德国工业联合会主席弗里茨·贝尔格（Fritz Berg）也明确指出："简要地说，我无法想象，把德国工业企业建成一艘由两个船长驾驶的大船。"② 在3月30—31日的劳资会谈中，资方除了同意建立联邦经济委员会和州经济议会外，对德意志工会联合会的其他要求基本上都予以拒绝：在超企业水平上，他们拒绝工会对等参与行业协会，"企业主们坚持保留在地区以及行业协会中的决定权"；在企业内部，他们虽然同意工人代表参与监事会，但要求将工人代表的比例限制在三分之一之内③。劳资双方的严重分歧导致此次谈判的破裂。1950年5月—6月间，德意志工会联合会和德国雇主联合会继续就共决问题举行了多次谈判，但双方的分歧依旧无法消除④。

1950年5月，英、法、美三国高级专员公布27号法令，要求完成对联邦德国煤钢工业的非集中化改造。这一主要针对鲁尔煤钢工业的企业改

---

① Dok. Nr. 11a, BRACHER K, MORSEY R, SCHWARZ H (Hrsg.). *Quellen zur Geschichte des Parlamentarismus und der politischen Parteien, Vierte Reihe, Deutschland seit 1945, Band 1, Montanmitbestimmung*. Düsseldorf: Droste Verlag, 1984, S. 32-47.

② Einleitung, BRACHER K, MORSEY R, SCHWARZ H (Hrsg.). *Quellen zur Geschichte des Parlamentarismus und der politischen Parteien, Vierte Reihe, Deutschland seit 1945, Band 1, Montanmitbestimmung*. Düsseldorf: Droste Verlag, 1984, S. XLI.

③ Dok. Nr. 11b, BRACHER K, MORSEY R, SCHWARZ H (Hrsg.). *Quellen zur Geschichte des Parlamentarismus und der politischen Parteien, Vierte Reihe, Deutschland seit 1945, Band 1, Montanmitbestimmung*. Düsseldorf: Droste Verlag, 1984, S. 48-49.

④ Dok. Nr. 21, Nr. 24, Nr. 25, Nr. , 26a, BRACHER K, MORSEY R, SCHWARZ H (Hrsg.). *Quellen zur Geschichte des Parlamentarismus und der politischen Parteien, Vierte Reihe, Deutschland seit 1945, Band 1, Montanmitbestimmung*. Düsseldorf: Droste Verlag, 1984, S. 78-90, S. 93-104, S. 105-114, S. 115-130.

组令，进一步加剧了联邦德国内部在劳资共决问题上的斗争。1947 年初，英占区工会就是趁占领当局对钢铁工业实行非集中化改造之机，在新独立的鲁尔钢铁企业中建立了监事会对等共决制和劳工经理制。因此，当 27 号法令公布后，德意志工会联合会便故技重演，以支持联邦政府的非集中化政策为筹码，要求管制机构和联邦政府将非集中化与共决制联系起来，在新独立的鲁尔煤钢企业中全部建立监事会劳资对等共决制和劳工经理制。1950 年 11 月 20 日，德意志工会联合会在与联邦经济部的会谈中，提出联邦政府应向盟国递交一个统一的煤钢工业改组方案，其内容不仅包括联邦德国各界普遍要求的保持煤钢工业的纵向联合，也包括继续在新独立的企业中发展自 1947 以来业已开始的监事会对等共决制和劳工经理制①。11 月 23 日，博克勒致信阿登纳，要求在贯彻 27 号法令的过程中，在新独立公司的监事会中实现劳资对等共决，并在经理委员会中设立劳工经理②。两天后，以鲁尔为基地的五金工业工会也向钢铁工业界提出了内容相同的对等共决要求。总之，德意志工会联合会已将鲁尔煤钢工业选作全面实现劳资对等共决制的突破口。

然而，德意志工会联合会的要求却遭到了联邦政府右翼势力的反对。作为执政党之一的自民党是从根本上反对德意志工会联合会的共决思想的。1949 年 11 月 4 日，自民党议员汉斯·韦尔豪森（Hans Wellhausen）在联邦议院明确表示："我们绝不考虑，从整体上，或是从方式、内容、形式上接受基民盟的共决提案。"③

与此同时，另一个执政党——联盟党的右翼也反对德意志工会联合会的超企业共决制和鲁尔煤钢企业监事会劳资对等共决制。来自基督教工会组织的联邦劳动部部长安东·施拖希（Anton Storch）在其制定

---

① Dok. Nr. 38, BRACHER K, MORSEY R, SCHWARZ H (Hrsg.). *Quellen zur Geschichte des Parlamentarismus und der politischen Parteien, Vierte Reihe, Deutschland seit 1945, Band 1, Montanmitbestimmung*. Düsseldorf: Droste Verlag, 1984, S. 161-162.

② Dok. Nr. 41, BRACHER K, MORSEY R, SCHWARZ H (Hrsg.). *Quellen zur Geschichte des Parlamentarismus und der politischen Parteien, Vierte Reihe, Deutschland seit 1945, Band 1, Montanmitbestimmung*. Düsseldorf: Droste Verlag, 1984, S. 169-170.

③ Dok. Nr. 1, BRACHER K, MORSEY R, SCHWARZ H (Hrsg.). *Quellen zur Geschichte des Parlamentarismus und der politischen Parteien, Vierte Reihe, Deutschland seit 1945, Band 1, Montanmitbestimmung*. Düsseldorf: Droste Verlag, 1984, S. 5.

的共决法提案中明确指出："联邦政府绝不会让监事会中工人代表超过三分之一——煤钢工业中也是如此。"[①] 1950 年 5 月 17 日，联盟党向联邦议院递交共决制议案，将德意志工会联合会参与企业监事会的比例限定在三分之一。在这份提案中，联盟党也未提出任何超企业共决的内容。

27 号法令在宣布对联邦德国煤钢工业实行非集中化改造的同时，又最终确认由德国联邦政府决定这些工业的产权。根据这一规定，联邦政府内的右翼势力进一步强调，监事会劳资对等共决制和劳工经理制只是一种过渡性措施，它们的未来必须由联邦政府和议会来最终决定。艾哈德明确指出，在新的德国企业法制定之前，非集中化中新建立的企业只适用于德国法律，而不适用于占领法。这意味着根据"分割行动计划"建立的共决机制不受德国法律保护。联邦内政部部长赖尔在 1950 年 11 月 29 日也明确表示："我再次强调，如我所信，我和许多旧企业主们都可以容忍工会在新独立公司监事会中拥有席位，但是，前提是不能顽固地坚持监事会中对等共决并在全部企业中引入劳工经理……新独立企业的监事会只能是过渡性措施，拥有完全法定数量的监事会必须经由授权的股东大会选举产生。"[②] 联邦经济部官员埃伯哈德·博姆克（Eberhard Bömcke）也认为："在被非集中化的企业中维持共决制是正确的……这些观点现在仅适用于非集中化企业，而对于那些到现在为止还没被非集中化的钢铁企业，只能根据此后的德国法律进行改革。"[③]

负责非集中化的管制机构也支持劳资共决制的"地位未定论"。钢铁托管协会虽然在 1950 年 11 月 24 日向工会代表表示，"同意在非集中化新建公司中建立包括工人代表的监事会，在那些通过非集中化而变成独立公司的企业中，旧有的监事会将被取代"，但是它同时也强调，"这些新

---

① ABELSHAUSER W. *Der Ruhr-Kohlebergbau seit 1945*. Müchen: Verlag C. H. Beck, 1984, S. 159.

② Dok. Nr. 46, BRACHER K, MORSEY R, SCHWARZ H (Hrsg.). *Quellen zur Geschichte des Parlamentarismus und der politischen Parteien, Vierte Reihe, Deutschland seit 1945, Band 1, Montanmitbestimmung*. Düsseldorf: Droste Verlag, 1984, S. 177-178.

③ Dok. Nr. 52, BRACHER K, MORSEY R, SCHWARZ H (Hrsg.). *Quellen zur Geschichte des Parlamentarismus und der politischen Parteien, Vierte Reihe, Deutschland seit 1945, Band 1, Montanmitbestimmung*. Düsseldorf: Droste Verlag, 1984, S. 187.

的监事会在一年后将适用德国的法律，即是说，一年后其职能将自动消失”[①]。德国煤炭管理局也同意在煤炭企业中实行共决，但“绝不考虑在计划中新成立的公司监事会中实行对等共决，也不考虑设立劳工经理”[②]。在联邦政府和托管机构的鼓舞下，鲁尔煤钢工业界对共决制的态度也变得愈加强硬。一些企业中业已建立起来的监事会对等共决制都被取消。这样下去，不仅德意志工会联合会对等共决的理想无法实现，就连它先前通过英国军政府“分割行动计划”所取得的成果也有可能失去。

为了及早实现煤钢工业的共决，德意志工会联合会决定着手发动鲁尔工人群众，利用大罢工迫使联邦政府改变态度。煤、钢工业工会分别于1950年11月和1951年1月17—19日在煤钢工人中进行了关于支持共决制的表决。结果，分别有92.8%和95.9%的钢铁工人和矿工表示，愿意以总罢工迫使政府接受共决。1951年1月4日，五金工业工会还发布了罢工声明，决定如果到2月1日政府还没通过符合自己要求的共决法，就将立即举行总罢工[③]。1951年1月8日，博克勒对罢工表示支持，但同时也赞成与联邦政府进行谈判[④]。1月12日，德意志工会联合会中央第五次会议作出决议，公开支持煤钢工业工会的罢工要求[⑤]。之后，两个行业工会和德意志工会联合会一起向联邦政府再次提出了将正在进行的煤钢工业非集中

---

① Dok. Nr. 43, BRACHER K, MORSEY R, SCHWARZ H (Hrsg.). *Quellen zur Geschichte des Parlamentarismus und der politischen Parteien, Vierte Reihe, Deutschland seit 1945, Band 1, Montanmitbestimmung*. Düsseldorf: Droste Verlag, 1984, S. 172-173.

② Dok. Nr. 52, BRACHER K, MORSEY R, SCHWARZ H (Hrsg.). *Quellen zur Geschichte des Parlamentarismus und der politischen Parteien, Vierte Reihe, Deutschland seit 1945, Band 1, Montanmitbestimmung*. Düsseldorf: Droste Verlag, 1984, S. 187.

③ Dok. Nr. 59, BRACHER K, MORSEY R, SCHWARZ H (Hrsg.). *Quellen zur Geschichte des Parlamentarismus und der politischen Parteien, Vierte Reihe, Deutschland seit 1945, Band 1, Montanmitbestimmung*. Düsseldorf: Droste Verlag, 1984, S. 195-196.

④ Dok. Nr. 67, BRACHER K. MORSEY R, SCHWARZ H (Hrsg.), *Quellen zur Geschichte des Parlamentarismus und der politischen Parteien, Vierte Reihe, Deutschland seit 1945, Band 1, Montanmitbestimmung*. Düsseldorf: Droste Verlag, 1984, S. 201.

⑤ Dok. Nr. 68b, BRACHER K. MORSEY R, SCHWARZ H (Hrsg.), *Quellen zur Geschichte des Parlamentarismus und der politischen Parteien, Vierte Reihe, Deutschland seit 1945, Band 1, Montanmitbestimmung*. Düsseldorf: Droste Verlag, 1984, S. 217-218.

化改组与共决制联系起来的要求[①]。博克勒在与阿登纳的会谈中指出，工会非常清楚国家现在的苦难，而恰恰是鲁尔的巨头们无视这些困难。博克勒坚定地表示："工会逐渐地失去了耐心，如果要取消罢工，那一定要有决定性的、全面的转变；三年前开始在钢铁工业中贯彻的共决制，根据工会观点应当在其他工业，尤其是煤炭工业中得以扩展……过去不是静止的，今天也不是静止的，工会不想实现自己的统治，而只是希望共决。"[②]

工会计划罢工的消息震惊了联邦政府。赖尔表示，为了避免罢工的发生，应尽快让劳资双方消除分歧[③]。作为联盟党领袖和联邦总理的阿登纳也不愿在此时因共决问题得罪劳资利益集团。他在 1949 年 12 月 29 日致信艾哈德，请求他"在工人共决的问题上不要公开采取任何态度"[④]。阿登纳希望工会能先和工业界就共决达成一致，而自己和联盟党则在这场谈判中保持中立。"对工会有利的态度将会和盟友（指自民党）发生冲突，而与此同时支持企业主的观点则会激怒正在试图和新国家制度融合的工会。"[⑤]"劳资双方的权力关系必须及时得到调整。对民族复兴来说，社会对立面的理智的平衡是必不可少的前提。这一平衡必须由社会成员自己来实践，对工会在社会政治领域的承认，使得基础工业产权关系的变革变得必不可少。"[⑥] 罢工的消息和劳资双方的要求最终促使联邦总理亲自出山解决棘手

---

① ABELSHAUSER W. *Der Ruhr-Kohlebergbau seit 1945*. Müchen: Verlag C. H. Beck, 1984, S. 60.

② Dok. Nr. 76, BRACHER K, MORSEY R, SCHWARZ H (Hrsg.). *Quellen zur Geschichte des Parlamentarismus und der politischen Parteien, Vierte Reihe, Deutschland seit 1945, Band 1, Montanmitbestimmung*. Düsseldorf: Droste Verlag, 1984, S. 232-233.

③ Dok. Nr. 58, BRACHER K, MORSEY R, SCHWARZ H (Hrsg.). *Quellen zur Geschichte des Parlamentarismus und der politischen Parteien, Vierte Reihe, Deutschland seit 1945, Band 1, Montanmitbestimmung*. Düsseldorf: Droste Verlag, 1984, S. 194-195.

④ Dok. Nr. 5, BRACHER K, MORSEY R, SCHWARZ H (Hrsg.). *Quellen zur Geschichte des Parlamentarismus und der politischen Parteien, Vierte Reihe, Deutschland seit 1945, Band 1, Montanmitbestimmung*. Düsseldorf: Droste Verlag, 1984, S. 9.

⑤ Einleitung, BRACHER K, MORSEY R, SCHWARZ H (Hrsg.). *Quellen zur Geschichte des Parlamentarismus und der politischen Parteien, Vierte Reihe, Deutschland seit 1945, Band 1, Montanmitbestimmung*. Düsseldorf: Droste Verlag, 1984, S. XLIV.

⑥ Einleitung, BRACHER K, MORSEY R, SCHWARZ H (Hrsg.). *Quellen zur Geschichte des Parlamentarismus und der politischen Parteien, Vierte Reihe, Deutschland seit 1945, Band 1, Montanmitbestimmung*. Düsseldorf: Droste Verlag, 1984, S. XXXVIII.

的共决问题。

在阿登纳的主持下，德意志工会联合会领导人博克勒等和鲁尔煤钢工业界代表京特·海勒等自1951年1月11日起开始就罢工和共决举行新一轮谈判。阿登纳在谈判中秉持中立态度。一方面，他在1月17日与博克勒的会谈中“公开明确地表示，只要共决制的斗争还存在，我就一直坚持，在煤钢工业中设立共决制是有必要的”。“在我看来，制定这一专门的法律是有着特殊意义的。煤钢是我们经济的基础工业，它们拥有垄断性，这些工业大量的或部分的亏损会对我们整个经济生活带来巨大的影响。除此之外，还有两个理由让我支持共决：①鲁尔区的劳资双方都是我的熟人；②几十年来，鲁尔区一直都很紧张，我希望大家能坦诚相待，使紧张气氛别再这么严重。”① 阿登纳还企图凭借私人关系劝说博克勒取消罢工。20世纪30年代，阿登纳和博克勒曾在科隆地方政治中进行过密切的合作，当时前者是科隆市长，后者则是科隆市议会议员，两人的私交甚好。阿登纳向博克勒表示：“每一次大罢工都肯定会对我们这个国家带来巨大的破坏，现在我们德国可不是一个强大的国家，我们可是一个在敌人的帮助下建立起来的国家，如果大罢工真的开始，会引起世界对我们的恼怒和不安；所有这一切使我相信，绝不应发生罢工……煤钢工业的大罢工会使美国认为现在德国人除了经济复兴外，什么责任都不愿意负担。”② 另一方面，阿登纳又在次日与海勒等的会谈中保证，共决只在煤钢工业中实行③。

为了能避免罢工危险，同时又团结一切可以团结的力量与27号法令，尤其是与盟国打破鲁尔煤钢纵向联合的政策相对抗，煤钢工业界也在积极谋求与德意志工会联合会进行妥协。海勒向阿登纳表示：“我希望联邦总

---

① Dok. Nr. 76, BRACHER K, MORSEY R, SCHWARZ H (Hrsg.). *Quellen zur Geschichte des Parlamentarismus und der politischen Parteien, Vierte Reihe, Deutschland seit 1945, Band 1, Montanmitbestimmung*. Düsseldorf: Droste Verlag, 1984, S. 229.

② Dok. Nr. 76, BRACHER K, MORSEY R, SCHWARZ H (Hrsg.). *Quellen zur Geschichte des Parlamentarismus und der politischen Parteien, Vierte Reihe, Deutschland seit 1945, Band 1, Montanmitbestimmung*. Düsseldorf: Droste Verlag, 1984, S. 229-230.

③ Dok. Nr. 75, BRACHER K, MORSEY R, SCHWARZ H (Hrsg.). *Quellen zur Geschichte des Parlamentarismus und der politischen Parteien, Vierte Reihe, Deutschland seit 1945, Band 1, Montanmitbestimmung*. Düsseldorf: Droste Verlag, 1984, S. 227-228.

理阁下能把完全理智的人都聚在鲁尔——尤其是为处置共决制的问题。我们肯定不会在相关的问题上如此固执，以至于德国（关于煤钢工业重组的）建议就在现在这种程度上裹足不前，这不是我们真实的想法。"①

在关键的 19 日—25 日的谈判中，劳资双方围绕着第 11 名监事会代表的选举问题展开了激烈的争论。和钢铁托管协会及鲁尔工业界打了多年交道的联盟党议员格哈德·施罗德（Gerhard Schröder）在 1951 年 1 月 16 日曾为实行劳资共决的监事会人员组成设计了一个方案：监事会中 11 个代表，4 个来自工会，4 个来自资方，另外 3 名则代表公共部门的利益②。

劳资双方在 19 日的会谈中也提出了类似的计划，并决定 3 名来自公共部门的代表将由双方各自提名 1 人。但是，在讨论如何产生最后 1 名公共部门代表，即最终决定监事会是否是劳资对等共决的第 11 名监事会代表时，却发生了激烈的争论。劳方认为，如监事会中劳资双方不能就第 11 人人选达成一致，则应由中立的公共部门，在联邦政府的监督下提名候选人；在这种情况下，可以考虑引入一种劳资对等共决的议事会（Senate）来提名第 11 名监事会人选。但资方却认为，第 11 人必须要由股东代表大会自由选举产生，并由联邦政府最终决定；如果候选人为股东代表大会所拒绝，则必须重新推选；直到股东代表大会同意③。海勒在 23 日再次强调，股东代表大会必须保持在这方面的一个微小的优势，股东代表大会必须能够自由地选举出第 11 人④。这些要求保证了第 11 人与产权所有者立场接近。德意志工会联合会的要求得到了阿登纳的支持："股东代表大会决不能废除第三方建议，绝不能谁也不选。股东代表大会的权力决不能这样被

---

① Dok. Nr. 128, BRACHER K, MORSEY R, SCHWARZ H (Hrsg.). *Quellen zur Geschichte des Parlamentarismus und der politischen Parteien, Vierte Reihe, Deutschland seit 1945, Band 1, Montanmitbestimmung*. Düsseldorf: Droste Verlag, 1984, S. 365.

② Dok. Nr. 71, BRACHER K, MORSEY R, SCHWARZ H (Hrsg.). *Quellen zur Geschichte des Parlamentarismus und der politischen Parteien, Vierte Reihe, Deutschland seit 1945, Band 1, Montanmitbestimmung*. Düsseldorf: Droste Verlag, 1984, S. 222-223.

③ Dok. Nr. 80, BRACHER K, MORSEY R, SCHWARZ H (Hrsg.). *Quellen zur Geschichte des Parlamentarismus und der politischen Parteien, Vierte Reihe, Deutschland seit 1945, Band 1, Montanmitbestimmung*. Düsseldorf: Droste Verlag, 1984, S. 237-242.

④ Dok. Nr. 86, BRACHER K, MORSEY R. SCHWARZ H (Hrsg.), *Quellen zur Geschichte des Parlamentarismus und der politischen Parteien, Vierte Reihe, Deutschland seit 1945, Band 1, Montanmitbestimmung*. Düsseldorf: Droste Verlag, 1984, S. 249.

滥用；它应根据议事会的第三方的建议进行选举。"[①] 在阿登纳的干预下，劳资双方终于在25日就鲁尔煤钢工业的共决问题达成了一致。

1951年1月27日，劳资双方共同制定了"煤钢共决指导方针"，其内容主要包括：①该法律适用于盟国27号法令之下所建立的煤钢独立公司；该法案是联邦共决法的基础；②监事会由11人组成。其中：产权所有者代表5人，4名来自股东，1名来自独立的公关部门，由股东代表大会选举产生；德意志工会联合会向股东代表大会提出5名人选，4名来自雇员代表，1名来自独立的公共部门；在4名雇员代表中，必须有2名来自所属企业，其中工人，职员各1名，且这2名雇员代表都要由企业代表会向上层工会提名；第11名代表由以上选出的10名代表向股东代表大会提名选举产生，并必须征得劳资双方至少各3名代表的同意；如果劳资双方未能就第11名代表的人选达成一致或人选为股东代表大会所拒绝，则要引入议事会。议事会要同时向股东代表大会提出3个候选人，后者应从3人中选出1人；③在经理委员会中任命拥有对等权力的劳工经理，其职能包括：维护全体职工的人格尊严；与同事和谐相处，为企业利益献计献策；从整体对企业进行综合评价；④为了协调争端，作出评价，对生产、分配、人力以及煤钢领域的整体发展提出建议，应在钢铁及煤炭工业中各建立一个由6名拥有对等权力的成员组成的议事会。其成员应在50岁以上，并在处理经济事务和社会问题方面有着超越常人的经验；劳资双方代表应分别向联邦政府提出6个候选人的名字，再由联邦政府从中任命议事会的成员[②]。随着劳资双方在共决的问题上达成一致，鲁尔煤钢工人大罢工的威胁也烟消云散。

### 三、《煤钢企业经理委员会及监事会雇员共决法》的制定

(1) 德意志联邦议院一读通过政府的共决制草案

德意志联邦政府于1951年1月30日制定了第一个《煤钢企业经理委

---

① Dok. Nr. 93, BRACHER K, MORSEY R, SCHWARZ H (Hrsg.). *Quellen zur Geschichte des Parlamentarismus und der politischen Parteien, Vierte Reihe, Deutschland seit 1945, Band 1, Montanmitbestimmung*. Düsseldorf: Droste Verlag, 1984, S. 259.

② Dok. Nr. 95, BRACHER K. MORSEY R, SCHWARZ H (Hrsg.), *Quellen zur Geschichte des Parlamentarismus und der politischen Parteien, Vierte Reihe, Deutschland seit 1945, Band 1, Montanmitbestimmung*. Düsseldorf: Droste Verlag, 1984, S. 268-271.

员会及监事会雇员共决法》草案。该草案的主要原则都是与“煤钢共决指导方针”相一致的。唯一不同之处是，它将共决制的贯彻限定在“雇员超过1000人和股本超过100万德国马克”的大型煤钢企业之中①。

2月14日，联邦议院就政府的《煤钢企业经理委员会及监事会雇员共决法》草案进行辩论。联盟党的执政伙伴自民党坚决反对在煤钢工业中实行共决制。在劳资双方制定“煤钢共决指导方针”之后，自民党议会党团就表示，如果《煤钢企业经理委员会及监事会雇员共决法》是在“非法的压力之下达成的”，那他们就不能接受②。在此次辩论中，自民党主张以“共同建议权”（Die Mitberatung）和“共同影响权”（Die Mitwirkung）代替工会的对等共决权，认为政府的法律草案缺点太多，无法接受③。社民党坚决支持工会享有共决权，但与此同时，它也认为政府的草案是妥协的产物，共决制日后必定还要向前继续发展④。基民盟则坚决捍卫政府的草案，它表示，之所以在煤钢工业领域实行对等共决，一方面是为了避免罢工，另一方面也是为了能更快地实现共决。“劳资双方的信任是非常必要的，我们今天所提交的共决法草案的通过也是必要的。我们认为，继续向前制定共决法是没有什么危险的。”⑤代表基民盟发言的海勒也表示：“我对先前整个历史进行了回顾，由此我相信，经历了长期的非集中化时期，钢铁工业在共决问题上形成了合乎逻辑的结果……只要你们在联邦

---

① Dok. Nr. 106d, BRACHER K, MORSEY R, SCHWARZ H (Hrsg.). *Quellen zur Geschichte des Parlamentarismus und der politischen Parteien, Vierte Reihe, Deutschland seit 1945, Band 1, Montanmitbestimmung*. Düsseldorf: Droste Verlag, 1984, S. 286-302.

② Dok. Nr. 117, BRACHER K, MORSEY R, SCHWARZ H (Hrsg.). *Quellen zur Geschichte des Parlamentarismus und der politischen Parteien, Vierte Reihe, Deutschland seit 1945, Band 1, Montanmitbestimmung*. Düsseldorf: Droste Verlag, 1984, S. 324.

③ Dok. Nr. 130, BRACHER K, MORSEY R, SCHWARZ H (Hrsg.). *Quellen zur Geschichte des Parlamentarismus und der politischen Parteien, Vierte Reihe, Deutschland seit 1945, Band 1, Montanmitbestimmung*. Düsseldorf: Droste Verlag, 1984, S. 376.

④ Dok. Nr. 130, BRACHER K, MORSEY R, SCHWARZ H (Hrsg.). *Quellen zur Geschichte des Parlamentarismus und der politischen Parteien, Vierte Reihe, Deutschland seit 1945, Band 1, Montanmitbestimmung*. Düsseldorf: Droste Verlag, 1984, S. 373.

⑤ Dok. Nr. 130, BRACHER K, MORSEY R, SCHWARZ H (Hrsg.). *Quellen zur Geschichte des Parlamentarismus und der politischen Parteien, Vierte Reihe, Deutschland seit 1945, Band 1, Montanmitbestimmung*. Düsseldorf: Droste Verlag, 1984, S. 377.

议院中接受了基民盟的法律观点，并将其作为建立劳资和平道路上的里程碑——这是我们德国现在所迫切需要的……就请在此通过这一新的法律。"[①] 在一番激烈争论之后，联邦议院终于在当天一读通过了政府的煤钢共决法草案。

(2)"德意志联邦议院劳动及经济政策委员会草案"与《煤钢企业经理委员会及监事会雇员共决法》草案的二读

一读之后，德国联邦议院劳动及经济政策委员会（Ausschusses für Arbeit und für Wirtschaftpolitik des Deutsche Bundestag，劳动、经济委员会分别是联邦议院两个独立的委员会）受命对《煤钢企业经理委员会及监事会雇员共决法》进行修改。为此，委员会还在 2 月 15 日专门设立了一个"煤钢共决工作小组"。"煤钢共决工作小组"对政府草案的修改主要集中在两个关键的细节问题上：一是监事会第 11 名成员的选举问题。在第 11 名代表的选举问题上，"煤钢共决工作小组"对 1 月 30 日联邦政府共决法草案作出两点修改：其一，以协调小组（Die Vermittlungsausschusses）代替议事会，因为议事会带有明显的超企业共决的性质[②]。新方案规定，"如果一个月之内对第 11 名监事会成员的选举还没有进行，则应设立由 4 名组员和 1 名主席组成的协调小组。由已选举产生的监事会成员劳资双方各推选 2 名组员，主席则由联邦政府经与协调小组成员协商后任命"[③]。其二，"煤钢共决工作小组"设计了一套在第 11 名成员候选人为企业监事会选举机构所拒绝的情况下，应该采取的补救措施。原先政府草案规定，如果议事会向选举机构提出了 3 位第 11 名监事会成员的候选人，选举机构应该，而不是必须从中选出第 11 名成员；如果此次选举没有成功，选举机构还可以再次要求议事

---

① Dok. Nr. 130, BRACHER K, MORSEY R, SCHWARZ H (Hrsg.). *Quellen zur Geschichte des Parlamentarismus und der politischen Parteien, Vierte Reihe, Deutschland seit 1945, Band 1, Montanmitbestimmung*. Düsseldorf: Droste Verlag, 1984, S. 382-383.

② Dok. Nr. 136, BRACHER K, MORSEY R, SCHWARZ H (Hrsg.). *Quellen zur Geschichte des Parlamentarismus und der politischen Parteien, Vierte Reihe, Deutschland seit 1945, Band 1, Montanmitbestimmung*. Düsseldorf: Droste Verlag, 1984, S. 139.

③ Dok. Nr. 161, BRACHER K, MORSEY R, SCHWARZ H (Hrsg.). *Quellen zur Geschichte des Parlamentarismus und der politischen Parteien, Vierte Reihe, Deutschland seit 1945, Band 1, Montanmitbestimmung*. Düsseldorf: Droste Verlag, 1984, S. 452.

会提供候选人。但政府草案并没有说明如果选举机构拒绝议事会的建议后会怎样①。“煤钢共决工作小组”的修正案则规定：“协调小组将在 6 个月内向选举机构提出 3 名候选人；如两月之内人选仍未通过，则由协调小组任命第 11 名监事会成员。”② 根据这一决议，企业监事会选举机构，即股东代表大会，将不再握有对监事会第 11 名人选的决定权。

“煤钢共决工作小组”所修改的第二个关键性问题是，上层工会组织，即德意志工会联合会及其下属的行业工会在雇员代表选举中的权力问题。具体地说，就是监事会 5 名劳方代表中，有哪些要由德意志工会联合会决定，有哪些要由本企业企业代表会决定。这也是联邦议院各政党讨论《煤钢企业经理委员会及监事会雇员共决法》时争论的焦点。“煤钢共决工作小组”中大多数成员认为，监事会中的劳方代表应该更多地由本企业的雇员来担任。在 2 月 21 日的会议上，自民党的韦尔豪森表示，现在劳方的监事会代表不是亲企业的，这只有通过企业职工选举监事会代表才能实现。社民党和基民盟则提出了折中的看法。“一方面，只有通过工会中企业雇员的牢固的、全面的理解才能在未来的工业中保证德意志工会联合会代表企业雇员的利益，另一方面，德意志工会联合会永远是工人的代表。”“我们的建议不能来自对德意志工会联合会的敌意，而应是真心地希望赋予企业中工人立法之权。”③

经过多次讨论之后，“煤钢共决工作小组”决定，在上层工会和企业代表会的权力分配问题上，缩小上层工会，即德意志工会联合会及其下属行业工会在监事会中的影响。在联邦政府草案中，企业监事会的 5 名雇员代表均要由上层工会，即德意志工会联合会及其所属的各行业工会向选举机

---

① Dok. Nr. 106d, BRACHER K, MORSEY R, SCHWARZ H (Hrsg.). *Quellen zur Geschichte des Parlamentarismus und der politischen Parteien, Vierte Reihe, Deutschland seit 1945, Band 1, Montanmitbestimmung*. Düsseldorf: Droste Verlag, 1984, S. 294.

② Dok. Nr. 161, BRACHER K, MORSEY R, SCHWARZ H (Hrsg.). *Quellen zur Geschichte des Parlamentarismus und der politischen Parteien, Vierte Reihe, Deutschland seit 1945, Band 1, Montanmitbestimmung*. Düsseldorf: Droste Verlag, 1984, S. 452.

③ Dok. Nr. 133, BRACHER K, MORSEY R, SCHWARZ H (Hrsg.). *Quellen zur Geschichte des Parlamentarismus und der politischen Parteien, Vierte Reihe, Deutschland seit 1945, Band 1, Montanmitbestimmung*. Düsseldorf: Droste Verlag, 1984, S. 387.

构提名。这5名代表中，只有2名是在上层工会与企业代表会协商后提名。“确认（企业代表会）的意见不能为企业和整个国民经济的稳定提供保证时，上层工会可以否定企业代表会的意见；在这种情况下，企业代表会应提出新的意见。”① 而新的方案则要求监事会所有劳方代表都“应在同样的、秘密的选举中由选举人从三倍于企业代表会的候选人中选举”，“其中2人应根据上层工会经与企业代表会协商后的建议选举；另外2人则必须是所在企业的工人和职员，他们和最后1名劳方代表，可由企业代表会经与德意志工会联合会在企业中的代表和资方代表协商后提出选举建议”②。3月15日，劳动及经济政策委员会向联邦议院递交了“煤钢共决工作小组”制定的新方案。

1951年4月4日，联邦议院对劳动及经济政策委员会的《煤钢企业经理委员会及监事会雇员共决法》修正案进行二读前辩论。自民党的韦尔豪森明确表示反对。首先，反对工人通过设立劳工经理参与经理委员会事务。“我绝不相信，通过这一法律直接在经理委员会中设立劳工的领导权是正确的。”③ 其次，反对将没有实权的股东代表大会作为监事会选举机构。“谨慎地说，如果将股东大会作为选举机构来看待就太夸张了。将一个只能点头同意的机构——它是必须点头的——看作是民主选举机构，在我看来就是一出闹剧。在任何情况下自民党都不会同意这一点。我们认为，之后的选举机构不能再是股东代表大会，而应该是一个中立的组织。我们相信，由企业代表会单独组建这一选举机构是不行的。”言下之意，就是股东代表大会一定要在选举监事会成员方面有实际权力；第三，强调监事会劳方代表必须由本企业的雇员担任。“我们认为——我们之前

① Dok. Nr. 106d, BRACHER K, MORSEY R, SCHWARZ H (Hrsg.). *Quellen zur Geschichte des Parlamentarismus und der politischen Parteien, Vierte Reihe, Deutschland seit 1945, Band 1, Montanmitbestimmung*. Düsseldorf: Droste Verlag, 1984, S. 290-291.

② Dok. Nr. 161, BRACHER K, MORSEY R, SCHWARZ H (Hrsg.). *Quellen zur Geschichte des Parlamentarismus und der politischen Parteien, Vierte Reihe, Deutschland seit 1945, Band 1, Montanmitbestimmung*. Düsseldorf: Droste Verlag, 1984, S. 448-456.

③ Dok. Nr. 175, BRACHER K, MORSEY R, SCHWARZ H (Hrsg.). *Quellen zur Geschichte des Parlamentarismus und der politischen Parteien, Vierte Reihe, Deutschland seit 1945, Band 1, Montanmitbestimmung*. Düsseldorf: Droste Verlag, 1984, S. 484.

就这样考虑并且一直坚持——选举的结果必须是亲企业的。除了选举企业自己的成员，就没有其他更好的条文来实现‘亲企业’的构想了……因此，我们希望指定监事会成员且他们不隶属于工会组织或是企业工会的上层组织。"[①]

社民党议员海因里希·伊米希（Heinrich Imig）认为，劳动及经济政策委员会的修正案中剥夺了太多工会的权力。“根据第六条第三款，工会将在与企业代表会协商后提出选举建议。但是，要我是属于其他三分之二的选举人的话，我就会对此进行阻扰，不理会这一商讨的结果。在使这一法律生效之前，我们必须讨论它的反工会性。这样人们才能更好地通过这一法律……企业中的工人必须寻求他们自己的工会的保护……你们想要一套没有工会的经济政策吗？你们想通过这种办法把工会从管理机构中排除吗？"[②] 另一位社民党议员约阿西姆·舍内（Joachim Schöne）则尖锐地指出，自民党让股东代表大会握有监事会成员的最终决定权，是严重违背劳资对等原则的做法。他认为，协调小组应该向已选出的、劳资各占一半的10名监事会成员，而不是股东代表大会提名第11名监事会成员的候选人。舍内还认为，为了保证劳资权力对等，协调小组应由劳资各3名成员组成[③]。

联盟党对于如何进一步修改《煤钢企业经理委员会及监事会雇员共决法》草案，并未形成统一意见。大多数党员都为劳动及经济政策委员会的方案辩护，认为应当缩小工会在企业劳资共决中的权力[④]。与此同时，有

---

① Dok. Nr. 175, BRACHER K, MORSEY R, SCHWARZ H (Hrsg.). *Quellen zur Geschichte des Parlamentarismus und der politischen Parteien, Vierte Reihe, Deutschland seit 1945, Band 1, Montanmitbestimmung*. Düsseldorf: Droste Verlag, 1984, S. 488.

② Dok. Nr. 175, BRACHER K, MORSEY R, SCHWARZ H (Hrsg.). *Quellen zur Geschichte des Parlamentarismus und der politischen Parteien, Vierte Reihe, Deutschland seit 1945, Band 1, Montanmitbestimmung*. Düsseldorf: Droste Verlag, 1984, S. 489.

③ Dok. Nr. 175, BRACHER K, MORSEY R, SCHWARZ H (Hrsg.). *Quellen zur Geschichte des Parlamentarismus und der politischen Parteien, Vierte Reihe, Deutschland seit 1945, Band 1, Montanmitbestimmung*. Düsseldorf: Droste Verlag, 1984, S. 495-496.

④ Dok. Nr. 175, BRACHER K, MORSEY R, SCHWARZ H (Hrsg.). *Quellen zur Geschichte des Parlamentarismus und der politischen Parteien, Vierte Reihe, Deutschland seit 1945, Band 1, Montanmitbestimmung*. Düsseldorf: Droste Verlag, 1984, S. 491-492.

的议员，如乔治·佩尔斯特（George Pelster）则对修正案中候选人人数过多进行了批评："我和我的政治伙伴们认为，依据委员会修正建议对监事会劳方代表选举的规定，选举机器是过于复杂了。如果我们把工厂的企业代表会全部都召集起来，还再加上两倍于企业代表会成员的人，那可是一个非常困难的选举机器：选举人的数量太过庞大了。我想起了在希贝尔尼亚（Hibernia）的11个煤矿。我觉得煤矿企业给我上了正确的一课。所有这些煤矿都有自己的企业代表会。有大约25000名工人。如果现在以两倍于每个煤矿企业代表会的数量确定选举人的话，我和我的政治伙伴认为，那就太多了。我们因此而提出一个修正案，选举人不再按照这种方法被选出。"①

不难看出，在这次辩论中，各党派争论的焦点依然是上层工会与企业代表会的权力分配问题和第11名监事会成员的选举问题。自民党要求彻底将上层工会从企业监事会的选举中排除，而社民党则针锋相对地表示，劳动及经济政策委员会修正案剥夺了德意志工会联合会太多的权力，应该加强上层工会在监事会成员选举方面的权力；自民党要求股东代表大会握有选举监事会的实权，而社民党则认为这是违背劳资共决原则的做法。联盟党在此次辩论中没有提出尖锐的修改意见，它只是希望减少修正案中所规定的候选人的人数。

为了减少各议会党团的分歧，社民党建议休会协商。其间，社民党伊米希的关于增强上层工会在企业监事会中地位的修正意见和基民盟佩尔斯关于缩小监事会劳方选举人人数的要求均被接受，而自民党的大部分要求则遭到了拒绝。自民党唯一的成就是让监事会选举机构握有了监事会第11名代表的决定权。所谓的监事会选举机构，将来就很有可能会是股东代表大会。会议重新开始之后，联邦议院终于二读通过了修正后的法案。

新修改的法案吸收了劳动及经济政策委员会的修正案，对一读通过的共决法作出了如下修改：首先，监事会中劳方代表必须包括所属企业的1名工人和1名职员，此2人将由选举机构根据企业代表会经与所属企业

---

① Dok. Nr. 175, BRACHER K, MORSEY R, SCHWARZ H（Hrsg.）. *Quellen zur Geschichte des Parlamentarismus und der politischen Parteien, Vierte Reihe, Deutschland seit 1945, Band 1, Montanmitbestimmung*. Düsseldorf: Droste Verlag, 1984, S. 486.

德意志工会联合会代表协商后所提的建议选举产生。“此2人被选举后，应在下次选举建议提出之前，此次选举之后两周内通知上层工会以及所在企业的德意志工会联合会代表；上层工会可在得到通知两周内向企业代表会提出反对意见。只有在仔细斟酌之后，确认企业代表会的建议不能为企业和整个国民经济的稳定提供保证时，上层工会才可以否定企业代表会的意见；企业代表会只需以简单多数予以否决，之后可由上层工会或企业代表会提出议案，要求联邦政府介入并作出最终决定。另2名劳方代表则由上层工会经与本企业中德意志工会联合会代表和企业代表会协商后向选举机构提出建议；其次，如果监事会其他成员未能就第11名成员的人选提出建议或建议为选举机构所拒绝，应建立协调小组，按选举监事会的办法由劳资双方各2人，共4名成员组成。协调小组将在一个月之内提出3个人选，选举机构将在其中选出第11名成员。如果以此项建议为基础的选举仍不能成功，则选举机构可要求协调小组再给出建议；如建议仍未被采纳，则可由选举机构自己选出代表。”①

(3) 1951年4月10日德意志联邦议院的三读及5月21日法案通过

二读后的《煤钢企业经理委员会及监事会雇员共决法》草案，实际上是把监事会第11名代表的最终决定权交给了股东代表大会。这一改动不仅引起了德意志工会联合会的强烈不满，也引起了支持工会的少数基民盟左翼成员和社民党的忧虑。基民盟左翼代表、北威州州长阿诺德在二读前就已经对《煤钢企业经理委员会及监事会雇员共决法》草案的这一部分表示了反对。而社民党也在联邦议院的三读前辩论中，重点就这一问题与联盟党展开斗争。社民党在议院中指出，二读后通过的法案没有突出协调小组在监事会第11人选举中的权力，它要求法案要明确选举机构，即股东代表大会应当听取协调小组的选举建议。“协调小组将在一个月之内向选举机构提出3个人选，选举机构应当从中选出第11名监事会成员。”② 然而，

---

① Dok. Nr. 176, BRACHER K, MORSEY R, SCHWARZ H (Hrsg.). *Quellen zur Geschichte des Parlamentarismus und der politischen Parteien, Vierte Reihe, Deutschland seit 1945, Band 1, Montanmitbestimmung*. Düsseldorf: Droste Verlag, 1984, S. 496-498.

② Dok. Nr. 182, BRACHER K, MORSEY R, SCHWARZ H (Hrsg.). *Quellen zur Geschichte des Parlamentarismus und der politischen Parteien, Vierte Reihe, Deutschland seit 1945, Band 1, Montanmitbestimmung*. Düsseldorf: Droste Verlag, 1984, S. 514.

联盟党则认为，第 11 人的选举须满足股东大会的要求。“我们已经仔细地考虑过……我们如何能够满足工会的愿望。他们知道，在我们政府最初的法令草案中，我们已经解决了其中的一些缺陷。首先由监事会推举第 11 人，如果他们不能取得一致，他们就有权设立议事会，后者可以向股东代表大会提出 3 个人选，不清楚的是，如果股东代表大会不接受这些建议，会发生什么情况。在二读时，人们制定了方法，清楚地表明，股东代表大会拥有最终的决定权。反对这一法律的工会立即就表示他们不支持对第 11 人的这一决定。我们已经对此拟定了新的条文：协调小组将在一个月之内向选举机构提供 3 个人选，选举机构应从其中选出监事会代表，如果来自协调小组的建议因重要原因而未被采纳，则选举机构可以向协调小组再次要求建议。如果建议未被提出或协调小组的第二个建议仍然因重要理由未被采纳，则由选举机构自行选举这位监事会成员。”①

阿登纳则抓住两党观点的共同之处，试图进行协调：“如果我们现在看看两个提案，首先是社民党的，我们就会注意到，他们已经接受了‘应该’一词。这将意味着，选举机构如果相信理由重要，可以不根据建议来进行选举，而自己作出决定。在联盟党的议案中这一思想更清晰地且毋庸置疑地表示了出来。两个提案已不再有区别。两个议案都符合劳资双方协商的对应内容。”②在阿登纳的积极影响下，联盟党最终提出了一个为两党皆可接受的解决方法，即当协调小组与选举机构意见无法一致时，由司法部门出面来决定第 11 名监事会成员的产生办法③。1951 年 5 月 21 日，联邦议院以仅 50 票反对的绝对多数通过了《煤钢企业经理委员会及监事会雇员共决法》。

《煤钢企业经理委员会及监事会雇员共决法》遵从之前在钢铁企业中已经建立的惯例，规定在符合共决法的煤钢企业中，监事会由 5 名资方代

---

① Dok. Nr. 182, BRACHER K, MORSEY R, SCHWARZ H (Hrsg.). *Quellen zur Geschichte des Parlamentarismus und der politischen Parteien, Vierte Reihe, Deutschland seit 1945, Band 1, Montanmitbestimmung*. Düsseldorf: Droste Verlag, 1984, S. 509.

② Dok. Nr. 182, BRACHER K, MORSEY R, SCHWARZ H (Hrsg.). *Quellen zur Geschichte des Parlamentarismus und der politischen Parteien, Vierte Reihe, Deutschland seit 1945, Band 1, Montanmitbestimmung*. Düsseldorf: Droste Verlag, 1984, S. 515.

③ Dok. Nr. 182, BRACHER K, MORSEY R, SCHWARZ H (Hrsg.). *Quellen zur Geschichte des Parlamentarismus und der politischen Parteien, Vierte Reihe, Deutschland seit 1945, Band 1, Montanmitbestimmung*. Düsseldorf: Droste Verlag, 1984, S. 521.

表和5名劳方代表外加1名中立方代表共11人组成。资方代表由4名股东和1名其他人员、劳方代表也由4名雇员代表和1名其他人员组成。法令还规定，4名雇员代表中必须有1名工人和1名职员，而且2人都须经企业代表会推选后由工会提名，另外2名则由上层工会组织与企业代表会协商后确定。监事会第11人由已经选出的10名代表向选举机构建议，如选举建议未能被提出或提出后未能被选举机构所接受，则要成立一个劳资共决的协调小组。协调小组在一个月内向选举机构提出3个人选，选举机构应该从中选出监事会的成员。如果根据协调小组建议的选举因重要的理由未能实现，尤其是未能提出保证对企业有积极影响的建议的情况下，则必须作出拒绝建议的决定。这一决定必须有理由被执行。要修正拒绝选举的决定，协调小组须向企业所在地的高等法院提出申请。如果拒绝被批准，协调小组则可向选举机构再提出3个人选，这第二次建议也应符合上述法律。如果对选举的拒绝被法院判定为非法，则选举机构不得不从被建议的人选中选择1人。如果对第二次建议的选举的拒绝被法院宣布为合法，或者接下来没有选举建议，则选举机构可以自行选出“另1名成员”①。

（4）议会辩论中各主要政党态度总结

《煤钢企业经理委员会及监事会雇员共决法》的议会辩论阶段，各主要政党主要在以下两个问题上展开了激烈的斗争：

各政党争论的第一个问题是如何在法律中贯彻劳资对等共决制原则。从内心来说，自民党是不愿看到工会所主张的监事会劳资对等共决制和劳工经理制变成联邦法律的。但它自己也十分清楚，在当时的条件下，单纯反对法案通过是不可能成功的。因此，它在议会辩论中采取了较为现实的态度，力求使这一方案变得更有利于资方集团。联邦议院对《煤钢企业经理委员会及监事会雇员共决法》一读的过程中，自民党就试图用共同影响或共同建议权代替工会所要求的对等共决权。在这一企图失败后，自民党又在二读辩论时，要求将选举机构，即股东代表大会在选举企业监事会时握有优势权力。根据“煤钢共决指导方针”和1月30日政府《煤钢企业经理委员会及监事会雇员共决法》草案所设计的制度，实行劳资对等共决原

---

① Dok. Nr. 185, BRACHER K, MORSEY R, SCHWARZ H (Hrsg.). *Quellen zur Geschichte des Parlamentarismus und der politischen Parteien, Vierte Reihe, Deutschland seit 1945, Band 1, Montanmitbestimmung*. Düsseldorf: Droste Verlag, 1984, S. 526-529.

则的企业监事会由来自双方各5名代表外加1名中立方代表组成，因此，第11个代表的选举和最终决定权是实现劳资对等共决原则的关键。自民党希望让股东代表大会握有第11人最终决定权，以使资方在企业监事会中占有优势。

联盟党和社民党在原则上都是支持在煤钢企业中实现劳资对等共决制的。因此在一读辩论中，他们都拒绝用共同影响或共同建议权代替对等共决权。不过，在监事会第11人选举的问题上，两大党却存在着不同的看法。社民党严守对等共决原则，坚决反对由股东代表大会握有第11人的最终决定权。它认为当10名已选出的监事会成员因故未能推选第11名代表或推选之人未能获得通过时，协调小组应该再向这劳资对等的10名监事会成员，而不是股东代表大会提出第11人的人选。在这一主张失败后，社民党又提出另一种选择，尽管股东代表大会可以决定第11人人选，但它也应当听取劳资共决的协调小组的建议。联盟党在这一问题上的态度则较为折中。它既支持股东代表大会握有第11人的决定权，又认为股东代表大会在选举时应当听取协调小组的意见。在一番争论之后，各党派终于在这一问题上达成妥协：协调小组负责向股东代表大会提名第11名监事会成员的人选，股东代表大会则应当从中选出第11名监事会成员。

各政党争论的第二个问题是，在选举监事会劳方代表时，上层工会，即德意志工会联合会及其下属各行业工会应握有多大的发言权。“煤钢共决指导方针”是德意志工会联合会斗争的结果。因此，该方针和1月30日政府草案都规定，监事会5名劳方代表全部由德意志工会联合会提名，其中2名是德意志工会联合会根据企业代表会的意见提名。自民党认为，应该由企业代表会，而不是上层工会提名这5名代表，因为上层工会并不能一直代表本企业雇员的利益。它要求将德意志工会联合会完全从监事会选举中排除。社民党和联盟党虽然也认为，应当充分保障企业雇员在本企业监事会选举中的发言权，但它们也反对过分削弱上层工会对选举的影响，以免引起德意志工会联合会的不满。最后各方妥协的结果是，在5名监事会劳方代表中，来自本企业的1名职员代表和1名工人代表应由企业代表会与工会协商后提名，另外2名则由工会与企业代表会协商后提名。

总之，在联邦议院制定《煤钢企业经理委员会及监事会雇员共决法》

的过程中，自民党就是要千方百计地缩小德意志工会联合会对企业监事会的影响，削弱劳方在劳资共决制中的地位，以维护企业股东的利益。而社民党则正相反，它在辩论中要求严格贯彻劳资对等共决原则，保证德意志工会联合会对企业监事会选举的影响力。联盟党在辩论中的态度则居中，它一方面从原则上支持劳资对等共决制，另一方面，它又想拉拢自己的执政伙伴自民党，在某些细节问题上与自民党保持协调。例如，在监事会第11人选举的问题上，它就站在自民党一边，要求股东代表大会握有对这名中立代表的最终决定权。

### 四、监事会劳资对等共决制和劳工经理制在鲁尔煤钢工业中获得成功的原因

监事会劳资对等共决制和劳工经理制之所以能在鲁尔煤钢工业中获得成功，是受多种因素的影响。

首先，战后，尤其是进入20世纪50年代后，国内外客观形势的发展有利于鲁尔煤钢工人和德国西占区及联邦德国工会加强自己的地位。战后盟国对德国的种种改造，如“四D化”、独立工会的建立和煤钢工业产权的变更等，都有利于削弱鲁尔大工业家的势力，提高煤钢工人和工人组织的地位。在这些改造政策当中，尤以非集中化对战后劳资共决制发展的影响最大。监事会劳资对等共决制和劳工经理制，就是英占区工会趁英国对鲁尔钢铁工业实施非集中化之机，首先在钢铁工业中创立的。1950年5月，盟国在27号法令中重申要完成对联邦德国钢铁工业的非集中化。法美还将非集中化的贯彻与“舒曼计划”的实施联系起来。为了减少27号法令对联邦德国经济的不利影响，联邦政府希望国内各界能团结一致，支持自己在非集中化问题上与盟国展开斗争。1950年11月20日，德意志工会联合会在一份文件中同意支持政府在非集中化方面的政策，但与此同时，它也明确表示，这样做的条件是自己的共决政策能否得以实现①。阿登纳在向盟国提出德国对鲁尔的非集中化方案时，也不无担忧地表示，德意志工会联合会为了煤钢工业共决制的问题，对联邦政府的非集中化政策并不支持。

---

① Dok. Nr. 38, BRACHER K, MORSEY R, SCHWARZ H (Hrsg.). *Quellen zur Geschichte des Parlamentarismus und der politischen Parteien, Vierte Reihe, Deutschland seit 1945, Band 1, Montanmitbestimmung*. Düsseldorf: Droste Verlag, 1984, S. 162.

“只是德意志工会联合会在此还有所保留，以求能在煤钢共决的问题上得到满意的答复。这一久拖未决的特别问题应该能很快得到解决。”[①] 即使是强调劳资共决制必须要由联邦法律确认的艾哈德，也一再向德意志工会联合会领导人保证，“只要我所知道的非集中化建议，工会就一定会知道。我一定向总理建议，在没有制定德国有关改革的法律之前，尤其是对工会在新独立企业中建立监事会的要求，一定会与工会协商”[②]。

冷战兴起后的客观国际形势也有利于鲁尔煤钢工人和工会加强自己的地位。鲁尔区是德国和西欧最大的工人聚居区之一，鲁尔煤钢工业又是实现德国和西欧复兴的关键。因此，维持鲁尔的稳定与繁荣，不仅对联邦德国自身复兴的意义重大，也对西方在冷战对抗中取得胜利意义重大。尤其是在朝鲜战争爆发后，加强鲁尔煤钢工业不仅可以给西方提供更多的军需物资，也可以防止苏联和东欧在德国发动“热战”。因此，为了加速联邦德国复兴，加强与苏联对抗的力量，阿登纳和美国都不愿在共决的问题上得罪工会。也正是在这种情况下，德意志工会联合会的罢工威胁才大得足以迫使联邦德国政府和工业界在共决问题上作出让步。

其次，监事会劳资对等共决制和劳工经理制的成功，也和当时联邦德国各界对劳资共决制的普遍认可有关。战前的历史传统，战后英法发生的社会化改革浪潮，以及盟国要求德国西占区及联邦德国经济进行民主化改革的压力，促使联邦德国各派势力都在不同程度上同意恢复和发展劳资共决制。

在政界，两大党——社民党和联盟党很早就在各自的纲领中纳入了德国传统的共决思想。社民党是德意志工会联合会对等共决政策最坚定的支持者。随着单纯的产权社会化已变得遥遥无期，社民党强烈要求实现共决[③]。虽然社民党与德意志工会联合会在对外政策上，如《彼得斯贝格议

---

① Dok. Nr. 66d, BRACHER K, MORSEY R, SCHWARZ H (Hrsg.). *Quellen zur Geschichte des Parlamentarismus und der politischen Parteien, Vierte Reihe, Deutschland seit 1945, Band 1, Montanmitbestimmung*. Düsseldorf: Droste Verlag, 1984, S. 208-209.

② Dok. Nr. 50, BRACHER K, MORSEY R, SCHWARZ H (Hrsg.). *Quellen zur Geschichte des Parlamentarismus und der politischen Parteien, Vierte Reihe, Deutschland seit 1945, Band 1, Montanmitbestimmung*. Düsseldorf: Droste Verlag, 1984, S. 184.

③ Einleitung, BRACHER K, MORSEY R, SCHWARZ H (Hrsg.). *Quellen zur Geschichte des Parlamentarismus und der politischen Parteien, Vierte Reihe, Deutschland seit 1945, Band 1, Montanmitbestimmung*. Düsseldorf: Droste Verlag, 1984, S. XXXVIII-XXXIX.

定书》和“舒曼计划”上意见相左，但这并不妨碍它“对工会有关共决的内容愉快地给予全面的支持”。这是舒马赫在1949年9月21日的声明中所说的。1949年8月29日—30日，社民党联邦议会党团在巴特迪克海姆（Bad Dückheim）所提出的16点目标中，第8点是有关“基础工业产权社会化”，第7点则是有关“企业中工人共决和经济自决中工会对等关系”。1949年11月4日，社民党在联邦议院表示，反对以1920年《企业代表会法》为基础来贯彻共决制，“因为自1920年以来的发展不是静止的”。“我们认为，在企业代表会法中，应不仅在社会而且应在人力和经济方面也清楚明确地写明对等共决权。”① 1950年7月，社民党还在联邦议院中提交了与德意志工会联合会“关于德国经济新秩序的建议”几乎完全相同的议案，以与基民盟的保守议案相对抗②。

联盟党也不反对恢复和发展德国传统的劳资共决制。早在1947年的《阿伦纲领》中，联盟党就已经提出了共决思想。1949年7月15日，基民盟在第一次联邦议院选举中明确表示，自己不仅支持经济领域的劳资共决，也支持在其他社会领域建立共决制。基民盟社会委员会则积极谋求在监事会中为工会保留职位，支持德意志工会联合会进一步扩大自己的权力。1949年11月4日，基民盟在联邦议院中正式提出了恢复和发展劳资共决制的动议：“1920年的《企业代表会法》为最初的企业民主和企业立法铺平了道路，但在1933年这一发展历程被中断……自1947年初起，我们在美占区和法占区某些州通过了所谓的企业法……尽管在这些企业法中赋予了工人共决的权力，但这些条款都被这些州的军政府所终止。它们被终止，是因为军政府认为，这是联邦——现在它已经建立了——的职权范围。这些法令中调整劳资关系的共决制也被取消了。因此，现在是时候制定一部统一的共决法了……如果其发展自工业化起步以来就开始了的话，工人阶级现在已经成熟了！如果我们想让工人阶级在政治、公共部门和特定领域承担起相同的责任或对等共决的话，我认

---

① Dok. Nr. 1, BRACHER K, MORSEY R, SCHWARZ H (Hrsg.). *Quellen zur Geschichte des Parlamentarismus und der politischen Parteien, Vierte Reihe, Deutschland seit 1945, Band 1, Montanmitbestimmung*. Düsseldorf: Droste Verlag, 1984, S. 4.

② Dok. Nr. 37, BRACHER K, MORSEY R, SCHWARZ H (Hrsg.). *Quellen zur Geschichte des Parlamentarismus und der politischen Parteien, Vierte Reihe, Deutschland seit 1945, Band 1, Montanmitbestimmung*. Düsseldorf: Droste Verlag, 1984, S. 153-161.

为，现在就应当让工人阶级在经济中拥有和资本家平等的地位，成为他们的合作者。”[①]

联邦德国建立后，社民党和联盟党还多次向联邦议院递交过有关恢复和发展劳资共决制的提案。西占区和联邦德国的共产党虽然认为产权改造才是经济民主化的核心，但它也并不反对德意志工会联合会所提出的监事会劳资对等共决制和劳工经理制[②]。这几个党加在一起，在联邦议院中所拥有的席位大大超过了反对共决制的自民党和德意志党等小党，这就为后来联邦议院通过《煤钢企业经理委员会及监事会雇员共决法》奠定了基础。

除政界外，其他各界也普遍认同工人参与经济决策的思想。西占区和联邦德国的天主教会将共决当成改革的必要组成部分。1949 年 8 月 31 日 至 9 月 4 日，在波鸿召开了第 73 届德国天主教代表大会（每两年一次），共决是一个中心议题。“天主教工人和企业家认为，在社会、人力和经济方面的共决是天赋人权并符合上帝的意愿，我们要求从法律上将其确定下来。”[③] 1950 年 8 月 25 日，新教教会也要求扩大魏玛时代企业代表会的权力。两个教会都认为，共决是为实现经济秩序的和谐，而不能将限制私人产权和企业的自由联系在一起。共决应当先从企业开始。

此外，受盟国委任托管西占区和联邦德国煤钢工业的德国煤炭管理局和钢铁托管局也都主张在煤钢企业中实现劳资共决。就连奉行自由主义的鲁尔工业界也不敢拒绝工人参与企业管理。1950 年 5 月，工业界还向联邦政府递交了自己的共决制提案[④]。

---

① Dok. Nr. 1, BRACHER K, MORSEY R, SCHWARZ H (Hrsg.). *Quellen zur Geschichte des Parlamentarismus und der politischen Parteien, Vierte Reihe, Deutschland seit 1945, Band 1, Montanmitbestimmung*. Düsseldorf: Droste Verlag, 1984, S. 3-4.

② Dok. Nr. 130, BRACHER K, MORSEY R, SCHWARZ H (Hrsg.). *Quellen zur Geschichte des Parlamentarismus und der politischen Parteien, Vierte Reihe, Deutschland seit 1945, Band 1, Montanmitbestimmung*. Düsseldorf: Droste Verlag, 1984, S. 373.

③ Einleitung, BRACHER K, MORSEY R, SCHWARZ H (Hrsg.). *Quellen zur Geschichte des Parlamentarismus und der politischen Parteien, Vierte Reihe, Deutschland seit 1945, Band 1, Montanmitbestimmung*. Düsseldorf: Droste Verlag, 1984, S. XXXIX.

④ Dok. Nr. 37, BRACHER K, MORSEY R, SCHWARZ H (Hrsg.). *Quellen zur Geschichte des Parlamentarismus und der politischen Parteien, Vierte Reihe, Deutschland seit 1945, Band 1, Montanmitbestimmung*. Düsseldorf: Droste Verlag, 1984, S. 153-161.

第三，美国政府，尤其是美驻德高级专员麦克洛伊的"中立"态度，也对《煤钢企业经理委员会及监事会雇员共决法》的通过起到了促进作用。监事会劳资对等共决制存在着使资方丧失对企业控制的危险。这种可能性引起了外国投资者的不安。1951年1月31日，美国国家制造商协会（National Association of Manufacturers）曾致信联邦德国驻纽约总领事，表示反对共决制，并认为在讨论中的共决法草案是美国向适用共决法的德国企业进一步进行投资的"严重障碍"[①]。1951年3月29日—30日，麦克洛依携美最重要的银行和投资机构的首脑与联邦德国经济部官员卡尔·霍曼（Karl Hohmann）进行了会谈。美国的商业巨头们明确表示，他们不同情共决法。"如果在股东代表大会中最终的风险承担者——产权所有人即股东不再握有最终的决定权，德国就别再指望财政援助了。"霍曼认为，为了消除这些美国商业巨头们对援助德国的顾虑，应当将"监事会第11人的最终决定权留在股东大会，也就是股东手中"[②]。

然而，自联邦德国建立以来，美国国务院及麦克洛伊就是采取一种亲德意志工会联合会的劳工政策。为了加强联邦德国民主政治的基础，防止苏联势力的扩张，美国政府不愿在共决问题上向德意志工会联合会施加压力，它对联邦德国内部在这一问题上的斗争持一种严格"中立"的态度。当得知德意志工会联合会正在为共决而酝酿罢工时，美国国务院在1950年12月9日致电麦克洛伊，称如德国联邦政府与工会在这一问题上闹僵，则可向联邦政府施加压力。"你可以建议采取对劳资双方不偏不倚的行动，以求实现德国工业领域的和平。"[③] 因此，尽管当时美国工业界和盟国钢铁管制小组中的美国官员都支持艾哈德反对监事会劳资对等共决制，但麦克洛伊却坚决执行着国务院的"中立"政策，力求避免煤钢大罢工的发生。他在12月14日与德意志工会联合会的谈判中表示，如果劳资双方长期达

---

① Dok. Nr. 110, BRACHER K, MORSEY R, SCHWARZ H (Hrsg.). *Quellen zur Geschichte des Parlamentarismus und der politischen Parteien, Vierte Reihe, Deutschland seit 1945, Band 1, Montanmitbestimmung*. Düsseldorf: Droste Verlag, 1984, S. 310.

② Dok. Nr. 171, BRACHER K, MORSEY R, SCHWARZ H (Hrsg.). *Quellen zur Geschichte des Parlamentarismus und der politischen Parteien, Vierte Reihe, Deutschland seit 1945, Band 1, Montanmitbestimmung*. Düsseldorf: Droste Verlag, 1984, S. 471.

③ DIEFENDORF J M, FROHN A, RUPIEPER H (eds.). *American Policy and the Reconstruction of West Germany, 1945-1955*. Cambridge: Cambridge University Press, 1996, p. 274.

不成协议，他也不会对德意志工会联合会施加压力。当“煤钢共决指导方针”达成后，麦克洛伊还表示，美国政府的态度是达成这一协议的“主要因素”[①]。在联邦议院辩论《煤钢企业经理委员会及监事会雇员共决法》时，美国政府也严守着不干涉的原则。它的这种“中立”政策实际上是对德意志工会联合会有利的。因为当时联邦德国国内赞成通过《煤钢企业经理委员会及监事会雇员共决法》和拥护劳资共决制的力量已明显占有优势。

## 第二节　鲁尔煤钢工业的非集中化[②]

鲁尔煤钢工业集中程度向来较高。在煤炭方面，二战前排名前6位的埃森—盖尔森基兴煤炭股份公司（联合钢铁公司），位于埃森的弗里德里希·克虏伯股份公司、联合电器矿业公司（普鲁士政府所有），位于多特蒙德的哈尔盆（Harpene）煤矿股份公司、埃森石煤股份公司、埃森和米尔海姆（Essen and Mulheimer）联合矿业股份公司等共控制鲁尔煤炭产量的50%以上[③]，24家大公司垄断90%的产量[④]。在钢铁方面，早在1884年时，克虏伯等5大钢铁制造厂家就生产了德国生铁总产量的19.15%，1894/1895年为19.85%，1904/1905年为21.05%，1913/1914年则达30.49%[⑤]。一战后，煤业和冶金业垄断组织巨头施廷内斯的继承者联合钢铁公司，控制了全国钢铁生产能力的47.2%，占有差不多20%的煤

---

① DIEFENDORF J M, FROHN A, RUPIEPER H (eds.). *American Policy and the Reconstruction of West Germany, 1945-1955*. Cambridge: Cambridge University Press, 1996, p. 275.

② 在涉及这一历史时期的原始文献和学术著作中，英语的非卡特尔化（decartelization）、非集中化（deconcentration）与德语的“分散化”（Die Entflechtung）含义相同，均是指拆散德国垄断企业并禁止其重新集中。

③ HARRIS C. Ruhr Coal Mining District. *Geographical Review*, 1946, 36 (2), p. 212.

④ GARBUNY S. The Ruhr-Valley of Decision. *Current History*, 1947, 13 (71), p. 22.

⑤ 邢来顺:《德国工业化经济—社会史》，武汉：湖北人民出版社，2003年，第243页。

矿。克虏伯公司占有钢铁生产能力的7.5%，煤矿的8%，而赫施集团则占有钢铁生产能力的7.5%，煤矿的4%。在1938年，6大钢铁康采恩共控制了鲁尔钢铁生产的95%；鲁尔区的煤矿55%与钢铁业有直接联系[①]（见表11）。

**表11　1937年12家主要公司对鲁尔煤炭和焦炭生产的控制[②]**

| | 名称 | 地点 | 煤矿数 | 炼焦厂数 | 煤炭产量（百万吨） | 焦炭产量（百万吨） |
|---|---|---|---|---|---|---|
| 鲁尔六大钢铁康采恩 | 盖尔森基兴煤矿股份公司（隶属杜塞尔多夫的联合钢铁公司） | 埃森 | 23 | 16 | 26.6 | 9.1 |
| | 弗里德里希·克虏伯股份公司 | 埃森 | 6 | 7 | 7.6 | 3.0 |
| | 好希望钢铁股份公司 | 奥博豪森 | 3 | 2 | 4.3 | 1.3 |
| | 赫施（Hoesch）股份公司（赫施—科隆煤钢股份公司） | 多特蒙德 | 5 | 3 | 5.8 | 2.1 |
| | 克律克纳股份公司 | 杜伊斯堡 | 3 | 2 | 4.8 | 1.5 |
| | 曼内斯曼钢铁厂 | 杜塞尔多夫 | 2 | 2 | 4.0 | 1.3 |
| 其他六大公司 | 西波尼亚（Hibernia）煤矿股份公司（隶属普鲁士政府所有的联合电器矿业公司） | 海尔内（Herne） | 12 | 6 | 10.2 | 2.1 |

① 鲍尔弗，梅尔：《四国对德国和奥地利的管制（1945—1946）》，安徽大学外语系，译。上海：上海译文出版社，1985年，第250页。

② HARRIS C. Ruhr Coal Mining District. *Geographical Review*，1946，36（2），p. 212.

**续表**

| | 名称 | 地点 | 煤矿数 | 炼焦厂数 | 煤炭产量（百万吨） | 焦炭产量（百万吨） |
|---|---|---|---|---|---|---|
| 其他六大公司 | 哈尔盆（Harpen）煤矿股份公司 | 多特蒙德 | 10 | 8 | 9.2 | 2.3 |
| | 埃森石煤股份公司 | 埃森 | 9 | 4 | 6.1 | 0.7 |
| | 施廷内斯（Stinesschen）煤矿局（隶属埃森—米尔海姆（Essen and Mulheimer）联合矿业股份公司） | 埃森 | 7 | 2 | 5.9 | 0.7 |
| | 莱茵钢厂 | 埃森 | 4 | 2 | 5.6 | 1.3 |
| | 爱瓦尔德—柯尼希·路德维希（Ewald-Konig Ludwig）矿业股份公司 | 黑尔滕（Herten）① | 2 | 2 | 5.1 | 1.3 |
| 12家大公司总计 | | | 86 | 56 | 95.2 | 26.7 |
| 鲁尔煤炭工业总计 | | | 132 | 74 | 127.7 | 31.5 |

《波茨坦协议》曾明确规定："在尽可能早的合适的时间，德国经济将被去集中化（即非卡特尔化），以消除现在过度集中的经济力量，特别是卡特尔、辛迪加和托拉斯。"② "作为一个《波茨坦协议》诚心诚意的签字国"，英国在鲁尔工业中积极推行非集中化。不过，在占领之初，英国并不想对鲁尔工业实行非常严厉的非集中化。在煤炭工业方面，除了解散著名的莱茵-威斯特伐伦煤炭辛迪加外，基本是维持现状。煤矿生产仍由德国人进行管理，军政府并没有对煤矿的组织结构采取强制性措施，甚至煤炭辛迪加的中心销售机构——德国煤炭销售机构也在英国的监管下维持运作③。在钢铁工业领域，当局也与许多大公司保持着良好的关

① 所引文献为Hersten，但德国并无此地名。经笔者核查，该煤矿地点在鲁尔的黑尔滕（Herten）市，原文有误。

② U. S. Department of State（ed.）. *FRUS, 1945, Volume Ⅱ, The Conference of Beilin(The Postdam Conference)*. Wachington D. C.：GPO，1960，p. 1054.

③ DIEFENDORF J M，FROHN A，RUPIEPER H（eds.）. *American Policy and the Reconstruction of West Germany, 1945-1955*. Cambridge：Cambridge University Press，1996，pp. 198-199.

系。按照军政府的命令，鲁尔6大钢铁公司宣布放弃在所有钢铁卡特尔中的成员资格，随后按照各自所经营的产品分别改组为“炼钢、轧钢、钢管、锻造等领域的辛迪加，全面控制了鲁尔钢铁工业的销售、预订、运输和簿记”[①]。9月，改组后的6大公司又组建了钢铁工业经济联合会，作为生产者利益的官方代言人，监管大量生产专业产品的辛迪加。为什么英国军政府在占领伊始要对鲁尔工业采取这种温和的态度呢？有学者给出了三条理由：①急需利用鲁尔资源，尤其是煤炭，来促进英国和其他欧洲国家的经济复兴；②反映了英国既定对德政策的矛盾心态，既要消除德国经济过剩的威胁，又要使其保持一定的经济能力；③反映了持保守观点的军方和其他一些官员对德国经济精英的同情[②]。除此之外，笔者认为这种情况的出现还和工党政府的理念有一定关系。在许多工党成员看来，是产权的私有而不是集中导致鲁尔工业巨头犯下支持纳粹的罪行。因此，英国军政府并不把垄断的后果看得那么严重。它一开始就将工业力量的过分集中定义为雇佣工人超过10万人。相对美国0.3万人的定义来说，这一标准实在是太宽松了。“英国赞成组织规模大，便于严密控制。”[③]

然而，巴黎外长会议失败后，英国非集中化政策的力度大大加强。1946年7月，英国军政府贸易与供应局冶金处制定了非集中化指导方案，要求分散卡特尔和康采恩的私人产权，将生产能力降低到盟国规定的水平，并在产权社会化的基础上重组工业。“康采恩将被打破，并被建成财政独立的公司。无论这些公司最终是何形式，它们都将很快地被公有化。”[④] 1946年11月下旬，北德钢铁局局长哈理斯·伯兰德（Harris Burland）又制定了一个专门针对鲁尔钢铁工业的非集中化方案——“分割行动计划”：“对于原先从业主手中没收的钢铁企业，我们希望能逐个引入控股公司。一方面，我们必须逐

---

① GILLINGHAM J. *Coal, Steel, and Rebirth of Europe, 1945-1955: The Germans and French from Ruhr Conflicts to Economic Community*. New York: Cambridge University Press, 1991, pp. 192-193.

② 张沛：《凤凰涅槃——战后德国西占区民主化研究》，上海：华东师范大学历史系博士学位论文，2003年，第67页。

③ 鲍尔弗，梅尔：《四国对德国和奥地利的管制（1945—1946）》，安徽大学外语系，译。上海：上海译文出版社，1985年，第251页。

④ TURNER I (ed.). *Reconstruction in Post War Germany: British Occupation Policy and Western Zones, 1945-1955*. Oxford: Berg, 1989, p. 277.

步地进行，以使互相关联的庞大工作能够完成；另一方面，根据所得到的整体经验来进行改进。根据我们的计划，我们要求每个企业都必须是健康且有生命力的，这是未来发展的基本前提。只有如此才能实现德国工人、德国经济和整个德意志民族的利益。我们认为，作为钢铁非集中化的第一步，多特蒙德的赫施联合、波鸿钢铁厂和奥博豪森的好希望钢厂将分别被控股公司所接管。这些新的工厂将由工人和职员接管……所有新企业都要进行盘点。我们已经建议，这一盘点将从 12 月 31 日开始。其他的资产和相关联的产品将留在原先企业的手中。法案将仅通过详细的审查而向新企业进行移交。"① 1947 年 1 月 17 日，北德钢铁局正式公布了"分割行动计划"，准备在钢铁工业中成立 25 家完全独立于原垄断企业的新公司②。

钢铁工业非集中化的加快，一方面是因为英国此时已经确立了鲁尔产权社会化政策，军政府想通过非集中化为产权社会化铺路。伯兰德强调："分割行动计划"是为"以公有制为基础的工业重组作准备的……最好的方法"③。另一方面，非集中化的加快，也和新成立的北德钢铁局，尤其是该局主要德国顾问丁克尔巴赫的大力推动有关。丁氏 20 世纪 30 年代曾在联合钢铁公司中任职，对鲁尔垄断公司的种种弊端了如指掌，在他看来，鲁尔工业的集中是"既非必要，也非不可避免"的，应当对这些工业的产权进行分散。"它可能是鲁尔领导人中唯一一个将战败看作是打破卡特尔的契机的人。"④ 丁克尔巴赫并不认为由非集中化所形成的众多

---

① Dok. Nr. 73b, BRACHER K, MORSEY R, SCHWARZ H (Hrsg.). *Quellen zur Geschichte des Parlamentarismus und der politischen Parteien, Vierte Reihe, Deutschland seit 1945, Band 6, Neubeginn bei Eisen und Stahlim Ruhrgebiet, die Beziehungen zwischen Arbeitgebern und Areitnehemern in der nordrhein-westfalischen Eisen und Stahlindustrie 1945-1948*. Düsseldorf: Droste Verlag, 1990, S. 300. 对该计划中劳资共决制相关内容的讨论，参见本章第一节。

② GILLINGHAM J. *Coal, Steel, and Rebirth of Europe, 1945-1955: The Germans and French from Ruhr Conflicts to Economic Community*. New York: Cambridge University Press, 1991, p. 199.

③ VAN HOOK J. From Socialization to Co-determination: The U. S., Britain, Germany and Public Ownership in Ruhr, 1945-1951. *The Historical Journal*, 2002 (I), p. 167.

④ GILLINGHAM J. *Coal, Steel, and Rebirth of Europe, 1945-1955: The Germans and French from Ruhr Conflicts to Economic Community*. New York: Cambridge University Press, 1991, p. 197.

小企业一定有利于产权社会化，但他依旧强调“恢复各独立企业之间自由联系的重要性”①。他的非集中化思想集中体现在1945年的丁克尔巴赫计划中，而该计划正是“分割行动计划”的蓝本。在丁克尔巴赫和北德钢铁局的大力推动下，鲁尔钢铁工业的非集中化改组在1946年之后才明显加快了步伐。

英国的非集中化遭到了绝大多数鲁尔钢铁巨头的反对。早在1945年，这些巨头们就表示：如果按英国意见“在对德国经济的非集中化过程中采取过渡性措施——建立新独立公司将是非常危险的”，因此，克律克纳、好希望钢厂和曼内斯曼都疏远了丁克尔巴赫。“丁克尔巴赫为非集中化付出的太多了，以至于其他大工业家一直都未能原谅他。”② 军政府在鲁尔大规模推行非集中化和共决制的做法引起了大工业家们的强烈不满。“分割行动计划”公布后，除联合钢铁公司外，其他巨头都坚决拒绝了这一计划。资方尤其恼怒的是，管制当局此前已经与工会就非集中化和共决制达成了一揽子协议，自己却还被蒙在鼓里③。1947年夏，一份得到鲁尔主要钢铁托拉斯赞同的、长达102页的报告出台了。该报告首先对鲁尔垄断资本在历史上所犯下的罪行进行了辩解：政治上，他们否认鲁尔煤钢工业曾支持希特勒攫取政权并从对外扩张中牟取好处；经济上，他们则坚信德国工业托拉斯化进程并无任何错误。“与美国同行相比，鲁尔企业的规模还算小。”在此基础上，报告对鲁尔的经济民主化改造表示了不满：非集中化“行为粗暴，违背法律且破坏经济”，“在经济上和道德上是不可理解的”；鲁尔工业产权是否社会化应由德国人自己决定；共决制也应由未来的德国立法机

---

① TURNER I (ed.). *Reconstruction in Post War Germany: British Occupation Policy and Western Zones, 1945-1955*. Oxford: Berg, 1989, pp. 285-286.

② Einleitung, BRACHER K, MORSEY R, SCHWARZ H (Hrsg.). *Quellen zur Geschichte des Parlamentarismus und der politischen Parteien, Vierte Reihe, Deutschland seit 1945, Band 6, Neubeginn bei Eisen und Stahl im Ruhrgebiet, die Beziehungen zwischen Arbeitgebern und Areitnehemern in der nordrhein-westfalischen Eisen und Stahl-industrie 1945-1948*. Düsseldorf: Droste Verlag, 1990, S. 94-95.

③ Einleitung, BRACHER K, MORSEY R, SCHWARZ H (Hrsg.). *Quellen zur Geschichte des Parlamentarismus und der politischen Parteien, Vierte Reihe, Deutschland seit 1945, Band 6, Neubeginn bei Eisen und Stahl im Ruhrgebiet, die Beziehungen zwischen Arbeitgebern und Areitnehemern in der nordrhein-westfalischen Eisen und Stahl-industrie 1945-1948*. Düsseldorf: Droste Verlag, 1990, S. 100.

构来最终确认[①]。

然而，这些反对却未能动摇英国占领当局改组鲁尔工业的决心。丁克尔巴赫坚定地表示："他不会让自己的双手被束缚住……康采恩对非集中化的阻碍是徒劳的。"[②]"我是基于不同的理由制定非集中化方案的，确切地说，是《波茨坦协议》要求解散康采恩、辛迪加、卡特尔……人们一直批评我，说我的建议是为了帮助联合钢铁公司，我向来反对这种说法，因为《波茨坦协议》已对大企业作出了处置。"[③] 由于加入了劳资共决的内容，北德钢铁局的非集中化政策还得到了英占区工会的大力支持。在军政府和工会的强大压力下，到 1947 年 3 月 1 日，有 4 家公司率先从原垄断公司中分离，不久，又有 12 家新公司如期独立。1948 年 2 月 18 日，钢铁工业经济联合会也被迫进行了改组：新独立的钢铁公司不仅正式取得了会员资格，还将在联合会执委会中拥有一半的席位。

1947 年底，美国从英国手中取得了鲁尔工业的控制权。拥有悠久反垄断传统的美国比英国更有决心对鲁尔工业贯彻非集中化政策。1948 年 10 月,在美国的主导下，英美军政府将非卡特尔化条款写入了鲁尔工业的改组法令——75 号法令。根据该法令的要求，盟国在 1949 年 8 月建立了专门负责钢铁工业非集中化的钢铁托管协会[④]。但是，75 号法令的非卡特尔化条款却从来也没有执行过。原因是，盟国在一些根本性问题，如鲁尔工业产权问题上还存在较大分歧。如前文所述，当时法国坚决反对 75 号法

---

① GILLINGHAM J. *Coal, Steel, and Rebirth of Europe, 1945-1955: The Germans and French from Ruhr Conflicts to Economic Community*. New York: Cambridge University Press, 1991, pp. 201-202.

② Einleitung, BRACHER K, MORSEY R, SCHWARZ H (Hrsg.). *Quellen zur Geschichte des Parlamentarismus und der politischen Parteien, Vierte Reihe, Deutschland seit 1945, Band 6, Neubeginn bei Eisen und Stahl im Ruhrgebiet, die Beziehungen zwischen Arbeitgebern und Areitnehemern in der nordrhein-westfalischen Eisen und Stahlindustrie 1945-1948*. Düsseldorf: Droste Verlag, 1990, S. 103.

③ Dok. Nr. 85, BRACHER K, MORSEY R, SCHWARZ H (Hrsg.). *Quellen zur Geschichte des Parlamentarismus und der politischen Parteien, Vierte Reihe, Deutschland seit 1945, Band 6, Neubeginn bei Eisen und Stahl im Ruhrgebiet, die Beziehungen zwischen Arbeitgebern und Areitnehemern in der nordrhein-westfalischen Eisen und Stahlindustrie 1945-1948*. Düsseldorf: Droste Verlag, 1990, S. 329-330.

④ Steel Trustee Association，简称 STA，其首脑是原英占区钢铁托管人丁克尔巴赫，钢铁托管协会在 1949 年 9 月 1 日全面接管了原英占区钢铁托管局的职责，包括进一步在鲁尔钢铁工业中贯彻非集中化。

令将鲁尔钢铁工业的产权交给未来的德国中央政府决定，而只要“占领国不采取行动，德国托管人就不愿推进重组计划”[①]。

1950年5月16日，盟国驻德高级委员会出台了27号法令，在重申鲁尔煤钢工业产权交由德国联邦政府决定的前提下，要求对这些垄断工业进行非集中化。具体措施包括：肃清代表经济权力过度集中的康采恩；成立新的统一公司（Einheitgesellschaft），将原康采恩资本转交新公司所有；由联合煤炭管制小组和联合钢铁管制小组负责对康采恩的非集中化[②]。其中最重要的是成立新的统一公司。

为了不让27号法令像75号法令的非卡特尔化条款那样流于形式，美国决心加强对该法令执行的监督。1950年9月，钢铁管制小组美国代表要求明确德国工业重组的特征。他建议，在钢铁工业中成立大量独立的、经济上稳定的、有竞争性的公司。只有当经济产品不可能从其他地方得到，以及煤矿的生产能力不能满足钢铁公司的焦炭需求的时候，才允许煤钢工业的联合。美国反对彻底割除鲁尔煤钢工业之间的纵向联系，却希望打破德国煤炭销售机构的垄断地位。其代表在高级委员会下辖的经济委员会中明确表示：“德国煤炭销售机构与美国的非卡特尔化政策明显不符。”[③] 在美国看来，为了保持生产效率，可以允许钢铁工业拥有煤矿，但不能允许他们在煤炭短缺的时候借助垄断机构来获取不正当利益。

在同时进行的有关“舒曼计划”的“巴黎会谈”中，法国也坚决要求将鲁尔煤钢工业非集中化作为建立煤钢共同体的前提[④]。具体做法是：分散联邦德国钢铁工业；限制鲁尔钢铁企业与煤炭企业的纵向联合，减少联

---

① DIEFENDORF J M, FROHN A, RUPIEPER H (eds.). *American Policy and the Reconstruction of West Germany, 1945-1955*. Cambridge: Cambridge University Press, 1996, p. 206.

② 1949年4月，通过法国参加英美钢铁管制小组，联合钢铁管制小组（Combined Steel Control Group，简称CSG）建立。实际上，联邦德国政府、STA和CSG都在制定鲁尔钢铁工业的非集中化方案。联合煤炭管制小组是在1950年7月根据27号法在原英美煤炭小组的基础上建立的，它与德国煤炭管理局一起负责对煤炭工业的非集中化。27号法部分原文见本书附录。

③ DIEFENDORF J M, FROHN A, RUPIEPER H (eds.). *American Policy and the Reconstruction of West Germany, 1945-1955*. Cambridge: Cambridge University Press, 1996, p. 210.

④ TURNER I (ed.). *Reconstruction in Post War Germany: British Occupation Policy and Western Zones, 1945-1955*. Oxford: Berg, 1989, p. 171.

邦德国钢铁业对鲁尔煤炭控制的份额；将非集中化条款写入《欧洲煤钢共同体条约》中等。

法国之所以抓住联邦德国煤钢工业的非集中化问题不放，主要是因为朝鲜战争之后，联邦德国对法国安全构成威胁的问题再一次变得突出起来。美国十分看中联邦德国在西方防御体系中的重要作用。杜鲁门曾指出："没有德国的参加，欧洲的防御就只是在大西洋岸边的一场后卫战，不足以对付'来自东方的侵略'。"[①] 1950 年 5 月 2 日，美国参谋长联席会议也坚定地认为："从军事观点看，适当而早日武装西德，对保卫西欧和反对苏联有着非常重要的意义。为了确保德国民族的能量与资源成为自由世界建设性力量的源泉，而不致成为一支单独的或首先与苏联合并在一起的威胁力量，应改变目前对西德实行的解除武装和非军事化的政策。应使西德尽早有实实在在的机会参加西欧和北大西洋地区性的安排。"[②] 朝鲜战争爆发后，美国加快了复兴鲁尔工业和重新武装联邦德国的步伐。艾奇逊在 1950 年 9 月 12 日指出："美国已经决定在欧洲驻军，成立北大西洋组织一体化司令部并让德国军事单位参与其中，解除对德国作出防务贡献的经济限制。"[③] 美国的需要使联邦德国工业潜力的重要性凸显。这不仅使联邦德国有了更充足的理由提高鲁尔的钢产量，也使法国的对联邦德国政策再次面临着严峻的考验。

莫内认为，解决上述问题最关键的一条就是"要扭住鲁尔的阀门"[④]。"问题是要打破鲁尔地区的煤和钢的高度集中的状况。鲁尔地区旧托拉斯在过去曾经构成了德意志帝国的强大军事力量，在今天，如果不加以驱除，军国主义势力便仍有死灰复燃的可能……倘若鲁尔的工业巨头们为了本身的利益，经营本国和邻国工业必需的煤炭这一主要资源，任何形式的

① 杜鲁门：《杜鲁门回忆录》，李石，译。北京：生活·读书·新知三联书店，1974 年，第 300～301 页。

② U. S. Department of State (ed.). *FRUS, 1950, Volume Ⅳ, Central East Europe, Soviet Union*. Wachington D. C.: GPO, 1980, p. 687.

③ GILLINGHAM J. *Coal, Steel, and Rebirth of Europe, 1945-1955: The Germans and French from Ruhr Conflicts to Economic Community*. New York: Cambridge University Press, 1991, p. 255.

④ GILLINGHAM J. *Coal, Steel, and Rebirth of Europe, 1945-1955: The Germans and French from Ruhr Conflicts to Economic Community*. New York: Cambridge University Press, 1991, p. 255.

平衡在欧洲都无法完成；如果鲁尔的焦炭大亨们以定量供应的方式重新控制我们的高炉，便将重新形成奴役和冲突的策源地，法国也就无安全可言了。卡特尔组织将会顺水推舟，把人民抛向贫困的深渊。各国人民当然不愿接受这样的结果。"[①] 但是，朝鲜战争的爆发却增加了法国实现这一政策的难度，因为联邦德国恰好希望趁美国要求自己担负起西欧防务重任之机，减轻盟国对其工业实行的非集中化改造[②]。

法国抓住联邦德国煤钢工业的非集中化问题不放，还与两国钢铁工业之间的竞争有着密切的关系。鲁尔钢铁工业集中程度向来较高。这不仅表现在钢铁工业自身的联合上，更表现在煤钢工业的纵向联合方面。战后初期，北威州煤矿有三分之二由大康采恩控制。"焦炭占钢铁生产成本的70%，这是一个令每个钢厂主都刻骨铭心的数字。""钢铁厂如果接近或位于煤田，就有可能进一步节约成本——熔炉产生的热量可以用来为发电的涡轮机产生蒸汽，还可以为煤矿的动力和照明提供能源。"[③] 而法国传统上却是中小企业发达，钢铁工业中缺少像克虏伯那样的垄断巨头。这种情况造成了"在价格利润方面，拥有煤炭的德国人比拥有铁矿的法国同行有着远为巨大的优势"[④]。就连莫内自己也认为法国钢铁工业"效率低下，未成规模"[⑤]，不值得同情。然而，作为法国的公务员和首席谈判代表，莫内又必须为本国钢铁工业服务，尽量使法德两国在未来的欧洲煤钢共同市场中站在同一条起跑线上。要做到这一点，就必须要在欧洲煤钢共同体成立之前对联邦德国钢铁工业进行改组，以降低其垄断程度，尤其是纵向垄断程度[⑥]。

---

① 莫内：《欧洲之父：莫内回忆录》，孙慧双，译。北京：国际文化出版公司，1989年，第166-167页。

② U. S. Department of State (ed.). *FRUS, 1950, Volume Ⅳ, Central East Europe, Soviet Union*. Wachington D. C.: GPO, 1980, p. 731. 另见 U. S. Department of State (ed.). *FRUS, 1950, Volume Ⅲ, Western Europe*. Wachington D. C.: GPO, 1977, p. 766.

③ LOVETT A W. The United States and the Schuman Plan, A Study in French Diplomacy 1950-1952. *The Historical Journal*, 1996, 39 (2), p. 437.

④ LOVETT A W. The United States and the Schuman Plan, A Study in French Diplomacy 1950-1952. *The Historical Journal*, 1996, 39 (2), p. 437.

⑤ LOVETT A W. The United States and the Schuman Plan, A Study in French Diplomacy 1950-1952. *The Historical Journal*, 1996, 39 (2), p. 438.

⑥ LOVETT A W. The United States and the Schuman Plan, A Study in French Diplomacy 1950-1952. *The Historical Journal*, 1996, 39 (2), p. 440.

为了让美国支持上述非集中化政策，迫使联邦德国转变态度，1950 年 12 月19 日，法国与美国就联邦德国工业的非集中化达成了初步的妥协：不仅要对联邦德国工业进行非集中化，还要禁止它重新集中；非集中化的进程要以盟国要求进一步解散特定托拉斯的计划为基础；法国同意，煤钢工业的结合在八种情况下被允许，同时接受美国解散德国煤炭销售机构的要求。美国则答应，保证鲁尔煤炭以市场价格出口；依据双边合同确定鲁尔钢铁公司所控制的煤矿产量，且未来煤钢共同体的高级机构在这一问题上握有紧急处置权①。根据这些协议，鲁尔钢铁工业所拥有的煤炭产量最高不得超过其自身需求的 75%，即鲁尔钢铁工业只能控制鲁尔煤炭产量的 10%～12%，约 1000～1200 万吨。

新成立的联邦德国政府对非集中化问题十分关注。1949 年 12 月 22 日，联邦经济部部长艾哈德向阿登纳建议，由于负有最终决定工业产权的责任，而这一问题又是与非集中化密切联系的，联邦政府应立即开始有关产权改组和非集中化计划的研究②。1950 年 1 月 22 日，阿登纳致信高级委员会，询问是否可以派出企业代表帮助非集中化方案的制定③。但是，直到1950 年 10 月 26 日，高级委员会才同意在确定非集中化方案之前会考虑阿登纳政府的意见。27 号法令的出台将联邦政府置于了非常尴尬的境地：它既无力反对盟国的决定，也无法向公众和议会交代，为什么“当德国代表应该是平等地参与欧洲煤钢共同体的谈判的同时，盟国却可以不和德国政府商量，改组那些已被决定未来要参与一体化的工业”④。艾哈德表示：“盟国坚决主张使鲁尔工业非卡特尔化，我们对此很不理解……人们在那里（指六国巴黎会谈）继续制定法律，却又好似德国政府根本不存在。

---

① 这些细节是法美在 21 日达成的，见 GILLINGHAM J. *Coal, Steel, and Rebirth of Europe, 1945-1955: The Germans and French from Ruhr Conflicts to Economic Community*. New York: Cambridge University Press, 1991, p. 271. TURNER I (ed.). *Reconstruction in Post War Germany: British Occupation Policy and Western Zones, 1945-1955*. Oxford: Berg, 1989, p. 172.

② TURNER I (ed.). *Reconstruction in Post War Germany: British Occupation Policy and Western Zones, 1945-1955*. Oxford: Berg, 1989, p. 161.

③ Einleitung, BRACHER K, MORSEY R, SCHWARZ H (Hrsg.). *Quellen zur Geschichte des Parlamentarismus und der politischen Parteien, Vierte Reihe, Deutschland seit 1945, Band 1, Montanmitbestimmung*. Düsseldorf: Droste Verlag, 1984, S. LI.

④ TURNER I (ed.). *Reconstruction in Post War Germany: British Occupation Policy and Western Zones, 1945-1955*. Oxford: Berg, 1989, p. 166.

这是我们无法接受的。”[1]

为了争取主动，联邦德国政府以钢铁托管协会、德国煤炭管理局等机构的建议为基础，于1950年10月27日率先制定了鲁尔煤钢工业非集中化方案：建议在鲁尔新建17个独立的钢铁公司，另有5个继续审查；保证各煤矿独立的法律地位，但是否打破煤钢纵向垄断，却需继续讨论[2]。1950年11月3日，高级委员会通过了这一方案并将其交给钢铁管制小组审查。12月12日，高级委员会通过了管制小组修订后的联邦德国钢铁工业非集中化方案。其主要内容包括：首先，通过建立所谓的“核心公司”(Kerngesellschaften)来完成对钢铁工业的非集中化改造；其次，建立分成两个阶段，第一阶段将钢铁工业资本没收和转交给核心公司，任命公司监事会、经理委员会和托管代表；第二阶段是对固定资产进行仔细审查，以最终完成核心公司的组建；第三，在第一阶段中，如果核心公司在先前已建立的非集中化企业中组建，则可在维持原企业的正常运行的基础上，建立新的监事会等机构；如果核心公司的资本来源是老康采恩、老康采恩的子公司和其他企业，则必须先将原企业资本没收，再重新组建；第四，在听取德国联邦政府、州政府、德意志工会联合会和康采恩的意见之后，将由托管协会建立核心公司，并须得到钢铁管制小组的认可[3]。高级委员会还允许钢铁公司原股东也可以按比例拥有新独立企业的股票，以减少鲁尔钢铁巨头们对改组的反对[4]。该计划与先前联邦德国计划唯一不同之处在于，它要求新建29个独立的钢铁公司。

在打破鲁尔钢铁工业横向联合的问题上，联邦德国与西方盟国之间的分歧并不大。然而，在打破煤钢纵向垄断方面，双方却进行了不懈的斗争。鲁尔钢铁工业的主要优势就是它拥有本地的焦炭供应。联邦德国当然不愿放弃自己在这方面的优势。阿登纳在1950年11月3日向麦克洛

---

① 莫内：《欧洲之父：莫内回忆录》，孙慧双，译。北京：国际文化出版公司，1989年，第166页。

② TURNER I (ed.). *Reconstruction in Post War Germany: British Occupation Policy and Western Zones, 1945-1955*. Oxford: Berg, 1989, p. 168.

③ Dok. Nr. 66b, BRACHER K, MORSEY R, SCHWARZ H (Hrsg.). *Quellen zur Geschichte des Parlamentarismus und der politischen Parteien, Vierte Reihe, Deutschland seit 1945, Band 1, Montanmitbestimmung*. Düsseldorf: Droste Verlag, 1984, S. 206-207.

④ KÖLLMANN W (Hrsg.). *Das Ruhrgebiet im Industriezeitalter: Geschichte und Entwickelung, Band I*. Düsseldorf: Patmos Verlag GmbH, 1990, S. 503.

伊表示：必须要保留联邦德国煤钢工业之间一定程度的联系，“以确保钢铁厂有足够的焦炭供应和对低品位燃料的需求；只能在有必要的地方改变组织形式”[①]。1951 年 1 月 14 日，联邦德国在第二份政府备忘录中将鲁尔钢铁公司对煤炭的控制总量从 56%下调至 25%，但这与法美 12 月份所达成的 10%的计划仍是相距甚远[②]。1950 年 12 月 27 日，联邦政府向高级委员会递交关于非集中化的备忘录：“整体上说，德国政府的观点是，在汉伯恩、奥博豪森 、盖尔森基兴、波鸿和多特蒙德等地区保持钢铁公司和煤矿的联合是有必要的。这对西德曼内斯曼（Westdeutsche Mannesmann）等其他公司同样适用。联邦政府认为，对钢铁工业理性的改组，对保证 27 号法令目标的实现和避免力量的过度集中是必要的。但前提却是，德国钢铁工业合理的组织形式，它的竞争性和特殊的既定存在条件不能受到歧视性的压制，使它们不能在国内外与其他企业竞争。联邦政府相信，高级委员会一定欢迎由联邦政府自已通过一项经久耐用的方案，贯彻 27 号法令所提出的建议。它必须符合如‘舒曼计划’这样的国际协定并成为一项解决了区域竞争性、自由市场经济、卡特尔问题和共决问题的国内法律，也只有在这一总前提下，它才能实现。”[③]

1951 年 1 月 17 日，钢铁托管协会和德国煤炭管理局联合制定打破鲁尔煤钢纵向联合的方案[④]，美国要求钢铁工业所控制的煤矿产量不能超过其自身需求的 75%，但在这一方案中，绝大多数钢铁工业所控制的煤矿产量依然高于这一指标[⑤]。

联邦德国的反抗引起了盟国的不满。美国国务院在 1951 年 2 月 12 日致信麦克洛伊说，不能因为非集中化问题而断送“舒曼计划”，联邦德国必

---

① GILLINGHAM J. *Coal, Steel, and Rebirth of Europe, 1945-1955: The Germans and French from Ruhr Conflicts to Economic Community*. New York: Cambridge University Press, 1991, p. 258.

② TURNER I (ed.). *Reconstruction in Post War Germany: British Occupation Policy and Western Zones, 1945-1955*. Oxford: Berg, 1989, pp. 174-175.

③ Dok. Nr. 66d, BRACHER K, MORSEY R, SCHWARZ H (Hrsg.). *Quellen zur Geschichte des Parlamentarismus und der politischen Parteien, Vierte Reihe, Deutschland seit 1945, Band 1, Montanmitbestimmung*. Düsseldorf: Droste Verlag, 1984, S. 208-209.

④ TURNER I (ed.). *Reconstruction in Post War Germany: British Occupation Policy and Western Zones, 1945-1955*. Oxford: Berg, 1989, S. 178.

⑤ TURNER I (ed.). *Reconstruction in Post War Germany: British Occupation Policy and Western Zones, 1945-1955*. Oxford: Berg, 1989, p. 181.

须在纵向联合的问题上让步[1]。阿登纳在3月2日向麦克洛依表示接受美国75%的上限，但需要由美国来说服鲁尔工业界接受这一要求。3月5日，麦克洛依接见工业界代表，强迫他们接受了75%的最高上限。

在美法的强大压力下，联邦政府终于在1951年3月14日制定了新的煤钢工业非集中化方案。内容包括：根据1951年1月与美国妥协的结果，成立24家独立的钢铁公司；任何钢铁公司拥有的鲁尔煤炭不得超过它所需用量的75%（这样联邦德国钢铁业就只能控制鲁尔煤产量的16%）；撤消德国煤炭销售机构；在《欧洲煤钢共同体条约》中加入有关反垄断的内容。3月20日,高级委员会接受了联邦德国的这一建议。

1951年11月起，独立的煤炭公司开始建立。1952年5月17日，联邦政府正式解散了德国煤炭销售机构。与此同时，在1951年6月至1953年5月间,鲁尔区共按地域建立起23个独立的钢铁公司（见表12)。按克莱的话说，弗里克康采恩、好希望钢厂、克律克纳、奥托—沃尔夫康采恩和赫施上演了“世界经济史上最大的重组”[2]。1953年2月，原克虏伯康采恩也单独完成了非集中化改造，并很快得以重建。至此，巨大的联合钢铁公司在德国彻底消失了。1957年，在长达5年的辩论之后，联邦议院终于通过了反垄断法。

**表12 根据盟国27号法令最终独立的23个钢铁公司**

**(其中3个在巴伐利亚，20个在鲁尔区)**[3]

| 名 称 | 地 点 | 成立时间 |
|---|---|---|
| 莱茵轧钢公司 | 米尔海姆 | 1951年7月16日 |
| 波鸿钢铁公司 | 波鸿 | 1951年7月17日 |
| 铸钢公司 | 杜塞尔多夫 | 1951年7月18日 |
| 凤凰钢铁公司 | 杜伊斯堡 | 1951年7月18日 |
| 维腾铸钢公司 | 维腾 | 1951年7月18日 |
| 哈恩舍尔（Hahnsche）钢铁公司 | 杜伊斯堡 | 1951年7月28日 |

① TURNER I (ed.). *Reconstruction in Post War Germany: British Occupation Policy and Western Zones, 1945-1955*. Oxford: Berg, 1989, pp. 179-180.

② KÖLLMANN W (Hrsg.). *Das Ruhrgebiet im Industriezeitalter: Geschichte und Entwickelung, Band I*. Düsseldorf: Patmos Verlag GmbH, 1990, S. 503.

③ KÖLLMANN W (Hrsg.). *Das Ruhrgebiet im Industriezeitalter: Geschichte und Entwickelung, Band I*. Düsseldorf: Patmos Verlag GmbH, 1990, S. 502.

续表

| 名　称 | 地　点 | 成立时间 |
| --- | --- | --- |
| 下莱茵钢铁公司 | 杜伊斯堡 | 1951 年 8 月 27 日 |
| 奥博豪森钢铁公司 | 奥博豪森 | 1951 年 7 月 18 日 |
| 多特蒙德钢铁联合公司 | 多特蒙德 | 1951 年 7 月 28 日 |
| 南威斯特法伦钢铁公司 | 锡格兰—盖斯维德 (Geisweid) | 1951 年 9 月 21 日 |
| 莱茵豪森钢铁公司 | 杜伊斯堡—莱茵豪森 | 1951 年 9 月 27 日 |
| 德国特种钢铁公司 | 克雷菲尔德（Krefeld) | 1951 年 10 月 26 日 |
| 轧钢厂 | 新维德（Neuweid) (巴伐利亚) | 1951 年 11 月 3 日 |
| 波鸿联合铸钢厂 | 波鸿 | 1951 年 12 月 17 日 |
| 鲁尔钢铁公司 | 哈廷根（Hattingen) | 1951 年 12 月 18 日 |
| 西北德煤钢公司 | 杜伊斯堡 | 1952 年 1 月 15 日 |
| 曼内斯曼公司 | 杜塞尔多夫 | 1952 年 4 月 8 日 |
| 锡格兰（Siegerland）钢铁厂 | 锡格兰 | 1952 年 4 月 22 日 |
| 莱茵—威斯特伐伦钢铁公司 | 米尔海姆（Müllheim) | 1952 年 5 月 19 日 |
| 马克西米连公司钢铁厂 | 苏尔茨巴赫—罗森贝格 (Sulzbach-Rosenberg) (巴伐利亚) | 1952 年 7 月 23 日 |
| 赫施 | 多特蒙德 | 1952 年 5 月 27 日 |
| 路易特博尔德钢铁厂 | 安贝格（Amberg) (巴伐利亚) | 1952 年 5 月 2 日 |

## 第三节　鲁尔煤钢工业的非纳粹化

### 一、英国与鲁尔工业非纳粹化的展开

根据《波茨坦协议》的相关规定，四大国在占领德国后都在各自的占

领区进行了非纳粹化改造。1945 年 8 月的波茨坦会议不仅明确了要对德国进行非纳粹化的原则，还在盟国管制委员会之下成立了“逮捕纳粹和非纳粹化委员会”。1946 年 1 月，管制委员会制定了 24 号法令，对非纳粹化的范围和措施都作出了明确的规定。根据这一法令，所有与纳粹直接和间接相关的个人，包括战犯、纳粹党员、党卫军成员、前冲锋队成员（罗姆清洗之前）、纳粹青年团员、与纳粹或战争相关的经济界领导人等，都要被逮捕或从所从事行业中清除；所有与纳粹相关的组织，无论是在政治、军事领域还是在经济、司法领域，包括国防军、党卫军、纳粹大学生联合会、教师联合会、妇女联合会等，都要被取缔①。

鲁尔工业的非纳粹化以 1946 年底英美确立对德经济复兴政策和德国人大规模接手非纳粹化责任为界，可分为前后两个阶段。在第一阶段中，英国基本完成了对重要亲纳粹分子的清除，如逮捕并惩处支持纳粹的鲁尔大工业家、战犯，取缔纳粹党及其附属组织，取缔纳粹法律等。与此同时，它又注意限制非纳粹化所带来的不利影响，尤其是对鲁尔煤炭生产的不利影响。

英国对德国的非纳粹化自盟国远征军踏上第三帝国的土地就已开始。在波茨坦会议之前，英国以美国的 JSC1069 号指令为其非纳粹化政策指导方针：“所有，不仅是一般参与者的纳粹党员及其他反对盟国目标的人都应从公共、半公共及私人机构的负责岗位上被清除。”②

根据盟国管制委员会 24 号法令的原则，英国军政府于 1946 年 1 月制定了“占领区第 3 号政策指导”（Zonal Policy Instruction No. 3，简称 ZPI 3，德文是 Zonen-Exekutiv-Anweisung Nr. 3）。这一多次补充、到 1947 年 3 月才最终定型的法令确立了英国非纳粹化政策的基本原则和方法：设立由德国人组成的德国人评价委员会（German Review Board）和地区级德国人评价委员会，在军政府公共安全部门保留最终权力的前提下，授予这些

---

① Directive Nr. 24 des Allierten Kontrollrates vom 12. 01. 1946 (Auszug), KRÄMER J. *Das Verhältnis der Politischen Parteien zur Entnazifizierung in Nordrhein-Westfalen*. Fankfurt am Main: Europänischer Verlag der Wissenschaften, 2001, S. 433-453.

② FO371/46799/C4890, Office of Chief Staff London to Director of civil affairs, HQ21 Group 31 July 1945, TURNER I (ed.). *Reconstruction in Post War Germany: British Occupation Policy and Western Zones, 1945-1955*. Oxford: Berg, 1989, p. 247, KRÄMER J. *Das Verhältnis der Politischen Parteien zur Entnazifizierung in Nordrhein-Westfalen*. Fankfurt am Main: Europänischer Verlag der Wissenschaften, 2001, S. 56.

德国机构非正式的非纳粹化权力[①]。

在这些法令的指导下，英国军政府直接领导了对鲁尔工业的非纳粹化。1945年9月，有44名莱茵—威斯特伐伦地区的辛迪加巨头被占领当局拘禁。1945年11月30日夜至12月1日凌晨，军政府又逮捕了75名鲁尔最大的钢铁工业家[②]。这些人被押至汉诺威附近的英军集中营，度过了至少6个月的铁窗生涯[③]。这其中也包括8月刚刚接任克律克纳—洪堡股份公司监事会主席的京特·海勒，克律克纳董事会成员、商业经理鲍姆(Baum)，德国机器制造股份公司（Deutsche Maschinenfabrik Aktiongesellschaft）总经理保罗·罗伊特尔（Paul Reuter）等人。到了1946年，又有7人被逮捕。除了工业巨头们因非纳粹化而被迫去职外，一大批企业管理人员和技术人员因此丢掉了饭碗。在杜伊斯堡市的一项有关非纳粹化的决定中，军政府要求著名的奥古斯特—蒂森钢厂“所有行使领导、监督和监事会日常权力的雇员，即是说那些对企业招聘和解雇、对企业管理和技术规定问题有影响的人，都要填写相应的表格并因此而面临着被非纳粹化的危险”[④]。英国在鲁尔的非纳粹化成为英国整个非纳粹政策的缩影。到1945年年底，英占区共有7万人因非纳粹化被拘禁。另外，1945年5月—1946年9月间，还有15.6万人被撤职，8.6万人被拒绝给予受限部门的工作[⑤]。

与此同时，英国也对非纳粹化对鲁尔复兴的不利影响顾虑重重。为了

---

① Zonen-Exekutiv-Anweisung Nr. 3 (endültige Fassung), KRÄMER J. *Das Verhältnis der Politischen Parteien zur Entnazifizierung in Nordrhein-Westfalen.* Fankfurt am Main: Europänischer Verlag der Wissenschaften, 2001, S. 457-489.

② GILLINGHAM J. *Coal, Steel, and Rebirth of Europe, 1945-1955: The Germans and French from Ruhr Conflicts to Economic Community.* New York: Cambridge University Press, 1991, p. 194.

③ PRESTON P (ed.). *BDFA, Series F Europe, Part Ⅳ, Volume 2, Central Europe July1946-December1946.* Bethesda MD: University Publications of America, 2000, pp. 106-107.

④ Einleitung, BRACHER K, MORSEY R, SCHWARZ H (Hrsg.). *Quellen zur Geschichte des Parlamentarismus und der politischen Parteien, Vierte Reihe, Deutschland seit 1945, Band 6, Neubeginn bei Eisen und Stahl im Ruhrgebiet, die Beziehungen zwischen Arbeitgebern und Areitnehemern in der nordrhein-westfalischen Eisen und Stahlindustrie 1945-1948.* Düsseldorf: Droste Verlag, 1990, S. 13.

⑤ 鲍尔弗，梅尔：《四国对德国和奥地利的管制（1945—1946）》，安徽大学外语系，译。上海：上海译文出版社，1985年，第278～279页。

稳定产量，英国军政府在占领开始 4 个月之后才开始对鲁尔煤钢工业实行非纳粹化。确实，大规模的非纳粹化使鲁尔煤炭生产受到了严重的影响。随着鲁尔工业家被逮捕、大量的企业管理者被迫去职，管理层出现了严重的空缺，而在当时的情况下是不可能找到替代者的。许多企业一级和集团一级的重大决定都不得不推迟。

为了减少非纳粹化对生产的不利影响，占领当局对鲁尔企业管理层的非纳粹化进行了严格限制，“所支持的对行政机构的非纳粹化，却不适宜在其他领域中贯彻。在有些情况下，例如对那些高科技工作者来说，我们手头没有足够的替代者”[①]。海德在下院发表演讲时明确指出，“对煤矿高层的解职会导致劳动纪律的缺失及产量的下降”[②]，“为了保持现在的产量，一些纳粹技术和管理人员应当留任”[③]。军政府政治顾问威廉姆·斯特朗（William Strang）爵士在 1946 年 4 月 23 日的报告中也指出：“解雇是正确和不可避免的，但失去领导和管理效率的代价也必须注意。”

鲁尔的资本家也在想尽办法拖延非纳粹化的进行。在杜塞尔多夫曼内斯曼钢铁股份公司的一次内部会议上，公司高层表示：“只要上面（军政府）不要求对特定的人进行清除，我们就得搁置非纳粹化的措施。公司没有义务去推动这一政策。公司必须对匿名检举予以拒绝。那些反对自己同事的人，应该公开亮出自己的姓名和理由。”[④] 军政府和资本家的态度引起了鲁尔工人的强烈不满。“那些在 1933—1935 年阻止了纳粹在这一地区进行群众运动的人是不会放弃抵抗的。”企业代表会中许多成员都要求对企业领导进行彻底的非纳粹化清除，并由工人代表取而代之。在德共的积极

---

① BROZIO N. *Gewerkschaftlicher Wiederaufbau im nördlichen Ruhrgebiet 1945-1947*. Münster: Edition westfäliches Dampfoot, 1980, S. 49. 关于非纳粹化对鲁尔工业复兴的影响，参见本书第二章第三节。

② BROZIO N. *Gewerkschaftlicher Wiederaufbau im nördlichen Ruhrgebiet 1945-1947*. Münster: Edition westfäliches Dampfoot, 1980, S. 50.

③ PRESTON P (ed.). *BDFA, Series F Europe, Part Ⅳ, Volume 2, Central Europe July1946-December1946*. Bethesda MD: University Publications of America, 2000, p. 116.

④ Dok. Nr. 15, BRACHER K, MORSEY R, SCHWARZ H (Hrsg.). *Quellen zur Geschichte des Parlamentarismus und der politischen Parteien, Vierte Reihe, Deutschland seit 1945, Band 6, Neubeginn bei Eisen und Stahl im Ruhrgebiet, die Beziehungen zwischen Arbeitgebern und Areitnehemern in der nordrhein-westfalischen Eisen und Stahl-industrie 1945-1948*. Düsseldorf: Droste Verlag, 1990, S. 187.

引导下，企业代表会多次对占领当局“重新纳粹化”进行抗议。例如，在柯尼希伯恩（Königsborn）第三、第四煤矿中就曾组织这样的抗议活动。抗议失败后，职工们还进行了消极抵抗，使煤矿产量从 1000 吨下降到 300 吨①。但是，英国军政府却没有向工人让步，“矿工们希望所有纳粹管理人员都被排除，但军政府却更愿意在鲁尔矿区保留不可替代的技术专家，他们可以挖到煤”②。

英国反对过于严厉的非纳粹化政策，这是与其追求自立加安全的平衡对德政策相一致的。相对美国来说，英国更加愿意在非纳粹化和恢复德国经济之间寻求一种平衡，不愿采取过于严厉的非纳粹化政策。从政策的目标上来看，它更注重建立德国民主管理机构，并在其中吸纳反纳粹分子，而不像美国那样把重点放在清退上。英国内部曾为如何对德国进行非纳粹化发生过争论。军政府政治部认为，可相信德国人中的反纳粹者，可以通过清除纳粹来实现德国的民主化，但其他部门则认为，德国的民族特性决定了其信奉纳粹主义，因此不能相信任何德国人。最后，还是军政府政治部的观点占据了上风。因此，它对负担沉重、内容庞杂的盟国管制委员会 24 号法令十分反感。

1945 至 1947 年间，英国在非纳粹化问题上一直面临着困境：“很明显，对英国军政府和政府来说，这一政策在如下两个需要之间产生了冲突：清除德国社会纳粹主义的需要，以及不仅是保持德国管理机构的运转，还要为英占区居民提供食品、水和药品的需要。”③ 尽管英国军政府一再重申，英国政策是非纳粹化优先于重建，“但这只不过是在花言巧语而已。在占领的第一个年头，英国是准备为非纳粹化牺牲些经济效率的。当然这并不适用于所有经济领域——农业的管理就是个明显的例外——但在许多重大领域它执行得还是不错的。例如，鲁尔煤炭工业——从许多方面来看是个关键行业——却损失了如此多的技术和管理人才，以至于生产和工业安全受到了阻碍和伤害。占领当局一直对此颇为关注。在 1946 年 5 月

---

① BROZIO N. *Gewerkschaftlicher Wiederaufbau im nördlichen Ruhrgebiet 1945-1947*. Münster: Edition westfäliches Dampfoot, 1980, S. 50-51.

② PIETSCH H. *Militärregierung, Bürokratie, und Sozialisierung: zur Entwickelung des politischen Systems in den Städten des Ruhrgebiets, 1945 bis 1948*. Duisburg: Walter Braun Verlag, 1978, S. 106.

③ TURNER I (ed.). *Reconstruction in Post War Germany: British Occupation Policy and Western Zones, 1945-1955*. Oxford: Berg, 1989, p. 256.

之前，他们不断地考虑在煤炭工业中停止非纳粹化”[①]。随着对德复兴政策的确立，英国便逐渐停止了一些重要经济领域的非纳粹化改造。农业，最终还有煤炭工业是其中的两个例子[②]。

## 二、1947—1951 年鲁尔工业非纳粹化的结束及其影响

(1) 英美对德非纳粹化政策的调整

在确立对德复兴政策之前，美国在非纳粹化问题上的态度比英国显得更加坚定。波茨坦会议结束后，艾森豪威尔又在 1945 年 9 月公布了美国军政府第 8 号令，将非纳粹化扩展至除农业外的一切领域。1946 年 11 月 5 日，连一向把德国复兴摆在首位的克莱也对德国法庭从轻发落纳粹分子的行径给予了严厉的批评，他强调美国要继续非纳粹化，并威胁如果 60 天内还不见德国人改正错误的话，就要由军政府重新接手这一工作[③]。从实际的执行效果来看，英国的非纳粹化工作也远比不上美国。到 1945 年秋，美国军政府已经监禁了 8.5 万至 9 万人。

但是，24 号法令是很难付诸实践的。纳粹党约有 800 万成员，其外围组织还有 400 万人。要把这五分之一的人口从德国清除是根本不可能的。克莱抱怨说，即使华盛顿再给他派 1 万人，他也不能“使美占区非纳粹化并将其保持下去”。因此，“必须允许德国人实际参与对他们国家的非纳粹化”[④]。1946 年 3 月 5 日，美国军政府制定了“消除民族社会主义和军国主义法令”，强制所有 18 岁以上的德国人回答一个包含有 133 项问题的调查表，通过对受调查的德国人过去的政治态度和活动进行审查，将他们划分为五等，对每一等都按照情节不同给予判刑、强制劳动、没收财产、开除公职、对受害者赔偿损失等不同惩罚[⑤]。美国将贯彻这一计划的主要责任

---

① TURNER I (ed.). *Reconstruction in Post War Germany: British Occupation Policy and Western Zones, 1945-1955*. Oxford: Berg, 1989, pp. 257-258.

② TURNER I (ed.). *Reconstruction in Post War Germany: British Occupation Policy and Western Zones, 1945-1955*. Oxford: Berg, 1989, p. 258.

③ GIMBEL J. *The American Occupation of Germany: Politics and the Military 1945-1949*. Stanford: Stanford University Press, 1968, pp. 106-110.

④ PLISCHKE E. Denazification Law and Procedure. *The American Journal of International Law*, 1947, 41 (4), pp. 823-824.

⑤ Gesetz zur Befreiung von Nationalsozialismus und Miliarismus, 5.3.1946, STEININGER R (Hrsg.). *Deutsche Geschichte 1945-1961: Darstellung und Dokumnete in Zwei Bänder, Band 2*. Frankfurt am Mainz: Fischer Taschenbuch Verlag, 1983, S. 135-140.

交给了德国人。“每项登记调查都将由特别德国检察官进行，重要的案件将由军政府设立的特别法庭进行审判……各州州长和非纳粹化部部长直接对非纳粹化的有效性和公正性负责。”[①] 按照这一法令，美占区共设立过545个法庭，有300万人受指控，93万人被判刑[②]。

1946年10月12日，盟国管制委员会以“消除民族社会主义和军国主义法令”为基础，公布了38号“调查表”法令，要求通过强制所有德国成年人填写政治调查表的形式，将他们划分为五个等级：主犯、犯人、从犯、胁从者和无罪者。法令授权各占领区军事长官为实施该法令采取相应的措施，并准许他们对德国人所属的非纳粹等级做出调整[③]。为了贯彻这一法令，英国军政府也于1946年11月30日制定了“占领区第54号政策指导”(ZPI54)，在保留最终决定权的前提下，将划定德国人等级的工作交给了先前所成立的德国人负责的非纳粹化机构[④]。到1947年11月，英占区共有214万余人填写了调查表，其中34.7677万人被清除[⑤]。

当对德政策的重心逐渐由抑制转向扶植之后，美国就加快了非纳粹化进程，1947年秋，一些国会议员在访问德国后表示，非纳粹化影响德国经济恢复，不宜再继续进行下去。除主犯外，这一政策应在1948年5月8日结束。为了确认非纳粹化对经济恢复的影响，美国军政府还专门派出了调查小组。该调查小组的报告认为，在影响德国企业发展的因素里，非纳粹化是最重要的[⑥]。在这种情况下，军政府最终决定要尽快结束美占区的非纳粹化，并先后两次对“消除民族社会主义和军国主义法令”进行修改，

---

① PLISCHKE E. Denazification Law and Procedure. *The American Journal of International Law*, 1947, 41 (4), p. 825.

② 鲍尔弗，梅尔：《四国对德国和奥地利的管制（1945—1946）》，安徽大学外语系，译。上海：上海译文出版社，1985年，第284页。

③ Kontrollratsdirektive, Nr. 38, Jörg Krämer, KRÄMER J. *Das Verhältnis der Politischen Parteien zur Entnazifizierung in Nordrhein-Westfalen*. Fankfurt am Main: Europänischer Verlag der Wissenschaften, 2001, S. 493-505.

④ Zonen-Exekutiv-Anweisung Nr. 54, Jörg Krämer, KRÄMER J. *Das Verhältnis der Politischen Parteien zur Entnazifizierung in Nordrhein-Westfalen*. Fankfurt am Main: Europänischer Verlag der Wissenschaften, 2001, S. 509-536.

⑤ TURNER I (ed.). *Reconstruction in Post War Germany: British Occupation Policy and Western Zones, 1945-1955*. Oxford: Berg, 1989, p. 263.

⑥ GIMBEL J. *The American Occupation of Germany: Politics and the Military 1945-1949*. Stanford: Stanford University Press, 1968, p. 171.

授权德国检察官对一般罪犯进行重新审查以全面减轻对后四类罪犯的处罚。

1946年底1947年初，英国内部要求结束非纳粹化的呼声越来越高。这种思想不仅得到了外交部德国处的支持，丘吉尔对此也表示赞成。1947年1月,海德领导的管治部也致信军政府，要求尽快结束非纳粹化[①]。与此同时，德国人对非纳粹化的不满也日益高涨。在国内外的双重压力下，英国军政府不得不加快非纳粹化的进程。首先，它大幅度地减少了对德国普通民众的非纳粹化。在根据38号法令对德国公民进行政治审查的过程中，英国的标准是最宽松的，近90%的受调查者都被宣布为无罪，其余10%也大都是追随者而已；其次，军政府还有保留地同意将非纳粹化的大权进一步交到德国自己的州政府手中。1947年莫斯科外长会上，盟国同意将非纳粹化交给已经成立和即将成立的德国州政府。但由于分歧众多，统一的移交方案进展缓慢。直到1947年10月1日，英国占领当局才在军政府110号法令中决定，授予州政府依据盟国管制委员会第24、38号法令和占领区第3、54号政策指导对后三类，即从犯、胁从者和无罪者进行判定和处置的权力；但军政府保留对占领区第3、54号政策指导进行修改的权力；保留继续实行非纳粹化的权力，比如原德国士兵有公开违法行为或有新证据证明其罪行的话，则可将其划入前两类进行处置[②]。

(2) 鲁尔煤钢工业非纳粹化的结束

鲁尔钢铁工业界对英国军政府在鲁尔工业界贯彻非纳粹化一事是坚决反对的。但是，鲁尔工业巨头们深知自己在第三帝国时扮演了不太光彩的角色，他们并不敢直接攻击盟国的非纳粹化政策。只是抓住英国非纳粹化政策中的一些失误和消极影响进行批驳。

1945年12月，英国军政府逮捕了前克律克纳监事会主席京特·海勒。此人是克律克纳创始人彼得·克律克纳的继子，拥有四分之一的“非雅利安血统”。第三帝国时期曾因此而被纳粹依照《纽伦堡法》解职。接替海勒代理克律克纳领导职务的卡尔·雅勒斯（Karl Jarres）就特别为海勒鸣不

---

① COGA to CCG, Berlin 3 January 1945, TURNER I (ed.). *Reconstruction in Post War Germany: British Occupation Policy and Western Zones, 1945-1955*. Oxford: Berg, 1989, p. 261.

② KRÄMER J. *Das Verhältnis der Politischen Parteien zur Entnazifizierung in Nordrhein-Westfalen*. Fankfurt am Main: Europänischer Verlag der Wissenschaften, 2001, S. 320-331.

平。“海勒以非常完善的政治背景重新成为克律克纳—洪堡股份公司监事会的领袖。此外，他还是军政府重建时，煤钢工业界值得信赖的人，他自己也很清楚，要想赢得军政府的信任，他就必须要获得工人及工会的全面理解并在合作中赢得信任。”① 鲁尔工业家还抓住非纳粹化对鲁尔经济复兴的不利影响来对其大加攻击。1946 年 2 月 16 日德国钢铁工业经济联合会埃森地区委员会上，罗伊施就明确指出：“情况不能再忍受下去了，非纳粹化对企业的侵害造成了劳动纪律和劳动兴趣的缺失，企业领导层也承受了巨大的困难。应制定法令并对迄今为止所有的法令进行统一，相应的法律已经在巴特恩豪森（Bad Oeynhausen）出现，因此也应该在北莱茵省制定。(省长）赖尔应至少要关注并尽快完成这一行动。”②

双占区成立后，美国开始在鲁尔工业中占据主导地位。为了避免非纳粹化给双占区的复兴带来不利影响，美国逐步将鲁尔工业交还给与纳粹有着密切联系的鲁尔大工业家手中，而这些人中有相当一部分是在非纳粹化中被迫去职或遭到逮捕的。“西欧的经济恢复，需要德国西占区相当程度的恢复。”“在这一努力中，没有私人企业的合作，美军政府及国务院官员就没什么赢得这场战争的信心。”③ 因此美国在逐渐地“淡化污点”，以形成一种策略性的态度。“马歇尔计划”推行后，英法主张在鲁尔进行大规模拆迁。美国表面答应，却又连续派出几个调查团到德国西占区，对如何利用美援进行调查。其中，美国钢铁公司托拉斯主席乔治·沃尔夫（George Wolf）领导的委员会调查后，不仅反对对鲁尔工业实行拆迁，还极力在海军部部长福雷斯特面前为德国联合钢铁公司前主席欧内斯特·彭斯（Ernest Poensgen)

---

① Dok. Nr. 17, BRACHER K, MORSEY R, SCHWARZ H (Hrsg.). *Quellen zur Geschichte des Parlamentarismus und der politischen Parteien, Vierte Reihe, Deutschland seit 1945, Band 6, Neubeginn bei Eisen und Stahl im Ruhrgebiet, die Beziehungen zwischen Arbeitgebern und Areitnehemern in der nordrhein-westfalischen Eisen und Stahlindustrie 1945-1948*. Düsseldorf: Droste Verlag, 1990, S. 189-190.

② Dok. Nr. 34, BRACHER K, MORSEY R, SCHWARZ H (Hrsg.). *Quellen zur Geschichte des Parlamentarismus und der politischen Parteien, Vierte Reihe, Deutschland seit 1945, Band 6, Neubeginn bei Eisen und Stahl im Ruhrgebiet, die Beziehungen zwischen Arbeitgebern und Areitnehemern in der nordrhein-westfalischen Eisen und Stahlindustrie 1945-1948*. Düsseldorf: Droste Verlag, 1990, S. 225.

③ DIEFENDORF J M, FROHN A, RUPIEPER H (eds.). *American Policy and the Reconstruction of West Germany, 1945-1955*. Cambridge: Cambridge University Press, 1996, p. 135.

说好话："此人在国际钢铁业享有崇高声誉，他绝不是纳粹，他是少数几个可以为提高德国，尤其是鲁尔的生产率作出贡献的人。"[①]

美国人的态度为希望结束鲁尔非纳粹化的德国人提供了必要的支持。1947年10月英国军政府110号法令公布后，北威州地方当局就通过一系列努力逐步结束了本州的非纳粹化进程。英国一方面允许德国州议会制定自己的非纳粹化法律，另一方面却保留着在非纳粹化上的实权。这种做法是无法满足德国人要求的。北威州成立后，州议会中"各政党的出发点，都是时至今日的非纳粹化政策是错误的"。英占区顾问委员会成员、北威州司法部部长阿图尔·施特莱特尔（Artur Sträter）在1947年8月21日对110号法令评价道："英国现在将非纳粹化的职责转交给了我们。它一贯如此：当车完全陷在污泥中的时候，德国就突然有了足够的能力负担起这个责任了。我们不得不扪心自问，现在，处在这个委员会中的我们，处在各自政党分委员会中的各位，能给出一个处置如此重要问题的德国人的建议吗？我个人到目前为止的观点是，如果英国人继续要求我们根据现行方针和法律来做，我们干脆就没法承担起这个责任，因为英国人握有唯一处置大权是我们无法接受的结果。"[②] 在1948年时，施特莱特尔还撰文号召美国民众反对非纳粹化："在美国的你是否知道，美占区有28%的18岁以上的人因非纳粹化失去了饭碗……你是否知道在所有德国占领区被解职的小人物——那些政府职员、电车司机、火车技师和伐木工人？知道吗，大学在1945年时不录取某些学生的原因就是他们在1935年踢过足球并因此而被登记为纳粹体育联盟的成员……"[③] 代表大工业家利益的自民党甚至要求全面停止非纳粹化[④]。

---

① DIEFENDORF J M, FROHN A, RUPIEPER H (eds.). *American Policy and the Reconstruction of West Germany, 1945-1955*. Cambridge: Cambridge University Press, 1996, p. 138.

② KRÄMER J. *Das Verhältnis der Politischen Parteien zur Entnazifizierung in Nordrhein-Westfalen*. Fankfurt am Main: Europänischer Verlag der Wissenschaften, 2001, S. 322.

③ STRÄTER A. Denazification. *Annals of the American Academy of Political and Social Science, Postwar Reconstruction in Western Germany*, 1948 (260), p. 50.

④ KRÄMER J. *Das Verhältnis der Politischen Parteien zur Entnazifizierung in Nordrhein-Westfalen*. Fankfurt am Main: Europänischer Verlag der Wissenschaften, 2001, S. 324.

1947年12月9日，基民盟在州议会率先提出了非纳粹化法律草案。该草案由诉讼法和非纳粹化法两部分组成。在诉讼法中，基民盟提出要将非纳粹化的最终决定权委托给州司法部部长；在非纳粹化法中，基民盟则要求，除极少数危险的纳粹分子之外，原盟国管制委员会及英国军政府非纳粹化法令涉案的广大人员都应被免除[①]。但是，在同日举行的议会辩论中，社民党态度较为折中，它一边表示，现在还没到彻底取消盟国对成年德国人所进行的非纳粹化分等的时候，"非纳粹化是一种安全措施，它将纳粹从政治生活中排除，以切实在民主方面保证国家的安全"[②]，但另一方面，它又表示，那些没有犯下纳粹主义错误的人——"包括没有明显的、特别的犯罪的人，应该被赦免"[③]。德共则反对将非纳粹化只交给司法部负责，它对司法部部长及德国法官的政治立场表示怀疑。但是，所有议会党团都无一例外地表示，"非纳粹化是不正当的、不人道的"[④]。

1948年4月29日，北威州议会最终通过了基民盟的非纳粹化法律草案。德国人还提出，由他们自己对1947年12月18日之前军政府所进行的非纳粹化判决进行重新审查。上述这些要求当然为军政府所不容。7月28日,占领当局否决了基民盟起草的北威州非纳粹化法。不过，随着联邦政府的建立，英国对非纳粹化进程的控制力也越来越弱。1950年，联邦政府依据基本法第131条，授权各州结束非纳粹化进程[⑤]。1951年，北威州终于通过法案，在全州境内结束了非纳粹化进程。同年，美国高级专员麦克洛伊还专门签署法令，释放了鲁尔军火巨头阿尔佛雷德·克虏伯(Alfried

---

① KRÄMER J. *Das Verhältnis der Politischen Parteien zur Entnazifizierung in Nordrhein-Westfalen*. Fankfurt am Main: Europänischer Verlag der Wissenschaften, 2001, S. 324-328.

② KRÄMER J. *Das Verhältnis der Politischen Parteien zur Entnazifizierung in Nordrhein-Westfalen*. Fankfurt am Main: Europänischer Verlag der Wissenschaften, 2001, S. 328.

③ KRÄMER J. *Das Verhältnis der Politischen Parteien zur Entnazifizierung in Nordrhein-Westfalen*. Fankfurt am Main: Europänischer Verlag der Wissenschaften, 2001, S. 330.

④ KRÄMER J. *Das Verhältnis der Politischen Parteien zur Entnazifizierung in Nordrhein-Westfalen*. Fankfurt am Main: Europänischer Verlag der Wissenschaften, 2001, S. 329-333.

⑤ TURNER I (ed.). *Reconstruction in Post War Germany: British Occupation Policy and Western Zones, 1945-1955*. Oxford: Berg, 1989, pp. 264-265.

Krupp von Bohlen und Halbach）和他的经理人。总之，当英美确立对德经济复兴政策并向北威州移交非纳粹化执行权之后，鲁尔工业的非纳粹化就和整个德国的非纳粹化进程一样迅速走向了结束。

非纳粹化对鲁尔煤钢工业产生了重要的影响。它通过严厉的惩罚，使那些工业巨头和企业高级管理人员铭记自己曾支持纳粹的丑恶历史，这就为鲁尔工业转而为和平与民主事业服务开辟了道路。

但与此同时，我们也应该看到，对经济领导层的非纳粹化是与政界的非纳粹化很不相同的。除了阿尔佛雷德·克虏伯等臭名昭著的战犯外，鲁尔工业家大都没有直接参与纳粹的犯罪。因此，盟国中对于如何处置这些大工业家中的亲纳粹分子，一直存在着争论。另外，鲁尔的经理人和工程师都是本行业最优秀的管理和技术人才。在德国复兴过程中，盟国少不了这些专业人士的支持。总之，在鲁尔煤钢工业中贯彻非纳粹化的成果远远比不上政治领域。1951 年 9 月，美国驻杜塞尔多夫总领事写了一份关于当时鲁尔钢铁工业领导人的政治背景的报告，得出的结论是："纳粹重新掌握了德国工业的实权。"报告对大约 80 名钢铁企业监事会和经理委员会成员的调查和评价如下（见表 13）：

**表 13　鲁尔钢铁工业非纳粹化后果**

| | 积极纳粹 | 一般纳粹 | 非纳粹 | 反纳粹 | 评价 |
|---|---|---|---|---|---|
| 根据非集中化方案新成立公司 | 15 | 10 | 25 | 12 | "从政治观点看，有些人不应出现在钢铁公司中；但从技术上看，在某种程度上，他们的任职是很重要的" |
| 钢铁托管协会 | 与新成立公司类似 | | | | "若论纳粹时代的背景，钢铁托管人（协会主席）丁克尔巴赫是最糟的" |
| 老康采恩 | 9 | 8 | 6 | 4 | "在这里，我们将找到那些最会遭到反对的人" |

针对美驻杜塞尔多夫总领馆的这份报告，战后德国工业史专家维尔纳·比勒却提出了另一种评价："在当时美国对鲁尔政策的背景下，这份情报报告有点不合时宜了。当然，这并不是说过去已经被忘却，历史已不再是约束德国人的方法；这里所指的主要是，在冷战条件下和西欧重建的过程中，合作已成为主流。""另外，非集中化政策，这当然在很大程度上与法国的压力有关，不是对旧犯人的惩罚行动，而是出于美国自由资本主

义的使命。让鲁尔融入欧洲，受到美国的支持，有时甚至是推动，不是由于害怕褐衫党鲁尔大亨的卷土重来。融合也意味着控制。”①

(3) 非纳粹化政策之下的克虏伯

战前的克虏伯康采恩是一个集煤炭开采、炼铁、钢铁加工和军工生产等于一身的鲁尔私人垄断集团。二战中，克虏伯和纳粹狼狈为奸，发动对外侵略战争，给欧洲带来了巨大的灾难。作为克虏伯主要股东和领导者的阿尔弗雷德·克虏伯（1907—1967），是鲁尔煤钢巨头中一个较为典型的亲纳粹分子。因此，对此人和克虏伯康采恩在战后初期的经历做个案分析，有助于我们更深入地了解非纳粹化对鲁尔煤钢工业的影响。

盟国的非纳粹化改造对阿尔弗雷德·克虏伯等克虏伯领导人起到了极大的震慑作用，它有助于克虏伯企业走上和平发展道路。二战之后，盟国将克虏伯康采恩视作纳粹的主要帮凶之一。阿尔弗雷德·克虏伯不仅被剥夺了财产，还在非纳粹化过程中被捕。直到 1951 年，他才和他的大多数经理人一起被美国高级专员麦克洛伊赦免，并取回了自己部分的财产。但是，作为非纳粹化的后续政策之一，西方三大国又在 1953 年 3 月强迫阿尔弗雷德·克虏伯放弃了他在煤钢工业中的财产，并承诺不再涉足任何煤炭和钢铁领域的生产活动。

面对盟国和舆论的强大压力，阿尔弗雷德·克虏伯和他的助手们决定，要尽力消除自己过去的不良形象，以求重新返回煤钢生产领域。为此，克虏伯不得不暂时拒绝重新涉足军工领域。然而，出于冷战的需要，美国军方有不少人希望克虏伯能够恢复军工生产能力。例如，在五角大楼任职的罗伯特·丹尼尔斯（Robert Daniels）上校曾说：“如果克虏伯在上次战争中生产各种型号的枪炮筒，那他们能再次生产吗?”克虏伯虽然对获得军工订单很感兴趣，但它的管理层在处理这些事情时却非常小心。由于“过去那些事”，他们感到“受到一种特别的限制”。在拒绝重新参与军火生产的同时，克虏伯还希望通过援助落后地区来改变自己的形象。1955 年 3 月，克虏伯官员在一次记者招待会上宣布，他们将仿照美国总统杜鲁门援助第三世界的第四点计划，制定一个援助非洲等落后地区的“第四又二分

---

① DIEFENDORF J M, FROHN A, RUPIEPER H (eds.). *American Policy and the Reconstruction of West Germany, 1945-1955*. Cambridge: Cambridge University Press, 1996, p. 145.

之一点计划”。

但是，盟国的非纳粹化政策不可能永远将克虏伯排除在钢铁生产之外。麦克洛伊释放克虏伯主要管理人员，就是为了让克虏伯在受到严格限制的前提下，为巩固西方阵营作出贡献。1951 年 5 月，麦克洛伊对希望继续参与钢铁生产活动的克虏伯管理人员提出了如下建议：更改克虏伯企业称号；与北约和经济合作署联系；改进公共关系；非卡特尔化是不可避免的；向前看不要向后看；让共决制发挥作用。

为了解除梅勒姆协定[①]中对克虏伯参与钢铁生产的限制，联邦德国和美国工业界的一些成员不断到美国国务院进行游说。1955 年，德国钢铁工业经济联合会就力图使美国国务院相信，克虏伯恢复钢铁生产是真心诚意地想为世界和平与发展作出贡献。“我们应该公开一些有价值的消息，克虏伯现在正将它的时间和精力放在落后地区的工业发展上，以使这些地区的人民能过上更好的生活并能养活自己。”美国学者埃德温·哈特里奇（Edwin Hartrich）认为，国务院如果能允许克虏伯重返钢铁工业，那克虏伯可能就愿意为联邦德国的重新武装承担实际的义务。“国务院的最新观点与阿尔弗雷德·克虏伯接近，并用最强烈的方式催促他回到重新武装的道路上来……克虏伯先生认为，如果美国政府希望与他在这一方面进行合作，他将改变立场并重提他参与钢铁生产的权利。”“如果他的政策发生了转变，那将在心理上给德国大企业集团以极度的信心，并影响他们对重新武装的整体态度。”另一位说客斯图弗·汉赛尔（Struve Hensel）则在 1956 年 2 月威胁说，如果美国坚持贯彻对克虏伯的非集中化，那克虏伯可能会将自己的财产低价卖给俄国人。由于“对梅勒姆协定的修改是在三大占领国和联邦共和国之间才能解决的事情”，美国国务院并不愿立即同意让克虏伯重回钢铁工业[②]。但与此同时，为了让克虏伯能为联邦德国的重新武装和冷战作出贡献，国务院也同意美国钢铁公司与克虏伯展开有限的合作。在国务院的默许下，一家美国钢铁公司在不损害梅勒姆协定的条件

---

① 梅勒姆协定（Mehlem A greement）是 1953 年英、法、美三国与克虏伯签订的限制其参与炼钢工业生产的协定。

② DIEFENDORF J M, FROHN A, RUPIEPER H (eds.). *American Policy and the Reconstruction of West Germany, 1945-1955*. Cambridge: Cambridge University Press, 1996, pp. 146-147.

下开始与克虏伯进行合作，最终使克虏伯重新开始了在钢铁生产领域的活动。此后，克虏伯很快就再次成为德国乃至世界最著名的钢铁公司之一。德国当今最大的钢铁集团——蒂森—克虏伯就是由克虏伯等几个鲁尔钢铁企业合并而成的。

## 小 结

为了能从根本上解决德国问题，西方不仅建立了一套从外部对鲁尔煤钢工业进行监督的机制，还从内部完成了对这些工业的民主化、非集中化和非纳粹化改造。

战后西方对鲁尔煤钢工业的改造中，影响最深远的当属社会民主化。鲁尔大工业家曾积极支持纳粹的侵略扩张活动。英国认为，只有消灭私有产权，才能防止鲁尔工业再度为德国的侵略扩张服务。因此，占领鲁尔后，英国外交大臣贝文提出了在州一级水平上对鲁尔工业产权进行社会化的主张。但是，贝文的这一政策不仅在国际上遭到了美法等其他盟国的反对，也在工党内部引起了越来越多的不满。处在内外交困中的英国外交部，最终否决了北威州所通过的鲁尔煤炭工业产权社会化法案。联邦德国成立后，盟国决定将煤钢产权问题交给联邦政府自己决定。而保守派占多数的首届联邦议院则无限期地搁置了这一问题。

就在产权社会化失败的同时，鲁尔煤钢工业经营权的社会化却取得了成功。在工会的积极努力下，联邦德国不仅恢复了传统的企业代表会，还在煤钢工业中新确立了监事会劳资对等共决制和劳工经理制。二战之后，英占区工会逐渐形成了以劳资共决制为核心的新的经济民主化政策。这一政策的特点是，不再强调一定要将企业产权转交国有，而是要求劳资双方在企业经营管理中享有对等权力。英占区工会先是在 1947 年初趁英国军政府在鲁尔钢铁工业中实行非集中化之机，在新独立的钢铁公司中建立了监事会劳资对等共决制和劳工经理制；联邦德国建立后，德意志工会联合会又以罢工相威胁，强迫联邦议院通过法律，在鲁尔煤钢企业中正式确立了监事会劳资对等共决制和劳工经理制。

西方还对鲁尔煤钢工业实行了非集中化改造。鲁尔工业集中在少数几个大公司手中。这种高度集中的经济力量曾被认为是德国发动对外侵略战争的经济基础之一。因此，《波茨坦协议》明确规定，要对德国工业进行非卡特尔化，以消除过度集中的经济力量。1947 年初，英国军政府公布了“分割行动计划”，开启了鲁尔煤钢工业非集中化的序幕。1948 年 12 月，英美公布了双占区 75 号法令，重申要对鲁尔煤钢工业实行非集中化，但这一计划却因故未能实施。联邦德国建立之后，西方三国公布了 27 号法令，决心完成对鲁尔煤钢工业的非集中化。与此同时，法国还以搁置“舒曼计划”为威胁，要求联邦德国接受盟国的非集中化政策。联邦德国各界虽然对盟国的政策十分不满，但在强大的压力下，它还是被迫接受了鲁尔煤钢工业的非集中化。

西方还对鲁尔煤钢工业进行了非纳粹化。占领德国后，盟国对德国的政治、经济、文化等各领域实行了非纳粹化。不少鲁尔工业巨头在这场政治清洗中锒铛入狱。然而，经济领域中的非纳粹化毕竟与政治领域不同，许多鲁尔工业家和经理人都是鲁尔复兴过程中必不可少的专门人才。因此，非纳粹化停止之后，大部分鲁尔工业巨头又回到了自己原先的岗位之上。不过这场非纳粹化清洗对鲁尔工业家的震慑作用还是十分持久的。为了重新获得西方盟国的信任，他们不得不在政治上保持低调，并想尽办法改变自己过去的不良形象。

# 第五章 鲁尔问题与联邦德国的重建及转型

## 第一节 鲁尔问题与联邦德国的经济重建及转型

### 一、鲁尔煤钢工业的复兴与联邦德国的经济重建和市场经济制度的确立

1948—1958 年被称为鲁尔煤钢工业发展史上的“黄金的十年”。由于丧失了西里西亚、萨尔和东德的工业区，鲁尔区就成为新生的联邦德国境内唯一一个基础工业聚集区。二战之后，鲁尔工业，尤其是鲁尔煤钢工业对联邦德国的经济复兴意义重大。这主要表现在：①鲁尔煤钢基础工业为战后联邦德国经济奇迹的出现提供了必不可少的原材料保障。通过观察表 14 和表 15 我们不难发现，战后初期，鲁尔所生产的煤炭占整个联邦德国产量的 90%以上，所生产的钢铁也占整个联邦德国的 80%以上；②鲁尔区，尤其是鲁尔煤钢工业还为当时的联邦德国提供了必要的就业岗位。由于较高的工资、住房和福利水平，鲁尔工业，尤其是鲁尔煤钢工业从德国其他地方吸引了大量的劳动力。哈姆市（Hamm）和维塞尔市（Wesel）之间的鲁尔地区的就业率要远远高于联邦的平均水平①。1950 年，鲁尔区人口已达 415 万，超过战前峰值（398 万）。与此同时，鲁尔所提供的大量就业岗位不是以牺牲劳动

① KÖLLMANN W (Hrsg.). *Das Ruhrgebiet im Industriezeitalter: Geschichte und Entwickelung, Band I*. Düsseldorf: Patmos Verlag GmbH, 1990, S. 514.

生产率为代价的。1955年，北威州人均产值超过联邦平均水平26%。当时，鲁尔煤钢工人收入普遍有了大幅度提高，因此而出现了被社会学家称为“消费民主化”（Demokratisierung des Konsums）的现象。这些工人较高的消费能力本身就对联邦德国经济的复兴起到了不小的拉动作用；③拥有鲁尔的北威州还为联邦税收作出了巨大的贡献。1949—1954年间，北威州共向联邦贡献税收1.3亿马克，人均贡献仅次于汉堡和不莱梅两个城市州[①]。

二战末期，鲁尔遭到了盟国地毯式轰炸，工厂、城市建筑和交通线损毁严重。但短短十年之后，鲁尔煤钢工业就在废墟上得以重建。在这段时间里，鲁尔煤钢工业不仅是“联邦德国重建的象征，其他工业力量的源泉”[②]，更是整个西欧复兴的发动机。在币制改革和联邦政府新的投资援助法的推动下，鲁尔区1957年的经济净产值比1950年增长了一倍多，而这其中有40%是煤钢工业的贡献[③]。1952年，北威州共生产了欧洲煤钢共同体中石煤的53%，焦炭的56%，褐煤的90%，生铁的33%，粗钢的34%，以及产品总出口量的37%[④]。当然，在快速增长的背后也隐藏着重大的危机，这些危机最终迫使鲁尔煤钢工业在20世纪50年代末走上了一条痛苦的结构转型道路。但是，必须指出的是，如果没有鲁尔煤钢工业在复兴的关键时期所积累的资本，联邦德国日后的经济腾飞是不可想象的（见表14、表15、表16）。

**表14　1950—1960年鲁尔区粗钢产量及比较（单位：万吨）[⑤]**

| 年份 | 鲁尔 | 英国 | 法国 | 联邦德国 | 欧洲煤钢共同体 |
|---|---|---|---|---|---|
| 1950 | 970.6 | 1655.4 | 865.2 | 1212.1 | 3176.3 |
| 1953 | 1225.4 | 1789.1 | 999.7 | 1542.0 | 3965.8 |
| 1954 | 1379.1 | 1881.7 | 1062.7 | 1743.4 | 43842 |

---

① Nordrhein-Westfalen Hauptstaatsarchiv（Hrsg.）. *Nordrhein-Westfalen: Kernland der Bundesrepublik, Reihe D, Heft 23*. Siegburg：Verlag Franz Schimtt，1989，S. 103.

② KÖLLMANN W（Hrsg.）. *Das Ruhrgebiet im Industriezeitalter: Geschichte und Entwickelung, Band I*. Düsseldorf：Patmos Verlag GmbH，1990，S. 506.

③ KÖLLMANN W（Hrsg.）. *Das Ruhrgebiet im Industriezeitalter: Geschichte und Entwickelung, Band I*. Düsseldorf：Patmos Verlag GmbH，1990，S. 514.

④ Nordrhein-Westfalen Hauptstaatsarchiv（Hrsg.）. *Nordrhein-Westfalen: Kernland der Bundesrepublik, Reihe D, Heft 23*. Siegburg：Verlag Franz Schimtt，1989，S. 104.

⑤ WIEL P（Hrsg.）. *Wirtschafts Geschichte des Ruhrgebiets. Tatsachen und Zahlen*. Essen：Siedlungverband Ruhrkohlenbezirk，1970，S. 238.

续表

| 年份 | 鲁尔 | 英国 | 法国 | 联邦德国 | 欧洲煤钢共同体 |
|---|---|---|---|---|---|
| 1955 | 1663.9 | 2010.8 | 1263.1 | 2136.6 | 5277.7 |
| 1956 | 1795.7 | 2090.0 | 1344.1 | 2318.9 | 5679.8 |
| 1957 | 1951.8 | 2204.7 | 1410.0 | 2450.7 | 5999.5 |
| 1958 | 1720.0 | 1980.0 | 1463.3 | 2278.5 | 5817.5 |
| 1959 | 1994.7 | 2051.0 | 1519.7 | 2582.2 | 6336.2 |
| 1960 | 2315.9 | 2469.5 | 1730.0 | 3410.0 | 7307.6 |

**表 15　1945—1957 年鲁尔区煤炭产量及比较（单位：千吨）①**

| 年份 | 鲁尔 | 所占联邦德国的比例 | 联邦德国 | 英国 | 法国 |
|---|---|---|---|---|---|
| 1945 | 33386 | 85.7 | 38976 | 185698 | 33313 |
| 1946 | 50524 | 81.5 | 61873 | 193107 | 47185 |
| 1947 | 66337 | 81.2 | 81659 | 200605 | 45230 |
| 1948 | 81106 | 81.4 | 99641 | 212744 | 43291 |
| 1949 | 96289 | 81.9 | 117532 | 218571 | 51199 |
| 1950 | 103329 | 82.1 | 125846 | 219786 | 50835 |
| 1951 | 110630 | 81.8 | 135293 | 226435 | 52975 |
| 1952 | 114418 | 82.0 | 139577 | 230057 | 55367 |
| 1953 | 115551 | 82.0 | 140923 | 227789 | 52595 |
| 1954 | 118712 | 81.9 | 144885 | 227637 | 54414 |
| 1955 | 121106 | 81.8 | 148093 | 225172 | 55335 |
| 1956 | 124627 | 82.2 | 151548 | 225559 | 55132 |
| 1957 | 123209 | 82.4 | 149458 | 227106 | 56799 |

**表 16　联邦德国 1951—1955 年煤钢工业价格指数（1950＝100）②**

| | 1951 | 1952 | 1953 | 1954 | 1955 |
|---|---|---|---|---|---|
| 煤炭 | 112 | 131 | 154 | 154 | 155 |
| 钢铁 | 122 | 170 | 177 | 172 | 177 |

① WIEL P（Hrsg.）. *Wirtschafts Geschichte des Ruhrgebiets. Tatsachen und Zahlen*. Essen：Siedlungverband Ruhrkohlenbezirk，1970，S. 127-128. 1945—1948 年联邦德国指西方三个占领区.

② ADAMSEN H. *Investionshilfe für Ruhr，Wiederaufbau，Verbände und Soziale Marktwirtschaft 1948-1952*. Wuppertal：Peter Hammer Verlag，1981，S. 271.

更为重要的是，鲁尔煤钢工业的复兴还促进了德国西占区和联邦德国市场经济制度的重建。德国在历史上有着很强的国家干预经济的传统。19世纪下半期普鲁士—德意志帝国经济的高速发展，就是在政府的指导下实现的。第二次世界大战期间，纳粹严密的统制经济体制更是将德国的自由市场取消殆尽。二战结束后，英国军政府依旧在鲁尔实行严格的统制经济政策。这一政策将十分有限的社会资源集中供应到鲁尔，为鲁尔煤钢工业的重建起到了很大的推动作用。然而，这种统制经济并未使英占区及后来的双占区走上快速复兴的道路。因此，在美国的支持下，艾哈德于1948年中期转而推行了旨在重建西占区市场经济体制的“币制改革”。

而其后帮助鲁尔煤钢工业突破投资瓶颈的两大措施——“马歇尔计划”和1952年联邦德国的《工商业经济投资补助法》则在客观上进一步推动了西占区和联邦德国市场经济制度的重建。

国内有些学者认为，“马歇尔计划”加大了西欧主要资本主义国家对经济的干预，促进了国家垄断资本主义的发展①。这种观点固然有其道理，不过，从另一个角度看，“马歇尔计划”在西占区和联邦德国的推行，也有促进其自由市场经济制度恢复的一面。

1948年币制改革之后，德国西占区消费品价格呈疯涨之势，引起了社民党和部分基民盟成员的不安。他们害怕消费品价格的上涨会导致大众的不满，要求重新恢复原先的统制经济政策。但是，“马歇尔计划”却帮艾哈德渡过了难关。“马歇尔计划”为消费品工业带来了充足的资本和投资信心，从而使一度暴涨的消费品价格快速回落。随着消费品供应的惊人增长及其价格的普遍下降，艾哈德的“冒险”获得了巨大的成功，主张自由主义经济的政治力量也在首届联邦议院选举中获得了胜利。“必须要说的是，‘马歇尔计划’的进口，在保证双占区的币制改革时所推行的自由主义经济政策的成功这一方面发挥了关键性的作用。”②

“马歇尔计划”后期对基础工业的投资也有利于维持币制改革的成果。币制改革之后，尤其是从1949年开始，德国西占区和联邦德国基础工业出

---

① 毕健康：《马歇尔计划对西欧经济的影响》，载《美国研究》，1992年第4期。

② DIEFENDORF J M, FROHN A, RUPIEPER H (eds.). *American Policy and the Reconstruction of West Germany, 1945-1955*. Cambridge: Cambridge University Press, 1996, p. 76.

现了严重的投资不足。为了维持新建的社会市场经济制度和社会的稳定，联邦德国将“马歇尔计划”援助的中心从食品、消费品工业转移到了鲁尔基础工业上。虽然这些投资未能从根本上解决鲁尔煤钢工业的“瓶颈问题”，但它毕竟缓和了基础工业的投资短缺，“并由此阻止了一场经济危机的发生和国家对私企干涉的加大”①。

与此同时，虽然“马歇尔计划”的资金是由国家分配的，但德国西占区和联邦德国的右翼政党却一直在试图减少国家在分配过程中对自由经济的过多干预。1949 年 7 月 15 日，基民盟在“杜塞尔多夫纲领”中明确指出：“在‘马歇尔计划’实施的过程中，必须考虑到市场作用这一必不可少的手段不能受到干扰，德国必须以平等的身份加入整个欧洲经济的合作之中。”② 自民党也在 1949 年 6 月 11 日—12 日的不莱梅党代表大会上，将“马歇尔计划”的目标视作恢复自由经济和欧洲的支付能力③。在自由主义者的积极努力下，“马歇尔计划”对联邦德国市场经济的负面影响被大大缩小。

总之，在德国西占区和联邦德国市场经济制度重建的过程中，“马歇尔计划”功不可没。正如联邦德国学者埃里希·奥特（Erich Ott）所说的：“‘马歇尔计划’的资助方案，再加上盟国所赋予的巨大权力，不仅对联邦德国的成立和稳定有利，也对市场经济制度的维持和在这一过程中相应的经济力量的加强有利。”④

1952 年的《工商业经济投资补助法》也对联邦德国市场经济制度的重建产生了巨大的推动作用。首先，根据该法律，对基础工业的投资将由工商界自筹完成，而不通过国家强制征税募集。在审批贷款时，信贷银行理事会所依据的基本原则之一就是“不影响自由竞争”；其次，该法律解除了币制改革之后依旧存在的对基础工业的价格绑定，真正使市场经济制度扩展至这些工业之中；第三，该法律所带来的一些间接影响，如外贸的扩大、

---

① DIEFENDORF J M, FROHN A, RUPIEPER H (eds.). *American Policy and the Reconstruction of West Germany, 1945-1955*. Cambridge: Cambridge University Press, 1996, p. 78.

② SCHRÖDER H. *Marshallplan und Westdeutschland Wiederaufbau: Positionen-Kontroversen*. Stuttgart: Franz Steiner Verlag, 1990, S. 68.

③ SCHRÖDER H. *Marshallplan und Westdeutschland Wiederaufbau: Positionen-Kontroversen*. Stuttgart: Franz Steiner Verlag, 1990, S. 69.

④ SCHRÖDER H. *Marshallplan und Westdeutschland Wiederaufbau: Positionen-Kontroversen*. Stuttgart: Franz Steiner Verlag, 1990, S. 78.

盟国限制的减少，也都有利于市场经济原则在联邦德国的确立[①]。

联邦德国社会市场经济理论将自由市场视作保证国民经济正常运行的基础。“它强调有必要通过良好运转的竞争秩序作为防止国家和私人权力集中的手段，其观点是：通过建立自由的市场经济，并采取相应保证的措施可以防止产生专政、国家计划化、经济管制以及由于工业卡特尔化而造成的私人垄断。”[②] 因此，通过推动自由市场经济的重建，鲁尔问题的解决也在客观上促进了德国西占区和联邦德国从统制经济体制向社会市场经济制度的转型。

**二、劳资共决与联邦德国的经济民主化**

与魏玛时代以企业代表会制为核心的劳资合作机制相比，《煤钢企业经理委员会及监事会雇员共决法》所代表的是一个以监事会劳资共决和劳工经理制为核心的煤钢共决新模式。《煤钢企业经理委员会及监事会雇员共决法》出台后，联邦德国又先后于1956年和1971年通过了《煤钢共决补充法》（Montanmitbestimmungergänzensgesetz）和《煤钢共决效力扩展法》（Montanmitbestimmungfortgeltungsgesetz），将煤钢共决制分别扩展到了以经营煤钢工业为主的康采恩和煤钢加工企业之中。1988年，联邦议院又规定，凡在煤钢领域的销售额占本企业销售额20%以上的康采恩也适用于《煤钢企业经理委员会及监事会雇员共决法》。

由《煤钢企业经理委员会及监事会雇员共决法》所开创的、以监事会为核心的劳资共决制也逐渐扩展到联邦德国的其他经济领域。“自1951年起，这部法律即以‘煤钢共决法（Montanmitbestimmungsgesetz）’而著称。煤钢共决模式是以特定（qualifizierte）或者对等（paritätische）共决为特征的。迄今为止，煤钢共决在联邦德国社会政策改革史上仍具有极其重大的意义。无论是1952年的《企业宪章法》（Briebsverfassungsgesetz），还是后来其他的共决法、共决协议，都是沿着该法律所确定的方式，在企业管理层和监事会组织中来确保工人和工会权力的。”[③] 在1952年的《企

---

① ADAMSEN H. *Investionshilfe für Ruhr, Wiederaufbau, Verbände und Soziale Marktwirtschaft 1948-1952*. Wuppertal: Peter Hammer Verlag, 1981, S. 235.

② 哈达赫：《二十世纪德国经济史》，扬绪，译。北京：商务印书馆，1984年，第147页。

③ MÜLLER G. *Mitbestimmung in der Nachkriegszeit: Britische Besatzungsmacht-Unternehemer-Gewerkschaften*. Düsseldorf: Verlag Schwann, 1987, S. 7.

业宪章法》中，联邦德国除重新确认了传统的企业代表会制外，还明确规定所有企业的监事会必须包括三分之一的雇员代表，这就是所谓的“三分之一共决制”。德国统一后，联邦议院于2004年将“三分之一共决制”从《企业宪章法》中剥离，单独制定了《三分之一共决法》(Drittelmitbestimmungsgesetz)。这部在2008年刚刚完成修订的法律明确规定要在雇员人数500—2000人的企业的监事会中实行“三分之一共决制”。1976年5月，联邦德国还制定了《雇员共决法》(Gesetz über die Mitbestimmung der Arbeitnehmer),要求在雇员超过2000人的大企业的监事会中全部实行劳资对等共决①。由《煤钢企业经理委员会及监事会雇员共决法》、《雇员共决法》和《三分之一共决法》等所建立的以监事会共决为核心的劳资共决制，被称为“独立法人企业层次（Unternehmenseben）上的共决制”，而魏玛时代所建立的、后由联邦德国《企业宪章法》所重新确认的企业代表会制，则被称为“单个企业层次（betriebliche Ebene）上的共决制”。这两个层次上的共决共同构成了今天我们所看到的德国的劳资共决制。

自1946年底开始，劳资共决制就一直是英占区工会和联邦德国德意志工会联合会经济民主化政策的核心。在工会看来，以劳资共决为核心的经济民主化是政治民主化必不可少的补充。1946年12月，英占区工会曾在一次代表大会上明确表示：只有通过工会和企业代表会有效的、直接的影响，并在民主的基础上重建德国的经济，经济的繁荣、和平的持久、个人的自由和民主才能得到保障。“两次世界大战证明，德国的战争推动力量，正是在卡特尔、康采恩、托拉斯滥用和谋求其经济霸权时聚集起来的……尽管工人代表组织长期坚持努力，但统治权一直只留在工商经济界手中。工会在此要求在所有的经济部门实行对等共决。”在企业代表会方面，要以军政府的法律为基础，通过完成相应的劳动协议来实现共决②。1949年10月14日，统一后的德意志工会联合会在阐述其经济政策原则时再次表示：“作为工人、职员和公务员的代表组织，工会将承担起保护所有劳动者经济、社会、文化利益的责任……经济政策是提高整体经济效益最重要的

---

① NIEDENHOFF H. *Mitbestimmung in der Bundesrepublik Deutschlands*. Köln: Deutscher Instituts-Verlag, 2005, S. 379-389.

② PETERS J (Hrsg.). *Montanmitbestimmung Dokumente ihrer Entstehung*. Köln: Bund-Verlag, 1979, S. 77-78.

手段。它同时也是一个战场，在这之中决定了各利益集团为整体做了多少工作和贡献，也决定了这些利益集团将在怎样的环境下参与国民经济。出于以上原因，工会提出……在所有有关人力、经济和社会的经济决策中实行有组织的雇员共决。1918—1933年的经验表明，政治民主框架不足以实现真正社会秩序的民主。因而政治生活的民主必须向经济的民主化扩展。"①

在德意志工会联合会、企业代表会和其他企业雇员代表的努力下，劳资共决制对联邦德国的经济民主化产生了极大的推动作用。以《煤钢企业经理委员会及监事会雇员共决法》为例，该法律公布后，煤钢职工在企业中的影响力和实际地位都有了极大的提高。

首先，《煤钢企业经理委员会及监事会雇员共决法》的推行，扩大了雇员在煤钢企业劳工、人力政策方面的影响力。新设立的劳工经理，其主要职能之一就是在企业劳工政策方面，如劳工雇佣、解聘和培训等问题上保护雇员的利益。由于生产成本的提高和廉价石油的冲击，联邦德国煤炭工业自1958年起陷入了严重的危机，大量煤矿倒闭、停产。在危机中最棘手的一个问题就是如何安置因煤矿停产而失业的工人。为了切实保护矿工的利益，劳工经理们在1966年5月开会后决定，还在营业的煤炭企业要优先雇佣联邦德国失业矿工。"煤矿一直要寻找替代劳动力。鉴于不可避免的持续的波动，吸纳倒闭煤矿中的劳动力被赋予了特殊的意义。所有参与进来的煤矿都对从倒闭煤矿中雇佣德国矿工有着浓厚的兴趣。"② 为了应对日益严重的危机，五分之四的联邦德国煤炭企业在1968年联合组成了统一的鲁尔煤炭股份公司（RAG）。1969年底，鲁尔煤炭股份公司监事会决定，进一步扩大劳工经理在企业人力资源方面的权力，并在各基层煤矿中设立人力社会经理（PS-Direktoren）③。这意味煤矿职工在鲁尔煤炭股份公司的劳工政策方面拥有了更大的发言权。1982年，一家拥有3300名员工的鲁

---

① PETERS J（Hrsg.）. *Montanmitbestimmung Dokumente ihrer Entstehung*. Köln：Bund-Verlag，1979，S. 141-142，S. 145.

② RANFT N. *Vom Objekt zum Subjekt：Montanmitbestimmung，Sozialklima und Strukturwandel im Bergbau seit 1945*. Köln：Bund-Verlag，1988，S. 169.

③ RANFT N. *Vom Objekt zum Subjekt：Montanmitbestimmung，Sozialklima und Strukturwandel im Bergbau seit 1945*. Köln：Bund-Verlag，1988，S. 173.

尔煤矿倒闭，其中 2200 多名失业工人无法从企业方面获得任何经济补偿。为了解决这些工人的就业问题，工会通过行使共决权，迫使鲁尔煤炭股份公司在其他所属煤矿中为他们安排了工作[①]。

其次，《煤钢企业经理委员会及监事会雇员共决法》的推行，还扩大了雇员在企业社会福利政策方面的控制力。魏玛时代德国工人主要通过企业代表会来影响企业的社会福利政策。《煤钢企业经理委员会及监事会雇员共决法》通过后，企业职工在这方面有了更大的共决权。“……通过煤钢共决——劳工经理，1945 年之前已经存在的、雇员参与社会政策制定的制度，有了真正的改善并得到了进一步的发展。”[②]

随着在企业福利政策方面影响力的扩大，煤钢企业职工的福利待遇也有了明显的改善。1952—1963 年间，仅格拉夫·俾斯麦（Graf Bismark）一家煤矿就有超过 1500 名员工子女在企业的帮助下参加了儿童保险（Kinderversicherung）计划。1951—1961 年间，这所拥有 8000—10000 名员工的企业，有大约 1 万人享受到了企业新休假政策的优惠。除此之外，矿工在医疗、住房等方面的福利待遇也有了较大的改善[③]。

50 年代末期的煤矿危机开始后，鲁尔煤炭企业在监事会雇员代表的压力下，先后制定了多个保障失业工人生活的“社会计划（Sozialpläne）”[④]。1963 年 7 月 1 日通过的“全体矿工平衡负担”政策，规定凡 55 岁以上的矿工失业后即可领取相应的养老金。在 1971 年的“适应法”（Anpassungsgesetz）中，又规定凡年满 50 岁且符合一定条件的矿工，因企业倒闭或重组而失去工作后也可领取一定的社会救济[⑤]。总之，在煤矿危机中，监事会中的雇员代表与劳工经理、企业代表会和工会密切配合，通过煤钢共决制

---

① RANFT N. *Vom Objekt zum Subjekt: Montanmitbestimmung, Sozialklima und Strukturwandel im Bergbau seit 1945*. Köln: Bund-Verlag, 1988, S. 179.

② RANFT N. *Vom Objekt zum Subjekt: Montanmitbestimmung, Sozialklima und Strukturwandel im Bergbau seit 1945*. Köln: Bund-Verlag, 1988, S. 190.

③ RANFT N. *Vom Objekt zum Subjekt: Montanmitbestimmung, Sozialklima und Strukturwandel im Bergbau seit 1945*. Köln: Bund-Verlag, 1988, S. 120.

④ RANFT N. *Vom Objekt zum Subjek: Montanmitbestimmung, Sozialklima und Strukturwandel im Bergbau seit 1945*. Köln: Bund-Verlag, 1988, S. 227.

⑤ RANFT N. *Vom Objekt zum Subjek:, Montanmitbestimmung, Sozialklima und Strukturwandel im Bergbau seit 1945*. Köln: Bund-Verlag, 1988, S. 176.

所确立的原则，有力地保障了煤炭企业职工的权益。正如当时一位劳工经理所说："为倒闭煤矿职工所制定的'社会计划'证明，作为社会规范的共决制经受住了考验。"①

第三，《煤钢企业经理委员会及监事会雇员共决法》的推行，还有助于改善职工的劳动条件，减少工伤事故。德国是较早开始建立劳动保护制度的国家之一。尽管如此，在 20 世纪 50 年代之前，煤钢企业中的基础设施和劳动条件还是十分恶劣的。矿井中的严重工伤事故也时有发生。《煤钢企业经理委员会及监事会雇员共决法》通过之后，企业中的雇员代表积极推动企业采取措施，改善劳动条件，加强劳动保护，切实保障职工生命与健康。

位于鲁尔的威斯特伐伦钢铁厂以前的劳动条件是很差的。"厕所从来都没有门，纳粹时代就没有。以便监工能够在走过时说：'你已经在这里站了十分钟了。'" 由于工作条件太差，许多工人甚至都不惜要关闭自己的工厂。"当有人问怎样才能减轻其工作负担时，许多工人回答说，把这个工棚拆了，建一座现代化的轧钢车间。"②《煤钢企业经理委员会及监事会雇员共决法》公布后，企业监事会终于在 1953 年 3 月决定，关闭这座落后的工厂，并重新建立一座拥有现代化设备的工厂以安置工人。

在煤炭企业中，雇员代表则将预防和妥善处理劳动事故作为引入共决制后首先要完成的任务。"我们尤其希望在这些领域中，通过共决制和煤矿的改革取得统一的成果。我们要为矿工的生命与健康负责。"③ 在劳资双方和技术人员的共同努力下，联邦德国煤矿生产的安全性有了显著的提高。《煤钢企业经理委员会及监事会雇员共决法》引入后，仅1962 年在萨尔发生过一次死亡 299 人的大型矿难事故。而整个矿工的事故死亡比例也从 1950 年的每 10 万班0.54 人下降到 1967 年的每 10 万班 0.28 人。

---

① RANFT N. *Vom Objekt zum Subjek:, Montanmitbestimmung, Sozialklima und Strukturwandel im Bergbau seit 1945*. Köln: Bund-Verlag, 1988, S. 226.

② BARBIAN J (Hrsg. ). *Die Entdeckung des Ruhrgebiets: Das Ruhrgebiets in Nordrhein-Westfalen 1946-1996*. Essen: Klartext Verlag, 1997, S. 182-183.

③ RANFT N. *Vom Objekt zum Subjekt: Montanmitbestimmung, Sozialklima und Strukturwandel im Bergbau seit 1945*. Köln: Bund-Verlag, 1988, S. 337.

最后，煤钢共决制的建立，还在联邦德国的企业中塑造了一种民主的企业文化。传统的德国企业就像是一个宗法式的大家族。企业主和经理人就是高高在上的大家长，在企业中，他们经常任意辱骂、责罚工人。但在《煤钢企业经理委员会及监事会雇员共决法》引入后，职工在煤钢企业中拥有了和雇主们同样的权力。随着地位的提高，企业雇员逐渐形成了主人翁意识，不再像以前那样惧怕企业主和经理人。“企业首次不再像是一个家庭或与家庭有可比性……上级不再像过去那样过于严厉和不可接近……今天的工人是自由的，我们在上级面前不再感到害怕，我们依照自己的风格做事，而不用再特别按照上级所坚持的命令去做。”①

作为社会市场经济制度的重要特征之一，劳资共决及其所带来的经济民主化对联邦德国早期经济转型产生了重要的推动作用。

## 第二节 鲁尔问题与联邦德国的国家重建及政治体制转型

### 一、战后鲁尔问题对联邦德国国家重建的影响

战后初期，鲁尔问题一直是德国国家主权恢复的主要障碍之一。因此，盟国对鲁尔问题的解决，直接决定了联邦德国国家重建的进程。

1945—1946 年间英国对鲁尔的处置直接关系到了未来德国领土与主权的完整。战后初期，法国曾多次要求将处于英国占领之下的鲁尔从德国分离出来。但这一要求最终遭到了英国的拒绝。英国制定鲁尔政策的主要动机之一就是解决德国问题。一战后的历史表明，过于严厉的压制只会激起德国人的反抗情绪。因此，在制定对鲁尔政策时，英国十分注重安抚德国人。这是它反对分离鲁尔的重要原因。

英国建立北威州的决定则最终使得法国分离鲁尔的企图化为了泡影。如前所述，英国希望通过北威州的建立来加强德国西占区的经济统一，以减轻自身的财政负担。在英国看来，分离鲁尔的做法会加重德国经济

---

① BARBIAN J (Hrsg.). *Die Entdeckung des Ruhrgebiets: Das Ruhrgebiets in Nordrhein-Westfalen 1946-1996*. Essen: Klartext Verlag, 1997, S. 179-180.

和政治上的分裂，也不利于减轻自身的财政负担。为了加快德国经济统一的步伐，英国不顾苏联的强烈反对，强行在自己的占领区内设立了北威州。

然而，就政治上而言，北威州建立的意义更大。英国建立北威州的举动显然得到了美国的支持。而英美这样做的主要目的之一，就是要清楚地向法国表明，它们是绝对不会同意将鲁尔从德国分离的。英美的态度对于维护德国西部领土的完整起到了极其重要的作用。

1947—1951 年西方对鲁尔问题的解决，则直接促进了联邦德国的建立和主权的恢复。双占区成立之后，英美加快了重建西德国家的步伐。然而，法国却不愿轻易将自己的占领区也合并进来。1948 年 2 月，英、法、美、荷、比、卢召开了六国伦敦会议，重点讨论成立西德国家的问题。法国坚持将成立鲁尔国际管制机构作为合并占领区和建立西德国家的前提，因此鲁尔问题也是这次会议的主要议程之一。在进行了一番激烈争论之后，英美最终同意，设立负责鲁尔产品分配的鲁尔国际管制机构，以换取法国接受建立西德国家的“伦敦建议”。然而，鲁尔工业的国际管制问题并未因此而得到圆满的解决。在此后联邦德国恢复国家主权的道路上，这一问题仍是最大的障碍。

取消盟国对联邦德国工业的拆迁是联邦德国恢复国家主权过程中首先要解决的问题。为了使英法同意减少拆迁，美国和联邦德国不得不在鲁尔问题上作出让步。1949 年初，美国以同意按计划建立鲁尔国际管制机构为筹码，迫使英法同意大幅度减少德国工业的拆迁项目。1949 年 11 月，新成立的联邦德国又在《彼得斯贝格议定书》中，以加入鲁尔国际管制机构为代价换取了盟国对德受限工业拆迁的终止。

拆迁问题解决后，联邦德国又将取消或修正《鲁尔国际管制条约》作为其主权恢复的另一大任务。鲁尔国际管制机构是法国对德压制政策的产物，它的存在本身就是对联邦德国主权的巨大侵害。只有在主权平等的前提下，才有可能真正持久有效地解决鲁尔煤钢工业的国际监督问题。其具体的办法就是，将鲁尔工业与西欧其他国家的工业一起置于国际机构的管制之下。在联邦德国和美国的积极努力下，法国终于抛开原来解决鲁尔问题的思路，改用“舒曼计划”和欧洲煤钢共同体来解决鲁尔问题。欧洲煤钢共同体不仅成功地解决了鲁尔煤钢工业的国际监督问题，也使联邦德国重新在政治上获得了与法国平等的地位。

**二、鲁尔问题与战后联邦德国西方民主制度的确立**

鲁尔问题既包括从外部对鲁尔进行监督的问题，又包括从内部对这些工业进行改造的问题。西方对鲁尔问题的解决，有力地推动了德国西占区和联邦德国走上西方民主国家的道路。

首先，西方对鲁尔煤钢工业的非纳粹化、民主化改造，有利于德国西占区和联邦德国民主制度的确立。鲁尔工业是第三帝国发动对外侵略扩张战争的基础。鲁尔大工业家中有不少是纳粹的同情者和积极支持者，甚至有些还直接参与了纳粹的组织。二战后，英美对鲁尔工业中的大军火商和纳粹支持者进行了大规模的非政治化和非纳粹化清算。有不少大工业家因此而锒铛入狱。尽管在工业中所进行的非纳粹化不如在政治领域那样彻底，但这次清算还是使鲁尔大工业家和经理人牢牢地记住了自己曾支持纳粹扩张的罪行。在1951年获释之后，阿尔弗雷德·克虏伯被迫放弃了自己在煤钢工业中的财产并承诺不再涉足这一领域的经营。在此后的许多年里，克虏伯一直试图消除自己军火贩子的不良形象，意图重回煤钢生产领域。可见，战后的非纳粹化、非军事化和非政治化对鲁尔大工业家后来的政治取向产生了积极的影响。此外，德国西占区工会和德意志工会联合会所主张的劳资共决制也对西占区和联邦德国社会的稳定和民主制度的巩固起到了积极的作用。

其次，北威州的建立，阻止了共产主义思潮在鲁尔的传播，也有利于西方民主制度在德国西占区和联邦德国的确立。一开始，英国就对苏联插手鲁尔疑虑重重。随着冷战的兴起，防止苏联控制鲁尔和德国就成了英国制定鲁尔政策时所考虑的主要因素了。英国认为，如果在苏联挥动德国统一大旗时自己却支持鲁尔和莱茵兰的分离，那西方就很难在德国赢得民心了。1946年四大国巴黎外长会议召开之后，英国对苏联对德政策的猜忌进一步加重。越来越多的英国官员认为，为了有效地阻止共产主义思潮在德国的蔓延，应尽快建立包括整个鲁尔地区的北威州，实现德国的经济统一，加速德国西占区复兴。

后来的事实表明，在阻止共产主义思潮传播方面，北威州的建立是卓有成效的。在魏玛时代，独立社会民主党和德国共产党对鲁尔居民影响巨大。一战后选举制宪会议时，独立社会民主党在鲁尔就战胜了社会民主党[①]。其后，独立社会民主党和德共又多次组织鲁尔工人罢工和起义。二战结束之初，共产党在鲁尔煤矿中的影响依然很大。1946 年时，1732 个企业代表会有 630 个为共产党所控制[②]。北威州的建立，对于德国西占区民主制的建立来说，是有着非同一般的意义的。由于莱茵兰保守居民的加入，大大淡化了鲁尔区共产主义思潮在西占区的影响。对此，阿登纳曾有明确表述："我认为，把鲁尔区这一工业区同农业区和中小型工业分布的地区合并成一个大州，这是重要的。如果说，鲁尔区的大部分居民早已选择了共产主义，在德国崩溃之后又开展了一个强大的共产主义煽动运动，那么，鲁尔区本身成了一个州，基督教民主联盟在那里就不会有任何前途了。随着时间的推移，德国共产党在那里可能成为决定性的力量。这就会给整个社会的发展带来极其严重的后果，德国共产党就非常有可能与苏联建立联系。我认为，由于把来因（莱茵）州以及来因（莱茵）州过于保守的居民同鲁尔区结合在一起，就能大大减少鲁尔区左翼集团同苏联联系的危险性。"[③] 后来的事实表明，在阻止共产主义思潮传播方面，北威州的建立是卓有成效的。到 1947 年时，鲁尔煤矿 1926 个企业代表会中只有 426 个还在共产党手中。

此外，鲁尔国际管制机构及后来的欧洲煤钢共同体也进一步巩固了联邦德国的西方民主制度。鲁尔问题是在西方的框架下得到解决的。西方三国解决鲁尔国际监督问题的指导思想之一就是要未来西德国家成为西方民主阵营的一员。无论是鲁尔国际管制机构，还是欧洲煤钢共同体，都加强了西德与西方的联系，防止它重新回到中立的传统上去。如果说歧视德国的鲁尔国际管制机构是强行将未来西德国家拉入西方的话，那欧洲煤钢共同体就是一种持久有效地将联邦德国留在西方的办法。

---

① FENCHTWANGER E J. *From Weimar to Hitler: Germany 1918-1933*. London: The Macmillan Press Ltd., 1995, p. 37.

② GILLINGHAM J. *Coal, Steel, and Rebirth of Europe, 1945-1955: The Germans and French from Ruhr Conflicts to Economic Community*. New York: Cambridge University Press, 1991, p. 187.

③ 阿登纳：《阿登纳回忆录（一）》，上海外国语学院德法语系德语组，译。上海：上海人民出版社，1976 年，第 103 页。

## 第三节　鲁尔问题与联邦德国欧洲政策的转型

### 一、战后初期德国西占区及联邦德国领导人的欧洲观[①]

战后初期，以阿登纳为代表的基民盟主要领导人都支持法德和解和欧洲一体化。早在1919年，时任科隆市长的阿登纳就在科隆大学前发表了有关欧洲联合的讲话[②]。二战后，阿登纳再次在科隆大学前发表讲话，明确表达了通过欧洲联合重新恢复德国主权的想法："只有当欧洲民族共同体被制造出来，在其中每个民族都能为欧洲的经济、文化作出贡献，欧洲才有可能保护西方的精神、文化和风貌。我们希望，德意志精神也能在其中占有一席之地。一定要找到一种解决德国问题的方法，但将鲁尔、萨尔从德国分离不是一种方法……对我们的西方邻国来说，欧洲合众国才是维持持久安全的最好选择。欧洲合众国建立之后，就可以在不肢解德国的情况下让这些邻国获得全面的安全。"[③] 他还在第二年的英占区基民盟代表大会上强调："没有德国，尤其是没有德国西占区的欧洲合作是没有意义的。"[④] 阿登纳的欧洲联合思想得到了基民盟其他领导人的积极响应。1948年4月底，北威州州长、基民盟成员卡尔·阿诺德在伦敦发表演讲，希望在

---

① 按照惯例，本书不将联邦德国的东方政策及其对社会主义国家的看法纳入联邦德国欧洲政策及其欧洲观中进行讨论。

② Rede Adenauers bei der Eröffnungsfeier der Universität Köln im Gürzenich am 12. 6. 1919, WEIDENFELD W. *Konard Adenauer und Europa: Die Geistigen Grundlagen der Westeuropäischen Integrationspolitik des ersten Bonnerbundeskanzler*. Bonn: Europa Union Verlag, 1976, S. 273-274.

③ Rede Adenauers als Vorsitzender der christlichdemokratischen Union für die Britische Zone in der Aula der Kölner Universität am 24. 3. 1946, Rede Adenauers bei der Eröffnungsfeier der Universität Köln im Gürzenich am 12. 6. 1919, WEIDENFELD W. *Konard Adenauer und Europa: Die Geistigen Grundlagen der Westeuropäischen Integrationspolitik des ersten Bonnerbundeskanzler*. Bonn: Europa Union Verlag, 1976, S. 296-297.

④ Eröffnungsrede Adenauders zum 2. Parteitag der CDU der Britische Zone Recklinghausen am 28. 8. 1948, Werner WEIDENFELD W. *Konard Adenauer und Europa: Die Geistigen Grundlagen der Westeuropäischen Integrationspolitik des ersten Bonnerbundeskanzler*. Bonn: Europa Union Verlag, 1976, S. 304.

西方基督教主义的基础上实现欧洲统一[①]。两个月后，他又在波恩表示："传统的主权概念已经过时。我们在两次世界大战中经历了痛苦的历程，并在上次大战意识到，对我们所有人来说，欧洲是一个祖国。如果我们要将这一思想转化为现实，就意味着我们必须告别传统的民族国家的概念及主权的原则。我们已然必须让渡主权并因此而最终消除其旧有的职能。"[②]

与此同时，德国社民党也不反对欧洲联合的思想。战后社民党首任主席库尔特·舒马赫在1946年时曾公开表示："今天欧洲的合作已不仅仅局限于国家政治的层面，只有欧洲成为一个经济与政治的统一体，我们才有可能继续生存。"[③] "新德国将是一个主权国家，但不限于此。它将超越其边界。但与希特勒和泛日耳曼主义不同，它将以自由方式在一个更大范围内超越自己的边界。新德国愿成为欧洲合众国的一部分，并将此作为自己最重要的任务。"[④] 不过，舒马赫也强调，只有在主权平等和社会民主主义原则的基础上才能真正实现欧洲一体化的目标[⑤]。

1950年3月26日，德国自民党也在《外交政策指导原则》（Leitsätze zur Außenpolitik）中，首次将欧洲一体化和加强与西方的联系作为重新实现德国统一的手段。在这一指导原则中，自民党还明确提出了"欧洲各国的联邦式共决"和"在德国获得平等地位的前提下实现欧洲统一"的观点，希望联邦德国能成为西欧国家联合体中的一员。自民党欧洲一体化政策的

---

① ROMBECK-JASCHINSKI U. *Nordrhein-Westfalen, die Ruhr und Europa: Föderalismus und Europapolitik, 1945-1955*. Essen: Verlag Klartext, 1990, S. 42.

② BARZEL R. *Karl Anold: Ein Dokumentation*. Bonn: Berto-Verl, 1960, S. 169-170.

③ SCHUMACHER K. Deutschland und Europa// *Sozialdemokratischer Pressedienst (1946), Nr. 16, 07. August 1946*. Bonn: Bibliothek der Fridrich-Elbert-Stiftung, 2001, S. 1.

④ MÜLLER W. *Die europapolitischen Vorstellungen von Kurt Schumacher 1945-1952: Eine Alternative für Deutschland und Europa*. Stuttgart: Ibidem-Verlag, 2003, S. 46.

⑤ MÜLLER W. *Die europapolitischen Vorstellungen von Kurt Schumacher 1945-1952: Eine Alternative für Deutschland und Europa*. Stuttgart: Ibidem-Verlag, 2003, S. 48, S. 51. SCHUMACHER K. *Deutschland und Europa, Rede von Dr. Schumacher auf dem Parteitag der SPD in Nurnburg, 1947*. Frankfurt am Main: Sozialdemokratische Partei Hessen, 1947, S. 2-3.

形成，为阿登纳政府接受“舒曼计划”提供了重要的支持[①]。

此外，从总体上来看，劳资利益集团也都是支持法德和解和欧洲联合的。早在1946年8月，英占区工会就在第一次全区代表大会上表明了自己愿与法国进行全面合作和实现欧洲联合的目标。这一政策后来为德意志工会联合会所继承。1951年3月，资方利益代表集团德国工业联合会也明确表示，只有“从欧洲的角度才能实现与法国的和解”[②]。

总之，战后初期欧洲合作、欧洲联合思想已成为西占区及联邦德国各界领导人的共识。在他们看来，只有通过法德和解和欧洲联合，才能使德国重新获得邻国的信任，实现国家的重建。但与此同时，这些领导人也格外强调，只有在主权平等的前提下才能真正实现欧洲联合。

**二、鲁尔工业的国际监督问题与联邦德国欧洲重工业联合思想的形成**

西方对鲁尔工业的处置，不仅一直吸引着其他国家的目光，也备受德国人自己的关注。西占区的德国领导人曾多次表示，希望鲁尔能为整个西欧的复兴作出贡献。1946年2月12日，北莱茵省省长罗伯特·赖尔曾明确表示：“在莱茵—鲁尔的我们意识到，我们是德国经济生活的中心。毫不夸张且公正无私地说，在欧洲经济整体的各组成部分中，莱茵-鲁尔经济区是得天独厚的。巨大的煤炭储量与生产，极其有效的交通，亦即我们那运力非凡的莱茵河——其水道可以使200吨的船直达瑞士——和密集的铁路网、良好的公路交通，由最现代化的企业按最有效的方式组织起来的经济，以及——最终还不算是最糟糕的——那些训练有素的、最大期望值已经大大提高的雇员，所有这些因素组合在一起意味着一种尽力为全欧洲共同富裕作出贡献的经济力量。这也是我们的愿望。”[③]

但是，在西占区德国人看来，只有在有利于鲁尔工业重建和德国取得平等政治地位的情况下，才能接受鲁尔工业的欧洲化。经济上的重建和政

---

① MORING A. *Europapolitik der FDP: Die Entwicklung der Europa-Programmatik in den Jahren 1949-1989*. Berlin: Verlag Dr. Köst, 2004, S. 11-12.

② BÜHRER W. Der BDI und Aussenpolitik der Bundesrepublik in den Fünfzigjahren. *Vierteljahrsheft für Zeitgeschichte*, 1992 (2), S. 246.

③ Nordrhein-Westfalen Hauptstaatsarchiv (Hrsg.). *Nordrhein-Westfalen: Kernland der Bundesrepublik, Reihe D, Heft 23*. Siegburg: Verlag Franz Schimtt, 1989, S. 95.

治上的平等是此时西占区德国人所追求的两大目标，所以，这两个目标也成为他们对待鲁尔工业国际化政策的出发点。不过，他们很清楚，只有在满足了盟国，尤其是法国在安全方面的需求后，三大国才可能放松对鲁尔的管制。

在当时德国西占区流行的想法是通过法德和解和欧洲经济联合的方法来实现德国的经济、政治目标。而“马歇尔计划”的出台，则给西占区德国人按上述思路解决鲁尔问题带来了机遇。由于“马歇尔计划”十分重视鲁尔在欧洲复兴中的作用，所以使得西占区德国人制定以鲁尔煤钢工业为核心的欧洲重建计划成为可能。

德国钢铁工业家希望通过战前传统的西欧钢铁卡特尔组织来解决鲁尔问题，推动法德和解和欧洲联合。早在 1926 年，德国钢铁工业界就曾参加了欧洲钢铁垄断组织“国际原钢共同体”（internationale Rohstahlgemeischaft)。二战之后，德国西占区钢铁工业家还想恢复这一传统。1947 年 6 月 9 日，就是“马歇尔计划”出台的第四天，德国钢铁工业经济联合会主席威廉·萨莱夫斯基（Wihelm Salewski）也起草名为“西欧煤钢联盟”的备忘录，希望能将鲁尔的煤钢工业与洛林、萨尔的煤钢工业联合起来，组成一个所谓的西欧矿冶组织，并以此来促进西欧各国间的经济合作。在他看来，“马歇尔计划”是德国钢铁工业通过欧洲合作实现重建的大好机会，而鲁尔也会在“马歇尔计划”中发挥核心作用①。

1949 年 4 月，德国钢铁工业家马克斯·缪勒（Max Müller）在伦敦举行的欧洲经济组织联合会议上正式提出了构建欧洲基础工业联合体的计划，以加快西欧的复兴。缪勒建议，该联合体在组织上应分为欧洲政府组织、咨询机构和工业组织三个层次。其中工业组织实际上就是一个由各国企业所组成的国际卡特尔。5 月 5 日，米勒在钢铁工业经济联合会中明确表示：“国际卡特尔是不可避免且非常必要的。”② 但是，这一计划却遭到

---

① BÜHRER W. *Ruhrstahl und Europa: Die Wirtschaftsvereinigung Eisen und Stahlindustrie und die Änfang der Europäischen Integration 1945-1952*. Müchen: R. Oldenbourg Verschlag, 1986, S. 85-88.

② BÜHRER W. *Ruhrstahl und Europa: Die Wirtschaftsvereinigung Eisen und Stahlindustrie und die Änfang der Europäischen Integration 1945-1952*. Müchen: R. Oldenbourg Verschlag, 1986, S. 162.

了多方力量，如英国、美国和欧洲委员会等的强烈反对。因为一个国际卡特尔可能会将当时十分短缺的原材料优先分配给其内部成员，从而使鲁尔获得一种实际上的统治地位。

在钢铁工业界为自己的计划努力奋斗的同时，西占区政界也逐渐形成了建立西欧重工业联盟的政策。为了研究未来的和平条约，阿诺德在北威州州长府中设立了“F特别议事会”（Sonderreferats F）。“马歇尔计划”出台后，该议事会在1947年9月16日首次提出，为了解决鲁尔问题，可将鲁尔、萨尔和法、比、卢等国的重工业组成一个欧洲复兴动力联合体[①]。

1948年2月，六个西方盟国在伦敦召开会议，讨论成立联邦德国和建立鲁尔国际管制机构的问题。会议召开后，阿诺德多次在国内外发表演讲，宣传自己通过欧洲一体化解决鲁尔问题的方案。1948年4月11日，阿诺德在埃森向公众作为了题为“鲁尔呼唤欧洲”的演说，明确提出“身在莱茵—鲁尔的男女老少都已深刻地认识到，我们是新欧洲真正的儿女”[②]。在1948年5月7—10日召开的海牙欧洲大会上，阿诺德一面表达了鲁尔愿意为欧洲和平经济作出贡献的真诚愿望，一面又强调，如果盟国要对鲁尔工业实行管制，那就必须要将它与西欧其他国家的工业一起管制[③]。在阿诺德看来，鲁尔煤钢工业应该在平等的前提下为欧洲复兴作出贡献，具体来说，就是可以和其他国家的工业一起置于国际监督之下。因此，他在1948年6月3日要求“F特别议事会”起草了一份建议，要求将盟国计划中的鲁尔国际管制机构扩展到所有欧洲工业之中。1949年元旦，阿诺德在新年致辞中呼吁：“难道人们就不能把那个片面的、必然会惹人恼怒的鲁尔管制变得合乎国际法并以合作为基础？在这一变化中，德国的鲁尔，法国的洛林矿区，以及萨尔、比利时和卢森堡的重工业将联合在一起。而合乎现代法律精神的合作，则意味着所有的参与者都将找到自己的价值。通过一个意义深远的法案的补充，法、德、荷、比、卢的产权

---

① *Hauptstaatsarchiv (HstA) Düsseldorf*, [S. l. ], [s. n. ][1947], NW 53, Nr. 113.

② *Hauptstaatsarchiv (HstA) Düsseldorf* . [S. l. ], [s. n. ] [1947], RWN 196, Nr. 11.

③ ROMBECK-JASCHINSKI U. *Nordrhein-Westfalen, die Ruhr und Europa: Föderalismus und Europapolitik, 1945-1955*. Essen: Verlag Klartext, 1990, S. 42-43.

将被国际化……参与的成员将一起对生产行使管制权，共同承担责任，共同管理企业……凡是接受欧洲的人就会反对鲁尔管制机构，凡是接受管制机构的人就是拒绝欧洲。”① 阿诺德的这些主张后来被人们称为“阿诺德计划”。

“阿诺德计划”得到了基民盟主席阿登纳的认可。“如果《鲁尔国际管制条约》是德国要为欧洲化付出的代价的话，这种牺牲则是值得的。”“阿登纳形成了一种策略，在鲁尔管制机构中推动德国与美国及低地国家的合作，仅仅通过这种现实的策略他才使德国的利益一步步地得以实现。”② 就任联邦德国首任总理后，阿登纳便将这种扩展鲁尔国际管制机构、建立西欧基础工业联合体的想法带进了联邦政府。因此，当法国向阿登纳递交了“舒曼计划”之后，阿登纳立即对这一计划表示赞成。“‘舒曼计划’完全符合我长久以来所主张的关于欧洲基础工业联营的设想。我立即通知罗贝尔·舒曼，我由衷地赞成他的建议。”③

综上所述，德国西占区各界领导人早在联邦德国成立之前就已提出建立西欧重工业联合体的想法。当选总理后，阿登纳又将这一主张变成了联邦政府的官方政策，以求将鲁尔国际管制机构向欧洲联合的方向上引导。然而，新成立的联邦德国在政治上处于被动，如果没有法国主动提供“舒曼计划”，它也无法将自己的主张付诸实践。阿登纳赞同“舒曼计划”的态度不仅获得了联盟党内阁成员的支持，也得到了执政伙伴自民党的支持。1950 年 5 月 22 日，阿登纳政府全体阁员一起出席记者招待会，正式向外界宣布接受“舒曼计划”。

### 三、鲁尔问题与联邦德国欧洲一体化政策的早期实践

联邦政府接受“舒曼计划”，是希望通过牺牲部分经济利益，来换取政治上的平等和主权的恢复。为了实现这一目标，联邦政府一方面必须要与

---

① POST O. *Zwischen Sicherheit und Wiederaufbau: Die Ruhrfrage in der alliierten Disskution, 1945-1949*. Giessen: Focus Verschlag, 1986, S. 137-138, S. 140-141.

② POST O. *Zwischen Sicherheit und Wiederaufbau: Die Ruhrfrage in der alliierten Disskution, 1945-1949*. Giessen: Focus Verschlag, 1986, S. 137-138, S141-142.

③ 阿登纳：《阿登纳回忆录（一）》，上海外国语学院德法语系德语组，译。上海：上海人民出版社，1976 年，第 374 页。

法国进行艰苦的斗争。为了以最小的经济代价来换取最大的政治利益，德国代表团提出了自己在鲁尔问题上的三大要求：取消鲁尔国际管制机构；缩小高级机构对鲁尔煤钢工业日常经营权的干涉；反对削弱鲁尔煤钢工业竞争力的非集中化改造。然而，在法国和美国的强大压力下，联邦德国只是实现了取消鲁尔国际管制机构的愿望；而在高级机构权限及非集中化问题上，则被迫作出让步。另一方面，德国社民党，以及在鲁尔煤钢工业中有着切身利益的劳资利益集团和北威州政府一直密切关注巴黎会谈的进程。联邦政府要想将欧洲煤钢共同体的构想付诸实践，还必须要和它们在鲁尔问题上进行斗争和妥协。

从总体上来看，劳资利益集团和北威州政府是支持联邦政府签订并实践《欧洲煤钢共同体条约》的。德意志工会联合会一直是联邦政府欧洲一体化政策的支持者。在1950—1951年度报告中，德意志工会联合会理事会曾明确表示："欧洲的命运不再取决于单个国家……当舒曼外长公布建立欧洲煤钢同盟的计划时，他曾宣布，在无任何国家通过加重其他国家负担而获得霸权的前提下，共同体会向工会敞开大门。工会赞成该计划的主旨，工会愿意在该计划实施的过程中保持积极的合作。""'舒曼计划'的参与国在煤钢经济领域的合作，不仅对欧洲经济统一有重要意义，它也因此而促进了一些内政外交问题的解决。"[①]

在联邦德国工业界中，以阿登纳的党内同志京特·海勒为代表的一派是"舒曼计划"的坚定支持者。和阿登纳一样，这些人也认为不能仅仅从经济角度，而应更多地从政治角度来看待"舒曼计划"。为了使德国获得政治上的平等，同时防范朝鲜战争爆发后陡然加重的来自苏联的威胁，加强西方国家之间的团结，鲁尔钢铁工业界必须作出必要的牺牲。"欧洲煤钢联盟的工程绝不脱离实际。"[②] 海勒表示，并非一定要将权力对等作为贯彻"舒曼计划"的前提，可以在贯彻该计划的同时逐步恢复联邦德国的

---

① DGB Bundesvorstand (Hrsg.). *Geschäftsbericht des Bundesvorstandes des DGB, 1950-1951*. Düsseldorf: [s. n.], [1951], S. 218-221.

② BÜHRER W. *Ruhrstahl und Europa: Die Wirtschaftsvereinigung Eisen und Stahlindustrie und die Änfang der Europäischen Integration 1945-1952*. Müchen: R. Oldenbourg Verschlag, 1986, S. 189.

平等地位[①]。他还对“舒曼计划”所提到的超国家模式十分感兴趣，希望能和法国一起建立一个“欧洲的”钢铁管理机构。

但与此同时，以德国钢铁工业经济联合会为代表的另一些鲁尔大工业家却从经济角度对“舒曼计划”提出了两点质疑：一是法国提出“舒曼计划”的动机。不少钢铁工业家认为，法国主动提出“舒曼计划”，是为了在分散鲁尔钢铁工业的基础上，将这些工业重新置于计划经济的控制之下。因此，钢铁工业家富格曼虽然相信“舒曼计划”“不仅在经济领域，也在政治方面具有重大意义”，但同时也强调，“只有克服传统的德法对立，并为欧洲联合建立一个明确的基础，这一条约才能为我们所欢迎……只有权力和地位的对等，西德钢铁工业才有可能与法国进行合作”[②]。这种观点得到了联邦德国钢铁工业家、联合钢铁公司清算人汉斯-京特·佐尔（Hans-Günther Sohl）的支持。此外，钢铁工业经济联合会还在 1950 年 7 月 5 日的一份声明中对煤钢共同体的超国家性提出质疑：法德之间在生产、生活方面的差异，如生产率、劳动时间等如何消除？两国在这方面的优劣差别是否消除？高级机构那种从未实践过的行政原则能经受得住考验吗？[③] 与煤钢共同体相比，钢铁工业经济联合会更喜欢传统的欧洲国家之间的合作模式。钢铁工业经济联合会的这一观点得到了其上级组织德国工业联合会的支持。德国工业联合会害怕煤钢共同体所具有的巨大的经济调控权力会影响到煤钢工业的自由发展。它们要求按照自由主义原则建立一个包括所有经济部门在内的欧洲关税同盟和共同市场[④]。

尽管对“舒曼计划”存在疑虑，但钢铁工业经济联合会也深知这一计划

---

① BÜHRER W. *Ruhrstahl und Europa: Die Wirtschaftsvereinigung Eisen und Stahlindustrie und Die Änfang der Europäischen Integration 1945-1952*. Müchen: R. Oldenbourg Verschlag, 1986, S. 178.

② BÜHRER W. *Ruhrstahl und Europa: Die Wirtschaftsvereinigung Eisen und Stahlindustrie und Die Änfang der Europäischen Integration 1945-1952*. Müchen: R. Oldenbourg Verschlag, 1986, S. 170.

③ BÜHRER W. *Ruhrstahl und Europa: Die Wirtschaftsvereinigung Eisen und Stahlindustrie und Die Änfang der Europäischen Integration 1945-1952*. Müchen: R. Oldenbourg Verschlag, 1986, S. 176.

④ BÜHRER W. Der BDI und Aussenpolitik der Bundesrepublik in den Fünfzigjahren. *Vierteljahrsheft für Zeitgeschichte*, 1992 (2), S. 248.

对德国的未来意义重大。因此，在联邦政府贯彻欧洲一体化政策的过程中，包括鲁尔工业界在内的整个联邦德国工业界还是采取了积极配合的现实态度。

首先，在重大原则问题上与联邦政府团结一致。六国巴黎会谈结束后，一位联邦德国政府代表团成员明确表示："在所有实质性问题上，工业界的忧虑是与德国代表团的观点相一致的。"[①] 在联邦议院表决《欧洲煤钢共同体条约》前夕，大多数煤钢工业家都在一次由北威州州长主持的会议上对条约的通过明确表示了支持。当 1952 年 1 月 12 日条约最终获得通过之后，一名钢铁工业经济联合会的成员表示："有些成就肯定是与我们钢铁工业经济联合会的巨大努力分不开的。"[②] 联邦政府的欧洲一体化政策也得到了德国工业联合会的肯定。因为在德国工业联合会看来，这是取消盟国对鲁尔工业限制的必要之举[③]。

其次，在巴黎会谈中积极向德国代表团献计献策，最大限度地减少工业界在欧洲一体化启动过程中所付出的代价。在德国代表团的主要咨询机构——经济技术委员会中，除工会的代表外，还有近半数的代表来自鲁尔钢铁工业界。另外，马克斯·缪勒还作为钢铁工业界总代表参加了德国代表团。1950 年 12 月中旬，钢铁工业经济联合会致信阿登纳，要求在以下方面保证鲁尔钢铁工业界的利益：根据各国钢铁工业结构的特点给予德国钢铁工业平等的起跑点；解除生产限制；对德国钢铁给予足够的原材料分配；通过政府参与，解决未来可能出现的价格问题；取消鲁尔国际管制机构等[④]。不难看出，德国钢铁工业经济联合会的观点与联邦德国代表团是非常接近的。但是，在巴黎会谈中，联邦德国代表团在法美的强大压力下，

---

① BÜHRER W. *Ruhrstahl und Europa: Die Wirtschaftsvereinigung Eisen und Stahlindustrie und die Änfang der Europäischen Integration 1945-1952*. Müchen: R. Oldenbourg Verschlag, 1986, S. 206.

② BÜHRER W. *Ruhrstahl und Europa: Die Wirtschaftsvereinigung Eisen und Stahlindustrie und die Änfang der Europäischen Integration 1945-1952*. Müchen: R. Oldenbourg Verschlag, 1986, S. 214.

③ MÄLLER-BRANDECK-BOCQUET G. *Deutsche Europapoltik von Konarad Adenauer bis Gerhard Schröder*. Opladen: Leske Budrich, 2002, S. 29-30.

④ BÜHRER W. *Ruhrstahl und Europa: Die Wirtschaftsvereinigung Eisen und Stahlindustrie und die Änfang der Europäischen Integration 1945-1952* . Müchen: R. Oldenbourg Verschlag, 1986, S. 203.

未能满足钢铁工业经济联合会“给予德国钢铁工业平等起跑点”的要求。鲁尔钢铁工业界必须为欧洲煤钢共同体的建立付出沉重的经济代价：鲁尔钢铁工业的日常经营和产品分配必须受高级机构的全面控制；在欧洲煤钢共同体建立的同时，鲁尔煤钢工业将被非集中化。

巴黎会谈期间，德国钢铁工业经济联合会提出了在共同体内部设立地区联合体（regionale Vereinigungen）① 的构想。联邦德国工业界认为这一组织“不仅意义重大而且非常必要”。钢铁工业经济联合会认为，必须在共同体内保留具有独立性的地方联合体，这样才能与高级机构手中的经济调控力相平衡。钢铁工业经济联合会的构想得到了联邦德国代表团团长瓦尔特·哈尔斯坦（Walter Hallstein）的支持。在工业界和德国代表团的努力下，最终的《欧洲煤钢共同体条约》第四十八条保证独立于高级机构的利益集团组织将会平等地存在于共同体之中。

第三，共同体中联邦德国代表的产生也深受钢铁工业界的影响。在海德的重点推荐下，杜伊斯堡市一名基民盟议员被联邦政府任命为德国驻高级机构代表和高级机构副主席。联邦政府表示，任命此人是因为他是“工业界信赖的人”。与此同时，钢铁工业经济联合会主席萨莱夫斯基还成为共同体执行机构的成员。

“阿诺德计划”的实质就是要将歧视德国的鲁尔国际管制机构向欧洲一体化的道路上引导。这种思想是与阿登纳等其他基民盟领导人在鲁尔问题上的态度一致的。因此，当阿登纳政府决定接受《彼得斯贝格议定书》及“舒曼计划”时，阿诺德都明确表示了支持。为了捍卫阿登纳的欧洲一体化政策，阿诺德多次与州政府中的社民党成员发生冲突，他也因此被对手讥讽为“元首下令，我们服从”②。

但当《欧洲煤钢共同体条约》草案基本成型之后，阿诺德则开始强调联邦政府在贯彻条约时应充分考虑北威州所代表的鲁尔区的地方利益。1951 年 4 月 5 日，阿诺德致信阿登纳，要求北威州在未来的煤钢共同体中拥有更大的话语权③。根据基本法第五十条的规定，州与联邦在行政、

① 地区联合体是由不同地区和行业的单个企业组成的地方自治机构。

② ROMBECK-JASCHINSKI U. *Nordrhein-Westfalen, die Ruhr und Europa: Föderalismus und Europapolitik, 1945-1955*. Essen: Verlag Klartext, 1990, S. 90.

③ *Hauptstaatsarchiv (HstA). Düsseldorf.* [S. l.], [s. n.][1947], NW 53, Nr. 807.

立法方面享有共同影响权。阿诺德据此认为，联邦政府中负责煤钢共同体的部门中应有北威州的代表。另外，联邦政府所让渡的主权，本来就是和州共同享有的。如果进一步发展欧洲一体化机构，那所有德国州的主权都将受到直接或间接的影响。“在实践中仅仅将州作为联邦的执行机构的做法是我们所不认同的。因为它有可能会对健康的德意志国家体制构成威胁。”①

劳资利益代表集团和北威州只是希望联邦议院在通过《欧洲煤钢共同体条约》的时候能充分照顾到鲁尔地方利益集团的利益，而社民党则从根本上反对“舒曼计划”和欧洲煤钢共同体。因为在社民党看来，法国提出“舒曼计划”的真正目的，从经济上看，是“从德国尽可能多且尽可能便宜地获得煤，在德国尽可能少且尽可能贵地生产钢”②。从政治方面看，则“体现了法国的霸权和对德国工业的控制……‘舒曼计划’回到了希特勒所追求的欧洲变革——那时欧洲被置于德国的霸权之下，现在法国则想将其置于自己的控制之下”③。

在1951年6月26日—27日召开的联邦参议院外交委员会上，各州州长对欧洲煤钢共同体的态度被分为了三派，一派是以汉堡州为代表的社民党各州，他们为条约的通过附设了诸多苛刻条件，实际上就是反对联邦政府的欧洲一体化政策；第二派以巴伐利亚州州长艾哈德为代表的大多数联盟党州长，他们坚定地支持联邦议院通过这部法律；第三派即是以阿诺德为代表的少数联盟党州长，希望能在内政方面对该条约作出修改。阿诺德打了个比方，联邦政府为签署条约而接受的条件，如解散德国煤炭销售机构等，就好比将鲁尔这个骑手在骑马前就夺走了他的马鞍一样。当时出席这次会议的一位联邦政府代表做了如下描述：“我必须说出一种印象，参

---

① Ausschnitt einer Rede Arnolds vom 29. 5. 1951, BARZEL R. *Karl Anold: Ein Dokumentation*. Bonn: Berto-Verl, 1960, S. 124.

② SCHUMACHER K. *Kritik am Schumanplan, auf der Tagung soziale Arbeitgemeischaften der SPD in Gelsenkirch, den 24. Mai 1950*. Berlin: Graphische Gesellschaft Grunewalde Gmbh, 1951, S. 2.

③ HRBEK R. *Die SPD, Deutschland und Europa: Die Haltung der Sozialdemokratie zum Verhältnis von Deutschland-Politik und West-Integration (1945-1957)*. Bonn: Europa Union Verlag, 1972, S. 109-110.

议院中的社民党代表非常团结一致反对‘舒曼计划’，也就是反对联邦总理，而即使在我的强烈要求下，这种一致的态度也未能在我们这边形成，因为北威州不合作。”[①]

为了安抚阿诺德，确保条约顺利通过，阿登纳决定扩大北威州在煤钢共同体事务方面的发言权。他在 1951 年 6 月 7 日即向阿诺德表示：“北威州在德国内政范围内参与煤钢事务，我认为这绝对有可能，我不知道这为什么不可能。关键是要批准这一条约。我们联邦与州之间的问题，别人没有兴趣。”[②] 在阿登纳的积极努力下，北威州政府终于在 1951 年 6 月底重申自己支持联邦议院通过《欧洲煤钢共同体条约》的态度[③]。在取得了内部的团结之后，联盟党占优势的联邦参议院终于在表决中否决了社民党将《欧洲煤钢共同体条约》视为对基本法作出修改的观点[④]。1952 年 1 月，联邦议院通过了《欧洲煤钢共同体条约》。

条约通过后，作为鲁尔工业代言人的北威州继续谋求扩大自己对联邦德国的欧洲一体化政策的影响。1952 年 12 月 11 日，已就任联邦经济部部长的艾哈德还向阿诺德“承诺在每次部长理事会之前都会先与北威州取得一致，并会邀请一位北威州代表来参加经济部的顾问委员会”[⑤]。北威州甚至还直接与高级机构建立了联系。煤钢共同体正式开始运作不久，阿诺德就和首任高级机构主席莫内进行了互访。北威州的一位部长甚至还被称为“煤钢共同体各机构在德国最重要的合作者”[⑥]。

---

① *Hauptstaatsarchiv (HstA). Düsseldorf*. [S. l.], [s. n.] [1947], NW 53, Nr. 806.

② ROMBECK-JASCHINSKI U. *Nordrhein-Westfalen, Die Ruhr und Europa: Föderalismus und Europapolitik, 1945-1955*. Essen: Verlag Klartext, 1990, S. 107.

③ ROMBECK-JASCHINSKI U. *Nordrhein-Westfalen, Die Ruhr und Europa: Föderalismus und Europapolitik, 1945-1955*. Essen: Verlag Klartext, 1990, S. 112.

④ 根据基本法的规定，如果联邦参议院将签署《欧洲煤钢共同体条约》认作是修改基本法的行为，那联邦议院就必须以三分之二多数来通过这一条约。德国社民党正是企图利用这一规定来阻止《欧洲煤钢共同体条约》的通过。

⑤ ROMBECK-JASCHINSKI U. *Nordrhein-Westfalen, Die Ruhr und Europa: Föderalismus und Europapolitik, 1945-1955*. Essen: Verlag Klartext, 1990, S. 137.

⑥ ROMBECK-JASCHINSKI U. *Nordrhein-Westfalen, Die Ruhr und Europa: Föderalismus und Europapolitik, 1945-1955*. Essen: Verlag Klartext, 1990, S. 141.

# 小　结

战后鲁尔问题的解决对联邦德国早期的重建及转型产生了较大的影响。

从经济方面来看，鲁尔问题的解决不仅促进了20世纪50年代联邦德国经济奇迹的出现，也有利于其社会市场经济制度的形成。作为社会市场经济制度的重要组成部分，联邦德国自由市场经济和劳资共决制的重建都与鲁尔煤钢工业的复兴密切相关：在为鲁尔煤钢工业募集投资资金的过程中，市场经济制度逐步扩展到了联邦德国的整个经济领域当中；在战后盟国对德实行非集中化改造和西占区及联邦德国工会谋求经济民主化改革的过程中，监事会劳资共决制和劳工经理制首先在鲁尔煤钢工业中得以实现。

从政治方面看，鲁尔问题的解决对联邦德国的重建及转型有以下两方面的影响：一方面，西方对鲁尔问题的解决，有利于维护联邦德国的领土完整和主权的恢复。北威州的建立最终使法国分离鲁尔的企图化为了泡影；而鲁尔国际监督机制的建立则是法国同意联邦德国建立和主权恢复的重要前提之一；另一方面，西方对鲁尔问题的解决，还有利于联邦德国走上西方民主国家的道路：非纳粹化和共决制的发展有利于加强西占区及联邦德国民主政治的基础；北威州的建立则在客观上阻止了共产主义思潮在鲁尔的传播；而鲁尔国际管制机构和欧洲煤钢共同体的建立则有利于将联邦德国留在西方阵营。

从外交方面来看，鲁尔问题的解决则促进了联邦德国欧洲一体化政策的形成。为了从根本上解决鲁尔问题，改造鲁尔国际管制机构，联邦德国自己也形成了西欧重工业联合的主张，这是它后来迅速接受“舒曼计划”的重要原因。

# 结　论

所谓鲁尔问题，就是该如何处置鲁尔煤钢工业，才能使这些工业不再为德国的侵略扩张服务，而只为欧洲的持久和平与繁荣作出贡献。战后鲁尔问题既是战前的继续，又带有新时代的特点。1945—1953 年是世界从二战到冷战的过渡期。随着东西方分歧的加剧，四大国未能就鲁尔问题的解决达成一致。鲁尔问题最终是由西方国家单独解决的。对西方来说，鲁尔问题的解决，不仅要保证德国未来不会再走上侵略扩张的道路，还要保证苏联不会在德国西占区及联邦德国扩张自己的力量。

为了维护自身的利益，英、美、法、苏四大国在二战末期形成了各具特色的鲁尔政策。英国强调，只有在维持德国经济自立的前提下才能解决德国问题。因此，它反对过分削弱鲁尔工业。美国一开始曾提出了严厉处置鲁尔的“摩根索计划”，但它很快又放弃了这一政策；到波茨坦会议时，美国已经同意将鲁尔留在德国并保留其和平工业；不过，在战后美国对德政策指导文件 JSC1067 号指令中，我们仍能看到“摩根索计划”的影子。苏联制定鲁尔政策的出发点是保证苏联安全和获取赔偿，因此它希望能亲自插手鲁尔事务，对鲁尔单独实现四大国共管。法国希望最大限度地削弱德国，它要求将鲁尔从德国分离并置于严格的国际管制之下。在波茨坦会议和 1946 年 3 月德国工业水平会议上，盟国就处置鲁尔的一些基本原则达成妥协，如：严格限制其工业生产能力，对过剩的生产设备予以拆迁；强制鲁尔煤炭以低于世界市场的价格出口；对鲁尔工业实行“四 D”化改造等。但实际上，四大国并未就鲁尔问题达成真正的一致。在以后的岁月中，鲁尔问题依旧是盟国斗争的焦点之一。

鲁尔问题，包括鲁尔煤钢工业的复兴、国际监督机制的形成与演变、内部改造等三个彼此之间有着紧密联系的问题。鲁尔煤钢工业的复兴问题，实质上就是应该将这些工业重建到何种程度，才最有利于德国问题的圆满解决，才最有利于维持欧洲的持久和平与繁荣。《波茨坦协议》和1946年3月的工业水平计划，虽然对德国工业生产作出了极其严格的限制，但它们也允许鲁尔煤钢工业的有限复兴，以维持德国的经济自立。为了实现这一目标，英美两国在1945—1947年间采取了一系列艰苦的努力，消除战争对鲁尔区基本生产、生活条件的负面影响，如粮食匮乏、住房紧缺、交通瘫痪等。正是在这一过程中，英美也逐渐认识到，要想真正解决德国问题，巩固西方盟国的阵地，仅仅靠维持德国的经济自立是远远不够的。西方必须加快德国西占区的复兴，突出鲁尔工业在西欧复兴中的优势地位。"马歇尔计划"出台后，西方决定，全面实现鲁尔煤钢工业的复兴：一方面，消除了绝大部分对鲁尔复兴有不利影响的盟国限制及改造政策，如拆迁、产权改造和煤炭强制出口等；另一方面，通过"马歇尔计划"和1952年《工商业经济投资补助法》，从内外部为鲁尔煤钢工业的扩大再生产募集急需的资本。在西方盟国和联邦德国的共同努力下，鲁尔自20世纪50年代起进入了全面复兴的阶段。

鲁尔煤钢工业的国际监督问题是鲁尔问题中一个必须解决的问题。苏联在波茨坦会议上提出单独对鲁尔实行四大国国际共管的方案。但这一方案遭到了英美的一致拒绝。冷战兴起后，西方便决定抛开苏联，单独解决鲁尔的国际监督问题。法国一开始希望将鲁尔从德国分离；在这一计划失败后，它又提出对鲁尔煤钢工业产权、经营权、分配权实行国际化的方案，但英美却只同意对分配权的国际化予以考虑。在一番激烈斗争之后，西方盟国终于在1949年建立了第一个从外部对鲁尔煤钢工业实行监督的国际体制——鲁尔国际管制机构。但这一体制显然并不怎么成功。一方面，鲁尔国际管制机构权力有限，不能满足法国在安全和经济方面的需求；另一方面，美国人和德国人也对这一机构的存在甚为不满。在这种情况下，法国创造性地提出了"舒曼计划"，建立了以欧洲煤钢共同体为核心的第二个鲁尔煤钢工业国际监督机制。与第一个监督体制相比，这一体制不仅给予了德国主权上的平等，消除了德国人的不满，而且还通过一个强有力的超国家机构，将鲁尔工业的生产、分配置于有效的国际监督之下。正是在修正鲁尔煤钢工业的国际监督体制的过程中，欧洲一体化首次由理想变为了现实。

如果说国际监督机构的建立是从外部解决鲁尔问题的，那鲁尔煤钢工业的改造则是从内部来解决鲁尔问题的。波茨坦会议要求盟国对德国政治、经济、文化等各领域进行非军事化、非卡特尔化、非纳粹化和民主化改革。具体到鲁尔问题上，西方盟国和后来的联邦德国主要从以下三个方面对其实施了改造：首先，也是最重要的，西方对这些工业进行了社会化改造。英国认为，私有产权是导致鲁尔工业巨头支持纳粹的主要原因，故它希望在州一级水平上对鲁尔工业产权实行社会化。但是，英国的这一政策却在国内外的强烈反对下遭到了失败。联邦德国建立后，保守派占多数的首届联邦政府趁盟国决定将鲁尔煤钢工业产权交由自己处理之机，无限期地搁置了这一问题。在产权改造遭受挫折的同时，对鲁尔煤钢工业经营权进行的社会化却获得了巨大的成功。二战后，得以重建的西占区工会组织，提出了以劳资共决制为核心的经济民主化方针。1947 年初，工会趁英国军政府在鲁尔钢铁工业中贯彻非集中化之机，在新独立的企业中建立了监事会劳资对等共决制和劳工经理制。联邦德国建立后，德意志工会联合会又以罢工相威胁，迫使联邦议院通过《煤钢企业经理委员会及监事会雇员共决法》，正式在鲁尔煤钢工业中确立了监事会劳资对等共决制和劳工经理制。其次，西方对鲁尔煤钢工业还进行了非集中化改造。《波茨坦协议》将德国经济力量的过度集中当成对和平的巨大威胁。根据《波茨坦协议》的要求，英国军政府于 1947 年初开始了对鲁尔钢铁工业的非集中化改造。1950 年 6 月，西方三大国不顾联邦德国的强烈反对公布了 27 号法令，强行完成了对鲁尔煤钢工业的非集中化改组；第三，西方还对鲁尔煤钢工业实行了非纳粹化改造。有不少鲁尔工业巨头在这场政治清洗中锒铛入狱。然而，经济领域中的非纳粹化毕竟与政治领域不同，许多鲁尔工业家和经理人都是本行业中顶尖级技术和管理人才。因此，非纳粹化停止之后，大部分鲁尔工业巨头又回到了自己原先的岗位上。不过这场非纳粹化清洗对鲁尔工业家的震慑作用还是十分持久的。为了重新获得西方盟国的信任，他们不得不在政治上保持低调，并想尽办法改变自己过去的不良形象。

综上所述，我们可以将盟国解决鲁尔问题的方案分为以下三种：第一种是将鲁尔从德国分离出来并置于盟国的管制之下；捣毁鲁尔工厂，淹没其煤矿，让鲁尔再也不能为德国的复兴服务。第二种方法是：将鲁尔留在德国，但要对其进行必要的国际管制；在拆迁军工厂和其他“不为德国和平经济所需的工业”的同时，努力恢复鲁尔煤炭和其他和平工业；针对鲁尔产权及其所有人进行改造，如没收其企业，对企业领导层进行非纳粹化等。第三种方法是：在全力复兴鲁尔工业的同时，实现这些工业的国际化和民主化。与先前不同的是，国际化不再针对产权，而只针对生产和分配，民主化也不再只针对工业家，而是转向了劳资对等共决。事实证明，第三种方法确实成功地解决了困扰欧洲多年的鲁尔问题。

鲁尔问题是德国问题的缩影。盟国解决鲁尔问题的三种思路反映了战后盟国解决德国问题的三种思路：第一种以“摩根索计划”为代表，企图通过彻底的惩罚来防止德国的东山再起。具体措施包括：肢解德国；让德国回到三十年战争时那种四分五裂的状态；摧毁德国大部分的制造业，让德国成为一个农牧业国家。与此同时，盟国还希望恢复传统的大国双边互助条约体系来从外部约束德国。二战结束前所签署的《英苏互助条约》和《法苏互助条约》都属于这一范畴。“摩根索计划”既不符合人道主义和盟国对德作战的初衷，也无法得到有效的贯彻。随着东西方矛盾的出现，它很快就为盟国所抛弃。

以《波茨坦协议》为代表的第二种方法也是以压制德国为主要思路的。但与“摩根索计划”相比，它更强调的是对德国的控制和改造，并允许德国获得自立和重建的能力。其主要措施包括：维持德国统一；在完成赔偿及非军事化的同时，允许德国拥有一定数量的和平工业，以维持自身生存；对德国进行“四 D”化改造。但与此同时，由于冷战的兴起，包括苏东国家的对德集体安全体制却始终未能建立。贝尔纳斯 1946 年所提的四大国联合占领德国二十五年的构想就是在这一背景下夭折的；1947 年初的英法《敦刻尔克条约》，名义上是前面《英苏互助条约》和《法苏互助条约》的继续，实际上却暗含了对付苏联的意图。

第三种解决德国问题的方法是由西方国家，尤其是英美首先提出的，以“马歇尔计划”、1949 年 11 月《彼得斯贝格议定书》和 1951 年建立的欧洲煤钢共同体为代表。它的主要措施包括：完成西德国家的重建，恢复其主权；优先实现德国西占区和联邦德国经济的复兴；通过西欧联合和以美国为首的北约从经济和军事上约束联邦德国。到目前为止，第三种方法经受住了历史的考验。

在解决战后鲁尔问题的过程中，德国人的态度常常受人忽视。实际上，在解决鲁尔问题的过程中，西占区德国人和联邦德国也在积极发挥着自己的影响：①以让鲁尔为欧洲复兴作出贡献为由，努力减少盟国限制及改造政策对鲁尔复兴的不利影响，争取早日实现鲁尔的全面复兴。例如，联邦德国各界的不满和阿登纳政府对鲁尔国际管制机构的现实态度，就促进了盟国对鲁尔钢铁工业拆迁的终止；②《鲁尔国际管制条约》出台后，德国西占区及联邦德国领导人积极将这一条约向法德和解的方向引导，希望将整个西欧的重工业置于一个国际机构控制之下；阿登纳政府的引导和联邦德国对鲁尔国际管制机构的不满，促进了"舒曼计划"的出台和欧洲煤钢共同体的建立；③西占区及联邦德国工会趁鲁尔大工业家受到削弱之机，在鲁尔煤钢工业中发展劳资共决制，以实现自己的经济民主化政策。

西方解决鲁尔问题的目标有二：一是防止德国的侵略扩张，保证欧洲的和平与繁荣；二是防范苏联的扩张，将西占区及联邦德国留在西方阵营之中。在解决鲁尔问题的过程中，西方国家逐渐认识到，要想实现以上这两个目标，就必须在对鲁尔煤钢工业加以合适控制的前提下，实现这些工业的复兴。西方对鲁尔问题的解决，既为战后西德恢复国家主权和创造经济奇迹奠定了基础，又对战后西德国家与社会的转型起到了较大的推动作用。

战前德国是一个受专制主义、军国主义毒害甚深的国家。在德意志帝国时期，德国专制主义、军国主义集中体现为普鲁士精神。以普鲁士容克贵族为代表的封建专制主义和军国主义力量在德意志帝国占有统治地位。而且这种普鲁士精神当时就已经渗入德国社会各阶层，成为德意志民族性格的一部分。尼采在《快乐的科学》一书中对这种情况做了形象的描述："德国人由于对于来自宫廷的东西尤为敬重……现在德国人觉得语音中要带嘲讽、冷漠、粗俗，这样听起来才显得'高雅'，我从年轻的官员、教师、女士和商人的话音里已经听出追求'高雅'的美意，连小丫头都在模仿军官所操的德语了，因为普鲁士军官是中声调的始作俑者。作为职业军人，他们无不具备令人羡慕的简朴的语言节奏，德国人竟然群起效尤（包括教授和音乐家)!"①

---

① NIETZSCHE F. *Die fröhliche Wissenschaft*. Leipzip: Verlag von E. W. Frisch, 1887, S. 136-138.

因此，虽然容克贵族在一战中遭受了沉重的打击，但普鲁士精神所代表的专制主义、军国主义对德国的影响却远未消除，正是在这一民族特性和1929—1933年的大危机中，德国孕育出了臭名昭著的纳粹主义。在纳粹的统治下，德国不仅在内部建立起集权体制，还走上了疯狂的对外扩张道路。然而，令人惊奇的是，战后联邦德国却基本上摆脱了专制主义和军国主义的影响，成功地转型成了一个经济上高度发达、各种社会福利政策齐全的联邦制民主国家。自1949年建立至今，联邦德国再未出现过大规模动荡，也没有再走上对外侵略扩张的道路。显然，在1945年后的岁月中，德意志民族经历了一场深刻的历史性剧变。考察战后鲁尔煤钢工业的复兴与变革，可以进一步从微观层面来解释这一剧变①。

首先，联邦德国国家与政治体制成功地实现了转型。为了防止集权体制再度危害本国和世界人民，战后西德重建了分权式的联邦制度。虽然德国在传统上是一个由邦国组成的国家，但当德意志帝国建立后，普鲁士实际上已在整个德国居于统治地位。第三帝国建立后，纳粹更是在整个德国建立了一套高度集权的单一制国家体制。二战结束后，西方盟国决定消灭普鲁士和纳粹国家体制，通过在德国西占区重建联邦制来避免其国家权力的高度集中。北威州的建立正体现了英国的上述愿望。阿登纳认为，北威州的建立，不仅清楚地表明了盟国不再恢复普鲁士邦的意图，也为后来德国联邦体制的建立奠定了基础②。

与此同时，西方民主制度也在联邦德国扎下了根。二战前，德国并没有形成稳定的民主政体。德意志帝国和第三帝国自不必说，即使是20年代的魏玛共和国，其民主政体的基础也不是十分稳固。这个不幸的共和国自诞生之日起就一直受到来自左右两翼的猛烈攻击，最终在纳粹的独裁下轰然崩溃。但是，自联邦德国建立后，德国的议会民主政体却已经稳定地存在了60余年。德国之所以能在战后成功地建立民主政体，是和其民主政治

① 联邦德国国家与社会转型的成功，也和二战期间德国国家与社会的变化有关。纳粹主义对德国传统的普鲁士精神是一个沉重的打击。普鲁士邦在第三帝国期间就已被取消，普鲁士传统的封建家长制也遭受了沉重的打击。二战战火的摧残更是几乎摧垮了整个德意志民族的心理优越感。

② 阿登纳：《阿登纳回忆录（一）》，上海外国语学院德法语系德语组，译。上海：上海人民出版社，1976年，第101、106页。

基础扩大分不开的：其一，联邦德国的民主政治的政治基础，即坚持民主政治理念的政治力量远较魏玛时代强大。联邦议院的主要政党，如基民盟、基社盟、社民党和自民党等都是议会民主政体坚定的支持者。再反观魏玛时代，帝国议院中势力强大的纳粹党等都不信任西方民主政体，真正坚持支持共和国的只有社民党等少数几个派别。其二，联邦德国民主政治的社会经济基础也比魏玛时代强大。1929—1933 年的大危机将德国经济拖入了彻底崩溃的深渊，广大中产阶级一夜之间倾家荡产，而无产阶级更是陷入了赤贫的境地。这次危机是导致魏玛民主政体崩溃的直接原因。二战后，英美吸取魏玛时代的教训，加速德国西占区经济复兴，以巩固其民主政治的基础。联邦德国成立后，它不仅经济上基本保持了平稳发展，还建立了较为完善的社会保障体制。因此，虽然在联邦德国历史上也曾出现过几次小的经济危机，但它的工人和中产阶级可以及时得到国家和企业的救助，而不至于像魏玛时代那样陷入极端的困境；其三，联邦德国民主政治的思想基础也比魏玛时代扩大许多。经过战后的“4D”化改造和再教育运动，原先充斥于德国的各种极端主义思想，如专制主义、军国主义、大国沙文主义、反犹主义等，以及集这些思想于一身的普鲁士精神、纳粹主义等，都受到了彻底清算；而原先象征着德国自由、民主、法制传统的莱茵精神则逐步成为联邦德国社会的主流思想。另外，加入西方阵营也对联邦德国政治体制转型的成功起到了推动作用。因为加入西方，可以加大其他西方民主国家对联邦德国的控制与影响。

盟国对鲁尔大工业家的非军事化、非纳粹化改造，以及鲁尔煤钢工业中监事会劳资对等共决制和劳工经理制的建立，有利于削弱德国大资本家的力量，促进联邦德国福利政策的发展，巩固其民主政体的社会经济基础；英国建立北威州，则利于巩固其民主政体的政治基础；鲁尔国际管制机构和欧洲煤钢共同体的建立，也有利于将联邦德国留在西方阵营，从而从外部为联邦德国民主政体的形成作出贡献。

其次，二战后，德国西占区和联邦德国的社会经济体制也成功地实现了转型，建立了赫赫有名的社会市场经济制度。关于社会市场经济制度究竟包不包括福利制度，学术界还存在争论。笔者认为，社会市场经济制度应是弗赖堡学派所主张的市场经济制度和社会民主主义福利国家制度的综合。重建市场经济制度是战后德国西占区和联邦德国经济转型的一个重要内容。纳粹时代和盟国占领初期，德国一直实行的是统制经济制度。直到1948年币制改革后，这种统制经济才逐步被取消。但是，重建市场经济制度可不是一件易事。币制改革之后，西占区内部一直存在对艾哈德政策的批判。直到50年代初，社民党和部分联盟党议员还提出过要重新加强国家对经济控制的要求，以便通过国家强制手段为鲁尔重工业的投资筹集补助。在一番激烈斗争之后，主张维护自由市场制度的一方终于取得了胜利。这次斗争首次确立了社会市场经济框架下国家与企业的关系，并最终将市场经济制度扩展至重工业领域之中。

社会市场经济制度还包括一套完善的社会保障制度。德国具有悠久的社会福利政策传统。二战前，德国的企业雇员就获得了参与企业事务的权力，各项社会保障法规也相继出台。但是，与社会市场经济制度下的社保制度相比，这些福利政策还相差甚远。当1929—1933年大危机来临后，广大中下层群众依然无法从企业和国家获得足够的救济维持基本生活。然而，二战后，联邦德国却在社会市场经济模式下建立起了一个全面有效的社会保障体系。西方对鲁尔煤钢工业的改造显然有利于联邦德国社会保障体系的完善和社会、经济的民主化。战后盟国对鲁尔大工业家的政治清洗，极大地削弱了西占区和联邦德国反对社会民主改革的力量。大工业家们为了与盟国对鲁尔的非集中化、国际化政策作斗争，也不得不对工人的民主要求作出让步。正是在这一背景下，西占区和联邦德国工会所主张的监事会劳资对等共决制和劳工经理制才首先在鲁尔煤钢工业中得以实现。随着劳资共决制的不断发展与完善，联邦德国劳资双方也逐渐形成了较为和谐的社会伙伴关系，促进了社会稳定。

第三，联邦德国还在对外政策方面成功地实现了转型。一方面，联邦德国成功地转型为一个爱好和平的国家。20世纪上半叶，德国接连发动了两次世界大战，给欧洲和全世界带来了深重的灾难。但二战后至今，联邦德国却一直在积极地为欧洲和全世界的和平作出贡献；另一方面，联邦德国还义无反顾地加入了以美国为首的西方集团。二战前，处在欧洲十字路口的德国奉行一种掮客外交，游走于东西方之间，从东西两边谋得好处，而不使自己轻易为一边所牵制。但是，二战后国际形势的剧变却使德国不得不放弃这种传统。在西方盟国的安排下，德国西部建立起了联邦德国并加入了以美国为首的西方阵营。

西方对鲁尔问题的解决对联邦德国走上和平发展道路和加入西方阵营起到了不小的推动作用。西方对鲁尔煤钢工业的诸多改造政策中，拆迁、非纳粹化等有利于阻止联邦德国再次走上侵略扩张的道路；扶植独立工会、反对产权社会化以及推行共决制等，则有利于联邦德国后来加入西方阵营；西方所建立的两个对鲁尔煤钢工业实行国际监督的机制——鲁尔国际管制机构和欧洲煤钢共同体则兼具保证防止联邦德国再次走上侵略扩张的道路和将联邦德国留在西方的功能。尤其是欧洲煤钢共同体成立后，联邦德国与西方在经济上融为一体，这不仅牢牢地将其绑在了西方的战车之上，也减少了西德发动侵略战争的可能。

鲁尔问题的解决，不仅促进了战后联邦德国国家与社会的转型，也对战后欧洲国际关系产生了巨大的影响。二战结束后，一位苏联学者曾明确指出："它（鲁尔问题）的意义远超出对德和约的范畴，不夸张地说，鲁尔问题的民主解决对欧洲达到真正坚固和持久和平的事业具有重大意义。"① 然而，由于冷战的兴起，四大国对鲁尔问题的"民主解决"变得不再可能。鲁尔问题最终是在西方框架下单独得到解决的，这对战后欧洲国际关系的发展产生了正反两方面的影响。

一方面，西方对鲁尔问题的解决，加剧了东西之间的分裂与冷战。北威州的建立，是英国走上对苏冷战道路的重要一步，它大大加速了德国的分裂和东西方冷战的到来。防范来自苏联的威胁始终是英国制定鲁尔处置方案所主要考虑的内容。从内心来说，英国根本不打算让苏联插手鲁尔事务。但在 1946 年四大国巴黎外长会议破裂之前，英国却不敢明目张胆地将苏联排除在鲁尔管制之外，以免背上破坏盟国合作的罪名。然而，随着苏联威胁的加剧，尤其是在 1946 年巴黎外长会议上苏联拒绝占领区合作之后，英国外交大臣贝文最终下定决心，抛开苏联，单独由西方来解决鲁尔问题。英国不顾苏联的坚决反对而建立北威州的举动，是对战后四大国合作机制的公开否定，它标志着英国对苏冷战政策的加强。在苏联被从德国西占区彻底排除之后，东西德便走上了不同的发展道路，整个欧洲也被分裂为两大对立的阵营。

---

① 梅利尼克夫：《鲁尔问题与美国在欧洲的垄断政策》，方垦，译。北京：大众书店，1949 年，第 1 页。

西方建立鲁尔国际管制机构和欧洲煤钢共同体的政策，则进一步加剧了东西德的分裂和美苏的冷战对抗。《鲁尔国际管制条约》是成立西德国家的“伦敦建议”的补充。《鲁尔国际管制条约》和“伦敦建议”的出台，不仅进一步加深了苏联和东欧国家对西方的不满和猜疑，还直接导致了东西德的分裂。1952 年欧洲煤钢共同体的建立，则对当时已经甚嚣尘上的冷战起到了推波助澜的作用。在讨论联邦德国是否应该加入欧洲煤钢共同体的时候，德国社民党持反对态度的理由之一就是这样做会进一步加重业已出现的东西方分裂，从而使德国的统一变得更加遥遥无期；而阿登纳则认为，眼下东西方分裂大势已不可逆转，只有先使联邦德国融入西方，将来才有机会重新实现祖国的统一大业。而为了使德国回到西方阵营，暂时付出加重德国分裂的代价也是值得的。

另一方面，西方对鲁尔问题的解决还促进了战后欧洲一体化的发展，有利于维持西欧的和平与繁荣。解决鲁尔问题是法国提出“舒曼计划”的主要动机之一。战后初期，法国一直要求将鲁尔区国际化，以求最大限度地削弱宿敌德国的力量。然而，在英美的反对下，法国的要求只实现了极少的一部分。1949 年初，西方盟国建立了第一个鲁尔煤钢工业的国际监督机制——鲁尔国际管制机构。

但是，鲁尔国际管制机构本身权力有限，运转效率低，根本无法满足法国在安全和获取原料方面的要求；与此同时，美国人和德国人也对这一歧视德国的机构极为不满。他们希望将鲁尔国际管制机构改造成一个有利于法德和解和欧洲一体化的机构。

鲁尔国际管制机构的虚弱和美德的不满使法国认识到，要从根本上解决鲁尔问题，就必须提出一种既有能力控制鲁尔煤钢工业，又可以消除德国不满的新的国际监督机制。关于这一点，法国政治家莫内有着深刻的认识。于是，他将自己所信奉的功能主义欧洲一体化理论，与鲁尔问题的解决结合在一起，制定了著名的“舒曼计划”。战后鲁尔问题的解决，加速了欧洲一体化进程，为维持西欧的和平与繁荣起到了巨大的推动作用。

# 附 录

## 一、本书主要涉及人物简介①

A

Abelshauser, Werner 维尔纳·阿贝尔斯豪泽，联邦德国学者。

Abs, Hermann 赫尔曼·阿布斯，联邦德国重建信贷机构董事会和执行机构成员。

Acheson, Dean 迪安·艾奇逊，美国国务院官员，国务卿（1949—1953）。

Adenauer, Konrad 康拉德·阿登纳，德国西占区和联邦德国基民盟领导人，首任联邦德国总理（1949—1963）。

Agartz, Viktor 维克托·阿加茨，德国西占区和联邦德国工会经济学家，英占区和双占区中央经济局（Zentralamt für Wirtschaft）领导人。

Alpfand, Herve 赫尔夫·阿尔方，法兰西第四共和国外交部经济司司长。

Adamsen, Heiner 海纳·亚当森，联邦德国学者。

Arnold, Karl 卡尔·阿诺德，德国西占区和联邦德国基民盟成员，北威州州长。

Auriol, Vincent 樊尚·奥里奥尔，法兰西第四共和国总统。

B

Balfour, Micheal 迈克尔·贝尔福，英国军政府高级执行官。

---

① 译名参阅新华通讯社译名室：《德语姓名译名手册》，北京：商务印书馆，1999年。为人们所熟知的著名人物，如富兰克林·罗斯福、哈里·杜鲁门、约瑟夫·斯大林、温斯顿·丘吉尔等不再列入。

Barbian, Jan-Pieter 扬-彼得·巴比安，联邦德国学者。

Berg, Fritz 弗里茨·贝尔格，德国工业联合会主席。

Baum[①] 鲍姆，德国西占区和联邦德国克律克纳公司董事会成员、商业经理。

Bernard, Karl 卡尔·贝尔纳德，德意志诸州银行理事会主席（即联邦德国中央银行前身的负责人)。

Bevin, Ernest 欧内斯特·贝文，英国外交大臣（1945—1951)。

Bidault, Georges 乔治·皮杜尔，法国临时政府和第四共和国外交部部长。

Blum, Léon 莱昂·勃鲁姆，法国社会党政治家，第四共和国总理(1946.12—1947.1)。

Bohlen, Charles 查尔斯·波伦，美国国务院官员。

Böckler, Hans 汉斯·博克勒，德国西占区和联邦德国工会领导人，德意志工会联合会首任主席。

Bömcke, Eberhard 埃伯哈德·博姆克，联邦德国经济部高级顾问。

Bovermann, Rainer 赖纳·博费曼，联邦德国学者。

Brozio, Norbert 诺贝特·布鲁兹奥，联邦德国学者。

Bührer, Werner 维尔纳·比勒，联邦德国学者。

Buchheim, Christoph 克里斯托弗·布赫海姆，联邦德国学者，曼海姆大学国民经济系教授。

Burland, Harris 哈理斯·伯兰德，英占区北德钢铁局局长。

Byrnes, James 詹姆斯·贝尔纳斯，美国国务卿（1945—1947)。

C

Caffery, Jefferson 杰弗逊·加夫里，美国驻法大使。

Clay, Lucius 卢修斯·克莱，美占区军事长官。

---

① 原文献未给出其名，4.12.1945, Jarres (Mulheim/Ruhr) an Stevering (Bielefeld) BRACHER K, MORSEY R, SCHWARZ H (Hrsg.). *Quellen zur Geschichte des Parlamentarismus und der politischen Parteien, Vierte Reihe, Deutschland seit 1945, Band 6, Neubeginn bei Eisen und Stahl im Ruhrgebiet, die Beziehungen zwischen Arbeitgebern und Areitnehemern in der nordrhein-westfalischen Eisen und Stahlindustrie 1945-1948*. Düsseldorf: Droste Verlag, 1990, S.406.

Clayton, William 威廉姆·克莱顿，美国负责经济事务的助理国务卿。

Cooper, Duff 达夫·库帕，英国驻法大使。

Cripps, Stafford 斯坦福·克里普斯，英国贸易委员会主席，财政大臣(1947—1950)。

D

Dalton, Hugh 休·道尔顿，英国财政大臣（1945—1947），兰开斯特公爵郡大臣（1948—1950）。

Daniels, Robert 罗伯特·丹尼尔斯，美国五角大楼官员。

DeGaulle, Charles 夏尔·戴高乐，法兰西临时共和国总统。

Dinkelbach, Heinrich 海因里希·丁克尔巴赫，鲁尔钢铁工业家，英占区钢铁工业托管人，钢铁托管协会负责人。

Douglas, Lewis 刘易斯·道格拉斯，美国驻英大使。

Draper, William 威廉姆·德雷柏，美占区军政府经济部部长。

E

Eden, Robert Anthony 罗伯特·安东尼·艾登，英国外交大臣(1940—1945)。

Erhard, Ludwig 路德维希·艾哈德，德国双占区经济委员会主席，首任联邦德国经济部部长。

F

Forrestal, Janmes 詹姆斯·福雷斯特，美国海军部长。

Fugmann, Bruno 布鲁诺·富格曼，德国西占区和联邦德国钢铁工业家。

G

Gllingham, John 约翰·格林哈姆，美国学者。

Greenwood, Sean 肖恩·格林伍德，英国学者。

Grosser, Dieter 迪特尔·格罗塞尔，联邦德国学者。

Gouin, Félix 费历克斯·古安，二战后法国临时政府总理、社会党人。

H

Halbfell, August 奥古斯特·哈尔布费尔，德国西占区和联邦德国北威州劳动部部长。

Hall-Patch, Edmund 埃德蒙德·霍尔-帕奇，英国外交部官员，副外交大臣助理。

Hallstein, Walter 瓦尔特·哈尔斯坦，联邦德国政治家，1950—1951 年巴黎会谈中德国代表团团长。

Hankort, Güther 京特·哈尔克特，德国和平问题办公室负责财政金融事务的官员。

Harley, Oliver 奥利弗·哈利，英国外交部官员，代理副外交大臣。

Harriman, Averell 爱福莱尔·哈里曼，美国驻苏大使（1943—1946），美国商务部部长（1946—1948）。

Hartmann, Helfried 黑尔弗里德·哈特曼，德国和平问题办公室的官员。

Hartrich, Edwin 埃德温·哈特里奇，美国记者和学者。

Hasenack, Wilhelm 威廉·哈泽纳克，德国西占区和联邦德国经济学家。

Henle, Günter 京特·海勒，鲁尔钢铁工业家，克律克纳监事会主席，德国西占区和联邦德国基民盟成员。

Hensel, Struve 斯图弗·汉赛尔，美国律师，官员。

Hoffman, Paul 保罗·霍夫曼，美国经济合作署主任。

Hohmann, Karl 卡尔·霍曼，联邦德国经济部官员。

van Hook, James 詹姆斯·范·胡克，美国学者。

Hoover, Herbert 赫伯特·胡佛，美国总统，1947 年撰写有关战后德国经济情况的"胡佛报告"。

Hull, Cordell 科德尔·赫尔，美国国务卿（1933—1944）。

Humphrey, Don 唐·汉弗莱，美占区军政府经济部官员。

Humphrey, George 乔治·汉弗莱，美国工业家。经济合作署工业顾问委员会主席。

Hyde, John 约翰·海德，英国兰开斯特公爵郡大臣（1945—1947），负责德奥管制事务。

I

Imig, Heinrich 海因里希·伊米希，德国西占区和联邦德国社民党成员，首届联邦议院议员。

J

Jarres, Karl 卡尔·雅勒斯，鲁尔钢铁工业家，克律克纳监事会主席。

K

Kaiser, Jakob 雅各布·凯泽，德国西占区和联邦德国基民盟领导人，首任联邦全德事务部部长。

Kaeckenbeek, Georges 乔治·卡伊肯贝克，比利时法学家，鲁尔国际管制机构执行秘书。

Kennan, George 乔治·凯南，美国国务院官员。

Kennedy, Paul 保罗·肯尼迪，美国学者。

Keynes, John 约翰·凯恩斯，英国经济学家，政府官员。

Kindlerberg, Charles 查尔斯·金德勒贝尔格，美国国务院德奥经济问题顾问委员会主席，学者。

Kramer, Alan 艾伦·克莱默，爱尔兰学者。

Kreyssig, Gerhard 格哈德·克赖西希，德国西占区和联邦德国社民党党员。

Krupp von Bohlen und Halbach, Alfried 阿尔弗雷德·克虏伯，德国钢铁工业家和军火商。

Kost, Heinrich 海因里希·科斯特，德国煤炭管理局局长。

L

Lademacher, Horst 霍斯特·拉德马赫，联邦德国学者。

Lehr, Robert 罗伯特·赖尔，北莱茵省省长，首任德国联邦内政部部长。

Lovett, Robert 罗伯特·洛维特，美国副国务卿。

M

Maisky, Ivan 伊凡·迈斯基，苏联经济学家，外交官，波茨坦会议苏联经济事务代表，学者。

Malenkov, Georgy 格奥尔基·马林科夫，苏联官员。

Marshall, George 乔治·马歇尔，美国国务卿（1947—1949）。

Massigli, Rene 勒内·马西格里，法国驻英大使。

McCloy, John 约翰·麦克洛伊，美国国务院官员，美驻德高级专员。

Mikoyan, Anastas 阿那斯塔斯·米高扬，苏联官员。

Mills, Persy 珀西·米尔斯，英占区军政府（管制委员会）首任经济分委会主任。

Milward, Alan 艾伦·米尔沃德，美国学者。

Molotov, Vyacheslav 维亚切斯拉夫·莫洛托夫，苏联外交部部长。

Monckton, Walter 沃尔特·蒙克顿，英国外交部官员。

Monnet, Jean 简·莫内，法国政治家。

Morgenthau, Henry 亨利·摩根索，美国财政部部长。

Moring, Andreas 安德烈亚斯·莫宁，联邦德国学者。

Müller, Wolfgang 沃夫冈·缪勒，联邦德国学者。

Müller, Gloria 格洛丽亚·缪勒，联邦德国学者。

Müller, Max 马克斯·缪勒，德国西占区和联邦德国钢铁工业家，曾任欧洲经济合作组织钢铁工业委员会和鲁尔国际管制机构德国代表，“舒曼计划”会谈时钢铁工业首席专家。

Murphy, Robert 罗伯特·墨菲，美占区军政府政治顾问。

Müller-List, Gabriele 加布里埃莱·缪勒-李斯特，联邦德国学者。

DeMurville, Couve 古夫·戴姆勒，法兰西第四共和国外交部政治司主任。

Muser, Franz 弗朗茨·穆泽，德国西占区和联邦德国波鸿联合（波鸿的煤钢康采恩）官员。

N

Nitze, Paul 保罗·尼采，美国国务院官员，代理国务卿（1948）。

Nölting, Erik 埃里克·诺尔廷，德国西占区和联邦德国社民党成员，北威州经济部部长，首届联邦议院议员。

O

O’ Neill, Con 康·欧奈尔，英国外交部德国处官员。

Ott, Erich 埃里希·奥特，联邦德国学者。

P

Parkenham, Francis 弗朗西斯·帕肯汉姆，英国兰开斯特公爵郡大臣，对德管制部部长（1947—1948）。

Patterson, Robert 罗伯特·帕特森，美国陆军部部长（1945—1947）。

Pauly, Edwin 埃德温·波利，美国国务院官员，负责战败国赔偿事务。

Pelster, George 乔治·佩尔斯特，德国西占区和联邦德国基民盟成员，首届联邦议院议员。

Petzina, Dietmar 迪特马尔·佩兹纳，联邦德国学者。

Pietsch, Hartmut 哈特穆特·皮奇，联邦德国学者。

Post, Oswald 奥斯瓦尔德·波斯特，联邦德国学者。

Poensgen, Ernest 欧内斯特·彭斯，德国钢铁工业家，二战前任联合钢铁公司（Vereinigte Stahlwerke AG）主席。

Porter, Paul 保罗·波特，美国价格管理办公室（Office of Price Administration）主任。

Potthoff, Erich 埃里希·波特霍夫，英占区工会代表，德意志工会联合会经济学研究所所长，鲁尔国际管制机构和欧洲煤钢共同体德意志工会联合会代表。

R

Ramadier, Paul 保罗·拉马迪埃，法兰西第四共和国总理（1947）。

Ranft, Norbert 诺贝特·兰夫特，联邦德国学者。

Reulecke, Jürgen 于尔根·罗伊勒克，联邦德国学者。

Reusch, Hermann 赫尔曼·罗伊施，德国钢铁工业家，好希望钢厂经理委员会主席，德国钢铁工业经济联合会（WVIES）埃森地区委员会主席。

Reuter, Paul 保罗·罗伊特尔，德国机器制造股份公司（Deutsche Maschinenfabrik Aktiongesellschaft，位于杜伊斯堡，参见 http://www.werkbahn.de/eisenbahn/lokbau/demag.htm）总经理。

Riddleberger, James 詹姆斯·里德勒贝格尔，美国国务院中欧司司长。

Robertson, Brian 布赖恩·罗伯逊，英占区军事长官。

Rombeck-Jaschinski, Ursula 乌尔苏拉·龙贝克-亚申斯基，联邦德国学者。

Rosenberg, Ludwig 路德维希·罗森贝格，英占区工会书记。

Rudzio, Wolfgang 沃夫冈·鲁兹奥，联邦德国学者。

S

Salewski, Wihelm 威廉·萨莱夫斯基，钢铁工业家，德国钢铁工业经济联合会主席。

Sargent, Orme 奥姆·萨金特，英国外交部官员，第一副外交大臣。

Schäffer, Fritz 弗里茨·舍费尔，首任联邦德国财政部部长。

Schiller, Karl 卡尔·席勒，德国西占区和联邦德国社民党成员，首届联邦议院议员。

Schmidt, August 奥古斯特·施密特，德国西占区和联邦德国煤矿工会联合会主席。

Schmidt, Carlo 卡尔洛·施密特，德国西占区和联邦德国社民党成员，首届联邦议院议员。

Schiwon, Hans 汉斯·席翁，德国西占区鲁尔共产党党员。

Schöne, Joachim 约阿西姆·舍内，德国西占区和联邦德国社民党成员，首届联邦议院议员。

Schröder, Gerhard 格哈德·施罗德，德国西占区和联邦德国基民盟成员，首届联邦议院成员。

Schumacher, Kurt 库尔特·舒马赫，德国西占区和联邦德国社会民主党首任主席。

Schuman, Robert 罗伯特·舒曼，法兰西第四共和国外交部部长(1948—1952)。

Severing, Carl 卡尔·泽韦林，魏玛时代任德国普鲁士内政部部长等职。

Sohl, Hans-Günther 汉斯-京特·佐尔，德国西占区和联邦德国钢铁工业家、联合钢铁公司清算人。

Steiniger, Rolf 罗尔夫·施泰尼格尔，奥地利学者。

Stimson, Henry 亨利·史汀生，美国陆军部部长（1940—1945)。

Stevens, Roger 罗杰·史蒂文斯，英国副外交大臣助理。

Strang, William 威廉姆·斯特朗，英国军政府政治顾问。

Sträter, Artur 阿图尔·施特莱特尔，德国西占区和联邦德国基民盟成员，英占区顾问委员会成员、北威州司法部部长。

Storch, Anton 安东·施拖希，首任联邦德国劳动部部长。

T

Thorez, Maurice 莫里斯·多列士，法共总书记（1930—1964)。

Trouthbeck, John 约翰·特洛斯贝克，英国外交部德国处处长。

Turner, Ian 伊安·特纳，英国学者。

Turner, Mark 马克·特纳，英国外交部经济与工业计划参谋处(EIPS) 主席。

V

Vickers, Geoffrey 杰弗里·维克斯，英国法学家。

Villiers, George 乔治·维利尔斯，法国雇主全国委员会（Conseil National du Patronat Francais）主席。

W

Wagenführ, Rolf 罗尔夫·瓦根菲尔，德国西占区统计学家，1946 年曾为占领当局工作。

Waley, David 戴维·韦利，英国副财政大臣。

Wellhausen, Hans 汉斯·韦尔豪森，德国西占区和联邦德国自民党成员，首届联邦议院议员。

Weidenfeld, Wener 维尔纳·魏登费尔德，联邦德国学者。

Weir, Cecil 塞西尔·威尔，英占区军政府（管制委员会）第二任经济分委会主任。

Westrick, Ludger 卢格尔·韦斯特里克，联邦德国经济部国务秘书。

Wolf, George 乔治·沃尔夫，美国钢铁公司托拉斯主席。

## 二、本书所使用主要原始文献选译

### 德国投降后的对德政策建议（“摩根索计划”）①

**（1944 年 9 月 1 日）**

建议依据以下几点基本原则确定美国政府的态度：

……

3. 鲁尔

这里是德国工业力量的中心。它应被作出如下处置：

1）应该建立一个包括鲁尔并包围这一工业区的国际化地区。基尔运河和莱茵兰应被包括在这个区。这一国际区应该由联合国建立的国际安全组织治理。该区的大致边界已在所附地图中画出；

2）这一地区的国际化不应被如下因素打断：a）根据本备忘第一部分对位于鲁尔的德国军火工业及相关工业的彻底摧毁；b）本备忘录的第四部分所提的重组和赔偿，包括拆迁和分配工业设施和设备；

① 引自：U. S. Department of State（ed.）. *FRUS*, *1944*, *Conference at Quebec*. Washington D. C：GPO, 1972, pp. 86-91.

3）对剩下的主要工业财产的产权和管制权，将被移交给国际组织；

4）国际组织将按照如下原则进行治理：a）鲁尔的自然资源和工业能力将不再以任何方式被用于增强德国或鲁尔的军事潜力，或为德国或鲁尔的军事潜力作出贡献；b）国际区将是自由贸易区，但是，资本的重要性将大受限制。

……

## 盟国管制委员会关于战后德国经济关系及经济水平的计划①

## （1946年3月28日）

### 前　言

1. 根据《柏林宣言》，盟国管制委员会将直接决定为德国和平经济所不需并因此适用于赔偿的工业设备的种类和数量。这一关于赔偿及战后德国经济水平计划的指导原则，将与《柏林宣言》保持一致：

1）消除德国战争潜力，实现德国的非军事化；

2）对遭受德国侵略的国家给予赔偿；

3）发展农业及和平工业；

4）维持德国不超过欧洲国家平均生活水平的生活水平（除联合王国和苏维埃社会主义共和国联盟之外）；

5）在支付赔偿之后，要在德国保留足够的资源，使其能够在没有外部援助的情况下自立。

2. 根据这些原则，该计划的基本点已获得通过。该计划的前提是：

1）战后德国人口为6650万；

2）德国将被当做一个经济整体；

3）德国的出口品将被国际市场接受。

……

### 受限工业

……

① 引自：VON OPPEN B. *Documents on Germany under Occupation 1945-1954*. London：Oxford University Press，1955，pp. 113-118.

5. 钢铁

1）德国保留的钢铁生产能力应为700万吨粗钢。如有必要，这一数字将在核准后被进一步削减；

2）除非盟国管制委员会特别准许，以后每年德国的钢产量将被维持在580万吨，这一数字每年都要由管制委员会进行审核；

3）在以上生产水平之下被保留在德国的钢铁厂，应尽可能是旧的。

## 英国政府关于建立北威州的决定①

## （1945年6月21日）

绝密

海外重建委员会（46）第9次会议　　　　复印件第64号

内阁

海外重建委员会

……

2. 对德政策

委员会收到了关于未来对德政策的如下备忘录：

1）外交大臣备忘录，《海外重建委员会（46）56（修正版）》，想就他参加巴黎外长会议的目的征询同僚的意见；

2）外交大臣备忘录，《海外重建委员会（46）47，49，52》，巴黎大使馆关于鲁尔前途的备忘录《海外重建委员会（46）46》；

3）外交大臣备忘录，《海外重建委员会（46）42》，关于在德国新建立一个省；

4）外交大臣备忘录，《海外重建委员会（46）51》，包括外交大臣关于解决德国短期经济问题的几点建议。

委员会首先讨论了鲁尔和西德的前途。在简短的讨论之后，委员会：

---

① 引自：BRACHER K，MORSEY R，SCHWARZ H（Hrsg.）. *Quellen zur Geschichte des Parlamentarismus und der politischen Parteien, Vierte Reihe, Deutschland seit 1945, Band 4, Die Ruhrfrage 1945/46 und die Entstehung des Landes Nordrhein-Westfalen: britische, französische und amerikanische Akten.* Düsseldorf：Droste Verlag，1988，S. 897-810.

1）同意英王陛下政府应该坚持鲁尔仍在政治上是德国的一部分；敦请外交大臣对驻巴黎大使在《海外重建委员会（46）52》号文件中的观点给予答复；

2）同意莱茵兰不应当在政治上被从德国分离，虽然它应当被法国和其他盟国军队无限期的占领（苏军和英军除外）；

3）同意萨尔应融入法国的经济体系。

委员会接下来讨论了外交大臣的建议《海外重建委员会（46）41》，该建议要求在四大国作出决定之前确立对鲁尔工业的管制手段，即英王陛下政府应当：

1）在西德建立一个包括鲁尔的新省份；

2）在该省中划定一个包括主要鲁尔工业的小地区，以便在其中实行国际管制和军事占领；

3）授权英军司令像他在煤矿中已经做的那样接管鲁尔工业。在宣布这些工业的最终处置还未决定的同时，也宣布它们将永不返还原主。

讨论主要围绕新省的边界展开。兰开斯特公爵郡大臣表示，虽然在《海外重建委员会（46）41》中英国军政府倾向于一个大省，但他自己却怀疑，将如此大的地区划入一个省是否是明智的。外交大臣所建议的新省将包括德国英占区50％的人口，它有可能会变成西方的第二个普鲁士。他害怕鲁尔的大工业家和大资本家会在这个大省中获得政治上的统治地位。他认为，这些人虽然丧失了工业上的统治权，却仍可以通过基督教民主党获得强大的政治影响力。英占区其他两个省——石勒苏益格—荷尔斯泰因、汉诺威将不能强大到足以与这一新省平衡的地步。因此，他更喜欢让威斯特伐伦和北莱茵省各自保持独立，但北莱茵省应当扩展至波鸿和多特蒙德地区。

反对的一方则指出，外交大臣所建议的大省应依据既定的地方边界和传统、在受到较少干扰的情况下被建立。从实用的观点出发，合并两个已经存在的地区比修改既定边界另建立一个地区更容易。大一点的地区也将更加可以与法国关于西德前途的观点相协调。从英国未来财政负担的角度出发，建立大省的观点就更有说服力了。在政治方面，他们的观点是，鲁尔大资本家工业力量的损失将削弱基督教民主党在这一地区的影响力。委员会从整体上认为，无论如何，以任何在更大的范围内对未来德国的选举的可能结果的估计为基础，来决定省的边界是不安全的。

参谋长们已经通知委员会，任何对鲁尔的国际管制都可能会使苏军出现在这一地区。因此，假设达成了任何有关鲁尔国际管制的协议，他们更希望所涉及的地区能尽可能的小。他们请求，如果可能的话，如果大臣们同意了外交大臣所提出的在西德建立新省的建议，那还需加入将苏军排除在任何莱茵河西岸领土以外的保证。

首相指出，外交大臣提出的建议是在达成对鲁尔工业进行国际管制的决定之前建立一个新的省；在这种情况下，作为鲁尔国际管制问题一部分的、防止苏联军队出现在这一地区的问题，现在都无需考虑。

委员会：

（1）同意，根据外交大臣的建议建立一个包括威斯特伐伦省和北莱茵省的大省有更多的优点；

（2）赞同在《海外重建委员会（46）41》文件第12、13段中所提出的在西德建立一个新省的决定；

（3）同意英军司令根据《海外重建委员会（46）41》第14段没收鲁尔主要工业。

## 美国国务卿贝尔纳斯的斯图加特演讲：对德政策声明①

## （1946年9月6日）

我来德国，是为了获取有关德国复兴问题的一手资料，并与我们的代表讨论美国政府在应对我们所面临的问题时所应采取的态度。

……

德国人不应失去通过辛勤劳动改变命运的可能性，工业增长和进步也不能将他们拒之门外。被赋有像其他遭受灾难的民族那样重新开始的权力后，凭借一种不超过欧洲其他国家平均水平的和平经济，辛勤劳动和勤俭节约的德国人不能被拒绝拥有利用他们自己所积累起来的财富建设和平工业的机会。

这就是杜鲁门总统在波茨坦会议上所同意的赔偿原则。并且美国

① 引自：VON OPPEN B（ed.）. *Documents on Germany under Occupation 1945-1954*. London：Oxford University Press，1955，pp.152-161.

不会同意从德国取得比《波茨坦协议》所规定的更多的赔偿。

不过，《波茨坦协议》的贯彻一直因盟国管制委员会未能采取必要的步骤加强德国经济，以使其能够变成一个经济整体而受挫。重要的德国中央管理机构一直未能建立，尽管这些是在《波茨坦协议》以外的要求。

为维持整个德国的经济平衡并减少进口而应在几个占领区之间进行的、对关键的商品的公平分配一直都没实现，虽然这也是在《波茨坦协议》之外的要求。

实现整个德国经济上的平衡，以提供必要的手段支付必须的进口，这一目标也未能实现，虽然这也是在《波茨坦协议》之外的要求。美国坚定地相信，只要考虑到德国的经济生活和活动，那德国就应作为一个经济整体来管理，区际障碍也应被完全消除。

德国现在的条件，对于达到占领国所同意的、维持德国和平经济所需的、最低的工业产量来说，是不可能的。很明显，如果想要达到所同意的生产水平，我们就不能再继续限制整个德国的物资、人员和思想的流动。在德国四个占领区之间，存在着比普通国家之间更难逾越的障碍。

……

德国需要它所能生产的所有的粮食。在战前，它不能为它的人口提供足够的粮食。德国的领土已经被削减。例如，西里西亚的人已经被强制遣返回领土缩减了的德国。占领军和难民增加了需求，而农业机械和肥料的缺乏则减少了供应。为了最大限度地保证粮食生产，以及最有效地使用和分配那些被生产出来的粮食，一个中央粮食管理机构应该立即建立并投入运行。

同样地，建立工业和对外贸易的德国中央管理机构的需求也是迫切的。德国必须与依赖德国煤钢的欧洲自由国家分享这些资源，但与此同时，德国也必须能够使用它的能力和能源增加它的工业产量，能够最有效地组织利用她（原文如此）的原材料。

德国必须被给予出口商品的能力，以使她有足够的进口维持经济自立。德国是欧洲和欧洲复兴的一部分，尤其是那些与德国有紧密联系的国家，如果拥有巨大煤钢资源的德国变成贫民窟，它们的复兴也将变得极度缓慢。

……

除了已提及的例外情况，美国不会支持任何如下行为：即企图侵略无可争议的德国领土和违背人民真正意愿分割德国。就美国所知，莱茵—鲁尔的人民是愿意继续和德国其他地区待在一起的，美国将不反对他们的意愿。

鲁尔人民是最后才屈从于纳粹统治的，但与此同时，没有鲁尔的资源，纳粹就不能威胁世界。这些资源决不能再被用于毁灭性的目的。它们必须被用来重建一个自由、和平的德国，一个自由、和平的欧洲。

**大不列颠和北爱尔兰联合王国、比利时、法兰西、卢森堡、荷兰和美利坚合众国关于在鲁尔建立国际管制机构的协定**[①]

**(1949年4月28日)**

为了国际安全和经济的普遍恢复，将来要使鲁尔工业为和平作出贡献，而不用于侵略的目的；并保证过去在德国单独控制下的鲁尔煤炭和钢铁，将来在公平的基础上由为共同经济利益而合作的国家所获取。

与此同时，为共同经济利益而合作的欧洲国家，包括一个民主的德国在内，为了其政治和经济利益，希望它们在经济生活中可以密切的融合；

与此同时，通过减少贸易壁垒和其他任何方法，使上述国家间的贸易得以便利，意义重大。

为了实现上述目的，并为了在鲁尔建立国际管制，以符合1948年6月1日六国对德国问题会谈结束后，在伦敦签订的协定附件三中所声明的原则，比利时、法兰西、卢森堡、荷兰、大不列颠和北爱尔兰联合王国、美利坚合众国的政府协议如下：

第一章　管制当局

第一条

---

① 引自：American Society of International Law (ed.). *American Journal of International Law, Vol. 43, No. 3*. Washington D. C.: American Society of International Law, 1949, pp. 140-153.

在鲁尔建立一个国际管制机构（以下简称管制机构），它的组成、权力和任务规定在本协定内。

第二条

管制机构的成员是签字国政府和德国。

第三条

管制机构包括一个由签字国政府和在第四条规定限制下的德国代表组成的理事会。理事会由一个以执行秘书为首的秘书处协助工作，并且各成员国应任命各自的代表。

第四条

1. 在一个德国政府建立后，这个政府可以任命一个代表参加管制机构，这个代表有列席理事会的权利。在德国政府根据第九条第三款的规定拥有投票权之后，可以任命一名代表参加理事会。

2. 有关占领当局应该共同任命一位属于它们中任一国籍的代表，直到德国的代表有投票权时为止。

第五条

管制机构的总部应该设在莱茵河北岸威斯特伐伦境内，具体地点由理事会决定。

第六条

1. 各成员国将负担本国的开支。但有关管制机构的差旅费应该由管制机构负担。

2. 管制机构的负担，应按照各成员国投票权的比例，由各成员国分摊。

3. 在各成员国作出其他决定以前，德国代表的开支和管制机构中德国应该承担的份额，由有关占领当局决定处理办法。

第二章　内部机构和程序

第七条

理事会应该根据完成其任务的需要，举行常会和特别会议。

第八条

理事会的主席由签字国代表轮流担任，每次任期六个月，轮流的次序由理事会确定。在理事会确定轮流次序之前，由联合王国的政府代表担任主席。

第九条

管制机构的成员国在理事会中的投票权是：

| | | | | | |
|---|---|---|---|---|---|
| 比利时 | 1票 | 法兰西 | 3票 | 德国 | 3票 |
| 卢森堡 | 1票 | 荷兰 | 1票 | 联合王国 | 3票 |
| 美国 | 3票 | | | | |

……

第三章　任务

第十四条

1. 管制机构对鲁尔的煤炭和钢铁，应该在德国的消费和出口之间确定一个分配数字。在分配时应该：

1）保证为共同经济利益而合作的国家能够在这些产品的供应上，在考虑到德国的基本需要的情况下，获得适当的满足；

2）符合当时有效的占领国间关于分配煤钢的协定的规定；

3）符合欧洲经济合作组织条约所规定的目标，同时符合欧洲经济合作组织所核准或决定的并在当时适用的任何规定。

2. 管制机构对于鲁尔为出口而准备的煤炭和经过处理和半处理的钢铁，应该分配最低的出口量。管制机构对出口的煤炭和经过半处理和处理的钢铁，有权规定不同的质量或形式。为了保证满足适当的生铁供应，管制机构认为有必要出口生铁时，在得到十二票的赞成后，可以随时决定生铁的出口量。在确定经过处理或半处理的钢铁出口量时，管制机构应该受有关占领国参加的、并在当时有效的、关于德国钢产量水平的协定的约束，并在协定的范围内实施。

3. 在开始执行本条规定的任务以前，管制机构将同有关占领当局就如下程序达成一致：即如何调整管制机构的决定，使其同提交欧洲经济合作组织的规划和计划的准备工作相一致。

第十五条

管制机构有权对德国当局制定或许可的，并对鲁尔煤炭和钢铁有影响的运输、价格和贸易习惯、分配定额、税收以及其他管理方法或商业方面的措施进行检查。如果管制机构认为这些习惯、方法和措施是人为的或歧视性的，并具有下列性质时，应该作出适当的修改或加以终止：

1）妨碍鲁尔煤钢对其他国家的开放；

2）影响鲁尔煤钢在国际贸易中的活动；

3）影响本协定宗旨的实现；

在管制机构根据本条的规定作出决定时，应当适当考虑国际和安全的需要，以及德国在欧洲经济合作条约下的义务，德国当局在国际贸易中正当保护德国商业和财政地位的需要。

第十六条

1. 在管制期间或者在占领国可能协商的较早的时间之前，管制机构应该使有关占领当局注意采取措施，在这期间或其后，管制机构本身应该根据签字国政府参加的、并在当时有效的、有关保护外国在德国利益的任何国际条约，保证：

1）保障和保护外国在鲁尔煤钢企业中的利益；

2）在涉及外国利益的企业所活动的任何区域内，保护这些企业，使它们免受歧视性措施的危害。

2. 如果本条第一款所规定的管制机构的任务没有被终止，在管制时期结束时，或者在占领国可能达成协议的较早的时间，签字国政府应该对这些任务进行审查，并应考虑把任务移交给一个单独机构或把它扩大到亚琛地区的愿望。

第十七条

1. 在管制时期，或者在占领国可能协议的较早的时间以前，有关占领当局将保持必要的权力，以实现德国的非军事化，包括对鲁尔煤钢的管制权，以便使那些出于安全利益，可能根据占领国间的协议或占领国可能成为参加国的任何国际协定的规定而被禁止或限制的工业，得不到鲁尔的供应。

2. 在管制结束时，或者在占领国可能达成协议的较早的时间，本条第一款所提的权力应该移交给根据和平解决或签字国参加的任何国际协定为此目的而指定的国际机构，管制机构并应根据和平解决或国际协定所规定的方式，同这个国际机构合作。如果没有建立这种合作机构，可以把权力移交给管制机构，由签字国代表行使。

第十八条

1. 在管制时期结束时，或者在占领国可能达成协议的较早的时间，占领当局将把为保证下列各项所必需的现有的权力移交给管制机构或军事安全委员会或其继承者，或国际协定建立的其他机构。

1）不需对鲁尔煤钢工业建立或恢复足以使其经济力量过度集中的任何形式的产权，也不许在这些工业之间建立或恢复足以使其经济力量过分集中的行业和市场的协定；

2）不许那些已被发现或可能会被发现曾推动纳粹侵略计划的分子，掌握鲁尔煤钢工业以及这些工业的产业和商业机构的产权或控制权。

……

## 盟国高级委员会和德意志联邦共和国总理在彼得斯贝格所达成的协议宣言①

**（1949 年 11 月 22 日）**

在 1949 年 11 月 9—10 日的三国巴黎外长会议之后，英、法、美三国高级委员会被授权与联邦总理就他写给他们的有关拆迁的信件展开讨论，以求最终解决这些问题。给高级委员会所下达的指令涵盖内容广泛，并要求他们与联邦总理就包括其他事项在内的一个整体解决进行讨论。讨论分别于 11 月 15、17、22 日在彼得斯贝格举行。

这些讨论充满愉快。双方认定，他们的关系应该在互信的基础上取得进一步的发展。同时，他们的目标是：使联邦共和国作为和平的一员融入欧洲共同体。为达到这一目的，应通过使德国加入合适的国际组织及与其他国家交换商务和领事代表等方法，尽力实现其与西欧诸国在各领域中的合作。高级委员会和联邦总理都认为，朝这些目标迈进肯定要取决于重建西欧真正的安全意识和他们为实现这些目标所特别提到的内容。基于以上考虑，他们一直致力于追寻观点和目的上的共同之处，并且他们特别同意以下几点：

Ⅰ. 高级委员会和联邦政府同意，促进德国参与所有那些德国的经验和支持可为整体利益作出贡献的国际机构。他们对在这方面已取得的各种进步表示满意，包括德国参加欧洲经济合作组织。双方都认

---

① 引自：U. S. Department of State（ed.）. *FRUS, 1949, Volume Ⅲ, Council of Foreign Ministers, Germany and Austria*. Washington D. C.：GPO，1974，pp. 343-348.

为，联邦德国应尽快被批准成为欧洲委员会的非正式会员，并计划与美国政府就经济合作署的援助问题签署一项双边协议。

Ⅱ. 联邦政府认为，为实现西欧经济重建的最密切的合作，联邦德国申请成为鲁尔国际管制机构成员是值得的。现在德国仅仅在这一机构中派驻一名观察员代表。德国各政党已达成谅解，德国的加入不会因《鲁尔国际管制条约》第31条而存在任何附加的条件。

Ⅲ. 联邦政府进一步声明，它真心地决定保持联邦领土上的非军事化，并在其职权范围内采取一切手段阻止任何形式的武装力量的重建。为此联邦政府将与高级委员会在军事安全委员会中进行全面的合作。

Ⅳ. 双方进一步同意，联邦政府将开始逐渐与那些重建商务与领事关系有明显好处的国家重建这些关系。

……

Ⅷ. 在拆迁问题上，高级委员会已经根据联邦政府的承诺重新审核了现在的情况，他们同意对计划作出如下修改。以下企业将从赔偿名单中删除，对它们设备的拆迁将停止：

……

B. 钢铁

汉伯恩（Hamborn）的奥古斯特—蒂森钢铁厂

锡格兰（Siegerland）的冶金工厂

哈廷根（Hattingen）的鲁尔钢铁公司

波鸿的波鸿联合钢铁公司

杜伊斯堡的下莱茵炼钢厂

杜塞尔多夫的克律克纳公司

克雷菲尔德（Krefeld）的德意志优质钢生产厂

## 盟国高级委员会第27号法令：德国煤钢工业的重组令[①]

**(1950年5月16日)**

盟国高级委员会的政策是消除德国经济力量的过度集中，并阻止

---

① 引自：Official Gazette of the Allied High Commission for Germany. *No 20. Law No 27 on the reorganisation of the German coal and steel industries* . Bonn-Petersberg: Allied High Commission for Germany, 1950. [2014-2-26] . http: //www. ena. lu /law _ 27 _ reorganisation _ german _ coal _ steel _ industries _ 16 _ 1950-02-5790.

战争潜力的发展；

与此同时，盟国高级委员会决定煤钢工业最终的产权将留给具有代表性的、自由选举的德国政府决定；

与此同时，盟国高级委员会不允许在这些工业中恢复会造成经济力量过度集中的产权形式；不允许将产权交还或交由那些已经被发现或可能会被发现曾经支持纳粹侵略计划的人控制；

与此同时，这些工业应当按照促进德国经济复兴的观点而被改组。

盟国高级委员会作出以下决定：

第一条　管制与没收

1. 由本法第 A、B、C、E 栏所列或所表述的企业直接或间接拥有及控制的财产，将被盟国高级委员会没收；为了完成没收，这些财产和企业将被置于盟国高级委员会的管制之下。

2. 所有的没收权力和对这些财产的管制权力，如果已经符合任何占领法，就应当继续并由盟国高级委员会执行。

……

第三条　煤炭工业的改组

1. 被盟国高级委员会权限所涉及或置于盟国高级委员会权力控制之下的、位于联邦德国领土之上的、直接或间接符合本法第一条的企业所拥有或所控制的煤矿财产，将被转交给依据德国法律建立的或即将被建立的公司（即后来所说的统一公司）。这些公司将拥有盟国高级委员会认为合适的股东。这些股东由盟国高级委员会与德国当局或机构协商后选派或任命。这些被选派的人将被称为托管人，除非盟国高级委员会另有任用，他们将根据盟国高级委员会所颁布的规定和命令在各自的公司里持有股份。

2. “德国煤炭管理局”和“德国煤炭销售机构”的组织形式和功能将由盟国高级委员会颁布的规定和命令确定。根据这些规定和命令，这些机构将在联邦共和国的领土上行使自己的权力。

第四条　钢铁工业的重组

1. 根据“美国军政府 75 号法令”，“英国军政府 75 号法令”和“2 号规定”所建立的“钢铁托管协会”在此将继续存在，并行使现在这些法律和规定所赋予的权力。盟国高级委员会可以撤销钢铁托管协会任一成员的职务并在该协会中任命其他的成员。

2. D栏所指的财产，可以转交给钢铁托管协会，以作为转交给本条第3段所规定的公司的前提。这些财产也可以直接转交给这些公司。盟国高级委员会可以通过注释向D栏中加入任何一家为A、B、C栏所列或所描述的公司的财产。这些公司将股份化，或被股份化来经营D栏所列的财产，以便根据本条第3段的规定进行移交。这些股份将继续为钢铁托管协会所托管，直到盟国高级委员会另有安排时为止。

3. 为了重组本条第2段所指财产和第一条范围内的所有钢铁工业财产，钢铁托管协会将尽快向盟国高级委员会递交计划并寻求批准。每个这样的计划都将支持或组建一个或多个新公司（此处所指为统一公司）并将具体向每个这样的公司移交部分或全部财产。这些计划将支持这些财产的合并与混合，以及从钢铁工业之外吸收资金，但仅限于第一条范围之内。每个计划一旦完成即立即提交，而不会等其他计划的完成。

4. 在盟国高级委员会作出可能的修改之后，任何统一公司的改组计划一旦被通过，所涉及的财产将被转交给这些统一公司。这些公司将拥有盟国高级委员会认为合适的股东。这些股东由盟国高级委员会与德国当局或机构协商后选派或任命。这些被选派的人将被称为托管人，除非盟国高级委员会另有任用，他们将根据盟国高级委员会所颁布的规定和命令在各自的公司里持有股份。

……

## 煤钢工业企业监事会及经理委员会雇员共决法[①]

**(1951年5月21日)**

联邦议院通过如下法律：

### 第一章　总则

#### 第一条

1. 雇员在监事会和本法条文所指的法定代表机构中拥有共决权：

1）企业，凡经营领域主要是石煤、褐煤、铁矿石生产、洗选矿石、炼焦、燃煤、制煤等原材料，或下属企业在矿山局监督之下的；

---

① 引自：Bundesministerium der Justiz（Hrsg）. *Bundesgesetzblatt*（*BGBl*），*1951*，*Nr. 24*. Berlin：Bundesanzeiger Verlag，1951，S. 347-349.

2）1950年5月16日盟国高级委员会第27号法令（盟国高级委员会对德公告第299页）所指的钢铁制造业企业，只要这些企业是法令中要转交给统一公司的或以其他后继企业形式存在的、且尚未被清算的；

3）凡是属于上述所指或隶属盟国27号法令所要清算的企业的，如果条件符合1）或主要从事钢铁制造的。

2. 该法律主要在第一款所涉及的企业中应用，其形式是股份公司，具有独立法人资格的、拥有有限股份或符合《矿山法》的工会的企业，以及法定雇员超过1000人的企业和“统一公司”。

第二条

第一条所指企业要符合适用于有限股份公司的股东法的规定，并适用于还未实施的《矿山法》和《企业宪章》的规定，如果该法与这些法律相冲突的话。

第二章　监事会

第三条

1. 根据第一条，具有独立法人资格的、拥有有限股份或拥有符合《矿山法》的工会的企业，要依据本法建立监事会。

2. 监事会的权利和义务要符合《股权法》的规定。

第四条

1. 监事会由11人组成，其组成是：

1）4名股东代表和另外1名代表；

2）4名雇员代表和另外1名代表；

3）另外1名代表。

2. 第一款中所说的“另外1名代表”：不应当是：

1）工会或雇主联合会，或属于这两个组织的非企业基层组织的成员，或与这些组织存在固定的劳务或商务关系的；

2）选举前一年在第四条第一款的职位上任职；

3）与企业有实际的经济利益。

3. 监事会成员具有对等的权利和义务。这种权利和义务不与任务和指令相关。

第五条

第四条第一款1）所指的监事会成员，应根据法律、规定和企业合同，从符合有关选举法律、规定和企业合同的监事会成员职业代表机构（选举机构）中选举。根据《股权法》第八十八条规定，选举产生的监事会代表应当不超过股东代表总数的三分之一。

第六条

1. 第四条第一款2）所指的监事会成员，必须包括1名工人和1名职员，且2人都要是该企业基层企业的成员。这2人要由企业下属基层企业的企业代表会，与所在企业的基层企业的工会或上层工会成员协商后，向选举机构建议。为了提出这一建议，企业代表会的工人雇员和职员雇员将分别组成选举团。每个选举团将以秘密选举的方式选举出相应的代表。

2. 根据第一款所选举的人，应在向选举机构递交建议之前，在选举之后两周内通知上层工会。它们要是企业下属基层企业的工会代表。如果确实有理由怀疑，这一建议不能提供保证，使监事会中的合作对企业和国民经济的运行有利，每个上层工会可以在得到通知的两周内，向企业代表会提出反对意见。如果企业代表会对反对意见以简单多数予以否决，企业代表会和提出反对意见的上层工会则可提请联邦部长作出最终裁决。

3. 第四条第一款2）中所指的成员中另有2人，由上层工会，与基层企业中工会代表和企业代表会代表协商后，向选举机构提出建议。上层工会依据其在基层企业中的代表比例拥有建议权。在他们的建议中，应对职工中存在的少数派给予适当的照顾。

4. 第四条第三款适用于第四条第一款2）中所说的“另1名成员”。

5. 选举机构应当听取企业代表会和上层工会的建议。

第七条

如果监事会选举成员时，属于三个月以上少于第五条所规定的5人，或少于第六条所规定的5人的情况，则要按照《股权法》第八十九条规定进行。

第八条

1. 第四条第一款3）所指的“另1名成员”由选举机构根据其他监事会成员的建议选举。建议由监事会成员全部投票的多数决定。但要求至少要征得根据第五条、第六条所选举的，各3名成员的同意。

2. 如果第一款中的建议未能被提出，或被建议的人选未能被选举，则要建立一个由4名组员组成的协调小组。其中各有2名组员按照第五、第六条选举监事会的办法选举。

3. 协调小组在一个月内向选举机构提出3个人选，选举机构应该从中选出监事会的成员。如果根据协调小组建议的选举因重要的理由未能实现，尤其是未能提出保证对企业有积极影响的建议的情况下，则必须作出拒绝建议的决定。这一决定必须有理由被执行。要修正拒绝选举的决定，协调小组须向企业所在地的高等法院提出申请。在批准拒绝案件过程中，协调小组可向选举机构再提出3个人选，这第二次建议也应符合上述法律（第2—4段）。如果对选举的拒绝被法院判定为非法，则选举机构不得不从被建议的人选中选择1人。如果对第二次建议的选举的拒绝被法院宣布为合法，或者接下来没有选举建议，则选举机构可以自行选出“另1名成员”。

4. 如果第二款中所设定的协调小组的部分成员没被选出，或者协调小组成员被按时邀请却无故缺席，协调小组也可进行工作，但最少要有2名成员协作。

第九条

1. 注册资本2000万马克以上的企业，企业法规和合同则可规定，监事会要由15名成员组成。按照第四至八条所规定的劳资对等精神，再作出以下改动：根据第六条第一、二款所选举的工人数量为2；第六条第三款所指的雇员数量则为3。

2. 注册资本5000万以上的企业，企业法规和合同则可规定，监事会要由21名成员组成。按照第四至八条所规定的劳资对等精神，再作出以下改动：第四条第一款所指的“另1名成员”的数量每个为2，根据第六条第一、二款所选举的工人数量为3；第六条第三款所指的雇员数量则为4。

第十条

最少有半数成员出席，监事会即有决定能力。

第十一条

1. 第五条所指监事会成员符合《股权法》第八十七条第二款、第八十八条第四款。

2. 第六条所指监事会成员符合《股权法》第八十七条第二款附件，根据建议对这一职位的撤职生效后，将再根据此建议选举监事会成员。

3. 第八条所指监事会成员的撤职，可由至少3名监事会成员提出申请，由法院基于重要理由使其生效。

### 第三章　经理委员会

#### 第十二条

根据《股权法》第七十五条，对法定专业机构代表的任命和撤职将由监事会决定。

#### 第十三条

1. 劳工经理将作为劳资对等的法定专业机构代表被任命。不能违背根据第六条选举产生的监事会成员的多数票任命劳工经理。这对任命的撤销同样有效。

2. 与法定专业机构其他成员一样，劳工经理要本着与整个机构进行合作的精神行使其使命。这更将进一步地由企业规章决定。

### 第四章　附则

#### 第十四条

本法律的规定生效于：

1）对盟国高级委员会27号法令未涉及的企业，1951年12月31日；

2）盟国高级委员会27号法颁布后，被从管制中免除的煤炭企业，从被免除时起，最晚不迟于1951年12月31日；

3）根据盟国高级委员会27号法由“统一公司”接管财产的企业，自建立时起，最晚不迟于1951年12月31日。

……

## 工商业经济投资补助法[①]

## （1952年1月7日）

经联邦参议院同意，联邦议院制定本法：

---

① 引自：Bundesministerium der Justiz（Hrg）. *Bundesgesetzblatt*（*BGBl*），*1952*，*Nr. 1*. Berlin：Bundesanzeiger Verlag，1952，S. 7-14.

## 第一章　投资补助的筹措

### 第一条　法律的目的

1. 为满足煤炭、钢铁制造和能源工业迫切的投资补助需求，根据该法律，工商业经济界将进行一次性的投资摊派，以筹集10亿马克。在此对所提工业部门的援助中，对公共给水、公共交通部门企业和公共港口所承担的义务并未包括在内。

2. 根据第一款，鉴于紧急需求而进行的投资补助对计划用水和联邦铁路机车制造也有效。没有它们，煤钢工业的产量就不能提高，或者国民经济就不能被搞活。

### 第二条　筹款义务

1. 所有1951年1月1日前存在或1951年度新建的符合企业纳税法的工商业企业都有筹款义务，只要该企业是联邦领土范围内的企业。只要在联邦领土上拥有商业场所，或在联邦领土上的轮船登记处登记的商船上拥有商业场所，该企业就是联邦范围内的企业。

2. 该法律所指工商企业永久地、无条件地包括广电企业，而不论这些企业的法律形式和纳税情况。

### 第三条　豁免

下列企业不承担筹款义务：

Ⅰ. 德国联邦邮政、联邦铁路和“帝国高速”企业；

Ⅱ. 联邦垄断机构，联邦下属企业，包括国营商业船厂和国家博彩企业；

Ⅲ. 德国各州银行以及附属的各州中央银行，重建信贷机构，各州地产抵押银行、德国生产合作社和被逐出家园者银行；

Ⅳ. 国家银行，只要其任务完全是国家性质的；

Ⅴ. 在1951年6月30日清算时建立的、或明显是以清算转移财产为目的的信贷机构；

Ⅵ. 公共的或在国家监督下建立的储蓄所和信用合作社。只要它们是为自身的储蓄流通服务；

Ⅶ. 栎树、森林、自造林和树木合作社，以及类似的实际团体。如果他们拥有超出其附属企业范围的工商业企业，则它们也负有筹款义务；

Ⅷ. 根据法律、资助金、特别法并根据其领导层的实际情况，是完全、直接的福利性的、慈善性的和以宗教性为目的的企业。如果它们拥有工商企业（农林经济的除外）且超出其可能负责的范围之外，它们也要负有筹款义务；

Ⅸ. 远海、近海、淡水捕鱼业，内河、近海、远洋船运业中不属于联邦铁路和公共交通系统的企业；

Ⅹ. 共同使用农林经济工商业设施、产品的联合体，或者对自己成员生产的农林产品进行加工和增值的联合体（如脱粒、挤奶、开垦、牲畜管理、森林、育种合作社，以及植树联合体、葡萄酒酿造共同体），只要加工和增值是在农林经济领域。

第四条　筹款承担者

筹款承担者是企业主。企业主是指工商企业中的企业主。如所涉及的企业是多人企业，那它们就是共同义务承担者。在股东责任方面，《商法典》第一百七十一条第一款将不受影响。

第五条　筹款义务的内容

1. 筹款承担者有法定义务，根据第六至第十一条向杜塞尔多夫的工业信贷银行股份公司（信贷机构），以“工业信贷银行—特别贷款投资补助”的名义缴纳筹款份额。信贷机构可以通过合作获得帮助，特别是从其他银行的服务中获得帮助。

2. 已经缴纳筹款份额的筹款承担者，将根据第三十一条的规定按照已承担缴款义务的有权获利者对待。获利权在完成全部交款后三个月期限之前是不可兑换的。如果部分筹款义务被免除，则获利权将按已缴份额的多少在免除剩余筹款义务之后被兑现。

3. 从认缴的下一月到分配债券时为止，缴纳的筹款份额将按照年息百分之四支付利息。增加的利息将在每年度末期支付，首次支付是在 1952 年 2 月 31 日。

4. 如果筹款承担者没有行使获利权，或者分配的债券没有被验收，返还资金的要求是不能兑现的。

第六条　衡量尺度

1. 筹款份额的高低将由工商企业的盈利额决定。利润则以 1950—1951 年度根据所得税和企业税所缴纳的税款为基础确定。包括根据

《所得税法》第7-1至第7e条的规定，从1950—1951年度估算的利润中所计算出的收益，以及根据第二款所估算的1950—1951年度营业额的百分之四。

2. 第一款所提的营业额，是根据《营业税法》第一款第1、2号所估计的营业额以及在关税委员会中的营业额，排除根据《营业税法》第四款第8号，以及在利益、援助和其他类似的回报中所涉及的营业额。还要排除根据《营业税法》第八十五条实施决定所指的商业转让。对营业额的决定应符合《营业税法》的相关规定。

3. 第一、二款所形成的筹款份额，具体如下：

1）对于拥有单一企业的企业主，每年筹款份额不超过1万马克；

2）对于拥有两个企业的合伙企业每年筹款份额不超过1万马克；对拥有三个或三个以上企业的合伙企业每年筹款份额不超过1.2万马克。

4. 被司法人员断定不符合企业税法的，将按照经理委员会成员或企业领导的收入计算筹款份额，以每年不超过1.2万马克为准。

5. 对1950年建立的企业，仅以1951年度为衡量标准。

6. 根据第二款所进行的衡量最高不得超过营业额的百分之三十。

……

## 第二章　投资补助的管理和使用

### 第二十四条　特别贷款的机构

1. 特别贷款由信贷机构的成员代表。

2. 特别贷款的理事会是信贷机构。理事会在法庭内外均是特别贷款的代理人。根据本法预先所设定的框架，理事会的代表权力由法律行为终结并依法行使。对特别信贷的管理和对特别贷款项目的实施，理事会将与董事会（第26条）取得联系。

3. 对理事会来说，特别贷款将由董事会代表。

4. 特别贷款所属资金将由德国各州银行和州中央银行保管支配。董事会也可以同意将其存入其他信贷机构的账户。

……

### 第二十六条　董事会

1. 为了实施特别贷款，要建立一个由1名主席和19名成员组成的董事会，19 名成员中 11 人只有建议权。

2. 主席由工商经济界代表大会建议，由联邦政府任命。

3. 董事会的 13 名成员由联邦经济部部长任命，其中德国工商业经济界代表大会建议 8 人，德意志工会联合会建议 5 人。这些建议必须为联邦共和国联邦国家制度的重建考虑。

4. 联邦财政部部长、经济部部长和交通部部长分别任命 1 名代表作为这三部自己的代表，另外 3 名代表将由联邦参议院任命。

5. 根据第三、四款的精神，每名董事会成员都是作为 1 名代表被任命的。

6. 有投票权的是主席、5 名由工商企业经济界代表大会、3 名由德意志工会联合会提名的成员。它们不应当与第一条中所提及的工业部门关系密切。

……

## 第三章　在所得税和收益税方面的税收优惠

### 第三十六条

1. 根据《所得税法》第四条第一款或第五条规定的法定簿记方式获得利润的煤矿、铁矿、钢铁和能源工业中的企业，在 1952 年 1 月 1 日到 1954 年 12 月 31 日间，对于每年固定资产的折旧，可以全部或部分地被用来购置和建造设备。除按照《所得税法》第七条为折旧进行的抵扣外，本经济年度和未来两个经济年度所进行的折旧占设备购置和建造成本的比例：

1）流动资产最高 50%；

2）固定资产最高 30%；

2. 根据第一款，使用折旧资金的条件是：

1）购置和建造的设备将被明确地、合适地服务于：直接地、专门地提高煤钢产量和包括钢铁材料制造业在内的钢铁制造业和能源生产、能源分配工业；

2）购置和建造设备要对国民经济有价值；

3）根据 1）为设备的购置和建造所提供的折旧资金要立即加以使用；

4）州的最高当局已经为上述 1）、2）所列条件出具了书面证明。

……

## 第四章　重建法定价格关系

### 第三十七条

1948年4月10日和1949年2月3日的《价格法》第一条，以及1951年3月21日的法律条文都包括以下三句话：

如果价格变动只是为了消除公众对市场经济的误解，而不对整体价格水平，尤其是生活质量产生不良影响的话，这一绑定重工业价格的条文即不再需要。

……

# 参考文献

## 一、外文类

(一) 档案、回忆录及报纸

[1] Amtsblatte der Militärregierung, britischen Kontrollgebiet, Deutschland, Nr. 9[M].-[S. l. ]: [s. n. ],[1946].

[2] BARZEL R. Karl Anold: Ein Dokumentation [M]. Bonn: Berto-Verl, 1960.

[3] BAUMGART E. Investionen und ERP-Finazierung[M]//Deutsches Institut für Wirtschaftsforschung. Sonderhefte Nr. 56, Reihe A. Berlin: Dunker und Humbolt, 1961.

[4] BILLSTEIN R. Neubeginn ohne Neuordnung: Documente und Materialien zur Politischen Weichenstellung in den Westezonen nach 1945 [M]. Köln: Pahl-Rugenstein, 1984.

[5]BRACHER K, MORSEY R, SCHWARZ H. Quellen zur Geschichte des Parlamentarismus und der politischen Parteien, Vierte Reihe, Deutschland seit 1945, Band 1, Montanmitbestimmung [M]. Düsseldorf: Droste Verlag, 1984.

[6] BRACHER K, MORSEY R, SCHWARZ H. Quellen zur Geschichte des Parlamentarismus und der politischen Parteien, Vierte Reihe, Deutschland seit 1945, Band 4, Die Ruhrfrage 1945/ 46 und die Entstehung des Landes Nordrhein-Westfalen: britische, französische und amerikanische Akten[M]. Düsseldorf: Droste Verlag, 1988.

[7] BRACHER K, MORSEY R, SCHWARZ H. Quellen zur Geschich-

te des Parlamentarismus und der politischen Parteien, Vierte Reihe, Deutschland seit 1945, Band 6, Neubeginn bei Eisen und Stahl im Ruhrgebiet, die Beziehungen zwischen Arbeitgebern und Areitnehemern in der nordrhein-westfalischen Eisen und Stahlindustrie 1945-1948 [M]. Düsseldorf: Droste Verlag, 1990.

[8] Bundesministerium der Justiz. Bundesgesetzblatt (BGBl), 1952, Nr. 1 [M]. Berlin: Bundesanzeiger Verlag, 1952.

[9] Bundesministerium der Justiz. Bundesgesetzblatt (BGBl), 1951, Nr. 24 [M]. Berlin: Bundesanzeiger Verlag, 1951.

[10] CARLYL M. Documents on International Affairs, 1947-1948 [M]. London: Oxford University Press, 1952.

[11] CHURCHILL W S. The Second World War, Volume 5, Volume 6 [M]. London: Pengnin Books, 1985.

[12] CLAY L D. Decision in Germany [M]. Garden City: NY: Doubleday & Company, 1950.

[13] DGB Bundesvorstand. Geschäftsbericht des Bundesvorstandes des DGB, 1950-1951 [M]. Düsseldorf: [s. n.], [1951].

[14] Hauptstaatsarchiv (HstA). Düsseldorf [M]. [S. l.]: [s. n.], [1947].

[15] MERRILL D. Documentary History of Truman Presidency, Volume 3, United States Policy in Occupied Germany after World War II, Denazification, Decartelization, Demilitarization and Democratization [M]. Bethesda MD: University Publications of America, 1995.

[16] MERRILL D. Documentary History of Truman Presidency, Volume 13, Establishing of Marshall Plan, 1947-1948 [M]. Bethesda MD: University Publications of America, 1996.

[17] VON OPPEN B. Documents on Germany under Occupation 1945-1954 [M]. London: Oxford University Press, 1955.

[18] PETERS J. Montanmitbestimmung Dokumente ihrer Entstehung [M]. Köln: Bund-Verlag, 1979.

[19] PRESTON P. British Documents on Foreign Affairs (BDFA),

Series F Europe, Part Ⅲ, Volume 7, Volume 8 [M]. Bethesda MD: University Publications of America, 1998.

[20] PRESTON P. British Documents on Foreign Affairs (BDFA), Series F Europe, Part Ⅳ, Volume 1, Volume 2, Volume 4 [M]. Bethesda MD: University Publications of America, 2000.

[21] PRESTON P. British Documents on Foreign Affairs (BDFA), Series F Europe, Part Ⅳ, Volume 7, Volume 10, Volume 13 [M]. Bethesda MD: University Publications of America, 2002.

[22] SCHUMACHER K. Deutschland und Europa, Rede von Dr. Schumacher auf dem Parteitag der SPD in Nurnburg, 1947 [M]. Frankfurt am Main: Sozialdemokratische Partei Hessen, 1947.

[23] SCHUMACHER K. Kritik am Schumanplan, auf der Tagung soziale Arbeitgemeischaften der SPD in Gelsenkirch, den 24. Mai 1950 [M]. Berlin: Graphische Gesellschaft Grunewalde Gmbh, 1951.

[24] SCHUMACHER K. Deutschland und Europa [M] // Sozialdemokratischer Pressedienst (1946), Nr. 16, 07. August 1946. Bonn: Bibliothek der Fridrich-Elbert-Stiftung, 2001.

[25] Sozialdemokratie gegen das neue Ruhrstatus [M] // Sozialdemokratischer Pressdienst (1948), SPD/III/157, 29. Dezember 1948. Bonn: Bibliothek der Fridrich-Elbert-Stiftung, [2001] .

[26] SMITH J. The Papers of General Lucius D. Clay, Germany 1945-1949 [M]. Bloomington: Indiana University Press, 1974.

[27] STEININGER R. Deutsche Geschichte 1945-1961: Darstellung und Dokumente in Zwei Bänder [M]. Frankfurt am Mainz: Fischer Taschenbuch Verlag, 1983.

[28] WIEL P. Wirtschafts Geschichte des Ruhrgebiets, Tatsachen und Zahlen [M]. Essen: Siedlungverband Ruhrkohlenbezirk, 1970.

[29] Revision of Dismantling in Germany [N] . Times, 1949-04-14.

[30] U. S. Department of State. Foreign Relations of the United States (FRUS), 1943, The Conferences at Cairo and Tehran [M]. Washington D. C. : Government Printing Office (GPO), 1961.

[31] U. S. Department of State. Foreign Relations of the United States (FRUS), 1944, Conference at Quebec [M]. Washington D. C.: Government Printing Office (GPO), 1972.

[32] U. S. Department of State. [M]. Foreign Relations of the United States (FRUS), 1945, Conferences at Malta and Yalta [M]. Washington D. C.: Government Printing Office (GPO), 1955.

[33] U. S. Department of State. Foreign Relations of the United States (FRUS), 1945, the Conference of Berlin (the Potsdam Conference), Volume Ⅱ [M]. Washington D. C.: Government Printing Office (GPO), 1960.

[34] U. S. Department of State. Foreign Relations of the United States (FRUS), 1946, Volume Ⅱ, Council of Foreign Ministers [M]. Washington D. C.: Government Printing Office (GPO), 1970.

[35] U. S. Department of State. Foreign Relations of the United States (FRUS), 1946, Volume Ⅴ, The British Commonwealth, West and Central Europe [M]. Wachington D. C.: Government Printing Office (GPO), 1969.

[36] U. S. Department of State. Foreign Relations of the United States (FRUS), 1947, Volume Ⅱ, Council of Foreign Ministers, Germany and Austria [M]. Wachington D. C.; Government Printing Office (GPO), 1972.

[37] U. S. Department of State. Foreign Relations of the United States (FRUS), 1947, Volume Ⅲ, British Commonwealth, Europe [M]. Washington D. C.: Government Printing Office (GPO), 1972.

[38] U. S. Department of State. Foreign Relations of the United States (FRUS), 1948, Volume Ⅱ, Germany and Austria [M]. Washington D. C.: Government Printing Office (GPO), 1973.

[39] U. S. Department of State. Foreign Relations of the United States (FRUS), 1949, Volume Ⅲ, Council of Foreign Ministers, Germany and Austria [M]. Washington D. C.: Government Printing Office (GPO), 1974.

[40] U. S. Department of State. Foreign Relations of the United States (FRUS), 1950, Volume Ⅲ, Western Europe [M]. Wachington D. C.: Government Printing Office (GPO), 1977.

[41] U. S. Department of State. Foreign Relations of the United States

(FRUS), 1950, Volume Ⅳ, Central East Europe, Soviet Union [M]. Wachington D. C. : Government Printing Office (GPO), 1980.

(二) 专著

[1] ABELSHAUSER W. Deutsche Wirtschaftsgeschichte seit 1945 [M]. Müchen: Verlag C. H. Beck, 2004.

[2] ABELSHAUSER W. Der Ruhr-Kohlebergbau seit 1945 [M]. Müchen: Verlag C. H. Beck, 1984.

[3] ADAMSEN H. Investionshilfe für Ruhr, Wiederaufbau, Verbände und Soziale Marktwirtschaft 1948-1952 [M]. Wuppertal: Peter Hammer Verlag, 1981.

[4] American Society of International Law. American Journal of International Law, Vol. 43, No. 3 [M]. Washington D. C. : American Society of International Law, 1949.

[5] BACKER J. Die Deutschen Jahren des General Clay: Der Weg zur Bundesrepublik 1945-1949 [M]. München: Verlag C. H. Beck, 1983.

[6] BARBIAN J. Die Entdeckung des Ruhrgebiets: Das Ruhrgebiets in Nordrhein-Westfalen 1946-1996 [M]. Essen: Klartext Verlag, 1997.

[7] BECKER J, KNIPPING F. Power in Europe: Great Britain, France, Italy and Germany in a Postwar World, 1945-1950 [M]. Berlin: deCruyter, 1986.

[8] BARK D , GRESS D. From Shadow to Substance, 1945-1963 [M]. Oxford: Blackwell, 1993.

[9] BERGHAHN V R. Modern Germany: Society, Economy, and Politics in the Twentieth Century [M]. Cambridge: Cambridge University Press, 1982.

[10] BOTTING D. In the Ruins of the Reich [M]. Boston: Allen & Unwin, 1985.

[11] BOVERMANN R, GOCH S, PRIAMUS H. Das Ruhrgebiet: Ein Starkes Stück Nordrhein-Westfalen, Politik in der Region 1946-1996 [M]. Essen: Klartext Verlag, 1996.

[12] MÄLLER-BRANDECK-BOCQUET G. Deutsche Europapolitik von

Konarad Adenauer bis Gerhard Schröder [M]. Opladen: Leske Budrich, 2002.

[13] BRENNER H. Perspektiven der deutschen Mitbestimmung [M]// Montanmitbestimmung, Geschichte, Idee, Wirklichkeit. Köln: Bund-Verlag, 1979.

[14] BROZIO N. Gewerkschaftlicher Wiederaufbau im nördlichen Ruhrgebiet 1945-1947 [M]. Münster: Edition westfäliches Dampfoot, 1980.

[15] BÜHRER W. Ruhrstahl und Europa: die Wirtschaftsvereinigung Eisen und Stahlindustrie und die Änfang der Europäischen Integration 1945-1952 [M]. Müchen: R. Oldenbourg Verschlag, 1986.

[16] CAIRNCROSS A. The Price of War: British Policy on German Reparations 1941-1949 [M]. London: Basil Blackwell, 1986.

[17] CAMPBEL J C. The United States in World Affairs 1945-1947 [M]. New York: Harperand Brothers, 1948.

[18] BARK D, GRESS D. From Shadow to Substance, 1945-1963 [M]. Oxford: Blackwell, 1993.

[19] DEIGHTON A. Britain and the First Cold War [M]. New York: St. Martin's Press, 1990.

[20] DIEFENDORF J M, FROHN A, RUPIEPER H. American Policy and the Reconstruction of West Germany, 1945-1955 [M]. Cambridge: Cambridge University Press, 1996.

[21] FENCHTWANGER E J. From Weimar to Hitler: Germany 1918-1933 [M]. London: The Macmillan Press Ltd. , 1995.

[22] EISENBERG C. Drawing the Line: American Decision to Divide Germany 1945-1949 [M]. New York: Cambridge University Press, 1996.

[23] GILLINGHAM J. Coal, Steel, and Rebirth of Europe, 1945-1955: The Germans and French from Ruhr Conflicts to Economic Community [M]. New York: Cambridge University Press, 1991.

[24] GIMBEL J. The American Occupation of Germany: Politics and the Military 1945-1949 [M]. Stanford: Stanford University Press, 1968.

[25] HASENACK W. Dismantling in Ruhr Valley: A Mence to

European Recovery [M]. Cologne: Westdeutscher Verlag, 1949.

[26] HOFFMAN S, MAIER C. The Marshall Plan [M]. London: West View Press, 1984.

[27] HRBEK R. Die SPD, Deutschland und Europa: die Haltung der Sozialdemokratie zum Verhältnis von Deutschland-Politik und West-Integration (1945-1957) [M]. Bonn: Europa Union Verlag, 1972.

[28] KÖLLMANN W. Das Ruhrgebiet im Industriezeitalter: Geschichte und Entwickelung, Band I [M]. Düsseldorf: Patmos Verlag GmbH, 1990.

[29] KÖCHLING M. Demontagepolitik und Wiederaufbau in Nordrhein-Westfalen [M]. Essen: Klartext Verlag, 1995.

[30] KRÄMER J. Das Verhältnis der Politischen Parteien zur Entnazifizierung in Nordrhein-Westfalen [M]. Fankfurt am Main: Europänischer Verlag der Wissenschaften, 2001.

[31] KRAMER A. The West German Economy, 1945-1955 [M]. New York: Berg, 1991.

[32] KUKLICK B. American Polity and the Division of Germany: the Clash with Russia over Reparations [M]. Ithaca: Cornell University, 1972.

[33] MAIER C S. The Marshall Plan and Germany: West German Development within the Framework of the European Recovery Program [M]. New York: Berg Publishers Ltd. , 1991.

[34] MCALLISTER J. No Exit: America and the German Problem 1943-1954 [M]. Ithaca: Cornell University Press, 2002.

[35] MILWARD A S. The Reconstruction of Western Europe 1945-1951 [M]. New York: Metbuen& Co. Ltd. , 1984.

[36] MORING A. Europapolitik der FDP: Die Entwicklung der Europa-Programmatik in den Jahren 1949-1989 [M]. Berlin: Verlag Dr. Köst, 2004.

[37] MÜLLER G. Mitbestimmung in der Nachkriegszeit: Britische Besatzungsmacht-Unternehemer- Gewerkschaften [M]. Düsseldorf: Verlag Schwann, 1987.

[38] MÜLLER W. Die europapolitischen Vorstellungen von Kurt Schumacher 1945-1952: Eine Alternative für Deutschland und Europa [M]. Stutt-

gart: Ibidem-Verlag, 2003.

[39] Nordrhein-Westfalen Hauptstaatsarchiv. Nordrhein-Westfalen: Kernland der Bundesrepublik, Reihe D, Heft 23 [M]. Siegburg: Verlag Franz Schimtt, 1989.

[40] NAIMARK N M. The Russians in Germany: A History of the Soviet Zone of Occupation, 1945-1949 [M]. Cambridge: the Belknap Press of Harvard University Press, 1995.

[41] NIEDENHOFF H. Mitbestimmung in der Bundesrepublik Deutschlands [M]. Köln: Deutscher Instituts-Verlag, 2005.

[42] NIETZSCHE F. Die fröhliche Wissenschaft [M]. Leipzip: Verlag von E. W. Frisch, 1887.

[43] PIETSCH H. Militärregierung, Bürokratie, und Sozialisierung: zur Entwickelung des politischen Systems in den Städten des Ruhrgebiets, 1945 bis 1948 [M]. Duisburg: Walter Braun Verlag, 1978.

[44] POST O. Zwischen Sicherheit und Wiederaufbau: Die Ruhrfrage in der alliierten Disskution, 1945-1949 [M]. Giessen: Focus Verschlag, 1986.

[45] RANFT N. Vom Objekt zum Subjekt, Montanmitbestimmung, Sozialklima und Strukturwandel im Bergbau seit 1945 [M]. Köln: Bund-Verlag, 1988.

[46] REULECKE J. Arbeitbewegung an Rhein und Ruhr [M]. Wuppertal: Peter Hammer Verlag GmbH, 1974.

[47] ROMBECK-JASCHINSKI U. Nordrhein-Westfalen, die Ruhr und Europa: Föderalismus und Europapolitik, 1945-1955 [M]. Essen: Verlag Klartext, 1990.

[48] RUDZIO W. Die ausgebliebene Sozialisierung an Rhein und Ruhr: zur Sozialisierungspolitik von Labour-Regierung und SPD 1945-1948 [M]// Archiv für Sozialgeschichte, XVIII Band. Bonn: Verlag Neue Gesellschaft, 1978.

[49] SCHLIEPER A. 150 Jahre Ruhrgebiet: Ein Kapital deutscher Wirtschaftsgeschichte [M]. Düselldorf: Schwann, 1986.

[50] SCHRÖDER H. Marshallplan und Westdeutschland Wiederaufbau: Positionen-Kontroversen [M]. Stuttgart: Franz Steiner Verlag, 1990.

[51] STEININGER R. Ein Neues Land an Rhein und Ruhr: die Ruhrfrage 1945/ 46 und die Entstehung Nordrhein-Westfalen [M]. Köln: Verlag W. Kohlhammer, 1990.

[52] TREFOUSSE H. German and America Essays on Problem of International Relations and Immigrations [M]. New York: Brooklyn College Press, 1980.

[53] TURNER I. Reconstruction in Post War Germany: British Occupation Policy and Western Zones, 1945-1955 [M]. Oxford: Berg, 1989.

[54] URWIN D. The Communitiy of Europe: A History of European Integration since 1945 [M]. London: Longman, 1995.

[55] WECKELMANN H. Die Neugründung der IGBE (Industriegewerkschaft Bergbau und Energie) im Ruhrgebiet nach dem Zweiten Weltkrieg [M]. Unna: Verlag Verf. , 2004.

[56] WEIDENFELD W. Konard Adenauer und Europa: Die Geistigen Grundlagen der Westeuropäischen Integrationspolitik des Ersten Bonnerbundeskanzler [M]. Bonn: Europa Union Verlag, 1976.

[57] YOUNG J. France, Cold War, the Western Alliance 1944-1949: France Foreign Policy and Post War Europe [M]. London: Leicester University Press, 1990.

（三）论文

[1] ALLEN D. Development of Postwar Policy in Germany [J]. The Western Politics Quarterly, 1965, 17(1).

[2] BÜHRER W. Der BDI und Aussenpolitik der Bundesrepublik in den Fünfzigjahren [J]. Vierteljahrsheft für Zeitgeschichte, 1992(2).

[3] CARDEN R W. Before Bizonia: Britain's Economic Dilemma in Germany, 1945-1946 [J]. Journal of Contemporary History, 1979, 14(3).

[4] CHASE J. The Development of the Morgenthau Plan through the Quebec Conference [J]. The Journal of Politics, 1954, 16(2).

[5] COKER J A. Steel and the Schuman Plan [J]. Economic Geography, 1952, 28(4) .

[6] GREENWOOD S. Bevin, Ruhr and Division of Germany: August

1945-December 1946 [J]. The History Journal, 1986, 29(1).

[7] HARRIS C. Ruhr Coal Mining District [J]. Geographical Review, 1946, 36(2).

[8] HARRIS C. The Ruhr [J]. The Scientific Monthly, 1945, 60(1).

[9] HERBER C J. Reviewed about Coal, Steel, and the Rebirth of Europe, 1945-1955: The Germans and French from Ruhr Conflict to Economic Community by John Gillingham [J]. German Studies Review, 1994, 17(3).

[10] VAN HOOK J. From Socialization to Co-determination: The U. S. , Britain, Germany and Public Ownership in Ruhr, 1945-1951 [J]. The Historical Journal, 2002, (I) .

[11] HOWLETT W. Reviewed about Coal, Steel, and the Rebirth of Europe, 1945-1955: The Germans and French from Ruhr Conflict to Economic Community by John Gillingham [J]. The Business History Review, 1992, 66(3).

[12] GARBUNY S. The Ruhr-Valley of Decision[J]. Current History, 1947, 13 (71).

[13] KAECKENBEECK H E, GREEN L C, GOITEIN H. The International Authority for the Ruhr and the Schuman Plan [J]. Transactions of the Grotius Society, Problems of Public and Private International Law, Transactions for the Year 1951, 1951 (37) .

[15] KRIEGER W. Was General Clay a Revisionist? Strategic Aspects of the United States Occupation of Germany [J]. Journal of Contemporary History, 1983, 18(2).

[16] LOVETT A W. The United States and the Schuman Plan, A Study in French Diplomacy 1950-1952 [J]. The Historical Journal, 1996, 39(2).

[17] MARSHALL B. German Attitudes to British Military Government 1945-1947 [J]. Journal of Contemporary History, 1980, 15(4).

[18] MASON E L. Reflections on the Moscow Conference [J]. International Organization, 1947, 1(3).

[19] MCKESSON J A. The Schuman Plan [J]. Political Science Quarterly, 1952, 67(1).

[20] MENDERSHAUSEN H. First Tests of the Schuman Plan [J]. The Review of Economics and Statistics, 1953, 35(4).

[21] MORGENTHAU H Jr.. Postwar Treatment of Germany [J]. Annals of the American Academy of Political and Social Science, Making the United Nations Work, 1946 (246).

[22] PARKER W N. The Schuman Plan-A Preliminary Prediction [J]. International Organization, 1952, 6(3).

[23] PLISCHKE E. Denazification Law and Procedure [J]. The American Journal of International Law, 1947, 41(4).

[24] POUNDS N J. Lorraine and the Ruhr [J]. Economic Geography, 1957, 33(2).

[25] SETHUR F. The Schuman Plan and Ruhr Coal [J]. Political Science Quarterly, 1952, 67(4).

[26] SPENCER F. The United States and Germany in the Aftermath of the Second World War [J]. International Affairs (Royal Institute of International Affair 1944- ), 1968 , 44(1).

[27] STRÄTER A. Denazification [J]. Annals of the American Academy of Political and Social Science, Postwar Reconstruction in Western Germany, 1948 (260).

[28] WELLS R H. The German Problem in 1948 [J]. The Western Political Quarterly, 1949, 2(2).

[29] WILLIS F. Reviewed about Coal, Steel, and the Rebirth of Europe, 1945-1955: The Germans and French from Ruhr Conflict to Economic Community by John Gillingham [J]. The American Historical Review, 1992, 97(4).

[30] YODER A. The Ruhr and German Problem [J]. The Review of Politics, 1955, 17(3).

**二、中文类**

(一) 文件集、回忆录

[1] 阿登纳. 阿登纳回忆录（一）[M]. 上海外国语学院德法语系德语组，译. 上海：上海人民出版社，1976.

[2] 戴高乐. 战争回忆录：第三卷：拯救 1944—1946 [M]. 陈焕章，译. 北京：中国人民大学出版社，2005.

[3] 戴炳然. 欧洲共同体条约集[M]. 上海：复旦大学出版社，1993.

[4] 杜鲁门. 杜鲁门回忆录[M]. 李石，译. 北京：生活·读书·新知三联书店，1974.

[5] 莫内. 欧洲之父：莫内回忆录[M]. 孙慧双，译. 北京：国际文化出版公司，1989.

[6] 萨纳柯耶夫，崔布列夫斯基. 德黑兰、雅尔塔、波茨坦会议文件集[M]. 北京外国语学院俄语专业 1971 届工农兵学员，译. 北京：生活·读书·新知三联书店，1978.

[7] 国际条约集（1948—1949）[M]. 北京：世界知识出版社，1959.

（二）著作与文章

[1] 阿贝尔斯豪泽. 德意志联邦共和国经济史（1945—1980）[M]. 张连根，吴衡康，译. 北京：商务印书馆，1988.

[2] 鲍尔弗，梅尔. 四国对德国和奥地利的管制（1945—1946）[M]. 安徽大学外语系，译. 上海：上海译文出版社，1985.

[3] 毕健康. “马歇尔计划”对西欧经济的影响[J]. 美国研究，1992 (4).

[4] 波格. 马歇尔传（1945—1959）[M]. 施旅，译. 北京：世界知识出版社，1991.

[5] 达莱克. 罗斯福与美国对外政策[M]. 伊伟，译. 北京：商务印书馆，1984 .

[6] 格罗塞尔，等. 德意志联邦共和国经济政策及实践[M]. 晏小宝，译. 上海：上海翻译出版公司，1992.

[7] 格罗塞. 战后欧美关系[M]. 刘其中，等，译. 上海：上海译文出版社，1986.

[8] 格罗塞. 法国对外政策（1944—1984）[M]. 陆伯源，穆文，译. 北京：世界知识出版社，1989.

[9] 哈达赫. 二十世纪德国经济史[M]. 扬绪，译. 北京：商务印书馆，1984.

[10] 汉里德. 西德、法国和英国外交政策[M]. 徐宗士，孙克武，周琪，等，译. 北京：商务印书馆，1989.

[11] 哈特里奇．第四帝国的崛起[M]. 范世益，译．北京：世界知识出版社，1982.

[12] 洪邮生．欧洲一体化研究中的“欧洲修正派”述评[J]. 欧洲研究，2004 (5).

[13] 洪邮生．英国对西欧一体化政策的起源与演变（1945—1960）[M]. 南京：南京大学出版社，2000.

[14] 郇庆治，胡瑾，宋全成．欧洲早期一体化思想与实践研究（1945—1967）[M]. 济南：山东人民出版社，2000.

[15] 惠勒．美国对德政策（1945—1950）[M]. 贺丽，译. 北京：世界知识出版社，1960.

[16] 黄正柏．德国问题与欧洲煤钢共同体的建立[J]. 华中师范大学学报：哲学社会科学版，1994 (6).

[17] 惠一鸣．“舒曼计划”性质思考[J]. 史学集刊，1999(1).

[18] 惠一鸣．从“舒曼计划”引起的争论谈起[J]. 世界历史，2000 (6).

[19] 肯尼迪．大国的兴衰[M]. 陈景彪，译. 北京：国际文化出版公司，2006.

[20] 李世安．欧洲一体化史[M]. 石家庄：河北人民出版社，2001.

[21] 刘同舜，高文凡．战后世界历史长编（1950—1951）[M]. 上海：上海人民出版社，1985.

[22] 刘作奎．英国与鲁尔危机（1920—1923）[D]. 北京：首都师范大学历史学院硕士学位论文，2002.

[23] 梅利尼克夫．鲁尔问题与美国在欧洲的垄断政策[M]. 方垦，译. 北京：大众书店，1949.

[24] 孟钟捷．德国劳资关系演进中的里程碑：1920 年《企业代表会法》的发生史研究 [D]. 上海：华东师范大学历史系博士学位论文，2005.

[25] 孟钟捷．劳资利益团体合作与一战结束前后的德国社会——试论《斯廷内斯—列金协议》的起源及其意义[J]. 世界历史，2006(1).

[26] 莫瓦特．新编剑桥世界近代史：第 12 卷[M]. 中国社会科学院世界历史研究所，组译．北京：中国社会科学出版社，1999.

[27] 平森．德国近现代史：它的历史与文化[M]. 范德一，译．北京：

商务印书馆，1987.

[28] 热尔贝．欧洲统一的历史与现实[M]. 丁一凡，程小琳，沈雁南译．北京：中国社会科学出版社，1989.

[29] 孙炳辉，郑寅达．德国史纲[M]. 上海：华东师范大学出版社，1995.

[30] 吴友法．冒险、失败与崛起——二十世纪德意志史[M]. 武汉：武汉大学出版社，1992.

[31] 吴友法，黄正柏．德国资本主义发展史[M]. 武汉：武汉大学出版社，2000.

[32] 肖汉森，黄正柏．德国的分裂、统一与国际关系[M]. 武汉：华中师范大学出版社，1998.

[33] 邢来顺．德国工业化经济—社会史[M]. 武汉：湖北人民出版社，2003.

[34] 严双伍．第二次世界大战与战后欧洲一体化起源研究[M]. 武汉：武汉大学出版社，2004.

[35] 战后世界历史长编编委会．战后世界历史长编（1949 年）[M]. 上海：上海人民出版社，1980.

[36] 张沛．凤凰涅槃——战后德国西占区民主化研究[D]. 上海：华东师范大学历史系博士学位论文，2003.

[37] 张锡昌，周剑卿．战后法国外交史（1944—1992）[M]. 北京：世界知识出版社，1993.

[38] 资中筠．战后美国外交史：从杜鲁门到里根[M]. 北京：世界知识出版社，1994.

[39] 宗特海默尔．联邦德国政府与政治[M]. 孙克武，译．上海：复旦大学出版社，1985.

# 后　　记

“战后鲁尔问题”陪伴我走过了十年的学术成长之路。我最初是在整理《英国对外事务文件集》中有关德国的档案时，开始关注第二次世界大战后的“鲁尔问题”的。最初只是希望通过考察英文原始文献来揭示战后西方盟国在鲁尔问题上的分歧与合作，以弥补国内学术界长期以来对此问题关注的不足。之后，随着资料的积累和德语水平的提高，我逐渐意识到，战后鲁尔问题不仅是德国问题的重要组成部分，更是欧洲一体化启动的关键。又鉴于国内学界很少专门以鲁尔问题为切入点来研究欧洲一体化，我遂以此为主题完成了自己的硕士学位论文。2008—2009 年，我以联合培养博士生的身份赴德访学，发现德国史学界很重视研究战后鲁尔工业区转型与德国西占区及联邦德国社会发展之间的密切联系，便将自己的研究视角从国际关系领域扩展至经济、社会领域，并完成了自己的博士学位论文。参加工作后，我有幸在教育部人文社会科学基金和华中师范大学出版基金的资助下继续深入研究战后鲁尔问题，才最终形成了今天的这本书。

本书能够顺利面世，首先要感谢我的博士导师邢来顺教授。作为一位长者，邢先生不仅在学业上给予我悉心指导，在人生的际遇问题上也教会我很多做人、做事的道理。他那严谨勤奋的治学精神和睿智谦和的大家风范，将是我永远的学习榜样。

特别感谢黄正柏教授和吴友法教授。两位先生是国内从德国角度研究欧洲一体化发展的开拓者，能在求学生涯和本书写作过程中长期得到两位恩师的谆谆教诲，我深感荣幸。还要感谢德国亚琛工业大学历史所的 Armin Heinen 教授，没有他的帮助，我无法获得前往德国学习和收集资料的机会。

衷心感谢华中师范大学、武汉大学及中国德国史研究会的诸位前辈和同仁，尤其是罗志刚教授、胡才珍教授、李荣建教授、张德明教授、韦红教授、孙立祥教授、梁军教授、惠一鸣教授、景德祥研究员等。在他们那里我不仅找到了学术归属感，还得到了许多有益的指导和启发。

感谢华中师范大学的相关领导，尤其是彭南生教授、吴琦教授和付海晏教授，以及华中师范大学出版社的编辑，是他们使本书的出版得以实现。

最后，感谢一直默默支持我的母亲和妻子，她们给予我的爱和支持是我前进的动力。

本书的出版既是对我过去十年历史学习和研究的总结，也是我未来进一步深入探索德国历史的基础。我将怀着无限感激和期望之情，踏上新的学术征程！

岳　伟

2014 年 2 月于武昌桂子山